岩波現代文庫／学術 338

ジャングル・クルーズにうってつけの日

ヴェトナム戦争の文化とイメージ

生井英考

JN147584

岩波書店

Perfect Days for a Jungle Cruise:
Culture and Images of the Vietnam War

目　次

Ⅳ　象徴とメタファー　Symbols and Metaphors

プロローグ

Prologue

アメリカ合衆国中西部のインディアナ州サウス・ベンドにあるノートルダム大学は、全米でも指折りのフットボール強豪校として長らくその名を知られている。一九六〇年代の半ば、ロッキー・ブライアーはこのノートルダム大学名門フットボール・チームのスター・プレイヤーだった。大学を卒業すればすぐに彼がプロ・リーグのピッツバーグ・スティーラーズ入りするであろうことは、本人のみならずカレッジ・チームの仲間や大学関係者、家族、そしてスティーラーズの監督やスタッフ、つまりは誰にとっても当然のこととして受けとめられていた――。このように書いてくるだけで、このロッキー・ブライアーがいったいどんな青年なのか、おおよそのことがすぐにわかってくるようにおもわれる。どういう印象を彼が人に与え、なにが好きで、自分の人生というやつをどんなふうに考えているのか、そういったことだ。

スター・プレイヤーだというのだからおそらくはクォーター・バックかランニング・バックだろう。プロでQBがつとまるかどうかは保証できないとしても、どことなく華やかな雰囲気があって、チームにもすぐに融け込むだろうし女の子たちのファン・クラブもできるに違いない。そういうわけだから顔立ちも、まあ悪くない。ハリウッドでも端役の二枚目ならすぐに行けそうだ。

髪の色はわからない。ブロンドだろうか、それとも赤毛？　だが、いずれにせよこざっぱりとしたショート・カットであることは間違いないし、ひょっとしたらクルゥ・カットかもしれない。六〇年代の半ばだからビートルズは「エド・サリヴァン・ショウ」でも人気をさらったいっぱしのスターで、逆にかつて同じエド・サリヴァンの番組に出演してティーン・エイジャーたちをＴＶの前で熱狂させたエルヴィス・プレスリーの人気は翳る一方だったとはいうものの、時代はまだ六〇年代の半ばなのだから、ノートルダムの運動選手《アスリート》にロング・ヘアは似合わない。なにしろ本来ローマン・カソリック系の大学として発足したこの学校が女子学生の入学を許可したのは一九七二年になってのことなのだ。

味覚について言うと、ハンバーガーもホットドッグもコカ・コーラも、嫌いなわけはない筈だ。ひょっとしたらコークよりもペプシかセヴン・アップが好みかもしれないけれど、違いといってもそんなもの。宗教心はどうだろう？　教会には行くかもしれないけれど、毎週日曜には必ず懺悔《ざんげ》するというほどではないだろうし、ネッキングの相手とすぐに結婚しなければならないとおもいこむほどの頭の硬さも、どうやら持ち合わせてはいまい。嫌いなものはと言えばホウレンソウとコミー《アカ》、といったところか。もっとも後者に関しては身近に接したことがあるわけじゃない。みんなが嫌うから俺も嫌いさ、と、そんなところだ。いずれにしても彼の頭のなかはスティーラーズでどれほどガッツとタフネスを示すことができるか、そのことだけでいっぱいなのだ……。

断っておくと、ロッキー・ブライアーに関するこれらの個性はすべて想像上のものに過ぎない。確かなのは彼の名前とノートルダム、スティーラーズ、そして一九六〇年代半ばという四つの符牒《サイン》だけなのだ。けれどもこれらのサインが象徴となって働くとき、そこには典型的なアメリカン・ボーイの横顔が泛び上ってくる。事実、ロッキー・ブライアーをめぐるこのエピソードは、その後一九六〇年代半ばのアメリカン・ボーイが経験しなければならなかった不慮の屈折へと展開してゆくのである。それが、徴兵《ドラフト》だった。彼を自軍のプレイヤーとして欲しがったピッツバーグ・スティーラーズの上層部がほんの少し気を利かせさえすれば抜け道はいくらでもあった筈なのに、なんの手違いでか、ロッキーをドラフトしたのは合衆国陸軍になったのである。しかもまずいことに、ヴェトナムの戦場でパスされてきた手榴弾がタッチダウンされたのは、彼の黄金の脚のすぐそばだった。一命はとりとめたものの、おかげで彼のフットボール・プレイヤーとしての前途はもはや誰の眼にも絶望と映ることになったのだった。

だが、のちに或るインタヴューのなかでロッキー・ブライアーは、最もつらかったのは軍隊での基礎訓練でも実戦での行軍でも、ヴェトナムでの戦場暮しでさえもなかったと語っている。最もつらかったのは――「自分がいったいなんのために戦っているのか、それがさっぱりわからなかったことだよ。結局おしまいまで、わからずじまいだった」。

＊

ロッキー・ブライアーをめぐるこの小さな物語は、アメリカ陸軍の軍人にして戦史家でもあるデイヴ・リチャード・パルマーの著書『トランペットの召喚』の序文で紹介されているものである。(1) トランペットの召喚〔summons of the trumpet〕とは軍隊用語で、衛兵がトランペットを吹き鳴らして号令をかけることを意味する。そういう言葉をパルマーがタイトルにしたということを考えれば、この本は、トランペットのひと吹きでインドシナ半島に投入されたアメリカ兵としての立場からヴェトナム戦争の経緯を綴った歴史書であると同時に、あの戦争が終わってのちにアメリカ国内で刊行された夥しい数のソルジャーズ・ストーリーのひとつだとも言うことができるだろう。もっともパルマー自身は兵卒ではなく、南ヴェトナム〔ヴェトナム共和国〕のミリタリー・アカデミーと政府軍の軍事顧問をつとめたキャリアを持ち、この本を執筆した一九七八年当時は米陸軍第二歩兵師団の大佐、一九八四年現在では少将、さらにウェストポイント陸軍士官学校の教官と陸軍参謀本部付きの将官をも歴任したという高級軍人だから、著書の内容も回顧録というより高所から見た戦史分析としての性格が強いのだが、それはともかくとして、ロッキー・ブライアーについての先のエピソードにつづく部分をパルマーは次のように綴っている。

「ヴェトナムで戦った数百万のアメリカ人たちのなかで、自分がなんのために戦っているのか、それをわかっていた者は殆どいなかった。ロッキー・ブライアーを含めて大半は、自分の払った犠牲、流した血のわけを理解できないまま故国へ戻っていった。しかもそこで出喰したのは、家族や旧友たちの困惑だった。誰もが、どう見ても勝てるとはおもえない、異常な、終わりのない闘いにこの国がとめどもなくのめり込んでいった理由を理解できずにいたのである」

ヴェトナムから戻った帰還兵《ヴェテラン》たちの多くが故国では大した歓迎もされないばかりか、どちらかと言えばよそよそしくて冷たくささえある眼差しで迎えられたことは、あの戦争を振りかえるアメリカ人たちが誰しも必ず一度は口にすることである。

「ロッキーたちの世代が大人になったのは、そうした深い影の投げかけられていた時代だった。ヴェトナム戦争の末期に戦死したアメリカ兵のなかには、この戦争にアメリカが巻き込まれた最初の時代にはまだ生まれていなかった者もいたのだ」

アメリカが巻き込まれた最初の時代、とは第一次インドシナ戦争でフランスが敗退し、ジュネーヴ協定でヴェトナムが北緯十七度線で南北に分断され、南側に登場した親米派のゴ・ディン・ジエム政権に対して当時のアイゼンハウアー合衆国政権が公式に支持と直接援助を表明した一九五四年前後のことを指している。その後ニクソン政権下で米地上軍がすべてインドシナ半島から撤退したのが一九七三年のことだから、まる二十年がその間に過ぎていることになる。したがって、ヴェトナム戦争の最末期に十八、九歳で戦死したGIがいたとしたら——もちろんいるのだが——、確かに彼はこの影深い二十年間のなかで短い生涯のすべてを送ったことになる。

パルマーはさらに、もう少し先の一節で次のように述べている。

「それは専門家でさえも狼狽させるような戦争だった。言うならば、まったく戦争などと呼べるようなものではなかったのである。われわれが関った他の近代戦争ではすべてが明確なルールに則《のっと》っており、会戦を地図の上にきちんと展開することができ、憎むべき敵の姿をはっきりと眼で見ることができるだけでなく、戦争の目的というものが明瞭であった。そういう基準からすると、ヴェトナム戦争は戦争ではないのである。現にヴェトナムに関しては武官も文官も互いにばらばらになってしまい、フラストレーションを募らせるままだった。記録や報道はかつてないほど詳細になされていたにもかかわらず、最後まで殆どなにもわからずじまいというパラドックスがついてまわったのである」

実際、ヴェトナム戦争には前線というものが存在しなかった。第一次大戦でも第二次大戦でも敵・味方を分かつ前線という境界線は必ず地図の上にはっきりと示すことができ、後方の大隊本部の野営テントやさらに後方の総司令部のスタッフ・ルームはもとより、最後方のワシントンD.C.の参謀本部やホワイトハウスでは大統領を軍・民の最高権力者とする軍官・文官たちが大勢入りまじって、大きな戦略図の上に小旗やミニアチュアの飛行機、戦車、陣型モデルなどをたくさん並べてリアルで壮大なウォー・ゲームに興ずることが可能だった。米軍を中心とする国連軍が事実上の引分けに甘んじざるを得なかった朝鮮戦争でも、そういったリアリティは確実に保証されていたのだ。

だが、ヴェトナムは違っていた。自軍が制圧した地域は「面」ではなく「点」としてしか地図に記すことはできず、それすら本当に制圧したと言えるかどうか疑わしい有様だった。正確さを期せば期すほどそこには断片が散乱するばかりで、味方はどこに敵がいるのかを把握できなくなり、補給線はしばしば二次元の地図には記入不可能な空路でかろうじて繋ぐ以外になくなり、現場に近づけば近づくほどよるべのない不安感と恐怖が身を脅かすばかりだった。そして、なによりも決定的な、戦争目的の喪失――。

D・R・パルマー少将の『トランペットの召喚』は、このようにわからないことがわかった戦争の経緯を怜悧な戦史家らしい手つきで冷静に描き出している。それはしかし、とにもかくにもヴェトナムから遠く離れた一九七八年の時点でこそ獲得可能な冷静さだったと言わざるを得ないだろう。と同時に、同じくヴェトナム戦争後でこそ口にすることができるようになった言葉を、先から引用しつづけている序文のおしまいのほうでパルマーは書きつけている。「時はすべての傷を癒す」というフレーズがそれだ。

「時はすべての傷を癒す。ロッキー・ブライアーは時と強い決意とを以て脚に受けたダメージを克服した。アメリカがヴェトナムへの軍事介入を停止してからちょうど二年後、彼はピッツバーグ・スティーラーズがプロ・フットボール界の王座に就くのに大いに貢献したのである。／われわれ国民が受けた心理的な傷もまた褪せてゆくことだろう」

そこでパルマーは、「しかし」とつづける。

「しかし傷跡は永久に残る。いまは、われわれがその傷をどのようにして受けたのかを醒めた眼で検証すべきときなのである。あの理解不可能な戦争がなんだったのかを理解すべきときなのである」

＊

歴史のフィルムが、そこで巻き戻しを始める。登場したすべての人物とすべての出来事がすばやく逆回転を始め、深い深い翳に閉ざされた戦争のはじまりのほうへ、闇の奥の始源のほうへと遡ってゆき、そして或るところでフィルムが不意に停止し、そこからもう一度、スクリーンに過去の像が映し出される。けれども、そこに見えてくるのは過去から未来への明瞭で直線的な時間の流れではない。それは、さまざまな時間と出来事と人間たちが刻む残像のような一瞬のフィギュアの堆積であり、過去と現在の錯綜した蘇りのなかで綾なされる心象《イメジャリー》である。したがって、以下に述べられるのは年代記《クロニクル》ではない。ひとつの方向へと整序された時間の流れに寄り添う記述ではない。それは、長い長い戦争を抱え込んだ私たちのこの世界が経験せざるを得なかった、私たち自身の文化の心性とその変容をめぐってのモノグラフなのである。

I 事実と印象

Facts and Impressions

1 戦争は9時から5時まで

The Nine-to-Five War

1

私がニャ・チャンの部隊に配属になったのはクリスマス・イヴのことだった。それまでの四日間はサイゴンの小さな補充キャンプで発令を待っていたのだ。そのキャンプといったらまるで第二次大戦の南方を舞台にした戦争映画にでも出てきそうな、椰子の木とテントとごみの山の塊りだった。そこで私は、実にちっぽけな飛行機に搭乗するように命令された。ちっぽけとは言ってもいちおうクルゥ・チーフとパイロットと副操縦士が乗ってはいるのだが、本当にのろくさとしたスピードで、ほんの二〇〇マイルに二時間はたっぷりかかってしまうんじゃないかとおもったほどだった。ヴォオォ……ンンン、ヴォオォオ……ンンン、サイゴンを発ってからひたすらこればっかりだ。ニャ・チャンまで眼下に拡がるのは、見渡す限りの荒れ果てた土地だけだった。

この回想の話者である「私」、すなわち合衆国陸軍第一八飛行中隊に所属する無線兵ジャ

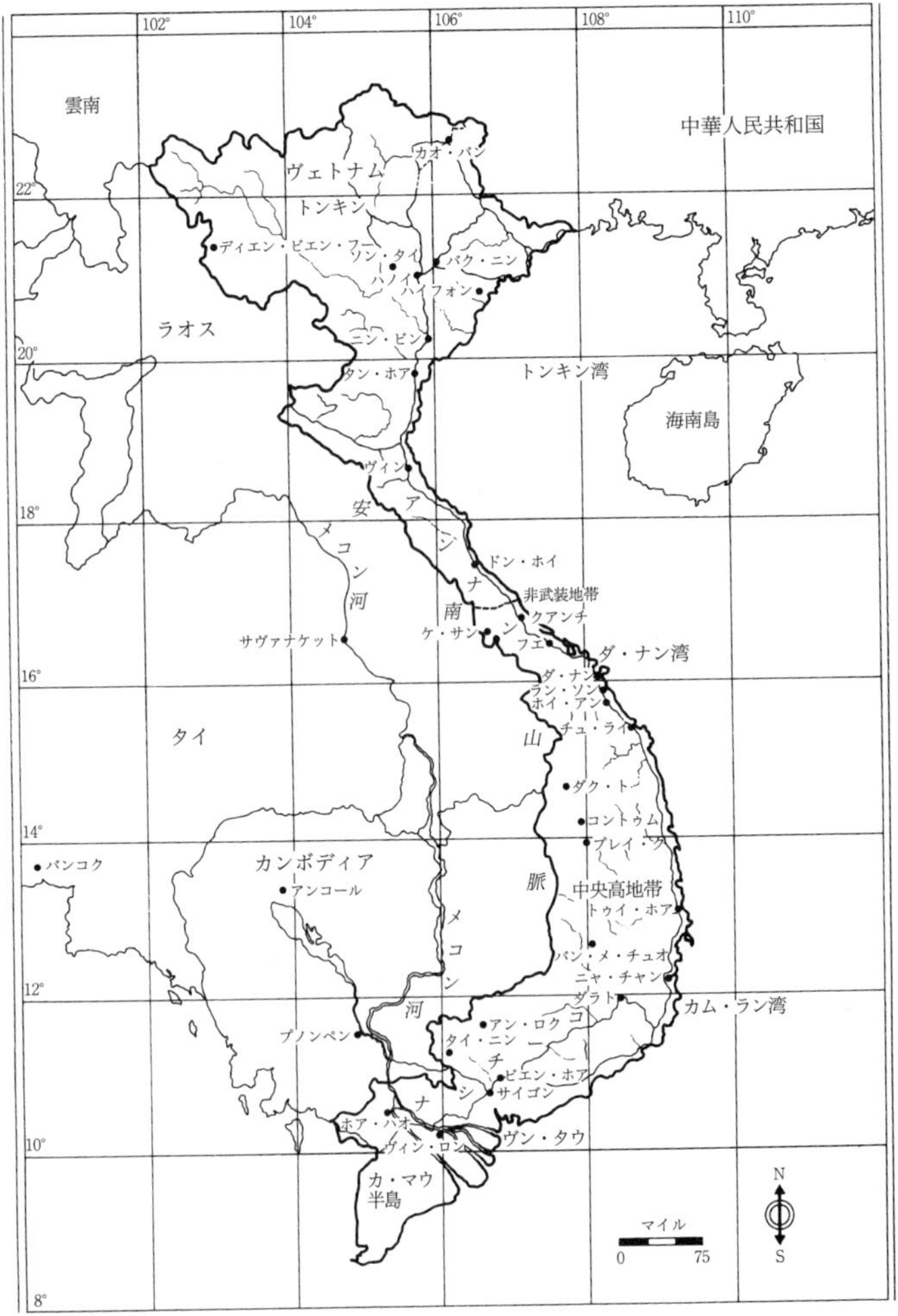
102°
104°
106°
108°
110°
22°
20°
18°
16°
14°
12°
10°
8°
雲南
中華人民共和国
カオ・バン
ヴェトナム
トンキン
ディエン・ビエン・フー
ソン・タイ
バク・ニン
ハノイ
ハイフォン
ラオス
ニン・ビン
タン・ホア
トンキン湾
海南島
ヴィン
安
ア
ン
ナ
南
山
脈
メ
コ
ン
河
ドン・ホイ
非武装地帯
クアンチ
ケ・サン
フエ
ダ・ナン湾
サヴァナケット
ダ・ナン
ラン・ソン
ホイ・アン
チュ・ライ
タイ
ダク・ト
コントゥム
プレイ・ク
バンコク
カンボディア
アンコール
中央高地帯
トゥイ・ホア
バン・メ・チュオ
ニャ・チャン
ダラト
カム・ラン湾
アン・ロク
タイ・ニン
コ
ー
チ
シ
ナ
プノンペン
ビエン・ホア
サイゴン
ホア・ハオ
ヴン・タウ
ヴィン・ロン
カ・マウ
半島
マイル
0
75
N
S

ン・バリーがニャ・チャンにあるアメリカ軍事援助司令部指揮下の基地に配属されたのは、一九六二年十二月のことだった。(1) ニャ・チャン〔Nha Trang〕はサイゴンから北東へおよそ三〇〇キロ、南シナ海に面した地点にある。ヴェトナムという国は、地図を拡げてみるとすぐにわかるように北から南へと伸びる細長い地形をしている。ハノイを中心とした北部は逆三角形にふくらみ、南へ下るにつれて東のほうへと彎曲して、南北を分かつ北緯十七度線に重なるベンハイ河のあたりでは隣国のラオスに寄り添われるようにして極端に領土が狭《せば》まる。十七度線を越えるとすぐにケ・サン〔Khe Sanh〕、フエ〔Hue〕、ダ・ナン〔Da Nang〕が連なり、そこからはサイゴンを中心として南はカ・マウ岬まで張り出す南部域へと、半月形のふくらみを成している。

このような地形から、ヴェトナムはしばしば竹の天秤棒《てんびんぼう》に吊したふたつの米の籠に譬えられる。一方の米籠はソンコイ河がかたちづくる三角地帯《デルタ》、もう一方がメコン河のデルタ、それらを繋ぐ天秤棒がヒマラヤ造山帯の東南端に当たるアンナン山脈〔現チュオンソン山脈〕だ。それは無論、東南アジアの農民たちが米をかついで運ぶ様子からの連想なのだが、のちには南ヴェトナム解放民族戦線のゲリラたちが米籠のなかに武器弾薬を隠し、農夫を装ってひそかに運搬した姿とも――些か皮肉な影を伴って――重なっている。

ジャン・バリーが着任したニャ・チャンは、その天秤棒の一方の端のあたりに位置している。

到着したのは、あたりが夕闇につつまれるころだった。着陸するとパイロットたちは跳び降りて、ジープに乗ってどこかへ行ってしまった。私はまだ荷物も下ろしておらず、クラスAの制服を着たままぼんやりととり残されていた。どうしろと言うんだろう。誰もいない。あたりはますます暗くなってゆく。遠くの山の端に妙な光が見えたが、私はなんの武器も持ってはいなかった。

そこは基地だった。だが、私がいるのが基地の囲《かこ》いの端なのか、いやそもそも囲いがあるのかどうかも定かではなかった。なにも見えない。何処だかわからないところに置き去りにされている理由もわからない。ゲリラがやって来て私を拉致していきそうな場所なのかどうか、それもわからない。

私はただ待ちつづけ、本当にただひたすら立ち尽してあたりがとっぷりと暮れ切ったころ、ようやくジープが一台やって来て男が明らかに酔った声で言った、「やあ、すみません。あんたを拾うのを忘れてましまして」。彼は私を中隊まで連れて行ってくれたが、そこにも誰もいなかった。人間は彼だけしかいないのだ。奴は中隊司令部付きの運転手で、どうやら航空基地全体の警備にも当っているらしかった。他には人っ子ひとりいなかった。

「他の連中はみんなダウンタウンで飲んでますよ。平服を持ってきましょう」そう言って平服をとってきた彼は、それを私に手渡しながら言った、「その自転車で行きましょうや」。

ジャン・バリーがニャ・チャンに配属になった一九六二年は、ジョン・F・ケネディ政権下のアメリカがヴェトナムへの軍事介入の姿勢を強めた年である。その前年の一月二十日、ケネディは、まる八年間に及ぶアイゼンハウアー共和党政権下で副大統領をつとめたリチャード・ニクソンとの選挙戦に勝利を収め、合衆国史上最初のアイルランド系カソリックかつ最年少の大統領として、ホワイトハウスの主となっていた。それは輝かしくも若々しいシンボリックなアメリカ大統領の誕生だった。そして彼を中心とする通称〈ベスト&ブライテスト〉ケネディ騎士団《キャメロット》は、一九六二年二月九日、それまであくまでも南ヴェトナム軍への補助的な役割に留まっていたアメリカ軍事顧問団〔MAV：Military Advisors in Vietnam〕を改組・増強し、新たにアメリカ軍事援助司令部〔MACV：Military Assistance Command in Vietnam〕を設置した。その結果、組織の性格は「諮問的なものから、戦場の作戦本部に近いもの(2)」となり、ヴェトナムに駐留するアメリカ軍事要員の数は一九五五年の一〇〇〇人、五九年の二〇〇〇人、六一年の三二〇〇人、六二年に入った時点での五〇〇〇人が、MACV設置後の六二年暮までには九〇〇〇人以上、さらに翌六三年内には一万五〇〇〇人以上と驚くべき急増をつづけることとなっていった。(3)一九六二年のジャン・バリーはこのうちのひとりだったのである。

だが、この増員を指示したJFK自身は、実は内心あまり乗り気ではなかった、とも言われている。実際、この当時派遣されていた軍事要員にはアメリカ正規軍の戦闘部隊は含まれておらず、組織が拡大刷新されたとはいえポール・D・ハーキンズ大将が初代司令官に就任した当時のMACVは、あくまでも顧問団《アドヴァイザーズ》であるという従来からの立場を崩してはいなかった。またMACVの設置は「筋力増強計画《プロジェクト・ビーフアップ》」と称する南ヴェトナム支援計画の具体化だった[4]のだが、この少し前、JFKは互いに全面的な知的信頼と友情を寄せ合っていたアーサー・M・シュレジンジャーJr.に対してこう語っていたという——「部隊が行進してくる。楽隊は勇壮な曲を演奏し、群衆は歓呼して迎えるだろう。しかし、四日もすればみんな忘れてしまう。それから、増援部隊が必要だと言われるのだ。一杯ひっかけるのと同じで、酔いが醒めるともう一杯やらずにはおれなくなるのだ[5]」。

それはまさにその後のアメリカを暗示するような言葉であると同時に、一九六〇年代初頭の若き大統領が立たされていた複雑で微妙な内的・外的環境の交錯の率直な反映に他ならない。すなわち、彼は若く、知的で、優雅で、礼儀正しく、大胆で、明朗で、華やかな政治家だったが、それらのイメージはすべて、左・右いずれにせよ伝統的な民主党員たちの眼には安定と深慮を欠いたものに映っており、さらにはマッカーシーイズム時代の些か明朗さを欠いた言動や派手なレトリックの割には実体のない政治方針などに加えて、リチャード・ニクソンと争った大統領選では一般投票レベルでの得票差が僅か十一万二千票に過ぎないという、いかにも脆弱な基盤の上の大統領職であった。したがってそのイメージはやがて——デイヴィッド・ハルバースタムの言いまわしを借りれば——「スタイルを重視し、皮肉なことに実績よりもそのスタイルのゆえに人びとの心に残ることになる[6]」のである。

これをＪＦＫが担っていた第一の環境・条件だとすると、第二に、彼には対ヴェトナム介入の上で不可避的に背負っている環境が存在していた。それは、彼が最も強く影響を受けた父ジョーゼフ・Ｐ・ケネディとともに二代にわたる「ヴェトナム友の会〔The American Friends of Vietnam〕」のメンバーだったことである。(7)

徹底した専制政治体制を南ヴェトナムに敷き、のちに軍事クーデタで斃れたゴ・ディン・ジェムは、そもそも反共・反仏の闘士としてヴェトナム政界に勢力を築いてきたナショナリストである。一九〇一年に生まれてすぐフエのカソリック教会で洗礼を受けた彼〔洗礼名ジャン－バティスト〕は、一九三〇年から翌年にかけてヴェトナム中部のアンナン帝国に起こった農民蜂起を制圧し、皇帝バオ・ダイに引き立てられて一九三三年に三十二歳の若さで内相に就任したものの、僅か三カ月後には、バオ・ダイの対仏追従ぶりを非難して下野。その後もさまざまな政治活動をつづけながら、第二次大戦後に起こった第一次インドシナ戦争〔抗仏戦争〕中の一九四九年には、反共・反仏を掲げた「国家至上主義運動〔Phong Trao Quoc Gia Qua Kich〕」を組織し、カソリック勢力を糾合してアメリカの援助下で独立ヴェトナム運動を目指すこととなる。もっとも、この組織自体は彼が翌一九五〇年に日本に渡ったため霧消してしまうのだが、その代わりジェムは日本でカリフォルニア大学助教授ウェズレー・フィッシェルと知合い、彼の勧めで渡米して支持者獲得の活動を開始した。このとき忠実な右腕となって協力したのが、カソリックの司祭としてアメリカのカソリック教会と繋りを持っていた弟のゴ・ディン・カンで、この縁を頼ってジェムはアメリカ・カソリック教団の枢機卿《カーディナル》フランシス・スペルマンや最高裁判事ウィリアム・O・ダグラスら一九五〇年代マッカーシーイズム時代の反共主義者たちと親交を結び、さらに彼らを介してマイク・マンスフィールド、ジョン・F・ケネディ両上院議員らを有力な支持者にすることに成功した。このほか彼の強力な支持者となった面々には、CIAの活動員として一九五〇年代初頭のフィリピンの反政府勢力の完全制圧を果した少将エドワード・G・ランズデールや難民救済組織「国際救援委員会〔IRC：International Rescue Committee〕」のジョーゼフ・バッティンガーなどがいる。こうしてアメリカとの深いコネクションを持ったジェムは一九五四年のジュネーヴ会議当時、再びバオ・ダイに登用されて全権掌握を条件に首相に就任したが、これはジェムがアメリカの援助をとりつけるだろうというフランス側の思惑の結果だと言われる(8)。しかし実際にジェムが行なったのはバオ・ダイの追い落しであり、結局彼は一九五五年十月二十四日に、王制か共和制かを問う国民投票を実施し、九八パーセント以上の高率を得て大統領に就任した。一方、このときまでにアメリカにおけるジェム支持者たちも活発な活動を展開しており、ランズデールの線からCIA長官アレン・ダレスとその兄の国務長官ジョン・フォスター・ダレスらにジェムへの信頼感を深めさせる働きかけが行われ、またJFKは父のジョーゼフを、非公式ながら国務省と議会を中心として形成されたヴェトナム・ロビーの一員に迎えた。かくてジェムの大統領就任のわずか二日後、彼に好感を持たないアイゼンハウアー政権下のアメリカで公式に「ヴェトナム友の会」が結成され、リベラルから右派までの有力者を超党派的に糾合した強力なジェム支援態勢が整ったのである。一九五六年、上院議員JFKがこの「ヴェトナム友の会」の席上で演説して「我が国の外交政策の基本的諸原則は(……)強力にして自由なヴェトナムの存在に負うところが多い」と述べ、「ヴェトナムは我々の子孫である。我々はヴェトナムを放棄することはできない。我々はヴェトナムが必要とするものを無視することは出来ない」と強調したのは以上のような経緯を受けた上でのことであった。(9)

このように、そもそもの事のはじまりから不可避的にヴェトナム介入の萌芽を宿していたJFKの対インドシナ姿勢には、しかしもうひとつ、彼自身の内面性――政治を志す若いエリートとしてのJFKを衝き動かしたモティヴェーション――が深く関わっていたことを無視することはできない。それは彼が「パワー・エリート」と通称されるモダニズムの新世代の子だったことである。

一九一七年、アメリカ合衆国が長い孤立主義への執着を捨てて第一次世界大戦下ヨーロッパの戦乱に乗り出した年に生まれたジョン・フィッツジェラルド・ケネディは、アメリカ合衆国におけるモダニズム文化の完成と安定の時期にぴたりと寄り添いつつ幼年期から青年期までを過した世代に所属している。十九世紀末の好景気に端を発し、一九二〇年代までの繁栄で一気に大衆化し、三〇年代の大不況によってむしろ強化され完成したアメリカの〈豊かさと強さの文化〉が頂点を迎えるころ少年時代を終わった彼と彼の世代は、若さを確信し、かつその文化的趨勢のなかでアメリカのエリート層が再編成を遂げる時期に社会的な自己形成を果した世代でもあった。言い換えればこのモダニズムとは、十九世紀後半の社会改良主義と十九―二十世紀転換期の政治的革新主義、および二十世紀前半のふたつの世界大戦の間に擡頭した物質主義的な消費の文化の複雑な混交からなる、一種独特の世代的なエトスであった。

　したがってこの世代の知識青年たちの世界観は、第二次大戦前のミュンヘン会談から戦後アメリカ国内のマッカーシーイズム以後までにかけて隆盛した政治的プラグマティズムを確実に反映しており、そのことによって、従来のエリートとは異なる新世代エリートとしての独自の価値観の絆《きずな》をとり交すようになっていた。ちなみにプラグマティズムは、もともと社会哲学概念として生まれて政治思想についても使われるようになったアメリカ的な思想の様式だが、その編成と影響の拡大の過程には前述したような十九世紀から二十世紀にかけてのモダニズム文化のエトスの反映を見ることができる。そうして、このような彼らの自意識を「最も優れ輝ける者たち《ザ・ベスツ・アンド・ブライテスツ》」という的を射たシニシズムで言い表わしたデイヴィッド・ハルバースタムは、この新世代エリートたちの内面的・外面的動因の代表的な例を、ＪＦＫと彼の国家安全保障担当大統領補佐官マクジョージ・バンディの関係に見ている。

　ハルバースタムによれば、ボストンのアイルランド系カソリックの新興富裕家庭に生まれ、名門の予備学校《プレパラートリー・スクール》のひとつに数えられるチョート校からハーヴァード大学に進んだＪＦＫは「二十世紀の中葉に彼を生み出した民主的エリート社会の落し子であった。アメリカが強大になるにつれ、東部の伝統的エリートは、それまで閉鎖的だった彼らの大学の門を新しいエリートに開放したのであり、その環境の中でケネディは最高の教育を受けることができた。新しい移民集団が当然よるべき政党は民主党であったから、ケネディとケネディ家は、その経済的動機からすれば共和党に憩いのわが家を見出すところであったが、民主党の軒先を借りたのである」[10]。これに対してマック・バンディは共和党員(但し兄のウィリアムは「二股かけるというバンディ家の伝統」[11]に従って民主党支持だった)であるばかりでなく、同じボストンでもケネディ家よりも遙かに古くからの名門家庭の出身で、さらにチョート校よりもずっと格上のプレップ・スクールであるグロートン校を経てイェール大学を卒業し、すぐハーヴァードの特別研究員《ジュニア・フェロー》となってからは異例の出世をつづけて弱冠三十五歳でハーヴァード・カレッジの学長に就任している。したがってケネディとバンディは――社会の下層から見れば同じエリートではあっても――狭い上流社会の枠内では明らかに格の違うふたりだった。だが、一九五〇年代の終りにアーサー・シュレジンジャーの紹介で出会った「彼らは初めからうまが合った」とハルバースタムは言う。「二人とも頭の回転が速く聡明であった。二人ともつまらぬ話は、することも聞くことも嫌っていた。二人にとって、くだらない話で時間を潰すことは、人間の犯しうる最大の罪であった。二人とも合理主義者であった。一人はボストンの旧い名門、いま一人はアイルランド系の新興名門、そして政党は異にするが、二人とも互いの背景の違いにこだわらないことを相手に伝え合った。/たしかに二、三十年前であれば、二人の間には共通するところよりも、ギャップのほうがはるかに大きかったであろう。しかしいまや彼らは過去の偏見からは解放されているように見えたし、共通性も増大していた」[12]

それが、〈ベスト&ブライテスト〉ケネディ騎士団《キャメロット》の精神でありスタイルだった。因襲を捨てた合理精神、莫大な富や血統を背景にした自信、無駄のない簡潔で明瞭な俊敏さ、学界や政界や財界の表舞台で若くして築いた実績、それらすべてがケネディ騎士団をめぐる輝かしいモダニズム神話を彩っていた。彼らは若く、豊かで、強くなければならなかった。したがって彼らは、ゴルフのスティックを持ちニッカーボッカーを履いた、善良だが鈍重なイメージのアイゼンハウアー＝ダレス流の冷戦主義者たちとは違った手つきでモダンなスマートネスを操りつつ国際共産主義を封じ込めねばならなかったのであり、その現われのひとつが、いわゆる第三世界に対して軍事介入ではなく経済・技術援助を中心とした支援活動を行うことで、自らアメリカ的民主主義を目指すように導こう――というＪＦＫの発想だったのである。大統領に就任する以前のＪＦＫがヴェトナムを指して「我々の子孫」と呼んだことは、その正確な反映に他ならない。つまり新大陸建設を支えた共和理念の伝統と現代的な物質主義の混融からなる〈アメリカン・ウェイ・オヴ・ライフ〉を、世界中の人々が憧れ、讃え、自己同一化したいとおもうような文化的イデオロギーとして世界中に布教してゆくための絶好のテスト・ケースが、反共・反仏・親米のゴ・ディン・ジェムと彼の国だったのだ。

だが、ＪＦＫがジェムへ期待を寄せる一方で、南ヴェトナム国内では反ジェム勢力が着実に力を蓄え、ＪＦＫが合衆国大統領に正式に就任する直前の一九六〇年十二月二十日には南ヴェトナム解放民族戦線を結成、翌六一年二月にはその軍事活動を受け持つ南ヴェトナム人民解放軍が組織されていた。解放戦線は、第二次大戦前の対仏戦争を指導したインドシナ共産党の後身であるヴェトナム労働党の指導者や旧対仏抵抗戦士〔いわゆるヴェトミン〕、知識人、農民、カソリックのジェムに対する仏教徒やビン・スエン、カオ・ダイ、ホア・ハオなどの政治・宗教集団、ヴェトナム国内の少数民族といったさまざまなグループの代表者たちの大同団結によって一種の大衆運動組織として結成されたものであり、北ヴェトナムの党中央も「南では北とは違った革命をすすめるのだという基本姿勢」が確認されていたという。そのため、少なくともこの時点では北ヴェトナム〔ヴェトナム民主共和国〕の政府与党であるヴェトナム労働党が一貫して戦線内部のヘゲモニーを握っていたとは断言できない、とするのがどうやら妥当のようである[13]〔したがってこの見方は、解放戦線を「ヴェトコン」と呼んで北ヴェトナムの忠実な傀儡組織だと考えるアメリカおよびジェム政府の見方とは大きく異なって、解放戦線は北ヴェトナムからの支援を受けてはいても独立した組織としてその後もさまざまに齟齬を経験したと指摘する〕。だが、少なくとも軍事方針の基本に関しては、両者の見解は完全に一致していた。すなわち、かつて長期間にわたる抗日ゲリラ戦争と中国革命を指導した毛沢東の言う「人民は水であり、解放戦士はそのなかを泳ぐ魚である」というテーゼである。

この卓抜な比喩に基くゲリラ戦の発想は当時既に西側にもよく知られており、とりわけケネディは毛沢東やチェ・ゲバラの著作を積極的に読んで、この人民戦争の強靭さをよく認識していた。マクジョージ・バンディと並んでケネディ政権を代表した国防長官ロバート・マクナマラの策定で一九六二年から開始された「戦略村《ストラテジック・ハムレット》」計画も、まさにこの命題を逆利用し、ゲリラの「水」たる南ヴェトナムの農村部を再編成して「農民たちを武装した柵《さく》のなかに囲い込み、彼らの支援をヴェトコンから奪い取ってちょうど水の外に出された魚のように根絶するために[14]」プランされたものだった。しかし解放戦線の側も、武装ヘリコプターやM113戦車などアメリカから新鋭兵器を大量に供与された南ヴェトナム政府軍の機動作戦によって各地で後退を余儀なくされながらも、民意を無視したジェムによる戦略村計画の実施に反感を覚える民衆のなかで徐々に勢力を盛り返し、ジャン・バリーがニャ・チャンに配属された一九六二年には戦況は南ヴェトナム政府軍に不利な傾向を示しはじめていたのだった。(15)

だが、ニャ・チャンのダウンタウンへと自転車で出かけた米陸軍第一八飛行中隊の無線士は、そうした大局の情勢を知る由もなかった。

〔……〕風が強かった。アメリカ人は誰も見かけなかった。街路を流しているのも浜辺のちっぽけなバーから溢れているのも、みんなヴェトナム人だった。隊の運転手は私をそのへんまで連れてくると姿を消しちまった。またひとりぼっちだった。奴か他の誰かが私の飲み代も既に払っているらしく、いつでも飲み終えれば立って出ていけるようだった。私は一言もヴェトナム語を喋れやしなかったし、周囲の誰もおかしな《クレイジー》アメリカ人のことなど知ってやしなかった。他のアメリカ人は依然としてまったく見かけないし、第一どこにエア・ベースがあるのかすら怪しい有様だった。私は海岸につづく道を見回して、どっちが基地なのかわからないまま夜の半分をそこで過した。

最後にどうやら右らしいと決めるまでに何度も道を間違え、こっちでいい筈だが、この道はおかしいかなと考え考えして、ようやくメイン・ゲートへと自転車を乗りつけた。

翌朝、眼が覚めてみるとみんながそこにいた。その日はクリスマスで、みんな飲んでいた。それが私の、戦争のはじまりだった。

2

何カ月も経ってから私はようやく、自分たちが戦争をしているんだということに気づいた。我々が出ていって相手を追跡して撃てば向うも撃ち返してくる、といった具合で戦争をつづけていたのだ。こっちがやらなければ、向うだって我々を放ったらかしにしていた。要するにそこには或るパターンがあるってことがわかってきたわけだ。四時半になると私たちは戦闘をやめ、のほほんとして酒を飲んだ。特殊部隊《スペシャル・フォース》の連中も同じだった。四時半を過ぎても戦争をしてるなんてことはなかった。土曜日は休み《ノー・ウォー》だった。日曜も休み《ノー・ウォー》だった。祝日も休み《ノー・ウォー》だった。そう、まさしく九時から五時までの戦争だった。

ニャ・チャンはアメリカ陸軍の特殊部隊が南ヴェトナム政府軍のなかから選抜された兵士たちにコマンド訓練を施す特殊部隊訓練センターがあった場所として、ヴェトナム戦争史上にその名前を留めている。アメリカ陸軍特殊部隊、通称グリーン・ベレーである。

グリーン・ベレーの淵源は、第二次大戦中に敵後方への攪乱戦術を採用する必要に基いて、本格的なゲリラ活動集団として組織されたＯＳＳ〔Office of Strategic Service 戦略事務局〕にある。[16]本来アメリカ合衆国は領土を他国の支配下に置かれた経験を持たず、そのためゲリラ／対ゲリラ活動についての発想そのものを受け容れる素地がなかったのだが、第二次大戦中にフィリピンが日本軍の侵攻によって陥ちたことから、現地の抗日ゲリラを指導する少数のアメリカ軍人が登場し、彼らの活動と並行して一九四二年、ウィリアム・Ｊ・ドノヴァン将軍の後押しでＯＳＳが編成された。だがＯＳＳが戦闘行動と諜報活動の双方にまたがった曖昧な性格を持つ組織であることは陸軍や海軍のほかＦＢＩ〔連邦捜査局〕からも反撥を招き、さらにドノヴァンが大統領フランクリン・Ｄ・ローズヴェルトとの個人的な信頼関係を背景にＯＳＳの編成を急いだことへの反感もあって、スペシャル・フォースはアメリカ軍部内にあっては明らかに異端児的な、歓迎されざる存在だった。事実、ＯＳＳのメンバーとなったのは「変人の群れ《ア・バンチ・オヴ・スクリューボールズ》」[17]——当時ＯＳＳに志願したコラムニストのステュアート・オルソップはそれを「宣教師にバーテンダー、ポロ選手と野球のピッチャー、大金持と組合活動家、蠅男《ヒューマン・フライ》に亡命ロシア人の元将軍、博奕《ばくち》うち、そして歴史学のプロフェッサー」と回想している[18]——で、このためウェスト・ポイントでアメリカ独立革命戦争以来の伝統を継ぐ栄光の軍人《ソルジャー》としての矜恃と正規戦術教程とを強烈に植えつけられた高級軍人ほど、ＯＳＳならびに特殊部隊を邪道視する傾向は強かった。殊に、第二次大戦および朝鮮戦争時の将軍ダグラス・マッカーサーの嫌悪感は強く、彼が指揮する作戦にＯＳＳ要員の関与が認められることはけっしてなかった。グリーン・ベレー内部に伝わる風聞によると、マッカーサーの特殊部隊嫌いは、或るＯＳＳ要員が制服着用時にアーガイルのソックスを履いているのを見咎《みとが》めたことが発端だったという。[19] この逸話の真偽のほどはさだかではないが、ここには例外《イレギュラー》を嫌う正規軍《レギュラー・アーミー》の職業軍人の典型的な発想を見てとることができる。

結局ＯＳＳは一九四五年の大戦終結直前にローズヴェルトが死去したことで強力なうしろ楯を失って事実上の解散に追い込まれ、一部の要員はのちに組織されたＣＩＡ〔中央情報局〕に吸収されてゆく。特殊部隊の発想と間接的に関わるパラシュート部隊や空挺《エアボーン》部隊の活動も朝鮮戦争当時は依然としてマイナーなものに過ぎず、一九五二年になって国防総省《ペンタゴン》の特殊作戦室に配属されたアーロン・バンク大佐の手で最初の特殊部隊が組織されて以後も、その初期は「少数のはみ出し者《キャストオフ》たちが拠っただけで、上級の軍歴《クオリティ・キャリア》を持つ将校の数は平均を下回っていた[20]」。

だが、こうしたイレギュラーな存在を評価し、いわゆるグリーン・ベレーを公認したのが、ＪＦＫだった。特殊部隊員たちのなかにはそれまでにも緑色のベレーを好んで着ける者は少なくなかったが、それは制式の軍装として認められたものではなかった。特に、特殊部隊が主基地としていたノース・カロライナ州のフォート・ブラッグ〔Fort Bragg〕では一九五六年、基地司令官ポール・Ｄ・アダムズ将軍によってベレー着用の禁止令が出されており、隊員たちはベレーを秘かにロッカーに隠して司令官の眼の届かないドイツ駐留の米軍基地などでおおっぴらに被るという状態だった。一九六〇年にアダムズがフォート・ブラッグから離任して以後も、禁止令はそのまま生きつづけていた。それに対してＪＦＫは統合参謀本部の伝統

1962年，フォート・ブラッグを訪れたJ・F・ケネディの謁見を受けるウィリアム・P・ヤーボロゥ大佐(当時).
(USASOC News Service)

主義者たちの反対を無視し、一九六一年九月二十五日、特殊部隊の制式軍装としてグリーンの軍用ベレーの着用を認可したのである。そのきっかけとなったのは、JFKが大統領に就任してまもなくフォート・ブラッグを訪問した際、基地内の特殊戦争センターの指揮官をつとめていたウィリアム・P・ヤーボロゥ大佐が敢えてリスクを冒し、非制式のグリーン・ベレーを着用して大統領の謁見を受けたことだった。(21) それは、特殊部隊のさまざまなシステムや装備の持つ印象に若いモダニストの大統領の美意識が感応するであろうことを正確に見抜いたスペシャル・フォースの作戦勝ちであり、これ以後緑色のベレーは、異端者であるが故にこそむしろエリートとしての強烈な自負を抱く軍事集団のシンボルとなったのである。

それに並行してJFKの側にもまた、こうしたイレギュラーな行動や考え方を受け容れる素地は十分に整っていた。そのことを端的に表わしているのが、ロバート・マクナマラの下で策定された柔軟反応戦略〔Flexible Response Strategy〕である。この戦略はアイゼンハウアー＝ダレス流の「全面核戦争の開始か、妥協と後退かのふたつの選択肢」(22) だけしか認めない大量報復戦略〔Massive Retaliation Strategy〕に代わるもので、名前が示すようにその要諦は、折々の政治的・経済的・軍事的情勢に応じて戦争の規模と戦術とを柔軟な姿勢で使い分けようとすることにあった。それは、JFKの要請でペンタゴンの長官に就任するまでフォード・モータースの凄腕の青年経営者として鳴らしていた神童《ウィズ・キッド》マクナマラの独創的な経営理論である「費用対効果比率」理論に基いたもので、かつて彼はこの理論をもとにヘンリー・フォード以来の工場の生産ラインを改善し、コストを上げずに車両の生産性を高め、シヴォレーをはじめとする人気車種で業界を大きくリードしていたGMへの遅れを急速に挽回した実績を持っていた。

当時、ケネディ騎士団《キャメロット》のなかにあって些か場違いな雰囲気を持つ副大統領だったリンドン・ジョンソンは、最初の閣議のあと、最も印象に残った人物として「フォードから来たという、髪の毛を統計数字のように整理した男」を挙げたという[23]。ハルバースタムが述べているように、これは実に言い得て妙であった。マクナマラが国防省に持ち込んだ「費用対効果比率」理論の基礎となるのは、ヴェトナムやラオスの状況を正確に把握するための厳密な統計数値であり、柔軟反応戦略の「柔軟」さはそこで初めて保証されるものだったのである。それはまさに、C・W・ミルズ言うところの「パワー・エリート」の究極と呼ぶべき〈ベスト&ブライテスト〉好みのモダニティだと言えよう。そして、第二次大戦後のアメリカの世界軍事戦略として初めて最もシステマティックに整備されたこの戦略の下で、グリーン・ベレーの重用を含む特殊戦争《スペシャル・ウォー》政策や対反乱戦略《カウンターインサージャンシー》が次々と編み出され、南ヴェトナム政府・軍部の質的向上をめざす「筋肉増強計画《プロジェクト・ビーファップ》」が実行に移されてゆくこととなるのである。南ヴェトナムの民衆の間への解放戦線勢力の浸透を防止するための「戦略村《ストラテジック・ハムレット》」計画も、またその一環であった。

直接的にはゴ・ディン・ジェム政権が推進したこの計画は、かつてイギリスの植民地支配下で再定住計画を実施して中国系住民を中心とする反乱を鎮圧した経験を持つロバート・G・K・トンプソンを団長とするイギリス顧問団のアドヴァイスを受けて策定されたもので、一九六二年三月二十二日の「サンライズ作戦」を皮切りに「あじさし作戦《シー・スワロー》」「レッツ・ゴー作戦」「ロイヤル・フェニックス作戦」が次々と繰り出され、猛烈な爆撃につづく竹垣と有刺鉄線による囲い込み地点への住民の強制移動、防衛施設・行政機関の建設などが進められた。住民たちは顔写真を貼り指紋の押捺をした身分証明書を持たされ、村への出入りは検問所の監視の下で一定時間にのみ許され、ゲリラへの補給を防ぐため米を含む食糧は倉庫に保存されて一日分ずつが配給された。こうしてこの年の九月までに南ヴェトナム全土では三千二百二十五カ所の戦略村がつくられ、全人口の三分の一がそこに住まわせられることとなった。(24)

しかしその成果は、マクナマラの柔軟反応戦略が真に欲していた目標とはあまりにもかけ離れた実態を示していた。確かに再定住は実行され、従来までの解放戦線による工作はいったん無に帰した。対反乱戦略の具体的な戦術である「索敵・殲滅《サーチ・アンド・デストロイ》」作戦に基いて長期掃蕩〔Protracted mop-ups〕と電撃攻勢〔Lightning Offensive〕が展開され、「ヘリコプターで急襲されたゲリラは、驚いて飛び出し、戦闘機や装甲兵員輸送車のえじきになっていった」。(25)さらに一九六二年一月にはサイゴン地区で「ランチ・ハンド作戦」が発動、オレンジ、ホワイト、パープル、ブルー四色の枯葉剤一万ポンドが一二〇ヘクタールの森林に撒布され、一九六三年までに南ヴェトナム全土の約一〇〇平方キロに及ぶ地域で枯葉作戦が実施された。(26)けれどもジエム政権は、戦略村計画による住民の再定住に際して、わずか六カ月以内で四〇〇万人以上を強制移動させるという強引な挙に出ていた。このため「公式の統計に示された数字は、水増しされたものであり、真の意味での戦略村はほんのわずか」だったばかりではなく、住民を信頼しない政府がいっさい武器を与えなかったため、戦略村は救援なしではまったくの無防備状態に曝《さら》されることとなった。(27) だが、このような実態、なかんずく強制的に再定住させられた住民たち自身の心の裡は統計上に具象化されることはない。したがって戦略村計画が実施された一九六二年当時には、「『あらゆる量的計測は、われわれがこの戦争に勝っていることを示している』という、マクナマラ国防長官の言葉に象徴されるように、アメリカにとって統計数字上の勝利が真の勝利であった(28)」。

こうした事情は、軍事顧問という肩書を携えてこのアジアの地でアメリカ的戦争の方法《アメリカン・ウェイ・オヴ・ウォー》を実行するアメリカ人たちの集団内部でも、殆ど変わりはなかった。戦略村計画の開始と同じ年の暮に合衆国陸軍の無線士ジャン・バリーが配属されたニャ・チャンは、栄光のグリーン・ベレー部隊が主基地としたフォート・ブラッグの特殊戦争センター――あのウィリアム・ヤーボロゥ大佐によれば「あらゆる傑出した兵士がもつべき軍事的美徳のすべてを身につけた個性的タイプの兵士(29)」を育成するトレーニング・スクール――を経たアメリカ人の特殊部隊員たちによって、南ヴェトナム中部の少数山岳部族出身者やジュネーヴ協定によって南北が分断された際に南へ移ってきた北ヴェトナム出身者たちが厳しいゲリラ訓練を施される場所だった。(30) だが、ジャン・バリーがのちに語った基地の当時の模様は、その公式的な目的とは明らかな喰い違いを見せている。

「九時から五時までの戦争」が依然としてつづいていた或る日の午前三時、基地は解放戦線の急襲を受ける。だが兵隊たちはしばらくの間状況を把握できず、ただおろおろと走りまわるばかりだった。そして――

〔……〕なにより最悪だったのは、軍が私たちをさっぱり信用してなかったことだ。以前、基地に配属されていた連中といったら、まるでワイルド・ウェストの登場人物きどりで酒を飲んでは早撃ち大会をやるといった具合だったもので、私たちの火器は夜間にはすべて武器庫にしまい込まれて、当番兵だけがその鍵を保管していたのだ。しかもその夜、武器庫係はガールフレンドとダウンタウンへ繰り出していた。みんな走りまわって叫んでいた、「係はどこだ？　鍵はどこだ？」。〔……〕

部隊には、自分たちが世界のなかでどんな立場にあるのかまるで考えてもおらず、興味もないといった連中が大勢いた。ここはテネシーじゃない、連中の生まれた故郷《くに》じゃない、だから知りたいことなんてなにもない、というわけだ。一部にはヴェトナム人に興味を持って人々と親しくなった者もいた。ちょっと考えてみれば、基地に出入りする人間たちがゲリラに内通して内部の情報を流すこともできたのだが、当時の私たちは露ほどもそんなことを考えてもみなかった。

仏教徒による反ジェム政府デモが始まったとき、それまではなんの注意も払っていなかったに違いない多くのアメリカ人たちにも、自分たちが支援しつづけてきたこの警察国家は、おとなしくデモをしているだけの自国民を相手にして全土に戦車やマシンガン

や鉄条網をばら撒いているんだということがはっきりわかってきたのだ。〔……〕

通り過ぎるデモの群衆のなかには、私たちが通っているバーの女の子や基地内で雑用とか兵員食堂《メス・ホール》の賄《まかな》いをしている顔ぶれが混っていた。私たちはベッドを整え、ブーツを磨き、ぼろ兵舎《フーチ》をぴかぴかに磨き上げてくれる女たちを雇っていた。こんなふうに言うと、私たちがちょうど昔インドに駐留したイギリス軍にでもなりかわっていたみたいにおもわれちまうかもしれない。確かに私たちはあそこで召使いを持っていた。

いや、というより私たちはみんな、自分たちも召使いを持つ権利があるとおもっていたわけなのだ。兵舎一棟で二十人の連中が金を出し合って、掃除をしベッドをつくり全員のブーツを磨いてくれる女をひとり、合計二〇ドルで雇っていた。彼女にとって月に二〇ドルは大金だった。私たちも軍隊では大した金は貰っておらず――月に五、六〇ドルか、私が入隊したころはそんなもんだった。だから私たちにしてみれば、召使いがいることでちょっとした錯覚に陥ったり妄想めいた気分になっても不思議じゃなかった、というわけだ。

この回想は、軍隊といえば新兵が古参の下士官に怒鳴られながら、ブーツに唾を吐いてしみひとつなくなるまでぴかぴかに磨き上げさせられる、といった情景を連想する固定観念を軽く裏切って、「九時から五時までの戦争」の奇妙な安穏さを印象づけている。実際、この当時二十歳になったばかりのジャン・バリーのような青年にとって、こうした軍隊生活は奇妙に非現実的《アンリアル》な感覚を持たせる一因ともなっていた。だがバリーは、いくつかの経験を通して、もっと奇妙で不可解なこの戦争の矛盾を垣間見てゆくことになる。その一例が、幼いころドイツからアメリカへ移民してきた或る仲間の兵隊の身の上に起こる。彼はテニスが得意で、ちょっとしたきっかけからニャ・チャンの警察署長や町の有力者たちのテニス・クラブに招かれる。彼らは、「並みの一等兵が付き合うよりもずっと地位の高いヴェトナム人」である。そのクラブで或る日、このドイツ系の兵隊は「ふと何気なく、いま付き合っているヴェトナム人の女の子と別れたいんだと洩らしたところ……彼女はなんと翌日逮捕されてしまったのだ」。

　それはしかし、このころから急速に悪化と腐敗の実状を露呈しはじめていたジェム政権下の不穏な社会情勢を示すほんの些細な例に過ぎなかった。ジェムとふたりの弟カンとニューのゴ・ディン三兄弟に集中された権力は公式にも非公式にも巨大なもので、当然のようにそこには――他の独裁政権と同様――「つねに汚職と賄賂の噂がつきまと[31]」い、「不平がはびこって、政治は腐敗し、軍部の内部でも、抑圧された不満が高まっていた[32]」。強引な戦略村計画の実施に対して農民層と官僚たちの間が険悪になっていたのは無論、都市部においても中産階級層の人心は政府から離れ、カソリックの大統領によって弾圧された仏教界は遂に一九六三年五月八日の釈迦生誕祭〔花祭り〕で古都フエでの集会に介入した軍と衝突し、九人の死者と一四人の負傷者を出した。いわゆるフエ事件である。そしてつづく六月十一日、世界中の眼をヴェトナム情勢に集めさせる事件が起こった。この日、六十六歳になる仏教僧カン・ダクが抗議のためにガソリンを浴びて自ら焼身自殺を決行したのである。これは明らかに計画的行為で、仏教徒の闘士たちは事前にAP通信特派員マルカム・ブラウンら在サイゴンの外国人記者たちにカメラを持って集まるよう呼びかけており、現場ではカン・ダクの十五年間にわたる僧侶生活を記した文書が記者たちに配布された。「その文書には、あらゆる宗教に『慈悲と哀れみ』を示してくれるようジェムに対して『謹んで』乞い願う、という彼〔カン・ダク〕の最後の言葉が記載されていた。カン・ダクを現場まで車に乗せてきた或る仏教学生は、のちに、この出来事がけっして敵意を籠めたものではなく、平静な自己犠牲心に拠るものだったと語った。〔……〕誰もカン・ダクを止めようとはしなかったのだろうか？『それはあの方ご自身の選択なのです』と学生は答えた(33)」

この事件はただちに世界中に報道され、焼身自殺のショッキングな写真とともに新聞の一面を飾った。しかも既にこれ以前、アメリカのヴェトナム介入の度合が深まるにつれてアメリカを中心とした各国からの駐在特派員の数は格段に増えていたことも、この事件の背後にあるヴェトナム社会の危機への注目度を高めた。「アメリカの援助にはアメリカ軍が同行し、アメリカ軍には記者団が同行した。ベトナムに行くアメリカ人の数を増やすことで、ケネディはベトナムの重要性をあらゆる意味で拡大させ、アメリカ国民にベトナム問題を意識させる結果になった。二人であった常駐特派員はいまや八人に増え、しかも最も危険なことに、ジエムが外部に知られたくないことがらをテレビカメラで追い回す特派員も含まれていたのである(34)」

だが、カン・ダクの焼身事件の後も、ジェム政権の姿勢は変化しないばかりか、ますます依怙地になるばかりだった。一九七一年に『ニューヨーク・タイムズ』がスクープしたいわゆる「ペンタゴン・ペーパーズ」の各種資料が示しているように、アメリカ政府部内ではジェム政権の腐敗と基盤の脆弱さを懸念する見方が急速に強まり(35)、特にゴ・ディン・ニュー夫妻の横暴を排除するようアメリカ政府は一九六二年初頭から繰返しジェムに秘かに申し送っていた。だがジェムとニューはこれを内政干渉だと受け止め、ニューの勢力下にある報道機関を通して「共産主義や改革に関するアメリカの考え方は稚拙《ナイーヴ》である、という非難(36)」を明らかにした。

こうした状態は、カン・ダク事件を契機にさらに激化した。ジェム政権はますます態度を硬化し、二カ月足らず後の八月一日、「ニューの私兵と化していた政府軍特殊部隊(37)」がフエ、サイゴンその他の寺院を襲撃、数千人の僧侶の逮捕に踏み切ったのである。仏教徒の反撥は強まり、カン・ダクにつづいて何人もの僧侶たちが抗議の焼身自殺を決行した。だが、権勢を誇るジェム一族のマダム・ニューはそれを「バーベキュー」だと嗤い、或るインタヴュアーに向かって「どんどん焼身させるといいわ。そうしたら私たち、拍手喝采してあげますわよ」と語った(38)。

結局ジェム政権は寺院襲撃からちょうど三カ月後、軍事クーデタによって崩壊した。ジェムとニューは殺害され、一族はすべて駆逐された。クーデタの中心人物はジェムの軍事顧問だったヅォン・ヴァン・ミン将軍で、かつてジェム政権がニュー一派を排除しなければ「ジ

ゴ・ディン・ジェム(上，中央)と義妹の
マダム・ゴ・ディン・ニュー(下).
(Stanley Karnow, *Vietnam: A History*,
1983)

エム大統領そのものもほっておくわけにはいかないかもしれない[39]」とワシントンに申し送ったヴェトナム駐在アメリカ大使ヘンリー・キャボット・ロッジらアメリカ首脳部の支持を秘かにとりつけた上での革命行動だった。アメリカ政府部内ではこのクーデタ計画の容認について「文字通り最後まで鋭く分裂したまま」の激論がつづけられていたが、「ケネディ自身の態度は揺れ動き、公然とはクーデターを支持しない政策に固執したものの、さりとてクーデターを阻止することもしなかった[40]」。何故なら、ＪＦＫと彼のキャメロットはもはや「そのベトナム政策の転換を受動的にクーデターによって図る以外に方法をもたなかったのである。つまり、ケネディ政権にとって、ゴ政権の崩壊が意味するものは、政策の転換がもたらした結果というよりむしろ、その破綻を象徴するものであった[41]」。

こうしていったん南ヴェトナムの政治権力を掌握したヴォン・ヴァン・ミンは、しかしさらに二カ月後の一九六四年一月三十一日、政府軍第一軍管区司令官グエン・カーンによって逆に自らがクーデタに見舞われることとなり、これ以後「ヴェトナムの政権は回転ドアのなかにいる[42]」ような状態を迎えるのであった。

3

一九六二年から六三年にかけてのニャ・チャンをめぐるジャン・バリーの回想は、一九八一年に刊行されたアルバート・サントリ編の『我々の持てしすべて』というヴェトナム帰還兵《ヴェテラン》の回想集に収められている。一九八一年、それはアメリカがインドシナ全域からすべての地上軍を撤退させてから八年が経ち、南ヴェトナム政府が倒壊してから数えても六年が経過して、アメリカのヴェトナム介入に関するすべての経緯を誰もが知り得るようになっていた年である。したがって、その回想集に収められたジャン・バリーを含む計三三人のヴェトナム・ヴェテランの男女たちの談話には、いずれも、自分たちが事実上の敗者となるだろうことを考え得なかったあの時代へのいささかシニックな気分が投影している。しかし少なくともバリーのこの回想を見る限り、そこに反軍意識の類いの感情が流れているわけではないことを無視すべきではないだろう。一九六〇年代のアメリカ軍においては、ケネディ政権の華々しい登場とともに「特殊戦争《スペシャル・ウォーフェア》」という言葉が、従来までの心理戦《サイコロジカル・ウォーフェア》のみならず対反乱戦略《カウンターインサージャンシー》、そして破壊・脱出・危機回避工作およびゲリラ戦といったあらゆる非通常戦争《アンコンヴェンショナル・ウォーフェア》まで広い範囲を包摂する洗練された軍事科学的概念になっていたが、しかしヴェトナムの実戦場が兵士たちに見せたのは洗練とはおよそ程遠い現実であった。バリーの回想が示すのはその余りのギャップへの驚きと、反省だ。

　一九六二年に陸軍に入隊し無線学校を終えるとすぐにヴェトナムに配属になったバリーはニャ・チャンに駐留した間に十九歳から二十歳になっているが、そのころから既に、いずれはウェスト・ポイントに進学して高級軍人へのキャリアを積むことを考えていたと語っている。

〔……〕私の場合は軍事への関心もあったし出世したかったこともあって、この〔ニャ・チャンの〕状態をかつてのインドにおけるイギリス軍やインドシナにおけるフランス植民地軍といった過去の例と関連させて考え始めるようになっていた。少しは知られていることかもしれないけれど、私たちがいたような基地は以前フランス軍が駐留していたところで、立派な煉瓦づくりの建物も仏軍兵舎として使われていたのだ。

　私たちはその時代のことを、部隊付きの通訳相手の話から知った。彼によるとフランス軍が駐留していたころ、フランス兵の多くはドイツ語を喋っていたのだそうだ。何故なら奴らはもともと第二次大戦後にドイツ軍からフランス外人部隊に入った連中だったからだ。だから、その通訳もドイツ語とフランス語と英語、さらに中国の三種類の方言と、もちろんヴェトナム語を話せた。彼が米軍部隊から得るサラリーは僅かなものだった。いまは一等兵や四等特技兵に付いているこの教養ある男は、ハイスクールもろくに出ていないような連中にこき使われている、というわけだったのだ。

　私たち二、三人は彼とかなり仲良くなっていた。ひとりはドイツ人だった。彼の親父はドイツ軍で戦死し、その後お袋さんがアメリカ兵と再婚して一緒に合衆国にやって来たということだった。彼は通訳とドイツ語で話をして、そこでフランス外人部隊の歴史をいろいろと聞かされた。

　それから、私たちがニャ・チャンからサイゴン宛に使ってる電話線も、日本軍が敷設したものだった。ニャ・チャンの湾には古い日本軍機の残骸が沈んでるってことも聞かされた。そうやっていろいろとこの土地のことや歴史を知るうちに、ひとつ、はっきりしてきたことがあった。つまり、ここの人たちはいろんな種類の軍隊がやって来ては去ってゆくのをすべて見てきたんだということ、そして私たちもそのひとつに過ぎないんだということ、だ。

一九六三年の十月半ば、ジャン・バリーはヴェトナムを離任した。ジエム政権に対するクーデタが起きたのは、その二週間後のことだった。のちにバリーは、ニャ・チャンに残った仲間たちがクーデタの前の晩に、荷物をまとめていつでもヴェトナムを離れることができるように準備しておくよう通達されたのを知ったという。言うまでもなくそれは、アメリカがこのクーデタに事前に内通していたことを物語っている。そして、このため「ジエムの死に関与したアメリカの責任はその後の合衆国首脳部に付きまとって離れず、ヴェトナムにおいて、より大きな重荷を彼らに背負わせることとなっていった[43]」のである。そうした経緯を踏まえることのできるようになった一九八一年のジャン・バリーの口調は、淡々としていながら、どこかに秘かな溜息を混えているように感じられる。

ヴェトナムから戻った私は、ウェスト・ポイントに進学するための予備学校《プレパラートリー・スクール》に通うことにして、十一月にはもう在校生になっていた。そして或るとき、全員がひと部屋に集合させられた。オフィサーのひとりが言った、「ケネディ大統領が撃たれたという報告があった」。みんなショックを受けた。私が感じたのは、「今月の初めにヴェトナムで大統領がやられて、俺が戻ってきたとおもったら今度は俺たちの大統領がやられてる。あそこに残してきたものが、まるで俺のあとを従《つ》けてきたみたいだ」ということだった。

そしてジャン・バリーは彼の回想、彼が経験した「九時から五時までの戦争《ザ・ナイン・トゥ・ファイヴ・ウォー》」の記憶を次のように締め括っている。

ワシントンのあたりじゃ殆ど誰も、私たちがヴェトナムでどんなことをやってきたのか知ってはいなかった。私たちは右の肩に軍歴章《ミリタリー・パッチ》を付けて戦争経験者だってことを示すことになっていた。だから私は大佐たちによく呼びとめられては訊かれたものだった、「どんな戦争だったたね、君《サン》？　ヴェトナムってのはどこにあるんだ？　君たちはあそこで戦ってきたんだろう？」

2 アメリカン・グラフィティーズ

The American Graffities

1

二十世紀の世界を襲ったさまざまな戦争のなかでも、ヴェトナム戦争ほど不明瞭な、そして不名誉な印象を身に纏いつけてしまった戦争はない。「名誉なき戦争《ウォー・ウィズアウト・オナー》」、その言葉が湛えるイメージには正義も大義も具わってはおらず、あるのはただ、ダーティやクレイジーといった形容詞さえ当り前のものにおもわせてしまうような惨めさと、深い深いシニシズムばかりだ。そして「名誉なき戦争」と並んでこの悲惨な印象を直截に伝えかけてくる言葉が「泥まみれの戦争《ザ・マディ・ウォー》」である。

一九五四年四月、ヴェトナム北部のディエン・ビエン・フーの要塞でフランス植民地軍が絶望的な被包囲・消耗戦にさらされていたにもかかわらずフランス、アメリカ、イギリス三大国がそれぞれの思惑に基く外交交渉上の袋小路《デッド・アレイ》で右往左往していたころ、当時のアイゼンハウアー米政権の某高官——のちに副大統領リチャード・ニクソンであることが明らかになった——がオフレコの話として、仏・英がアメリカ側の主張に従うかたちで共同行動を採れない場合にはアメリカが単独でヴェトナムに対して軍事行動を起こさざるを得ないかもしれないという旨を語った、と伝えられた。これにすぐさま猛烈に反撥したのが民主党、とりわけ上院院内総務として党内外に大きな影響力を持っていたリンドン・B・ジョンソンで、彼は名指しで「ニクソンの戦争《ニクソン・ウォー》」と激しく非難する声明を出した。そのとき彼が口にしたのが「アジアにおける植民地主義と白人による搾取を永続させるためにアメリカの兵士《GI》たちを泥と汚物にまみれたインドシナの流血の莫迦騒ぎ〔the mud and muck of Indochina on a blood-letting spree〕に送り込む(1)」ことに反対する、という言いまわしだった。なんとも評しようのない表現だが、ここにおいて〈泥沼化するヴェトナム〉というイメージが初めて劃然となったのである。

そしてこのときから二十年後、既にアメリカ地上軍がインドシナ半島から総撤退を完了し、南ヴェトナムのサイゴンとカンボディアのプノンペンがつづけざまに陥落するのがほぼ時間の問題だと見做されるようになったころには、アメリカ合衆国および西側のプレスとメディアの伝達範囲内のすべての世界におけるヴェトナム戦争のイメージは〈泥濘《ぬかるみ》のなかの狂気〔the madness in the muddiness〕〉とでも言うべきものへと収斂されるようになっていた。それはけっして特殊な印象なのではなく、明らかに、長年にわたって蓄積され醸成されてきたパブリック・イメージの所産であった。

「泥まみれの戦争」――だが実を言うとこの表現は、一方で、ヴェトナム戦争というこの不明瞭で不名誉な戦争の本質を見誤らせてしまうような罠を秘かに隠し持っている。何故ならヴェトナムおよびインドシナ半島とはけっしてア・プリオリに泥沼という語で象徴されるべき汚濁の地だったのではなく、旧植民地宗主としてのフランスとその肩代りとして実質上の新植民地宗主の立場に身を置いたアメリカとが彼ら自身の手でそこを泥沼へと化していったという明らかな事実があるからだ。したがってそのことを踏まえないままこの戦争を泥沼のイメージで捉えることに終始すれば、あの『ペンタゴン・ペーパーズ』を内部告発のかたちで公けにしたダニエル・エルズバーグが指摘したように「歴代大統領のベトナム介入政策を支持するという重要な役割をもつ欺瞞[2]」に陥ってしまうのである。そうして、このことを押さえておいたうえでならば、アメリカ社会の主にワーキング・クラスから十八、九歳で根こぎに徴集《ドラフト》されヴェトナムの戦場へと放り込まれたGIたちにとって、メコン・デルタの肥沃な水田地帯も熱帯モンスーン気候下の密林もすべて「泥濘のなかの狂気」をもたらす恐怖に充ちた場所だった、と言うのもまた、けっして間違いではない。

事実、ヴェトナム帰還兵出身の代表的な小説家ティム・オブライエンの作品『カチアートを追跡して』は次のような実に印象的な描写をもって書きはじめられていた――。

ひどい時代だった。ビリー・ボーイ・ワトキンズが死に、フレンチー・タッカーが死んだ。ビリー・ボーイは戦場の恐怖に堪え切れなかったのだし、フレンチー・タッカーは鼻面を撃ち抜かれたのだ。バーニー・リンとシドニー・マーティン中尉は穴ぐらのなかで死んでいった。ペダーソンが死に、ルディ・チャスラーが死んだ。バフが死んだ。レディ・ミックスが死んだ。みんな、死んでしまった。雨が全員のブーツからソックスにまで浸み込んで黴を生やし、ソックスを腐らせ、白っぽくぶよぶよになった皮膚は爪で引っ掻くとぺろりと剝がれ落ちた。スティンク・ハリスは口のなかに入った蛭に舌を吸いつかれて、夜中に喚きながら跳び起きた。雨でないときは霧が水田の上に低く垂れこめ、あたりを灰一色に塗り潰した。冷たく、ねばついて、腐り果ててしまいそうな戦争だった。シドニー・マーティン中尉に代わってやってきたコーソン中尉は赤痢に罹った。照明弾は使いものにならなくなった。弾薬は腐食し、塹壕はひと晩で泥と雨水に埋まってしまった。夜が明けると別の村へと移動して、また同じことを繰り返した。いつまで経っても変わりばえのしない戦争だった。〔……〕(3)

それは確かに、いつになっても変わりばえのしない、不名誉な、泥まみれの戦争だった。いや、正確に言えばそれは「いつになっても変わりばえのしない、不名誉な、泥まみれの」イメージを以て語られることで最も理解されやすくなったという奇妙な戦争だったのである。そうした意味で、自身がヴェトナム・ヴェテランであるティム・オブライエンが『カチアートを追跡して』の冒頭にいきなり「ひどい時代だった〔It was a bad time〕」という直截な言いまわしを置いたのは、あの戦争に対して社会一般が抱いている固定観念を上手に利用しつつ核心へ——ヴェトナム戦争小説を処女作として出発しなければならなかった小説家の想像力の核心へ――と読者を巧みに誘導してゆくための最良の方法だったと言えるだろう。

そしてまた、オブライエンがこの小説の執筆にとりかかっていたのとほぼ同じころから、少しずつおずおずと、やがて急速かつおおっぴらにあちこちで姿を見せるようになった多数のヴェトナム・ヴェテランたちの回想も、しばしばこのイメージに寄り添うような按配で語られ、かつ世間に流布されてゆくことになる。けれどもそれは、彼らが嘘を語っているということを意味するのではない。そうではなく、人はしばしば世間が自分に求めている役割や見ようとしている印象に合わせて自分を語ってしまうものだということである。したがってそのときの彼ないし彼女のセルフ・イメージは、社会全体が抱いているパブリック・イメージに合致すべきものとして形成されてゆくことになるのである。

2

アメリカ史上最長の戦争の前……

アメリカ史上最長の戦争の前……

一九六五年、ヴェトナムは単なる外国の戦争だとおもわれていた

だが、違った。さまざまな意味で、違った。そう、そこで戦わされた人々も――

第二次大戦、コンバット・ソルジャーたちの平均年齢は二十六歳。ヴェトナムでは、そ

れは十九歳だった……

これは、一九八五年四月にロンドンのクリサリス・レコードから発売されたポール・ハードキャッスルのディスコ・サウンド「19《ナインティーン》」の冒頭に挿入されているナレーションである。ハードキャッスルはこれ以前には黒人歌手デレク・グリーンと組んだ『ファースト・ライト』〔オーヴァル・レコード、ロンドン、一九八二年〕など数枚のアルバムをリリースしただけの無名に近いキーボード・プレイヤーだったが、「19」はイギリス国内で発売後二週間で五十万枚を売上げてヒット・チャートの一位を占め、つづいて発売されたアメリカでも一カ月間で百万枚というビッグ・セールスとなった。曲調はシンセサイザーを中心とした単調だがきらびやかなディスコ・リズムの連続で、そこにニューズ・アナウンス独特の早口で平板なナレーションの断片や各種の効果音がときどき挟み込まれ、ハービー・ハンコックが「ロック・イット」で流行させたスクラッチ奏法を応用したらしい、〝ni-ni-ni-ni-ni-ni-nineteen……〟という低い声がエコー再生で繰返し何度もかぶせられる。レコードとほぼ同時期に発売されたヴィデオ・クリップでは、ヴェトナム戦争当時の戦闘場面を撮ったニューズリールのさまざまな断片がいくつも登場し、サウンドの印象と相まって観客の眼に灼き込まれてゆく。それらの映像のモンタージュ手法にはとりたてて独創的なところはないのだが、それだけにむしろ、既視の悪夢を遠い過去からカット・アップしてきたような効果が醸成されている。

これらの点を見れば明らかなように、「19」はハードキャッスルのミュージシャンとしての独創性や卓抜さを示すものではなく、その成功もティーンエイジャーたちを——まさに一九八五年のナインティーンズを——主な顧客とするディスコ・サウンド市場の潜在的ニーズをうまく掘り当てた結果という以上のものではなかった。だが、その音楽性の凡庸さと一過的なものに過ぎない成功にもかかわらず「19」を無視できないのは、若さを至上のものとする現代の文化的コードによってふたつの離れた時代の十九歳を直ちに結びつけ、共生感覚をもたらすことが可能だ、ということを改めて如実に示してみせたことにある。しかもそのときに用いられた道具——象徴作用を惹き起こすための記号——が、それ自体ではきわめて即物的で冷たい統計的数字だったということ、それである。実際、「19」のナレーションが強調する内容はほぼ事実に即している。国防総省の統計を整理・検討したグロリア・エマスンによると、一九六一年一月一日から一九七四年四月十三日までにインドシナ半島で死亡したアメリカ軍将兵の総計は五万六五五五名にのぼっているが、そのうち作戦行動中の戦死者の六四パーセントまでが、二十一歳以下だった。さらに、非戦闘時も含めてヴェトナムで死亡した兵士の年齢別構成は次のようになる。

十七歳＝一二名
十八歳＝三〇九二名
十九歳＝九三七二名

二十歳＝一万四〇五七名
二十一歳＝九六六二名(4)
〔なお、理由は不明ながらエマスンのリストには十九歳の項目が含まれていない。そのため右記の数字は、エマスンが二十一歳以下の死亡率を六四パーセントとしているのをもとに単純計算で割り出したものである〕

もっとも、このあたりについては多少注意深い但し書きが必要だろう。第一に、アメリカ軍の歴史において十代の兵士は必ずしも珍しい存在ではなく、たとえば第二次世界大戦時の海兵隊員だった或るヴェテランによると、日本軍占領下の南太平洋戦域に対するアメリカ軍最初の強襲揚陸戦《ヒット・ザ・ビーチ》となったガダルカナル作戦当時、投入された海兵隊員の八〇パーセントが二十一歳以下の兵隊たちだった(5)。また、もともと徴兵制度を嫌って志願制を原則としてきたアメリカの軍事制度史全体においても、独立革命戦争後の一七九二年に制定された民兵法を初めとして徴兵法ないしはそれに近い法律が立案される場合には、僅かな例外を除くと、十八歳が対象の最低年齢とされてきた。なお、二十世紀に入って最初にアメリカ内で制定された徴兵制度は、一九一七年四月、ウッドロー・ウィルソン政権の主導により連邦議会が強固な孤立主義の立場を捨てて第一次大戦への参戦を決定したのに伴って同年五月に成立された選抜徴兵法〔Selective Service Act〕であり、このときの徴兵登録対象は当初二十一歳から三十五歳までとされたものがすぐ十八歳から三十五歳までの男子となり、翌十月にはそれが十八歳から四十五歳までに拡大された。この法律は第一次大戦終了後ただちに廃止されるが、一九三九年ナチス・ドイツがポーランドに侵攻し、翌年フランスのパリがドイツ軍の手に陥ちたのに呼応してアメリカ史上初めての平時徴兵法が施行されることとなる。これによってすべての州兵は連邦軍に編入され、予備役将校の大部分が現役に召集されるとともに、十八歳から六十五歳までの男子に登録義務、そのうち十八歳から三十七歳までの者に十二カ月間の現役服務と十年間の予備役服務が課せられた。この制度は第二次大戦中に延長・拡大を繰返し、戦争終結後の一九四七年三月からの約一年半を除くと、状況に応じた適用規模の変化こそあったものの、三十三年間にわたって延長されつづけたのである(6)。この間、アメリカ陸軍は志願兵と徴兵の混成部隊によって一貫して編成されてきたため、ヴェトナム戦争当時に十八歳になった男子にとっては、徴兵は当然自分の身に起こり得べきことであった。

けれども同時に、強制的な徴兵制が個人の独立と非服従主義《ノン・コンフォーミズム》を侵すことを嫌悪する文化伝統のあるアメリカにあっては、徴兵拒否と徴兵逃れはつねに付きものだった。既に南北戦争当時から、十七歳以上五十歳以下のすべての白人男子に兵役義務を課した南部連合では一部の富裕な農園主《プランター》と奴隷監督の徴兵免除を認めており、二十歳から四十五歳までの身体強健な男子に兵役を課した北部でも連邦および州政府の高官や未亡人のひとり息子といった人々を例外としたばかりではなく、三〇〇ドルという、富裕な市民たちにとっては僅かな金額で兵役免除を認めていた(7)。

このような明らかな矛盾は、しかし、けっして歴史書のなかにのみ生きる愚かしい慣行ではない。二十世紀に入ってからは、兵役免除の特典を合法的に金で買うといった不公平こそ表向き姿を消しているが、第一次・第二次世界大戦でほぼ整備された近代的な選抜徴兵制度の実施過程を調べた多くの研究者はいちように、ふたつの大戦時とその後の一九五〇—六〇年代とを比較すると、徴兵指名に至るまでの決定段階で明らかに「選択的《セレクティヴ》」な傾向が強まっていると指摘している。(8) それは、兵役登録者の社会階級が低くなるにつれて実際に徴集をかけられる対象が増加するということを、事実上意味している。たとえば、ヴェトナム戦争後にフォード政権下で設けられた特赦局《クレメンシー・ボード》で調査・分析を行なったローレンス・バスキアとウィリアム・ストロースは、「ヴェトナムで戦って死んだ徴集兵《ドラフティ》たちはそもそも社会の〝落伍者《ルーザーズ》〟であり、学校や職場やさまざまな社会的競争の場から落ちこぼれた男たちだった」と指摘し、志願兵のなかでも国内やヨーロッパ駐留の米軍基地ではなくヴェトナムに配属された者は、大学卒業者では四二パーセントの率だったのに対して高校卒業者では六二パーセント、高校中退者になると七〇パーセントにものぼったことなどを明らかにしている。(9) そこに見えてくるのは明らかに、学歴や親の財力・社会的地位といったものの恩恵《アドヴァンテージ》を与えられないティーンエイジャーの姿である。そしてこのことが、蒙昧な施政者と社会の矛盾によって蹂躙される善良な青年たちというイメージを生んで、ヴェトナム戦争の印象をより悲劇的な色彩に染めたことは間違いない。

けれども、彼らが若く貧しかったからといってけっして兵隊としての適格を欠いたわけではないことは看過されるべきではないだろう。第二次大戦における最も有名な帰還兵《ヴェテラン》である映画俳優オーディ・マーフィ——よく知られているように彼はテキサスの貧農の息子に生まれ、大戦中に挙げた軍功が大衆新聞で派手に扱われたことから一躍全米のヒーローとなって映画界入りした青年だった——の戦歴が示すように、いっさいのアドヴァンテージを持たぬまま若さと健康な肉体だけを頼りに軍と国家に奉仕した青年が戦場の英雄という名の優秀な殺人者たり得ることは、つねに可能なのである。ハードキャッスルの「19」は効果音と映像と直截なメッセージとによって〈根こぎにされた青春〉の印象をひたすら強調し、それはそれで一面では確かに正しいのだが、しかし現実の十九歳とはそれほど初心《うぶ》でも世間知らずでもありはしない。ポール・ニザンではないけれど、十九歳がこの世界で最もイノセントな年齢だなどと誰に言えるだろう。戦争はいかなる感傷によっても語られるべきではない、というかそのように語られては危険なのだ。そして、にもかかわらず戦争というものは、或る種の感傷をまじえなければ語られようとはしないのである。

そうした意味での典型的な例が、第二次大戦中のヨーロッパ侵攻作戦で勇名を轟かせたアメリカ陸軍第一歩兵師団——通称「ザ・ビッグ・レッド・ワン」——第二大隊所属のC中隊《チャーリー・カンパニー》に一九六八年から在籍した兵士たちの戦中と戦後を『ニューズウィーク』の記者たちが追跡して書いた『チャーリー・カンパニー』(一九八三年)に描かれている。

一九六八年六月、グレッグ・スキールズの乗機がサイゴン北方のビエン・ホアに着陸《タッチダウン》し、真新しい兵器と一緒に滑走路のエプロンに吐き出されたとき、彼にとっての戦争が始まった。スキールズはミシガン州フリント出身、巻毛の元気のいい若僧《キッド》で、一刻も落着いてはいられない高校生みたいなふざけ半分で専用ジェット機の外に出ると、眼下に拡がるジャングルを指さしながら、あそこに本当に蛮人《グーク》が潜んでいるのかね、などと冗談を飛ばしていた。〔……〕彼ら新兵たちが行進していると、既に戦場を経験してきたヴェテランたちの列と出くわした。それを追い抜きながら新兵たちは、彼らのほうをちょっと探るような眼つきで窺った。ヴェテランたちは二十歳か二十一歳で、ずいぶん老けて見えた。彼らのほうはこのＦＮＧども――ファッキング・ニュー・ガイズ――を黙って胡乱な眼で眺めた。なかには首を振る者もいた。誰も、なにも言わなかった。ちえっ、とスキールズは冷たい視線のなかでおもった。俺はなにをしに、こんなとこへ来たんだ？

　彼がやって来たのは故郷から遠く離れた薄汚れた戦争、それも徴兵逃れができなかったか、あるいはするつもりのなかったやっとにきびが消えかかったぐらいの齢ごろの連中が戦っている戦争だった。その多くが、スキールズ自身も含めてティーンエイジャーだった。ちょうど『アメリカン・グラフィティ』の登場人物たちと同じだ。あとになってあの映画を観たスキールズは、おもわず、なんてこったと唸ったものである。ありゃあ俺じゃないか。ドライヴとドラッグ・レースと生意気ざかりの恋に明け暮れた青春。ＴＶに映るその光景は、昔のスキールズとまるで同じだった。(10)

グレッグ・スキールズが育ったミシガン州フリントはアメリカ自動車工業界の首都たるデトロイトの近郊にある産業衛星都市である。そこで育った若者たちはみんな、子どものころからカー・クレイジーだった。だからエインスワース・ハイスクールに在学中のグレッグの生活の中心といえば、免許を取るとすぐに買った六六年型ポンティアックGTO、もうこれしかない。そうしてスキールズはいつもこの〝ペットの山羊《ゴート》〟を目印に、デイリー・クイーンでガールフレンドと待ち合わせてはドライヴしたり、仲間たちとスピード・レースをしたりしていた。それは確かに、『アメリカン・グラフィティ』そのものの日々だった――。

それが、あのころのフリントの町では当り前だった。あとはビールを呑み、ラジオを聴き、学校を出たらすぐシヴォレーかビュイックかフィッシャー車体《ボディ》に勤めて、低熟練高賃金のライン労働者として働く。スキールズの場合はもっと徹底していて、エインスワース・ハイの六六年度組が学校を出る二カ月前にはシェヴィの最終組立て工場での雇用契約書にサインをし、フェンダー・ブランケットを半分取り付けたりハブキャップを嵌め込んだりして一年半を過していた。そして或る日、彼の自宅の郵便受に召集令状が舞込んだのである。

それは一九六八年一月のことだった。彼はそれを、まあ当り前のこととして受け止めた。周囲のみんなもそうだった。若いうちに結婚したり天気の良し悪しで変化が起こったりするのが当り前なのと、それは同じだ。同世代でももっと高学歴の連中は、カナダへ逃げてみたり徴兵猶予のある大学へ潜り込んだり手を回していきなり士官の肩書を手に入れてみたり、さもなくば大統領選に出馬しようとしていたユージン・マッカーシーの選挙運動員になってニュー・ハンプシャーの雪のなかを走りまわってみたり、といったふうだったが、そういった種類のことはグレッグ・スキールズには縁がなかった。彼のまわりの世界では、国家から召集がかかれば男は行くものなのだ。独立革命戦争のときもそうだったし、彼の継父《おやじ》だって第二次大戦のときはそうだったのだ。要するに誰にだってあることなのさ、順番が当たったってわけだ、と彼は考え、肩をすくめ恋人にさよならを言うと、歩兵訓練キャンプでしごかれてから、最後にここ《ナム》へ船で送り込まれてきたのである。

ひとつ注意しておかねばならないのは、グレッグ・スキールズをめぐるこの余りに典型的な挿話が、一九八三年という時点で、アメリカを代表するナショナル・マガジンの記者たちによって企画され刊行された本に収められている、という点である。それは、インドシナ半島からアメリカ地上軍が総撤退を完了し、アメリカ人にとってのヴェトナム戦争が終わりを遂げてからちょうど十周年、という時機にこそ意義と象徴性を持つ典型だった。そうしたタイミングを享けてこのエピソードは、一九六八年、すなわちテト攻勢、ケ・サン攻防戦、リンドン・ジョンソンの引退表明とウェストモーランド将軍の更迭、そしてマーティン・ルーサー・キングJr.とロバート・ケネディの暗殺事件といった異変が相次いだこの年に、デトロイトの自動車産業〔アメリカの夢の源泉!〕で働く素朴でおおらかな若者は黙って戦地へ赴いたのだ、ということをあからさまに強調している。そのときこの本の書き手たちのジャーナリストとしての本能を最も強く刺戟したのが、ヴェトナム・ヴェテランの名誉回復がアメリカの社会的課題となった一九八三年という時機なのである。

一方、ヴェトナムから除隊兵として戻ってのち作家として頭角を現わしたティム・オブライエンは、彼にとって初めての単行本である回想録『もし俺が戦場で死んだら』のなかで、グレッグ・スキールズと同じ年の同じ経験を、次のように振りかえっている。

一九六八年の夏、つまり私が兵隊になった夏は戦争と平和について議論するのにうってつけの時期だった。ユージン・マッカーシーは穏健思想を掲げ、予備選挙で優勢を占めつつあった。学生たちは彼の言葉に耳を傾け、彼のために活動する者もいた。リンドン・ジョンソンは殆ど忘れられかけ、もはや近よりがたい存在でもなければ怖れられることもなかった。ロバート・ケネディは死んだけれど、まだ完全には忘れられてなかった。リチャード・ニクソンはどう見ても負け犬めいていた。要するにすべての悲劇と変化がその夏に起こり、夏の天気も議論にはうってつけというわけだったのだ。

〔……〕カレッジの友人が訪ねてきて言った、「ひどいな、徴兵だって？　どうするんだい」。

わからない、と私は答えた。まあ成行きに任せるさ。もしかしたらなにかが変わるかもしれないし、戦争だって終わるかもしれない。そこで私たちは議論を始め、長々と話し込み、あれこれと疑問を出し合って、朝はいつまでも寝ていた。(11)

政治の季節を生きる学生たちは、いつの世にも議論が好きなものらしい。彼らの間ではあらゆる哲学者や知識人が俎上にのせられ、論破され、戦争と平和についての厳密な定義と世の欺瞞を打破するための行動が決意される。だが、ルーラル・アメリカの小さな町《タウン》で育った青年は、町角の告知板で徴兵を知った顔見知りの大人たちに善意あふれる激励の声をかけられた途端、なにも言い返せなくなってしまうのだ。ティム・オブライエンは大都会の同世代たちのようにヒップになることのできない学生だった。そして次第に彼の心中は、徴兵を忌避して逃亡を企てることの是非をめぐってゆく。

家族はみんな用心深く黙っていた。決定は暗黙のうちに私に委ねられ、誰もそのことに触れなかった。だが、コーン畑に囲まれたこの町には周囲の眼が張り巡らされ、年配の女たちやカントリー・クラブの大人たちは隙あらば口さがないことを言うのが常だった。ここはミネアポリスやニューヨークみたいに、どの家の息子も人の眼をかいくぐれるような街ではないのだ。それに私は、この平原《プレーリー》に借りがあった。二十一年間にわたって私はこの町の法律の下で暮し、教育を受け、飲み食いをし、眠り、ハイウェイを飛ばし、空気を汚し、ぬくぬくと安穏に浸ってきたのだ。この町のリトル・リーグでプレイしたこともある。私はプラトンの『クリトン』をおもい出した。死に面した──戦争ではなく死刑だったが──ソクラテスは、逃げるチャンスもあったのだが、もし自分が国家に不満だったり市民社会の律法をアンフェアだとおもうのならこれまでの七十年間の生涯に何故そうしなかったのだろうと自問して、スパルタへ行くこともクレタへ逃げることもしなかったのである。そして私はと言えば、こんなことが起きるまでカナダのことなど考えたこともない人間だったのだ(12)。

グレッグ・スキールズとの、なんという違いだろう。そして、にもかかわらずなんと似通っていることだろう。スキールズは明らかにワーキング・クラス出身の若者であり、オブライエンは田舎のミドル・クラス家庭に育った青年である。彼らはちょうど『アメリカン・グラフィティ』のジョン〔ポール・ラ・マット〕とカート〔リチャード・ドレイファス〕がそうであったように、違っていて、似ている。彼らは互いに異なったパーソナリティを持ちながらも、不思議に同じ物語のキャラクターとしての刻印を帯びているのだ。そしてこの刻印はやがて、のちに「ヴェトナム世代《ジェネレーション》」と呼ばれることになる彼らの世代の聖痕の如きものへと発展して、戦地を経験した者から徴兵を忌避して逃亡した者、さらにもっと巧妙に徴兵を逃れた者たちにまで、どこかしら似通ったパーソナリティというべきものを背負わせてゆくことになるのである。

ローレンス・バスキアとウィリアム・ストロースは「ヴェトナム・ジェネレーション」を、一九四六年から一九五三年までに生まれたいわゆるベイビー・ブーム世代とほぼ一致するものだと定義し、「彼らはドクター・スポック・ジェネレーションであり、スプートニク・ジェネレーションであり、ペプシ・ジェネレーションであり、さらにウッドストック・ジェネレーションでもあった。しかし最終的に彼らは、ヴェトナム・ジェネレーションになったのである(13)」と述べている。

3

厳密に言えばアメリカのベイビー・ブームは一九四六年から一九六四年までつづいており、そのためヴェトナム・ジェネレーションはベイビー・ブーマーズのいわば第一世代だということになるのだが、この世代がヴェトナム戦争についての発言をはじめるのは、反戦運動にまつわるものを除くと、殆どすべて戦争が終了してのちのことである。特にヴェトナムの実戦場を体験した帰還兵たち自身の回想となると、戦後もさほど早い時期ではない。彼らは、ふたつの世界大戦はもとより「名誉ある和平」という名の事実上の引分けを余儀なくされた朝鮮戦争でさえ経験しなかった惨めな戦争の終わり方をヴェトナムで味わうことになったアメリカ社会の途惑いの空気のなかで、ジャーナリストや政治学者や軍人たちが慌しく敗因分析を行なうのを横眼にしながら、少なくとも十年間近くは沈黙の裡に過さねばならなかったのである。

そうした中のひとり、一九四一年生まれのフィリップ・カプートが著した『戦争の噂《ルーモア・オヴ・ウォー》』〔一九七七年〕は、ヴェトナム・ヴェテランたちが戦後公けにしたさまざまな回想録のうちでも最も早い時期のものに属している。この本のなかで彼はヴェトナム戦争を「自分自身が生き延びる以外になんの目的もない、疲弊した、どっちつかずの消耗戦〔an exhausting, indecisive war of attrition in which we fought for no cause other than our own survival〕」だったと表現し、「こうした戦争について書くのは容易な作業ではない」と述べている。

何度も私は、自分が普通の戦争《コンヴェンショナル・ウォー》の帰還兵だったら良かったのに、と強く願ったものだった。待ち伏せと小競り合いがだらだらとつづくのではなく、はっきりした目標のもとでドラマティックな会戦やヒロイックな戦闘が展開されるような戦争、だ。しかし現実はノルマンディでもゲティスバーグでもなく、軍や国家の運命を決するような叙事的な激突もなかった。それは、襲撃される予感に絶えず苛《さいな》まれながら、まったく不定期に、そのくせ着実に、ひとりひとりを狙い撃ちにしたりブービー・トラップに陥れてしまうような酷い人間狩り《マンハント》がジャングルと沼地を舞台に蜿々とつづけられる戦争だったのだ。そうした単調さも、ときどきは大規模な索敵・殲滅《サーチ・アンド・デストロイ》作戦によって破られはした。しかし着陸地点に入ってきたヘリコプターに乗りこむときの浮き浮きした気分のあとは、いつも、ブーツを深い泥濘に取られ、遠くの木立ちの外れから見えざる敵が攻撃してくるのに釘づけにされたまま応戦し、ヘルメットをじりじりと太陽に灼きつけられる長く熱い行軍がつづくばかりだった。VC《ヴェトコン》が本格的な戦闘を仕掛けてきて非日常的な狂乱のエクスタシーを味わわせてくれる、なんてことはまず無かった。[14]

死と隣り合わせの極限まで追いつめられながら実際にはなにも起こらず、それでも一瞬たりと見えざる敵に対して気を緩めることのできない、宙吊りにされたような緊張の連続。そうした極限状態をカプートは、「密封された緊張感《ボトルドアップ・テンション》」と呼んでいる。[15]この状態が、ヴェトナム戦争に関する最大のパブリック・イメージである〈狂気〉と直結していることは言うまでもない。それは、激発し外へ向かって自らの病根を曝《さら》け出してしまう狂気《マッドネス》ではなく、ひたすら内に沈み込み我と我が心を抑えつけ、歪ませ、しかもなお執拗な刺戟で絶えず病根をそそけ立たせてしまうような狂気《メニア》なのだ。

フィリップ・カプートはこの狂気、彼と彼の戦友たちが心に宿さざるを得なかった狂気をしっかりと直視する視線を、新約聖書マタイ伝の一節からタイトルを採った『戦争の噂』の冒頭から末尾まで、驚くべき強靭さで保持しつづけている。

一九四一年、シカゴ郊外のイリノイ州ウェストチェスターで生まれ育った彼は、十九歳で海兵隊に入隊した。シカゴ市の通勤圏内にあるロヨラ大学のROTC〔予備士官訓練部隊 Reserved Officers' Training Corps〕の在籍学生としてだった。幼ないころから彼は、ちょうど、同じイリノイのスモール・タウンに生まれ育ったアーネスト・ヘミングウェイがそうであったように、冒険心に富み、野趣に充ちた男らしさ《マンフッド》に憧れる少年として成長した。カプート自身はべつにヘミングウェイに言及しているわけではないのだが、その回想は読む者をして直ちに、あのいかにもマチョ的なパブリック・イメージを持つアメリカ作家のことをおもい泛べさせる。すなわち、森のなかでの釣りと週末のハンティングを趣味にしていたというカプートは「ありふれた世界の中にあってヒロイックに生きる機会を見つけるのが、私の求めていたことだった。退屈だが安全で快適で平和な暮しをしながら、私は危険と挑戦とヴァイオレンスに飢えていた(16)」というのだが、彼が育ったウェストチェスターは第二次大戦後の新興住宅地としてちょうど彼の成長と軌を一にして発展を遂げた、いわゆるサバービア・ライフのイメージそのままの町である。それゆえ彼は、「アメリカ中がセールスマンとショッピング・センターで溢れかえってしまう前に、荒々しいヒロイックな人生を生きたいと希《ねが》っていたのだ(17)」。

だが彼の両親は――もちろん――息子がそうした人生を選ぶことを望んではいなかった。フィリップ自身はすぐにでも大学を中退して正式に志願してしまうことを考えていたのだが、両親にしてみれば彼がきちんと卒業してまともな《リスペクタブル》仕事に就き、育ちの見劣りしない娘《リスペクタブル・ガール》と結婚して人並みな《リスペクタブル》サバービア生活に腰を落着けることが望みだった。しかし彼らの息子はそれを、両親がいつまでも自分を一人前でない子供《イレスポンシブル・ボーイ》だと見做している証拠だと考えていた。そのため彼は、或る日大学の構内で海兵隊員募集のポスターを見かけて、入隊を決意することになる。

私はROTC海兵隊科の小隊指揮官クラスに入った。六週間の基礎訓練と夏期訓練を受け、さらに卒業前の夏には上級コースが待っていた。士官候補生スクールの全課程を終了し〔大学の〕学士号を取得すれば、その後三年間は実戦軍務に就く義務になっていた。〔……〕

大学の友人たちの大半にとって、軍に入ることは大勢順応者《コンフォーミスト》の行動以外のなにものでもなく、軍務は奴隷になることに等しいと考えていた。だが私にとって志願することこそが反逆《レベリオン》の行為であり、海兵隊は個の自由と独立の機会をシンボライズするものだったのだ。(18)

軍に志願することは、市民社会の或る種の論理に従えばいかにも右へならえ的《コンフォーミスティック》な行為に違いない。そしてなによりノン・コンフォーミズムの理念を国家と文化形成の大きな礎石のひとつに据えてきたアメリカ合衆国の文化土壌において、コンフォーミスティックであることは最も非アメリカ的なこととなる。しかしフィリップ・カプートの動機も、まさにこのノン・コンフォーミズムから出たものなのである。つまり、みんなが、コンフォーミスティックだと考えることにあえて逆らい、安逸で均質なミドル・クラス的世界を脱出して自らの身命を国家とアメリカ市民社会を守る大義に捧げることこそノン・コンフォーミストの行動だと考える一種逆説めいた思考回路がそこには存している。

こうした発想が先に触れたようなカプートの男らしさ《マンフッド》への子供っぽい憧憬に由来している

――海兵隊のポスターを見たとき彼はそこに写っている軍礼装の中尉の写真に「オール・アメリカンのハーフバックとナチの戦車隊長の混血のような」イメージを感じて昂奮させられたと書いている(19)――のは言うまでもないことだろうが、同時に他の多くのヴェトナム・ヴェテランたちの回想でも、しばしばカプートのそれと同じ性質の動機や子供っぽい戦争への憧れが、戦場の実体験以前の記憶として語られているのは興味深い。男たちばかりではない。数は少ないが、ヴェトナムの戦場を経験した女たちのなかにも共通した心情が述懐されている例がある。たとえば、看護学校を卒業後すぐに陸軍に入隊した或る女性看護兵は、次のように語っている。

〔……〕婦長の資格とかそんなものが欲しいわけじゃなければ、病院になんて勤めたってちっともやる気《ガン・ホー》は起きないわね。だからあたしは陸軍を当たったの。もしあたしが志願すれば、勤務地を選ばしてくれるって請け合ってくれたわ。やったあ《テリフィック》、ハワイに行こうっと。

でも基礎訓練中に、今度はナムから戻った連中からあそこがどんなにエキサイティングだったか、さんざん聞かされたのね。ほんとにあれは、人生のチャンスだったわ。あたしには兄貴がふたりいて、ほんの子供のころから兄貴たちにすごく影響されたの。あたしったら、いっつも男の子たちと一緒に拳銃ごっこをしてたわ。だからヴェトナムでもきっとうまくやってけるって、そうおもったの(20)。

この回想の根底を成すアメリカ的ヴァイタリティへの無邪気な讃美と憧れ。それは、誰の指図も受けず、ただひとりで、本物の荒々しい現実《リアリティ》を豪快に生き抜いてゆくフロンティアズ・マン神話のイメージと直ちに結びついている。それが何故ここで改めて指摘されねばならないのかと言えば――もはや半ば以上明らかだろうが――、これがヴェトナム戦争とその起源の時期に合衆国大統領に就任したばかりだったＪ・Ｆ・ケネディのパブリック・イメージの輝かしい巨大さと、明らかに連動するものだからである。

このことは、カプート自身が随所でしばしばＪＦＫに言及し、彼の説く「ニュー・フロンティア」理念と就任演説中のあの余りに有名な一節――「国家が君のためになにを成し得るかではなく、君が国家のためになにを成し得るかを問いたまえ」――によってどれほど使命感を掻き立てられていたかを繰返し語っていることによって裏づけられる。それは十九世紀的なフロンティア神話と明らかに二十世紀的なモダン・プラグマティズム理念とが綯《な》い交《ま》ぜになった奇妙な、そして面妖な、六〇年代初頭アメリカの貌だった。その遺産は、ＪＦＫ没後の一九六四年にＲＯＴＣと大学の学部課程を終了し、ヴァージニア州フレデリクスバーグ近くのクァンティコの基地で士官基礎訓練校に進んだカプートの周囲では、次のようなかたちをとって現われていた。

当時、〔ケネディ政権下で創案された〕対反乱戦略《カウンターインサージャンシー》は軍内部でファッショナブルなものになっていた。次の戦争がもし起こるとすればインドシナになるだろうことは明らかだった（その年の九月にトンキン湾決議が議会を通過したとき私たちは〔六カ月間の〕基礎コースの真っ最中だった）。そして対反乱戦闘がニュー・フロンティア・エイジの特別任務となった。平和部隊《ピース・コウ》はインドでダムを築きボリヴィアで学校を建てるために出征していったが、戦争部隊《ウォー・コウ》にとってはコミュニスト・ゲリラという、新時代のローマを脅す新時代のバーバリアンどもと戦うことが男の仕事だった。結局、対反乱戦略はあの若い大統領が死んでほぼ一年になろうとしていたあのころになっても、ケネディ神話《ミスティーク》に彩られて輝いていたのだ。もっとも、あの円卓の気高き王子《ザ・グラマラス・プリンス・オヴ・キャメロット》自身は、緑色のベレーと空挺部隊用のブーツで粋に身を固めた特殊部隊をヴェトナムへの最初の派遣軍として送ることで、彼の新しいドクトリンを既に実行してはいたのだったが[21]。

こうして予備士官候補生としての訓練期間を終了したフィリップ・カプートは一カ月のサンフランシスコ勤務ののち沖縄に駐留し、やがて一九六五年三月七日、ヴェトナムに投入された最初のアメリカ正規軍である第九海兵遠征旅団計三五〇〇名の新任少尉として、「ちょうど十八世紀末のフランス兵たちと同じように自分のことを『勝利に仕える大義』の王者だとおもいこみ[22]」ながらダ・ナンに上陸。それから一年四カ月をヴェトナムで過し、ノース・カロライナの歩兵訓練基地の指揮将校の勤務を経て、一九六七年、海兵隊を除隊した。ROTC志願兵の義務年限である三年間が終了した途端の除隊だった。そのころにはもう、かつ

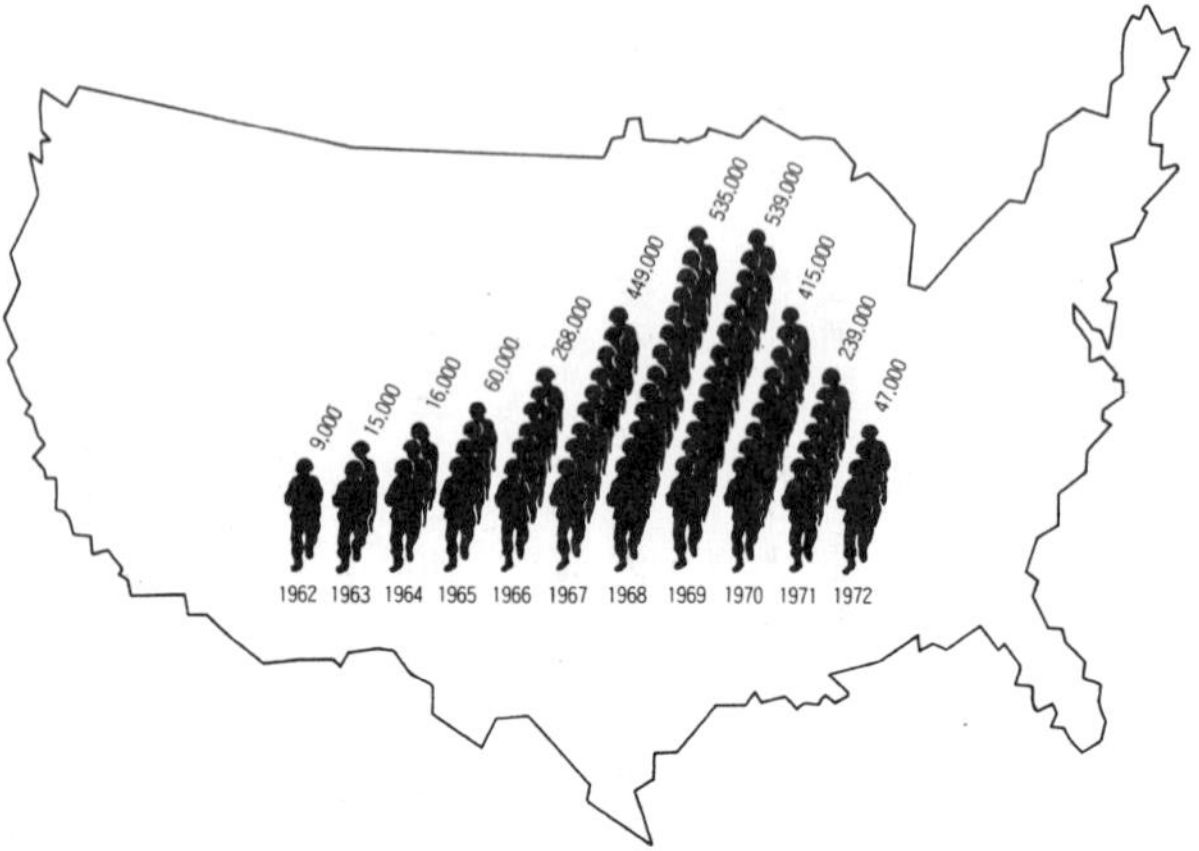

南ヴェトナムにおけるアメリカ軍兵員数(1962–72)(John Pimlott ed., *Vietnam: The history and the tactics*, 1982, p. 52).

て少年の彼を捉えていた男らしさへの強烈な憧憬はすっかり影をひそめ、むしろ、やや消極的ではあるが反戦運動へ身を投ずる考え方の持ち主へと変貌していた。

彼はその後、一九七二年から『シカゴ・トリビューン』紙のスタッフとなって二年間をローマ、三年間をベイルート、次いで一年間をモスクワ駐在の特派員として過している。また、その合間の一九七五年四月には、陥落直前のサイゴンで現地からの報道にも携わった。そのときの回想も『戦争の噂』にエピローグとして収録されているが、その部分も含めて『戦争の噂』全体は、少年時代の憧れが無残に崩され、前線も明確な戦争目的も与えられず、「面」ではなく「点」の上で見えざる敵の気配に怯え、無垢《イノセンス》を失い、ドラッグに耽り、仲間たちが捕虜をリンチにかけて嬲り殺すのを黙認し、やがてはついに「我々もヴェトコンも残虐行為を習慣にし始めてしまった[23]」戦場の日々を冷静に、かつどこか哀切に綴りきった記録である。彼は、彼自身のヴェトナム勤務よりものちにミ・ライ事件〔ミ・ライ地区ソン・ミ村事件〕で世界中に衝撃を与えたキャリー中尉のような例は自分たちの時期にも日常的に存在していたと述べ、彼が指揮した小隊で彼よりも年長の古参軍曹が語った次のような言葉を紹介している――「少尉、俺はね、家にかみさんとふたりのガキがいるんでさ。だから絶対に、生きて戻んなきゃなんねえんだ。ですからね、たとえ俺がどいつをどんなふうに殺したからって、気になんかしちゃあいけやせんぜ[24]」。

　このエピソードは、ヴェトナム戦争のエスカレーションが始まってまだ間もないころでさえ、早くも、のちのテト攻勢後の大混乱のなかで多数の若いアメリカ兵たちが陥っていった狂気が顕在化し始めていたことを如実に示している。カプートがヴェトナムに駐留した時期の戦局は、少なくともウェストモーランドによれば要請通りの兵力増強によって「一九六七年末までには敵を敗退せしめうる」情勢だと主張されていたのだが[25]、後方の高官たちの思惑とは別に現場の兵隊たちにとってはいつの時期にも、〈泥濘のなかの狂気《マッドネス・イン・マッディネス》〉がぴたりと寄り添っていたのである。ジョンソン政権によるヴェトナム戦争のエスカレーションは、このような狂気を自らの心の裡に引き受けてしまう人間たちの数ばかりを、やみくもに増大させてゆく結果を生む施策になってしまったのだった。

　ＪＦＫが本格的な戦争エスカレーションの第一段階に踏み切った一九六二年から、リチャード・ニクソンがヴェトナム和平協定に調印〔一九七三年一月〕する直前までのまる十一年間余にヴェトナムに投入されたアメリカ軍将兵の数は、延べおよそ二五九万二〇〇〇人にのぼっている。その年度別推移〔六八頁の表参照〕の頂点は、一九六八年の五三万五〇〇〇名。グラフ全体はちょうど険しい急峰のようなフィギュアをかたちづくっている。その姿がなによりも明瞭に、一九六八年という年の特異性を伝えている。一九六八年、グレッグ・スキールズとティム・オブライエンが徴兵《ドラフト》され、南ヴェトナム全土ではいわゆるテト攻勢が勃発し、アメリカ合衆国の大統領ＬＢＪとウェストモーランドがもろともに引退に追い込まれて、アメリカ合衆国の対インドシナ政策の一大転換となった年である。

3　天使たちの丘のむこう

Beyond the Hill of Angels

1

その三人の青年の肖像写真には、見るからに緊迫した律動感とどこかしら奇妙に初心な安定感とが、不思議な按配でまとわりついている。画面の左手から右手にかけていずれもオリーヴ・グリーンの野戦服に身をつつんだ青年たちが徐々に頭を低くし、おかげで背後の空は自然に、鋭い三角形のホリゾントをかたちづくっている。その構図をなによりも際立たせているのが、向かって左側のひとりが構えているスコープ付き狙撃銃の長い銃身だ。照準はおそらく数百フィート先の標的に定められているのだろう。だが、彼の指はまだ引金に当てられてはいない。顔を寄せて何事か囁き合う残るふたりの横顔にも、標的を完全には視認しきっていない苛立ちと、そのくせ妙に充実した昂奮とがふたつながら濃く滲み出ている。確かにこれは見事な戦場のドキュメント・フォトであり、それ以上に、黄金分割による構図法の応用効果が十分に生かされた傑れたスナップ・ショット・ポートレイトである。

この写真が収められた写真集のエディトリアル・デザインを見ても、その構図の効果が少

The snipers at Khe Sanh worked as three-man teams. After dropping an enemy, each man claimed a kill. Atop 861 Alpha, a team kept the encircling hills swept clear even after the night attackers had been beaten back into more distant concealment: or so they thought.

Two young lance corporals, Albert Miranda and David Burdwell, picked up the enemy soldiers so far away as to be invisible without binoculars or exceptionally keen sight. Miranda kept them in his cross hairs while Burdwell pointed out the targets to their platoon lieutenant, Alec Bodenwiser, the final member of their team. They sometimes sat quietly for hours while stalking with telescopic sights a quarry who, at the fatal instant, probably felt alone—and safe.

73

(David Douglas Duncan, *War Without Heroes*, 1970)

しでも損われないよう、見開き二ページのほぼ全面にわたって最低限のトリミングだけを施して写真が配置され、右ページの袖に残った縦長の余白を生かしながら長文のキャプションが組み込まれていることがわかる。そのキャプションの最初の一節は、こうだ。

ケ・サンの狙撃手たちは三人一組でチームを組んでいた。ひとり敵を斃すと、それぞれに手柄が下る。861高地アルファ地点では、敵の夜間攻撃を圏外に撃退したあとを、周囲の丘に陣どる狙撃チームが監視し平静を保っていた。というか少なくとも彼ら自身は、平静だと考えていた。(1)

ケ・サンは南北ヴェトナムを分かつ北緯十七度線上のDMZ〔非武装地帯 De-Militarized Zone〕の南およそ二四キロ、ラオスとの国境にほど近い地点にある赤土の平坦地で、一九六六年十月以来アメリカ海兵隊が戦闘基地を設けていた場所である。(2) アメリカ海軍の上陸造営部隊〔通称「海の蜂《シービーズ》」〕が建設した基地自体は東西一六〇〇メートル／南北八〇〇メートルほどの小規模なものだったが、基地内に敷設された滑走路は全長およそ一五〇〇メートルだから、カーゴ・ヘリコプターばかりではなく、貨物を満載したときの最大離陸重量およそ七〇〇〇トンという巨大なロッキードC－130輸送機を中間着陸地として離着陸させ得る能力を持っていたことになる。加えて基地は北から東へ走り抜けるラオ・カン河と国道9号線の間に挟まれ、さらにDMZを望む北縁には高さ一〇一五メートルのドン・トリ山を筆頭に五〇〇メートルから一〇〇〇メートル級の高地が帯状に連なって、いわゆるピードモント・タイプの高地群を形成していた。三人の狙撃手たちが陣どる861アルファは、そうした高地群のなかにあった。一九六八年二月のことである。

当時、ケ・サンの戦闘基地をとりまく一帯には861のほかに881サウス、881ノース、558、そしてラオ・カン河の東でドン・トリ山に並ぶ950、以上計五つの高地が海兵隊にとっての最重要拠点となっていた。それらはいずれも、頂上部分に樹木のない禿山状の様相を呈していた。眼下に拡がるのは高さ二〇メートル近くにも及ぶ熱帯樹林や密生した茂みや深い竹藪で、そのなかに入れば五メートル以上の視界を得ることはめったにない、と海兵隊の報告は指摘している。したがってヒル861を含む高地は、いわばジャングルのなかに天然の障壁もなく聳えたった特設ステージのようなものであった。だがそれが、アメリカ軍にこの高地群を前哨基地として選ばせた理由だった。すなわちこれらの地点に前哨を立てることによって、背後の低地にある主基地をジャングルに潜む北ヴェトナム人民軍や南ヴェトナム解放民族戦線勢力から隔て、同時にジャングル全体の状況を一望のもとに把握して、そこから得られた情報を頼りに地上からの砲撃と空中からの爆撃で見えざる敵を叩く。それが、目論見だ。しかもケ・サン基地はそもそも、いわゆる浸透《インフィルトレーション》の阻止、すなわちルート9を通ってラオス領内から南ヴェトナムのクァンチ省に解放戦線勢力支援のために入ってくる勢力の交通・物資輸送を遮断し、逆にラオス領内へのSOG〔特殊戦争戦略による研究・観察班《スタディ・アンド・オブザヴェーション・グループ》〕作戦行動の拠点となり、さらにホー・チ・ミンを監視する偵察機の基地として、「DMZの南縁を守る西の錨《アンカー》」[3]となるべき役割を担う要衝だった。しかし、こうした要衝としての性格とあたり一帯の地形は、ヒル861ほかの高地群と主基地を含むケ・サンの高原《プラトー》全体が、ジャングルからの絶好の集中攻撃目標となり得ることをも意味していた。

　この高原地帯にアメリカ軍が関わった最初は一九六二年八月、陸軍の特殊部隊が特殊戦争戦略と戦略村計画に基いてＣＩＤＧ〔Civilian Irregular Defense Group　南ヴェトナム領内の少数山岳民族出身者をアメリカ特殊部隊が訓練した自警団〕のキャンプを設営したときである。その後、一九六六年四月に第一海兵師団第一大隊が「ヴァージニア作戦」でこの一帯を掃蕩。つづいて戦闘基地が造営されたが、浸透阻止を目的とした「平原作戦《オペレーション・プレーリー》」に従事した第三海兵師団第一大隊は、一九六七年二月までさしたる交戦を経験することはなかったという。だが、その後ケ・サンに着任した第九海兵師団第二大隊Ｅ中隊がヒル861付近で激戦に遭遇し、第一大隊Ｂ中隊の援護を仰いだことからいっきに緊張は高まり、ケ・サンはヴェトナム全土における米軍の重要拠点のひとつと数えられることになったのである。事実、一九六七年の終りごろまでに戦闘規模は拡大しつづけ、一時は滑走路を閉鎖せざるを得ない状態も起こって、陣地防衛を目的とした「スコットランドⅠ作戦」がこの年の十一月から四カ月間にわたって展開されることとなった。

　北ヴェトナム側もまたこのころまでには第三〇四および第三二五Ｃの二箇師団を新たに投入し、大規模で長期の包囲戦を構える姿勢を露わにしていた。殊に第三〇四師団は、かつて第一次インドシナ戦争においてディエン・ビエン・フー要塞のフランス軍を壊滅させた実績を持つ精鋭の軍団であった。このためアメリカ軍の関心はケ・サンに集中し、プレスとメディアはケ・サンを「第二のディエン・ビエン・フー」だとして連日その模様を報道。ヴァージニア州ラングレーのCIAからはサイゴンのMACVに宛ててディエン・ビエン・フー攻防戦当時の空中写真と透視図が送られ、司令官ウェストモーランドは幕僚に命じてケ・サンの情勢とつぶさに照合させた。こうして一九六八年の一月半ばには、ホワイトハウスも「包囲寸前の軍事拠点の雰囲気にすっかり染ま」り、大統領LBJと安全保障担当補佐官ウォルト・ロストウはケ・サンの巨大な空中モンタージュ写真を前に「精神的には若い兵士たちとともに塹壕にとじこもっていた」[4]。国防総省詰めのCBSニュース記者マーヴィン・カーヴが当時TVで報道したときの言葉を使うならば、フランス軍の悲劇という「歴史の幽霊がワシントンの上空に大きな影を投げかけてい」たのである[5]。

そしてこの年の二月半ば、北ヴェトナム軍は南ヴェトナム政府軍一箇大隊と米海兵五箇大隊合わせて約六〇〇〇名が立て籠るケ・サン地区をとりまいて攻撃を開始。以後彼らは、突撃戦からじわじわと塹壕を掘り進める封鎖戦へと途中で戦術を変更しながら、およそ七十日間にわたる連日連夜の熾烈な攻勢をかけつづけていった。そのため三月の末には既にC-130輸送機が激しい砲火をくぐって基地に着陸することは不可能となり、上空からオレンジ色のパラシュートを無数に投下して補給につとめていた。これが、ヴェトナム戦争史上でも最大の激戦のひとつに挙げられるケ・サン攻防戦である。

だがケ・サンは、北ヴェトナム軍および解放戦線の側にとっては、より大きな戦略展開の

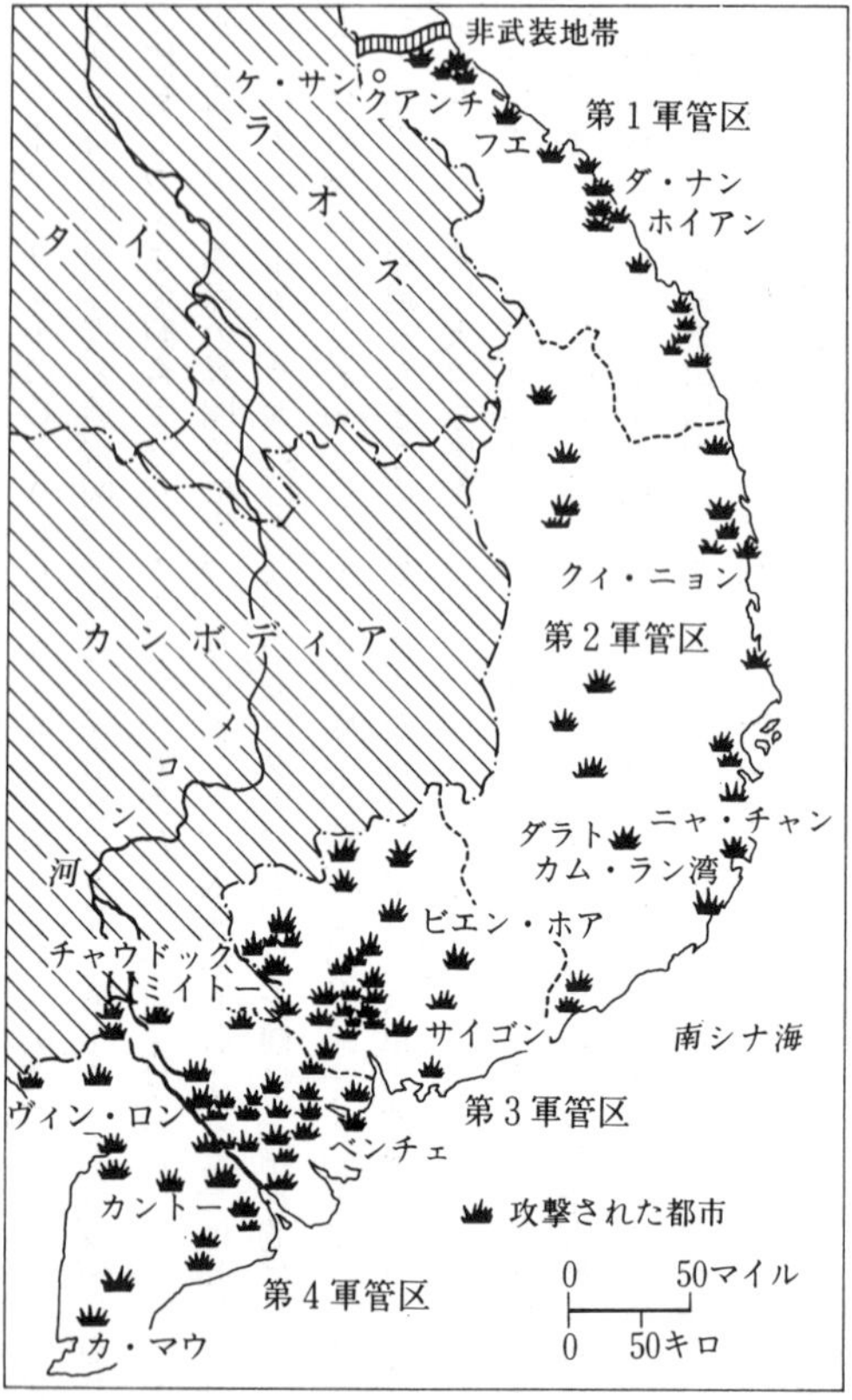

テト攻勢における蜂起(ドン・オーバードーファー『テト攻勢』, 1973)

なかの一地点に過ぎなかった。そのバックボーンとなるのは「総反攻・一斉蜂起」理論であり、ケ・サンはこれに基いた南ヴェトナム全土における大規模なテト攻勢と呼応すべき一種の陽動作戦なのであった。(6)当時カンボディアの首都プノンペンにいた北ヴェトナム軍の高官グェン・ヴァン・マイが語った「我々はアメリカ軍を北ヴェトナム国境にまで誘《おび》き出し……容赦なく叩くだろう(7)」という言葉が、このことを間接的に裏づけている。

ドン・オーバードーファーによれば「総反攻」は毛沢東が指導した中国共産党の革命理論から借用されたものであり、これに従った軍事攻勢が行なわれる一方で都市内部ではゲリラが「一斉蜂起」に立ち上がるという劇的な結合こそ、ホー・チ・ミンと将軍ボー・グェン・ザップに率いられたヴェトナム共産主義運動の「理論的な切り札(8)」である。そうして事実、この理論が説くままに、一九六七年の後半からケ・サンとその周辺にあるコン・ティエンの海兵隊基地、およびサイゴン郊外のロク・ニン、ソン・ベ、中部高原域のダク・トといった地点に連続して攻撃をかけることで米軍と南ヴェトナム軍の主力を都市部から誘い出し、一九六八年一月三十日の旧正月〔テト〕で南北双方が習慣的な休戦に入った隙を衝いて南ヴェトナム全土の都市部でゲリラ蜂起を決行するという周到な計画が実行に移された。

ケ・サンに関して言えば、ここはテト攻勢の期間中に殆どまったく攻勢のかけられなかった場所のひとつである。これが故意によるものか、それともオーバードーファーが示唆するように、テトの前の週の週末にケ・サン包囲軍を指揮すると見られるラオス領内の北ヴェトナム軍地点に対してB－52爆撃機による米戦略空軍の大規模爆撃「ナイヤガラ作戦」が挙行された結果だったのかは、当時から現在に至るまで人によって見方が異なる。というのも、ケ・サンにおける北ヴェトナム軍の沈黙が故意のものだとすると、この包囲戦はテト攻勢のための「囮《おとり》」作戦だったということになり、逆に空襲が効を奏した結果だとすると、ケ・サンとテトは無関係ということになるからだ。いずれにせよケ・サンでの戦闘が二月五日に再開されるまでの間に、解放戦線は南ヴェトナム全土四十四省のうち三十九省で一斉蜂起し、古都フエ全市を一時占拠。また首都サイゴンではアメリカ大使館の敷地内にまで突撃隊が侵入して対戦車ロケット・ランチャーとAK－47サブマシンガンで米軍MPと交戦するという衝撃的な行動に出ていった。

　虚を衝かれたアメリカ軍は混乱を来《きた》し、断片的で不正確な情報が飛び交うなかで攻勢の劇的出現を強調する見出しが新聞のフロント・ページとTVのトップ・ニュースに登場し、アメリカ大使館が占拠された模様だという報道が伝えられた。事実関係だけに限るならばそれは明らかに誤報であり[9]、テト攻勢の軍事的成果に関しても、推定四万人の戦死者を出したとされる解放戦線および北ヴェトナムの敗北に終わった、もしくはどちらの側にも勝利はなかった、とする見方がこれまでのアメリカ側の分析の多くを占めている[10]。

　けれども、戦闘の成否とは、けっして純粋に軍事的局面だけで評価し得るものではない。そうして事実、テト攻勢が国際社会と、とりわけアメリカ国内に与えた影響には深刻なものがあった。たとえばテト攻勢を挟んで一九六七年十一月と翌年二月の二度にわたってギャラップが行なった世論調査では、ヴェトナムにおいてアメリカが「劣勢にある」と考える人々が八パーセントから二三パーセントに増加し、「進歩をとげている」という回答は五〇パーセントから三三パーセントに減少した。これは、一般世論のなかでタカ派がハト派の数を下回った最初の出来事だった[11]。当然、いわゆるオピニオン・リーダーたちの間では悲観論と反戦の声が高まった。だが、ヴェトナムの戦場の直接統率者であるウェストモーランド司令官は、戦線縮小論に大きく傾いて一九六七年の末には既に辞任が決定していた国防長官ロバート・マクナマラや、その後任としてアメリカの方針の全面的再検討を唱えるクラーク・クリフォード、また軍部からクリフォードの諮問役として参加したマックスウェル・テイラー大将らの主張にはいっさい耳を貸さず、それどころか二〇万六〇〇〇人にのぼる増派要求を繰返して、ケ・サン死守に執拗にこだわったために大きな批判を呼んだ。なかでもとりわけ目立ったのが、一九六八年三月二十二日付の『ワシントン・ポスト』に掲載されたアーサー・シュレジンジャーJr.の投書である。

　故JFKの親友だったこのハーヴァード大学の歴史学者は、投書のなかで「ジョンソン大統領はケ・サンを保持することにあえてアメリカの威信を賭けている」と述べて、「我々がケ・サンに留まっているのは、そこがアメリカの軍事上の拠点だからではなく、単にウェストモーランド将軍の軍事戦略――もはやきわめて悲劇的かつ明瞭な失敗でしかない彼の『消耗戦《ウォー・オヴ・アトリション》』戦略の砦になっているためでしかない」と指摘している。さらに彼は、ジョンソン大統領は自分を南北戦争当時のリンカーンと比べたがっているが、「彼にはリンカーンの美質が欠けている。それは勝利の方法を知らない将軍たちと一戦交える勇気である。

……彼がこの三カ月間ウェストモーランドに苦しめられているのは好ましいことではない」と主張した。

のちにウェストモーランドは彼の回想録『或る兵士の報告《ア・ソルジャー・リポート》』のなかでわざわざこの投書を採り上げて激しく反論しながら、テト攻勢直後の微妙な時期――ヴェトナムで失態を冒したアメリカは戦線を縮小すべきだという意見が与党民主党内部でさえかつてないほど高まった時期――にケ・サンの防御陣を増強したことについて、次のように述べている。

〔増強決定後の〕数週間、世の識者たちがアメリカ軍は本来ほかに振り向けるべき勢力をもっぱらケ・サンで北ヴェトナムに釘《タイ・ダウン》づけにされているのだと主張する声を耳にしながら、私はひどく皮肉っぽい気分だった。ケ・サンにおけるおよそ六〇〇〇のアメリカ側兵力に対して、敵師団は基地周辺と両翼から展開するものも含めて合計一万五〇〇〇から二万名。しかも我が方の南ヴェトナム軍一箇大隊とアメリカ海兵四箇大隊は、ヴェトナム全土に駐留する計二百九十九箇のアメリカ側大隊のわずか六十分の一に過ぎないのである。(12) とすれば、一体誰が誰を釘づけにしているのか疑問の余地などないのではあるまいか?

この主張は、言うまでもなく先に触れたケ・サン包囲戦とテト攻勢の関連についての評価の問題と直接に関わっている。すなわちウェストモーランドによれば、北ヴェトナム軍はホー・チ・ミン・ルートの確保のためにまんまと彼の思うつぼにはまり、一説によればアメリカ軍の死者五〇〇名弱に対して実に一万名という多大な死者を出した挙句、[13]テト攻勢に割くための貴重な人員さえ喪った——ということになるわけである。そしてこれが、テト攻勢を軍事的には成功しなかった作戦だとする先のような見方と相まって、この当時のＭＡＣＶの方針に誤りはなかったとするウェストモーランドの強硬な主張の論拠となっている。だが、多数の歴史家やジャーナリストたちが一般に共有しているのは、これとはまったく逆の見方だ。

たとえば、戦後になってヴェトナム側にも直接取材したスタンリー・カーノウは、一体何故この当時の北ヴェトナムがあれほどの損耗を出してまでもケ・サンの包囲戦にこだわったのかを多数の関係者に訊ねてまわり、ケ・サンの真のもくろみはサイゴンやダナンやニャ・チャンなど人口が密集した南ヴェトナムの都市部からアメリカ軍の主力部隊を誘い出してテト攻勢のために「裸にして狙い撃つ」(leaving them naked to assault) ことだった、という一致した回答を引き出している。[14]またダニエル・エルズバーグから内部告発された『ペンタゴン・ペーパーズ』を『ニューヨーク・タイムズ』に暴露掲載して一躍名を挙げたニール・シーハンは、当時の米軍関係者への詳細なインタヴューと資料の吟味をもとに、より直截に「ケサンはこの戦争における最大の囮であった」という。すなわち彼によればウェストモーランドは「ハノイが戦争中のいつかの時点で第二のディエン・ビエン・フーを仕掛けてくるに違いないと考えていたし、それを多くの機会に公言もした。ハノイの野望は、彼にとってもチャンスだった。彼は、むしろこちらからディエン・ビエン・フーを仕掛けてやろうと考えていた」が、「共産側には、第二のディエン・ビエン・フーを仕掛けるつもりはなかった。〔ケ・サン基地周囲の〕占拠の目的はウェストモーランドにあり、海兵隊の駐屯部隊にはなかった。本物の攻勢は準備中であり、占拠はウェストモーランドの気をそらすための策略」だったのである。(15)

これはつまり、ヴェトナム戦争における本当の「第二のディエン・ビエン・フー」が――ウェストモーランドはもとより当時のアメリカのジャーナリズムの観測をも裏切って――ケ・サンではなく、テト攻勢のほうに他ならなかった、ということを意味している。要するにケ・サンの戦いとテト攻勢とを一連の政治的な大戦略のなかに有機的に位置づけ、テトのための陽動作戦としてケ・サンを展開することこそが、あの「総反攻・一斉蜂起」理論と呼ばれたものの真骨頂なのである。それればかりではない。当然のことながらウェストモーランドはケ・サンとテト攻勢をまったく分離して考えていたが、カーノウやシーハンらによれば当時の軍部内でも彼の見方はむしろ少数派――とは言わないまでもおよそ主流と呼ぶにはふさわしくないものに属していたという。たとえば第二次大戦の将軍だったS・L・A・マーシャルやケ・サン基地の直接の司令官であるローウェル・イングリッシュ海兵隊少将らは、口々にケ・サン包囲戦を「単なるフェイント」あるいは「罠《トラップ》」だと見做していた。(16)つまりウェストモーランドは事の戦略的重大さをまったく見抜けなかったばかりでなく、その持ち前の強引さで軍部内ですら独走していたのだった。

こうしてウェストモーランドは結局、ケ・サンへの個人的な執着に基く強引な増派要求への世論の批判と、事前に予見できたはずのテト攻勢への過小評価に対する軍事的批判の双方の圧力に抗し切れず、一九六八年三月二十二日、リンドン・ジョンソンによってMACV司令官の職を解任された。といっても表向きの理由は陸軍参謀長への転任のためだったから、かつてウェストモーランドの前任者だったポール・ハーキンズ大将がゴ・ディン・ジェム一族に深く関与し過ぎたためにジェム政権の倒壊後まもなくMACV司令官の座から更迭されたのとは明らかに異なる昇任人事だったが、それでもこの人事は、少なくともホワイトハウスがこの戦争をこれ以上拡大するつもりがないことを公式に表明したのと同じ意味を持っていた。さらにこの解任発表から九日後の三月三十一日の夜、LBJはTV演説の席上で劇的な発表を行なった。すなわち、三年間にわたってつづけられてきた北爆の全面停止――これは事前に予測し得る内容だった――と自らの引退である。この年の暮れに実施される大統領選挙に再出馬する意思を放棄するというこの引退表明は、放送直前までごく少数の側近以外には知らされていなかったこともあってまさに寝耳に水というべきドラマティックな出来事で、アメリカの対インドシナ政策の歴史の上でも文字通りのターニング・ポイントであった。

だが、言うまでもなくヴェトナム戦争はこれで終わったわけではない。インドシナ半島全域から米地上軍が総撤兵し、少なくとも一般のアメリカ人たちにとってのヴェトナム戦争が終わりを告げたと呼べるようになるまででさえ、戦争はさらに四年間つづいたのである。しかも本来の戦争当事者たるヴェトナム人自身とアメリカ政府上層部にとっては、そのうえ二年間の時間を待たねばならなかったのだ。

そうして、あらゆる意味でヴェトナムにおけるアメリカの軍事的行為が終了してまだ半年も経たない一九七五年十月、人々はひとつの驚くべき事実を知らされることになる。それは翌年一月に刊行される予定のウェストモーランドの回想録のなかに、MACVに在職当時の彼が困難なケ・サン情勢を一気に打開するために戦術核兵器の使用を真剣に検討していたという一節が含まれている、という報道だった。これは言うまでもなく版元のダブルデイ社が刊行書の前評判を盛上げるためにプレスとメディアに意図的に流した情報だったが、その内容の特異《ユニーク》さは改めて人々の耳目を惹きつけるに十分の衝撃力を持っていた。その回想録——最初は『虚しかった戦争？』という題名になる予定だったが、その後前記のように『ア・ソルジャー・リポート』に改められてリリースされた——のなかでウェストモーランドは、核兵器の使用は物議の多い問題であり政治判断に委ねられるべきことだとしながらも、ケ・サン周辺に住民は殆どおらず民間人の死傷者が最小限に留まることとから「核兵器の使用を検討しないのは怠慢のそしりを免れなかったろう」と述べている。

もしもワシントンの役人たちが本気でハノイに〝メッセージを送ろう〟としていたのなら、ちょうど二発の原子爆弾が第二次大戦中の日本の役人たちにはっきりとなにかを伝えたように、そして朝鮮戦争時には原爆が落されるかもしれないという不安が北朝鮮に有意義な妥協を受け容れさせたように、小型の核兵器がハノイにもなにかを知らしめ得た筈なのだ。ヴェトナムでほんの少数の小型の核兵器を使っていたら——ないしは使うぞという脅し[17]を相手にかけただけでも——あの戦争をそこで直ちに終わらせることができただろう。

ウェストモーランドが「小規模の秘密グループ」に検討させていたこの計画は、実際にはプレスによる暴露を怖れたワシントンの意向で闇に葬られたが、彼は「当時はもちろん現在ではなおのこと、この代替案《オルタナティヴ》が誤りだとされたことを残念に感じている[18]」とまで言い切っている。

この回想には、明らかにふたつの特徴を見ることができる。第一は、軍人とはつねに勝つことだけを目的にあらゆる手段を考える存在だということ、第二はウェストモーランド個人のケ・サンに対するあくなき執着心である。彼自身が認めているように、軍人は政治判断を下すべき役割にはない。そして、その制約があるからこそ軍人は勝利のために不必要なことは一切考慮しないように訓練される。とすればウェストモーランドは、核兵器を使ってさえもケ・サンを確保する必要性を感じていたことになるのである。

ケ・サンに対する彼の執着心がどれほど深く強いものだったかは、他にも証拠を挙げることができる。たとえば先に引いたアーサー・シュレジンジャーによる投書を長々と紹介し反論した『ア・ソルジャー・リポート』の一節で、ウェストモーランドはシュレジンジャーが「ジョンソン大統領はケ・サンを保持することにアメリカの威信を賭けている」と書いていることに猛反撥しながら、「シュレジンジャー教授のおもい込みとは逆に、ケ・サンの保持は軍事的決定、私の軍事的決定であって、ホワイトハウスの指示に拠ったのではない」と述べている。[19] シュレジンジャーの投書を注意して読めば、これは明らかにおかしな反論だ。何故ならシュレジンジャーはつづく一節で、ケ・サンが「ウェストモーランド将軍の軍事戦略」の拠りどころになってしまっている、と指摘しているからである。つまりシュレジンジャーの意見はウェストモーランドの独走にジョンソンが引きずられていることを憂慮しているのだが、ウェストモーランドのほうは表面的な文章の主語が自分ではないことに腹を立てて、自分が誰の指図も受けない独立不羈の職業軍人であることだけをひたすら強調しているのである。これは常識的に考えても余りに近視眼的な軍人らしい視野の狭さだと言わざるを得ないし、第一、そもそも軍の最高司令官は大統領なのだから、どう見てもウェストモーランドの考え方は本末転倒の自己顕示だと言うしかないだろう。さらにまた、このあとの部分で彼が「私の信ずるところでは、ケ・サンは、兵員数で圧倒的に優勢な包囲軍に対抗してどのように火力を使えば勝利できるか、という古典的な例として歴史に残ることになるであろう」[20]と述べているあたりも、戦争のプロフェッショナルとしての矜持が奇妙な自己陶酔に化けてしまった古典的な例に他なるまい。

だが、それにしても一体何故ウェストモーランドはこれほどまでにケ・サンに執着したのだろうか？　もちろんそれは先に見たような彼の偏狭な強引さのために違いない。けれども、ウェストモーランドのこれらの考え方の背後から透かし見えてくるのは、単なる一職業軍人の愚昧と迷妄を超えた以上の大きな問題――すなわちヴェトナム戦争がいかに異様な性格の戦争であり、そこにおけるケ・サンがどれほど特殊な位置にあったのかを改めて認識させる問題――なのである。ケ・サンは、この泥まみれの屈辱的な戦争にあってアメリカ軍が、そしてその現場指揮官が、アメリカ軍らしさを見せることのできる殆ど唯一の場所だったのだ。

2

本来アメリカ軍は特定の地域に対して集中的に大量の戦力と物資を投入することで拠点を確保し、広範囲の「面」を制圧して長い前線を推し進めていくという戦術展開を得意としてきた軍隊である。ヨーロッパでの戦乱にいわば義勇軍のように介入するところから始まった第一次・第二次大戦でも、あるいは国連軍とは名ばかりで戦費と人員の九割までをアメリカが負担して展開された朝鮮戦争でも、この流儀は貫かれ、より整備され、功を奏した。では、第二次大戦においてアメリカ自身の戦争となった対日戦争の太平洋戦線はどうだろう？　あれはDデイ以来のヨーロッパ平野部での対独進攻作戦や北アフリカ戦線とはまったく違った気候・地勢条件下での戦術戦だったのではないか？　だが、この場合も東南アジア域が双方の当事国の母国ではなかったことを忘れるわけにはいかないし、そこでの地上戦の殆どすべても、まず海軍艦隊からの集中砲火によって日本軍の支配する島々の海岸線を叩き、つづく海兵隊の強襲揚陸――いわゆるヒット・ザ・ビーチ――で確保した会戦《キャンペーン》ラインを一直線状にじわじわと内陸へ押し進めてゆく、というものだった。つまりアメリカ軍は、本格的なゲリラ戦を戦った経験や伝統を持たない軍隊なのだ。

このことは無論、アメリカ合衆国という国家が西欧諸国と同じ種類の植民地経営の実績を持たなかったことと密接に関連している。遠隔の、気候も言語も習俗もすべて異なる地に君臨しつつ馴染み、馴染みながらも同化しないための奸智と心労。一国の文化は軍隊のような組織にこそ凝縮され象徴的に姿を現わす――が故に軍隊はまたそれ自体で特殊な集団となる――ものだとすると、神経の磨耗と奸智のやりとりがすべてを決定するゲリラ戦に弱いアメリカ軍の体質は、そのままアメリカ文化なるものの一面を表わしていると言えるだろう。一八九九年の米西戦争の結果アメリカが手に入れたフィリピンは、独立後からマルコス独裁政権の倒壊を経たのち、冷戦終結やピナトゥボ火山の噴火による被害などを理由として一九九二年にすべての在フィリピン米空軍・海軍・海兵隊基地を閉鎖した後もなお米艦隊の主要支援地として、日本と並んでアジアにおけるアメリカ合衆国の最大の軍事拠点となってきたが、ここで最初に起きた組織的なゲリラ戦はアメリカを相手どったものではなく、第二次大戦中に対日抵抗運動に従事したフクバラハップ〔抗日人民軍〕によるものなのである。このとき彼らの指導に当たったのが特殊部隊の前身となるＯＳＳだったことは既に述べた通りだが、その彼らにしても初めての対ゲリラ実戦を経験したのは、第二次大戦の終結後に反米革命勢力に生まれ変わったフクバラハップの後身フクボン〔人民解放軍〕を相手にしたものであった。[21]

このような経緯を踏まえた上でもう一度、ＪＦＫが統合参謀本部の伝統主義派、とりわけウェストポイント出身の陸軍の高官たちの反対を強引に押し切って特殊部隊を公式に認知したのが、ヴェトナムへの急速な介入が進められる一九六一年という年だったことを振り返ると、ヴェトナム戦争の特殊性——アメリカ軍の伝統の上での異例さ——と一九六〇年代という時代の特徴とが、間接的ながら窺い知れてくる。それはまず、大量報復戦略に見られるアイゼンハウアー＝ダレス流の世界観が、ケネディ＝マクナマラ＝バンディ流のモダンな世界観へと転換したという時代の背景を教える。それは十九世紀の末に生まれてアメリカ社会の急速な近代化の過程を見ながら育ち、第二次大戦では既に戦争指導者の集団の一員として過してきた世代から、大戦間期に生まれてアメリカの近代の完成を自明のものとして考えながら第二次大戦では前線の若い士官の立場にあった世代へとたいまつが受け渡されることによって、もはや世界には米ソの二極しか存在しないわけではないのだという新しい認識が政治のヘゲモニーを握ったことを意味していた。世界は常に複合する諸要因の流動性の上で、くるくると相貌を変えながら息づいている。一九四九年の革命成就によって成立した中国はもはやソヴィエトの徒弟ではなくなり、第二次大戦をアメリカ合衆国の援助と介入によって乗り切り大戦後の復興をもアメリカの助力で達成し得た西ヨーロッパもまた、植民地支配の列強時代とは違った種類の自己主張をばらばらに唱える集団へと再変貌し終え、アジア・アフリカ圏も既に大国間の思惑に基く利害取引きの舞台ではなくなっていた。つまり、世界は既に流れ始めていたのだ。

　ケネディ＝マクナマラ＝バンディ流の世界観が新しかったのは、そこにいかにも二十世紀的な認識論の産物というべき「費用対効果比率」理論や特殊戦争戦略といった、理論的にはきわめて洗練された資本主義的な方法論とフィロソフィを導入したことだった。それは、相手が流体であるからこそ、混在するさまざまな要因とその関係性を先入見なしに把握し、相対的な分析を施し、精緻な力学をもって対処していこうとする怜悧で精巧な一九六〇年代的機能主義《ファンクショナリズム》に彩られたものであり、いわば世界を株式市場のように、不確実な現象的要因が複雑に絡み合って刻々と状況を不安定に変化させてゆく見えない力の場だと捉える認識論であった。この意味でケネディ＝マクナマラ＝バンディ流の世界観は、明らかに資本主義のメタファーであったと言うことができるだろう。前述したように、彼らケネディ騎士団《キャメロット》を育んだのは二十世紀的なモダニズムだったが、それはまた――ちょうど十九世紀の帝国主義が産業資本主義のメタファーであったように――、株式市場という、貨幣としての情報が象徴交換される場におけるヘゲモニーの維持をなにより重視する〈情報化段階の資本主義〉とでもいうべきものによって背後から抱き支えられたものだったのである。

だが、異色の優れたヴェトナム戦争論・文明論として知られた『湖の火』のフランセス・フィッツジェラルドが看破していたように、彼らの世界観が見落していたのはこの現代的な資本主義のメタファーとしての戦争戦略の対象となるべき世界が、モダンとプレ・モダンが緊張と矛盾を孕みつつせめぎ合う空間だったことである。(22) そこは本来、ヨーロッパ的近代とは別種の基準と手つづきとによって成り立った世界だったのであり、にもかかわらず、西欧の産業資本が近代資本主義特有のひたすら膨張をつづけるしかないという無原則な運動法則のままに強引に踏み込み、蹂躙し、挙句には植民地宗主バオ・ダイを傀儡にした旧植民地宗主フランスの流儀とゴ・ディン・ジェムを忠実な代弁人としたアメリカの方法とがしのぎを削り合うという不毛が演じられたことによって、結局はどんな側面から見ても跛行的な現実が生み落とされていたのだ。その結果が、つまり、ヴェトナム戦争だった。

しかもケネディ＝マクナマラ＝バンディ的世界観はもうひとつの誤謬、すなわち古い先入見を捨てて機能主義的な論理に従いさえすればすべての問題は彼らの世界観と方法によって回答され得る、というまさにモダニズムに顕著な自己撞着の思考に陥っていた。確かに彼らの世界観は、少なくとも近代知の手つづきに従えば、過去のいかなるアメリカ政治家の外交施策よりも洗練されていた。従来の道徳的イデオロギーが「大量報復戦略」の場合に見られるようにきわめて限定されたオルタナティヴしか用意できないのと比べれば、ケネディ騎士団《キャメロット》の政治・戦略理論はあらゆる事態に適応し、無数のオルタナティヴを提供し得るだけの柔軟性を携えているようにおもわれた。だが彼らが予測し得なかった最大の事態、つまりケネディの死が現実のものとなったとき、すべての欠陥が露呈した。何故なら〈ベスト＆ブライテスト〉の論理と世界観は一種の仲間うち言語《ジャーゴン》としての文化的マナー——マナーとは文化資本を下部構造とする倫理の別名だ——を通してのみ了解可能なものであり、リーダーの座が空白となったときには代行的《オルタナティヴ》なリーダーを迎え入れることができない脆弱さを孕んでいたのである。その脆弱さは、あるいは前例のないほど強力な中央集権化を志向したＪＦＫによる組織形成のプロセスが必然的に抱え込むことになったアキレスの腱だったのかもしれない。そしてアキレスの場合がそうであったように〈ベスト&ブライテスト〉の腱も、切れてはならないときに切れた。

もしもそれが切れなかったならば——という問いかけは、無論意味がない。むしろ歴史は、その選択を行なうことによって、ヴェトナムにおけるアメリカのすべての試行を錯誤にしてしまったのである。そしてケネディ、マクナマラ、バンディら一九二〇年代生まれの人々が死もしくはおもいもかけない蹉跌に陥らなければならなかったように、四十二歳でアメリカ陸軍史上最年少の少将に昇進した一九一四年生まれのウィリアム・C・ウェストモーランドも、インドシナの戦場において屈辱的な困惑を経験しつづけなければならなかったのだった。

しかし、ケ・サンでの彼は違っていた。そこは錯綜と混迷に充ちたヴェトナムの戦場でただひとつ、伝統的なアメリカ軍の発想と戦術とを適用し得る場所だった。雨季には重く湿り乾季には干からび、さらに南北に細長く伸びきった国土の地域ごとで微妙に条件の異なるヴェトナムで、いったい敵がどこにいるのか、そもそも「敵」は「誰」なのかに悩まされつづけていたアメリカ軍とその指揮官にとって、ジャングルのなかに忽然と屹立したかのようなケ・サンの高地群は、まるで自由の女神《ミス・コロンビア》の掲げるたいまつ《トーチ》のような輝きを放っているかに見えたことだろう。そこでならば、〈見えない敵〉を求めて索敵・殲滅《サーチ・アンド・デストロイ》しなければならないという胃の腑を締めつけるような特殊戦争任務ではなく、861・558・950・南北881の五つの高地とその背後のケ・サン戦闘基地を確実な拠点として制圧し維持するという局地戦術に専心することが可能だった。テト攻勢の嵐のなかで大統領ＬＢＪもろとも時代の表舞台からの退出を余儀なくされ始めていたこの将軍〔西へ《ウェスト》・もっと《モア》・土地を《ランド》!〕にとって、たとえ核兵器を用いてまでもケ・サンを死守しなければならない理由の背景はこのように見事に整っていたのである。そうして、このような背景を伴った一九六八年二月の初めのケ・サンにおけるヒル861の頂上アルファ地点で戦闘任務に就いていたのが、あの三人の狙撃手たちであった。

3

この当時、ケ・サン周辺の北ヴェトナム人民軍約二万名を率いていたのは、ホー・チ・ミンの有能な片腕として勇名を馳せていたボー・グエン・ザップ将軍である。対するケ・サン基地内部で米五箇海兵大隊と南ヴェトナム政府軍一箇大隊計六〇〇〇名を指揮して陣地防衛のための「スコットランドI作戦」に従事していたのは、前年八月に同基地に着任した第二六海兵師団長デイヴィッド・E・ロウンズ大佐。その指揮下でヒル861アルファにいた青年たちの名前は、彼らをまるでギリシア神話の三美神《スリー・グレイセス》が精悍な男神に化身したかのように撮しとったあの写真のキャプションのなかに紹介されている。

〔……〕双眼鏡を使うか、さもなくば抜群の視力でしか見えないほど離れたところにいる敵兵を捕捉するのは、アルバート・ミランダとデイヴィッド・バードウェルというふたりの若い海兵隊上等兵だった。ミランダが双眼鏡で敵影を捕捉し、バードウェルがそれを小隊少尉のアレック・ボーデンワイザーに伝えるのだ。ライフルのテレスコープに獲物が捉えられると、三人はふっと黙り込む。その運命の一瞬、おそらく獲物自身は孤独を感じながらもどこかで安心しきっているのに違いない(23)——。

短い文節を重ねたセンテンス。事実だけを挙げながら、一瞬の裡に交錯する微妙な感情を伝えようとするドキュメンタリー手法の典型のような叙述。AB4判の見開きのほぼいっぱいに拡大された彼らのポートレイト・スナップを、このキャプションが確実に支える。写真集の次のページには三人のうちのひとりだけを追った連続写真が、これもきわめて印象的なレイアウトで配置されている。左のページでは縦長の三枚がちょうど列柱建築のように横長の一枚を下から支え、対抗する右ページは、そのノド側を除いた三面を裁ち落しにした一枚のクローズアップが全面を占めている。

読者の視線はまず左上の一枚、右頰に指先を当てて同僚が双眼鏡で敵影を捕えるのをじりじりしながら待っているらしい兵士のショットに向けられる。すぐに視線はその下の左から右に向けて素早く移動し、ライフルを構える彼の連続動作を追いかける。獲物が見つかったのだろうか？　たぶん、そうではない。焦《じ》れて、自らライフルを執ってテレスコープで相手の姿を探し始めたのだ。緊張した貌がスコープを窃《そ》っと覗き込み、そして右ページのクローズアップ、眉を顰《しか》め歯を喰いしばって面を上げた一枚へと読者の眼は動く。見つからない？いや、彼の右手はライフルの排莢レヴァーを引いている。そう、彼はおそらく獲物を見つけ、

(上・下／David Douglas Duncan, *War Without Heroes*, 1970)

引金を引いたのだ。左ページから右ページへと読者の視線が移動するほんの僅かな間に、一発の乾いた銃声が響いたのだ。それを、この写真の撮影者と構成者は問わず語りに、しかし雄弁に読者たちに伝えている。推察するに、これらの写真はいずれも、この兵士だけを狙って撮られたものではない。ヒル861アルファ地点の三人の狙撃手たちを追った一連の厖大なロール・フィルムのなかから慎重に選び出され、巧妙に彼だけに絞ったトリミングを施されてここに並べられているのに違いない。まさしく、あざといばかりに鮮やかなエディトリアル・デザインだ。その左ページの上下の写真の間には、原文で合わせて六行のキャプションがするりと滑り込ませてある。

デイヴィッド・バードウェル上等兵はテキサス州ウィチタ・フォールズ生まれ。同僚たちが疲れて昼食を摂りに退ってからも、彼だけはライフルを構えてじっと動こうとしなかった。彼の手と頭だけが動いても、眼は遙か遠くの敵兵を射つまでじっと彼方を見凝めていた……。そのときの彼の眼に映っていたのは、おそらく、故郷の灌木地に潜んで窃っとコヨーテに狙いを定めようとしていたそのときと同じ眺めだったに違いない。(24)

ケ・サンのヒル861アルファに布陣していたバードウェルとそのチーム・メイトたちを追ったこれら一連のシークエンス・フォトが収められている写真集は、『英雄のいない戦争《ウォー・ウィズアウト・ヒーローズ》』と名付けられている。第一級の手練によるタイミングと構図で撮られた写真群を絶妙の按配で

上・下／P-38に乗り込んだダンカン（David Douglas Duncan, *Yankee Nomad*, 1966）.

レイアウトしたエディトリアル・デザイナーはデイヴィッド・ダグラス・ダンカン、通称D・D・D。つまりこの本の写真家その人である。

彼は一九一六年、ミズーリ州カンザス・シティに生まれた。アリゾナ大学で考古学、マイアミ大学で海洋生物学とスペイン語と深海潜水の技術を身に付け、ちょうど同じころ国際写真コンテストで入選したのをきっかけにプロの写真家を志すようになり、卒業後は南米でアメリカ自然史科学博物館の探険写真家としての仕事に従事。第二次大戦時には海兵隊のコンバット・フォトグラファーとして南太平洋戦域を転戦しながら、沖縄戦では双胴のP-38ライトニング急降下戦闘爆撃機の翼の下に取り付けた透明の特製タンクのなかに潜りこんで、まるで銃手《ガナー》のように空戦の模様を撮影している。一九四六年からは『ライフ』の専属フォトグラファーとなってパレスティナ、ギリシア、朝鮮半島、インドシナ半島などの戦争地帯を休みなく巡りつづけ、一九五六年からはフリーランスの報道写真家としてさらに活動をつづけた。朝鮮戦争のときにはカール・マイダンス、ハンク・ウォーカーらとともに『ライフ』東京支局を後方拠点として出動し、このときD・D・DのライカⅢfに装着したニッコール50ミリF1.5と135ミリF4が抜群の解像力を示して日本の写真光学技術を世界中に知らしめる重要なきっかけとなった、というのは有名な話である。また、このとき朝鮮半島の厳寒の下で手袋をしたままでも素早くロール・フィルムを巻き上げることができるように、従来は丸い突起を右の人差指と親指で回さなければならなかったのを、親指ひとつで巻き上げ可能な小さなレヴァーを取り付けることで一瞬のタイミングを外さずに連続撮影できるようにしたのも、Ｄ・Ｄ・Ｄらの意向を受けたニコン技術陣の工夫だった。このように戦争写真家としての活躍を休みなくつづける一方で、Ｄ・Ｄ・Ｄはパブロ・ピカソとの親交を得て彼の私生活をごく身近なところからドキュメントする写真を多数撮り上げるようになって、戦争写真以外の分野でも盛名を馳せるようになってゆく。

　ヴェトナム戦争までにこうして一流のフォト・ジャーナリストとしての名声を既に確立していたＤ・Ｄ・Ｄは、さらに、ヴェトナムの戦地を追跡した『英雄のいない戦争』によってその声価をいっそう高めた。特にバードウェル上等兵らとケ・サンの兵隊たちを撮る前の年の一九六七年十月、非武装地帯《DMZ》のすぐ南側で南北両軍の戦闘を観察するのに絶好の地点として第一海兵師団第三大隊のＭ中隊《マイク・カンパニー》が陣を敷いていた高さ約五〇〇フィートほどの小さな丘コン・ティエン――通称「天使たちの丘《ザ・ヒル・オヴ・エンジェルス》」――で、塹壕に身を潜める防寒・防水装備姿の若い海兵隊員《マリーン・コウ》を真正面から、少し粒子の荒れた画面のなかに写しとった一枚は傑作と呼ばれ、現在に至るまでしばしばヴェトナム戦争を振りかえるときに引用されつづけている。稚なさを濃く残す若い貌、薄く開かれた唇、不安そうに前で組み合わされた両掌、そしてなにより印象的な白く煌《ひか》る眼。このポートレイトも見開き二ページのほぼ全面に拡大されたクローズアップ・ショットとなって、『英雄のいない戦争』のなかに収められている。いい写真は誰よりも撮った本人が一番よく知っていると、そんなＤ・Ｄ・Ｄの声が聴えてきそうな印象的なレイアウトだ。

　『英雄のいない戦争』が刊行されたのは、一九七〇年のことである。撮影時にホワイトハウスの主の座を占めていたＬＢＪは既に政界から引退してテキサスの牧場に戻っており、代わって一九六八年秋の大統領選挙によって選ばれたリチャード・Ｍ・ニクソンが第三十七代合衆国大統領の肩書を保持していた。かつて彼は一九五九年、共和党のアイゼンハウアーの後を継ぐべき新大統領の選出時にＪ・Ｆ・ケネディと争って敗れ去った経験を持っている。その後の八年間、合衆国政府は民主党の主導下に置かれていた。これは、アイゼンハウアー政権下でニクソンが副大統領職をつとめていたのとちょうど同じ年数である。つまりニクソンは、言うならば八年間の待望と八年間の屈辱のときを経て遂に念願のナンバーワンを達成したわけだった。奇しくも、と言うべきだろうか、彼が一九六八年の選挙戦のあいだに唱えつづけたヴェトナム戦争の早期解決の公約は、かつて彼が仕えたドワイト・アイゼンハウアーが一九五二年の選挙で朝鮮戦争終結の目標を掲げてアドレイ・スティーヴンスンを破ったこととよく似ていた。アイゼンハウアーがスティーヴンスンを頭でっかちの「卵頭《エッグ・ヘッド》」とけなしたような相手はニクソンの場合はユージン・マッカーシーでありロバート・ケネディである筈だったが、ボビー・ケネディは兄と同様の不慮の死を遂げ、マッカーシーは支持層が偏り過ぎ、結局民主党の統一候補となったヒューバート・ハンフリーにはどう見ても勝ち目はなかった。そうして、この一九六八年の大統領選挙の経過をつぶさにフォローし、共和・民主両党の党大会や各候補の選挙キャンペーンの模様だけでなく、早くから優勢を伝えられていたニクソンの家族の私室にまでカメラを持ち込むことを許されて写真を撮りつづけていたのがＤ・Ｄ・Ｄだった。

彼のこの選挙ドキュメントを一冊にまとめた写真集『セルフ・ポートレイトU・S・A』が刊行されたのは一九六九年、『英雄のいない戦争』の前年のことである。この経緯からは、ケ・サンの高地から合衆国へ戻ったD・D・Dが殆ど休むことなく次の目標に向かってすぐ行動を開始し、いかにも充実した第一線の大物フォト・ジャーナリストらしい勘の冴えと手練とを発揮しつづけていたことが良く窺える。そして実際、この『セルフ・ポートレイトU・S・A』を現在の眼から眺めても、それが傑れた仕事であることはすぐに了解できる。例によっての大胆なクロースアップ・ショット、巧妙なトリミング、フラッシュ光の照り返しが生む平板さを避けてむしろ効果としての粒子の荒れを得るためのおもいきったフィルム増感。そうした暗い画面のなかで捉えられたリチャードの長女トリシア・ニクソンの不安気な様子、彼女とは対照的に婚約者のデイヴィッド・アイゼンハウアーとはしゃぐ次女のジュリー・ニクソン、リベラル派の敗北を知って泣き崩れるマッカーシー民主党候補の学生運動員たち、ニクソンの顔写真をあしらったストロー・ハットやバッジで身を固め、熱狂しながらもつい欠伸を洩らしてしまう老人たち、そして、コミック誌『マッド』で六〇年代ポップ・カルチャーを代表するひとりとなった編集長アルフレッド・ニューマンを大統領に、というパロディ版のキャンペーン・ステッカーを病室に貼りながらTVの選挙報道を見るヴェトナム帰りの傷病兵たち……。写真集全体の最初の見返し〔表紙の裏〕にニクソン支持者の老人のポートレイト、最後の見返しには若いラディカルたちのデモを警戒して街頭を固める完全武装の州兵たちを撮ったスナップショットが配置されていることが、『セルフ・ポートレイトU・S・A』のエディトリアル意図を明瞭に伝えている。確かにこれらは、ヴェトナム戦争の暗雲が頭上に立ちこめる一九六八年のアメリカ合衆国の自画像《セルフ・ポートレイト》であり、さらには、古参のフォト・ジャーナリストとしてD・D・Dが「天使たちの丘」やケ・サンの高地で捉えてきた青年たちの相貌もまた、すべてがまぎれもないアメリカの自画像だったのである。

だが、この自画像のなかに写し込まれていない貌が、ひとつだけあった。それはJFKから受け継いだ新しい《ニュー》フロンティアを偉大なる社会《ザ・グレート・ソサエティ》に変革することを夢見ていた老いたる大統領のそれであった。『セルフ・ポートレイトU・S・A』のなかにただの一枚も彼の写真が現われていないことは、さまざまな意味で暗示的なことだった。彼の肖像は、この写真集ばかりではなく、滅多に見受けられなくなっていた。「彼は、一九六八年の民主党全国大会に赴くことすらできなかった。大会に出席することはあまりに痛々しく、あまりにも物議のもととなるからであった。四年後、一九七二年の党大会にも、彼は出席しなかった。大会が開かれたマイアミ・ビーチの会場には、党の英雄、かつての大統領や今回の候補者の肖像が掲げられていた。だが、リンドン・ジョンソンの写真は、その中にはなかった。彼の写真は、議会の民主党指導者の顔写真が並べられた小さな部屋の一隅に見出されるだけであった[25]」

一九七三年一月二十二日、リンドン・ベインズ・ジョンソンはテキサスの自宅で息を引き取った。皮肉なことに――という言い方は死者に対してあまりに酷いかもしれないが――「偉大なる社会《ザ・グレート・ソサエティ》」の指導者を夢見た彼は、自らの死の翌日にニクソンが、在ヴェトナム米地上軍の撤兵を発表する予定だったことを知る由もなく、この世を去ったのである。

Ⅱ 印象と表現

Impressions and Representations

4 アメリカン・ウェイ・オヴ・ウォー　The American Way of War

1

一九七四年八月、ウォーターゲイト・スキャンダルによって引退を余儀なくされたリチャード・ニクソンに代わって副大統領から昇格し、偶然の結果としてヴェトナム戦争の終戦大統領となったジェラルド・フォードは、その前年の七月一日に選択徴兵制が廃止された後を享け、終戦処理の一環として徴兵忌避者たちに対する特赦の検討を指示した。これに従って徴兵登録や脱走・忌避のさまざまなケースを調査したローレンス・バスキアと特赦局の最終報告を編纂したウィリアム・ストロースのふたりは、一九七八年、『機会と状況《チャンス・アンド・サーカムスタンス》――徴兵、戦争そしてヴェトナム・ジェネレーション』と題する研究書を公刊している。

それによると、一九四六年から一九五三年までに生まれたヴェトナム・ジェネレーションは男女合わせて五三一〇万名にのぼり、そのほぼ半数を占める男子のうちで徴兵された者は二二一万五〇〇〇名、自発的に志望入隊した者は八七二万名。最終的にヴェトナムへ配属された者は二一五万名だから、軍に所属したこの世代のほぼ二〇パーセントに当たることにな

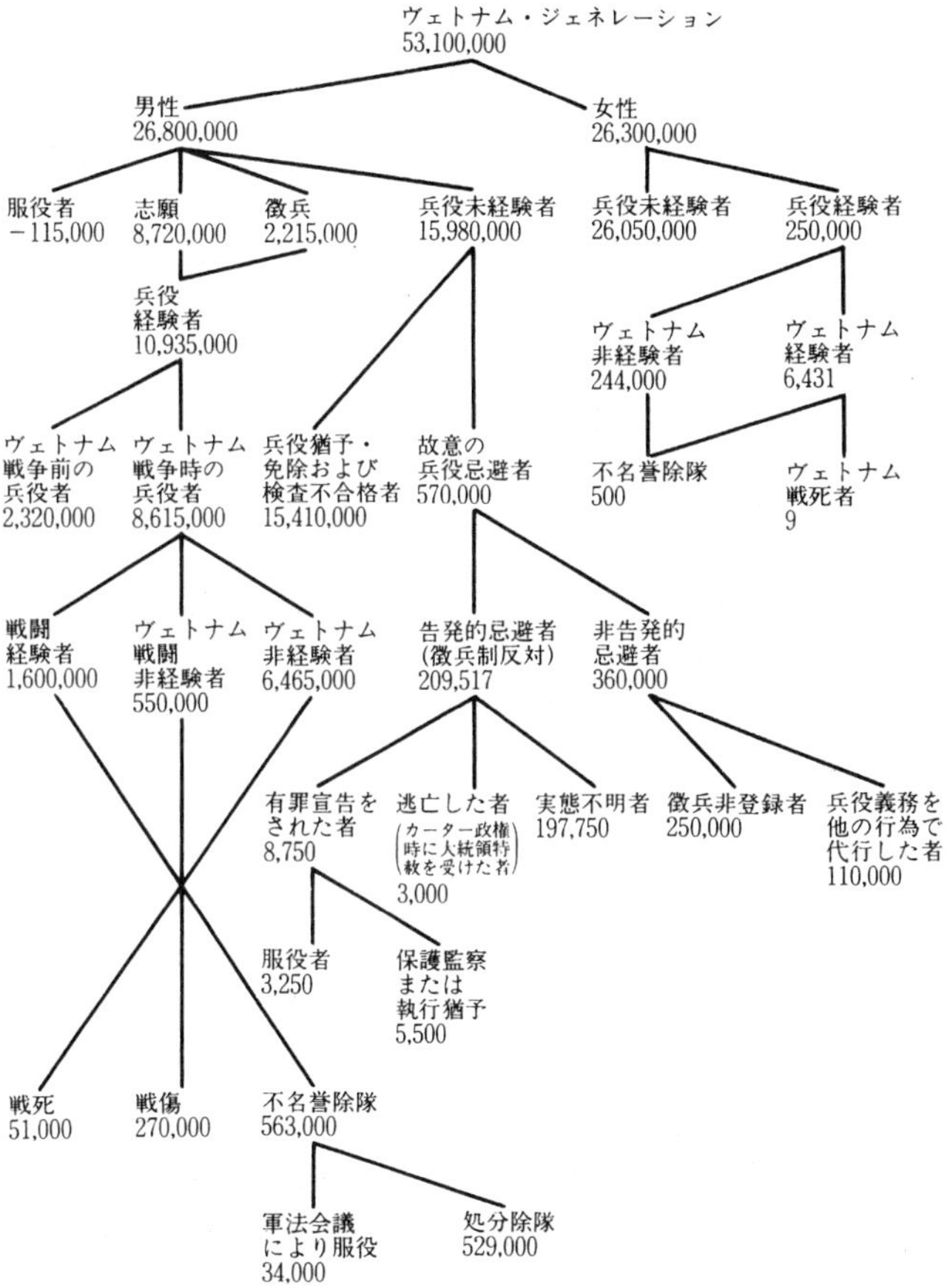

(Lawrence M. Baskir and William A. Strauss, *Chance and Circumstance: The Draft, the War, and the Vietnam Generation*, 1978, p. 5)

る。負傷者は二七万名で、そのうち身体障害に陥った者は二万一〇〇〇名、腕や脚を失った者はざっと五〇〇〇名である。死者は五万一〇〇〇名で、内訳は銃創による者が一万七〇〇〇名、種々の破片創による者が七五〇〇名、手榴弾や地雷の爆発に見舞われた者が六七五〇名、これら以外の相手方敵対行動による者が一万五〇〇〇名、非敵対理由による者が八〇〇〇名、そして自殺者が三五〇名。

　これらの数字をどう評価するかによっても、少なく見積って八年間という合衆国史上最長の「宣戦布告なき戦争」に対する見方は変わってくるのだが、ひとつ確かなのは、世間がヴェトナム帰還兵《ヴェテラン》を冷遇する傾向が強まれば強まるほど、ヴェテランたち自身は共通の利害によって互いに結びつかざるを得ないマイノリティ・グループを形成する機運を強めていった、ということである。バスキアとストロースによれば、徴兵は、個々の徴兵対象者《ドラフティー》たちがいかなる社会的な背景《バックグラウンド》を持っていたかによってまったく違った結果を生んだという。社会的背景、すなわち親たちの地位や財力、もしくは徴兵猶予や徴兵控除といった法的特典を巧みに享受できるような本人たち自身の環境、といったものである。その結果、ヴェトナム戦争における選抜徴兵制はソーシャル・ダーウィニズムの「適者生存」説を実地に試す機会を提供することになり、遂に「一九七一年のハリス調査は、多くのアメリカ人たちがヴェトナムへ行った人々を『誤った場所と時間における誤った戦争で自分の生命をリスクにさらした莫迦な奴ら《サッカーズ》』だと信じている、ということを発見したのである[1]」。

　これは、ヴェテランたちにとっては明らかに理不尽な、しかし社会の側にとってみればまったく理由のないわけではない偏見だった。プレスとメディアによるヴェトナム報道は、一九六七年ごろから戦争批判の姿勢を急速に強め、リッチモンド『タイムズ・ディスパッチ』、クリーヴランド『プレイン・ディーラー』、ロサンジェルス『タイムズ』、ミネアポリス『スター・アンド・トリビューン』など概ね保守的な編集方針を採る有力紙が次々とその立場を変えたばかりではなく、「大手のニューズ・メディアのうちで最も持続的かつ熱心に戦争を支持してきた」『タイム』誌さえもが「その立場を変え、懐疑派の仲間入りをするに至った」(2)。これらの動向は当然世論に正確に反映し、一九六七年八月にLBJがヴェトナムへの派遣兵力をさらに追加することを発表した直後のギャラップ調査では、ヴェトナム戦争を「誤り」だとする率〔四六パーセント〕が「誤りではない」と回答した率〔四四パーセント〕を初めて上回ったと報じた。(3)もっとも、この大統領演説では、もうひとつ、すべての個人と企業の所得税申告に対して一〇パーセントの付加税を課すという発表が行なわれたため、それへの反撥が調査回答にも影響したことが当然推測され得るのだが、それでもこの逆転は潮流《トレンド》そのものが明らかに変化したことを意味していた。そして、このような変化に最も衝撃的な拍車をかけたのが、あのテト攻勢であった。

『ワシントン・ポスト』の政治記者ドン・オーバードーファーは、一九七一年の著書『テト攻勢』のなかでテト攻勢がアメリカの保守派および穏健派のジャーナリストにどのような苦痛を与えたかを論じ、その典型をCBSニューズのアンカーであり「大統領よりも信用される男」とのちに呼ばれることになるウォルター・クロンカイトの軌跡に見ている。(4)

第二次大戦中にUP〔ユナイテッド・プレス、のちのUPI〕の戦争特派員としてノルマンディ上陸作戦やバルジの戦いなどに身を投じて最初に名を挙げたクロンカイトは、「まかりまちがっても平和主義者とはならず、戦後の共産主義との確執にあたって、アメリカの政策とその目的を支持」しつづけ、一九六五年半ば、トンキン湾事件後の議会の緊急決議によってヴェトナムでの戦争規模が急速に拡大しつつあったころには最初のヴェトナム視察を行ない、『アジアにおける共産主義の勢力拡張は喰い止めなければならず、政治目的を追究する手段としてのゲリラ戦争は結局くじいてしまわなければならないとする勇気ある決断』を賞讃した」。だが、その後プレスとメディアの報道は戦争批判の声を急速に強めてゆき、同僚たちが伝えてくるその内容に途惑いを感じはじめたクロンカイトはテト攻勢についての軍・政府当局の公式発表と現地からの報道とが余りに喰い違うことに衝撃を受けつつ二度目のヴェトナム視察に赴いた結果、「私が一九六五年に口にした理由などはかげもかたちもなかった」ことを悟らざるを得なくなる。そして遂に彼は、一九六八年二月二十七日のCBS特別報道番組『ヴェトナムからの報告/ウォルター・クロンカイト』で、「今日われわれが勝利に近づいていると語ることは、それに反する証拠をつきつけられながら、過去に誤りをおかしてきた楽天家を信用することにほかなりません」という見解を視聴者に向かって語りかけることに踏み切ったのである。

このコメントが、報道記者としての自己抑制を自らに課すことをさまざまなかたちで示してきたウォルター・クロンカイトの口から発せられたが故に、いっそう真実味のある印象的

上／1965年，ヴェトナム戦争視察に出た際のウォルター・クロンカイト．下／1970年代後半，CBSニュース総集編に出演したクロンカイト(ともにオーバードーファー『テト攻勢』)．

なものとして受けとられたことは間違いない。ということはまた、これがヴェトナム戦争批判のうち最も穏やかな声のひとつだったということをも意味する。すなわち、クロンカイトよりも若く、彼ほど著名ではなく、したがって彼ほど抑制と沈着さを自らに求めないジャーナリストたちは、より明瞭で激しい批判の声を挙げ、より衝撃的なニュースを伝えることに熱心だった。一九六八年の初めまでにアメリカの全人口の九六パーセントまでを潜在的な視聴者にしていたTVメディアは、テト攻勢当時解放戦線によって一時制圧されておよそ三〇〇〇人弱の政治虐殺者を出した古都フエの惨状やケ・サンでの苛烈な消耗戦の光景をこぞって家庭に送り届け、その一方では、一度もヴェトナムに足を踏み入れたことのない『ニューヨーク・タイムズ』記者シーモア・M・ハーシュが、テト攻勢時のミ・ライ地区ソン・ミ村でウィリアム・キャリー中尉が指揮するアメリカ軍部隊が五〇〇名余りの村民を虐殺した事件を暴露した。AP通信の写真家エディ・アダムズは南ヴェトナム国家警察本部長グェン・ゴク・ロアンが解放戦線兵士を射殺するショッキングな光景を連続写真に収めることに成功し、彼とともに取材に当たっていたNBC・TVチームは同じ光景を『ハントレー・ブリンクリー・リポート』で放映した。このNBCチームの現地責任者ロン・スタインマンはのちに「戦争の取材はやさしかった」と語ったという。「さながら春といったおもむきで、どこにでも頭を向ければいたるところで、パンパンと景気よく火花が散らされていた[5]」

　それらの光景は、もはやこの戦争には名誉も正義も存在しないというイメージを社会に植えつけるのに十分な衝撃力を持っていたが、同時に、彼らが次々と流してくる戦場の光景を家庭のTVモニターで眺める人々の間では奇妙な状態が生まれはじめてもいた。それを「居間の戦争《リヴィングルーム・ウォー》」という印象的な言葉で批評したのが、『ニューヨーカー』でTV時評を担当するコラムニスト、マイケル・アーレンである。

そのエッセイは、或る日アーレンが、アメリカ人の六〇パーセントの人々はヴェトナム戦争に関するニューズをTVで知っているという統計報告を読んだことから始まる。(6) そこで彼は早速、三大ネットワークの夕刻定時ニューズにおけるヴェトナム報道を見比べてニュースづくりの「テクニック」を観察してみた。それによると、ABCが戦場の現場フィルムを一切使わずにキャスターのピーター・ジェニングスによるまとめだけを行なったのに対して、NBCとCBSはそれぞれ三分間と五分間のフィルムを流し、いずれも「注目すべき出来映えだったように思われた」という。

〔……〕あなたも大勢の兵士たちが木々の陰に身を隠しつつ、数マイルも先の木立めがけて攻撃するところを御覧になったことだろう。ライフルの射撃音は明瞭で鋭かった。カメラワークも熟練し、敏捷だった。そのなかには、アメリカ人の軍事顧問が二機の武装ヘリコプターの誰かと無線で連絡するさまがクローズアップで映し出されるシークェンスがあった。その顧問の喋った内容も、すべてきれいに聞きとれた(彼は淡々と事務的で落着いていたようにおもえたし、また、おそろしく若そうにもおもえた)。その他の兵士たちの場面は、もっとたくさんあった。身を屈めているところ、立っているところ、離れた木立ちを射つところ、そして空を見上げると、遙か遠くに二機のヘリコプターが見えた。最後にCBS特派員のモーリー・セイファーが現われて、この地点にいたヴェトコンはたぶん三、四人に過ぎませんし、南ヴェトナム軍が彼らを殺したかどうかも定かではないのですが、こんなやり方がヴェトナムではしょっちゅうなのですと語った。

アーレンはこれにつづけて、「こういうやり方がこの戦争のTVリポートでもしょっちゅうなのである」とちょっと皮肉を言っておいてから、しかし問題はこうしたTVリポートが果してなにを伝えようとしているのかが良くわからないことなのだ、と指摘する。確かにフィルムのテクニックそのものは、その撮り方といい、短い番組時間のなかでの挟み込み方といい「しばしば途方もなく素晴しい」。が、それを観ている側は結局「……とおもえる」以上のことがなにもわからない。そうすると一体「リアル」というのはどういうことなのだろう、と彼は問いかけるのである。

私はけっして、ネットワークが戦闘場面のフィルムを流すのを中止すべきだと言っているわけではない——とはいえ、戦闘場面がリヴィングルームに持ちこまれれば戦争の危険性が観客市民にも必然的にもっと「リアル」になるのだと主張する人々に同意しているわけでもない。私にはどうも、こういう同じプロセスが繰返されるたびにむしろ

「リアル」さがどんどん少なくなり――そう、半減していると言えばいいか、そんなふうになっているのではないかとおもえるのである。これだけ産業技術が進歩したにもかかわらず、TVスクリーンの物理的なサイズの制限によって依然として三インチばかりの背丈の人間がこれまた三インチばかりの大きさの相手を射つといった絵柄が見せられることで「リアル」さが半減し、恐れや懸念も家庭の快適さにすっぽりと包み込まれて矮小化《トリヴィアライズ》されている、というか、少なくとも和らげられているのではないかとおもうのだ。

この指摘が、ヴェトナム戦争とその時代の文化を考える上できわめて重要な示唆を孕んでいることは誰の眼にも明らかだろう。彼がここで対象としているのは、現代のメディア観客の内部で起こっている想像力の変容という問題である。したがってそれを完全に論証し切ることは難しい。何故ならそれは眼にも見えず、またこれ以前には誰も経験したことのない事態だからである。そのため彼は一見何気ない手つきで"seem"〔……のようにおもえる〕という動詞を繰り出し、TVの戦場ニューズリールが客観報道としては甚だ曖昧なものになっていることに警告を発しておいてから、今度は逆に同じ動詞を巧妙に使い回しつつ曖昧さの核心を衝いているのである。その核心がすなわち、戦争の――死と暴力の――「矮小化」だ。

「矮小化」とは、もちろん、暴力が暴力ならざるものになっているという意味ではない。そうではなく、暴力と対面し、あるいは暴力を取り扱うときの現代メディア観客の認識と想像力が薄まり、歪み、自分で自分を矮小にしてしまっているとの謂である。したがってそこでは、戦時の現実と平時の夢想が奇妙なかたちで同時に混在していることになる。

では、アーレンが観客の眼で受けた印象の源泉たるTVニュース映像は、果してどんなテクニックを駆使してつくられていたのか。その様子をドン・オーバードーファーは、南ヴェトナム警察長官による解放戦線兵の射殺場面を放映したNBCニュースを例にとって次のように描いている。

NBCの東京支局はロアンのフィルムの編集を終え、でき上がった作品をプロジェクターにかけた。ボタンを押すと、サイゴンの街角の処刑――いまではおよそ四十五時間前の出来事となっていた――のカラーの映像が、音をともなって、東京のスタジオから九〇マイル先に位置する茨城の中継基地に送られ、さらに太平洋上二万二三〇〇マイルの軌道をまわる通信衛星を経由して、カリフォルニアのカーメル・バレーにあるジェームズバーグ地上基地へ、そして電信を通じニューヨーク・シティにリレーされた。その全体のプロセスに、フィルムひとこま分で約四分の一秒しかかからなかった。

ニューヨークでは午後六時二十分、『ハントレー・ブリンクレー・リポート』が放映される十分前だった。主任プロデューサー、ノースシールドと放送記者のジョン・チャンセラーはNBCの調整室に陣取って、東京から伝わってくる場面に目をこらした。ノースシールドは第二次大戦での戦闘体験者であり、もとVOA〔Voice of America：第二次大戦後の海外アメリカ軍駐屯地から地元向けに放送されたラジオ番組）のディレクターをつとめていたチャンセラーはアルジェリアの革命戦争で流血の事態にぶつかっていた。それでも、二人はロアンの処刑のフィルムが伝える野蛮なインパクトに驚かされた。これを放映すること自体には何ら問題がなかった――それは戦争の現実の重要で、力強い表現だった――が、チャンセラーは、銃の引き金が引かれたあと、できるだけ早くフィルムをとめるべきだと主張した。そうすれば、家庭の視聴者は、自分たちがたったいまその死を目撃した男の頭から血がふき出す場面を目にしなくてすむだろう、と。ノースシールドはすでに、最後のクローズ・アップをカットするよう東京に指示していたが、ここでまたさらに十七秒分フィルムを切ることにした。そして、技術者に、死んだ男が地面に倒れたらすぐさま「暗転」させ、『ハントレー・ブリンクレー』の字幕に切りかえる前に三秒間画面を空白にしておくよう指示した。そのねらいは、あとにつづくコマーシャルの前に、さらに心理的緩衝物をおくことだった(7)。

こうして人々は、どんな暴力や惨虐をも快適な居間のTVモニター上に飼い馴らし、それを平然とした態度で眺めているだけの神経を急速に身に付けていった。いや、少なくとも身に付けたように見えた。あるいは彼ら自身が、そうおもい込んだ。そしてさらに酷たらしさを強調する逸話が――より強い刺戟を供給するかたちで――社会に広まっていった。たとえば、一九六九年のクリスマス休戦の四日前、ヴェトナム駐留の或る海兵隊司令官は基地の掲示板に「クリスマスまであと四日、もっと殺せ」と書き、ジョージ・S・パットン大佐（のちに大将まで昇格）夫妻は手足がばらばらになった解放戦線兵士の屍体写真を入れたクリスマス・カードを部下たちに送り、それを受けとった彼らはさらに多くの屍体の山を撮った写真カードに「メリークリスマス　親愛なるジョージ　子供たちより」と書いて寄こした[8]。

軍人と軍隊集団の残虐嗜好は、しかしけっしてヴェトナム戦争において始まったものではない。インディアン討伐とワイルド・ウェストのアメリカ的神話に憧れた若き日のセオドア・ローズヴェルトが米西戦争時に独自の義勇軍「荒くれ部隊《ラフ・ライダーズ》」を編成して乗り込み、キューバ兵の屍体に足をかけライフルを構えて〝蛮人狩り〟の記念写真を撮らせた時代から、いやそれ以前から、例にはいくらでも事欠きはしない。戦いを前にした神経の異様な昂ぶりが挙げさせる雄叫び《ウォー・クライ》がいかなる行動を呼ぶものなのかは、多くの社会フォークロアの事例を通して極端な例をいくつも見出すことができる。だがヴェトナム戦争とは、軍隊や戦争がもたらすそうした普遍的な性格を最新兵装でスケール・アップした戦争であり、なによりそのイメージがＴＶ画面を通していきなり家庭の日常生活のなかに送り込まれつづけた初めての戦争だったのである。

そしてそのころから、ヴェトナム戦争を戦った人間たちに対する社会の評価が救いようのないものへと急速に低下しはじめていた。いわゆる「黄金の三角地帯《ゴールデン・トライアングル》」[9]を擁するインドシナ半島での戦争では兵隊たちの間でヘロインの常用・乱用が爆発的に広まり、おかげですべてのヴェテランたちはひとしなみに中毒者《ジャンキー》もしくは突発的な幻覚のフラッシュバックに悩まされる病者だと見做され、「米国軍隊で、その頻度も強さも、従来これほどのものがなかった」ほど特異《ユニーク》な精神異常の発現を見せると報告された(10)ヴェテランたちへの社会の見方も、かつてないほど偏頗《ユニーク》なものとなっていった。

それは実際、奇妙でユニークな戦争であり、時代だった。ヴェトナム・ヴェテランたちを冷たく突き放した社会それ自体が、一九六〇年代半ばからのカウンター・カルチュア・ムーヴメントの擡頭のなかで価値観に混乱をきたし、兇悪犯罪の急増や反戦デモンストレーション・グループに対する警官隊や州兵軍の発砲・射殺事件や過激派《ラディカルズ》による暴力革命の声高な提唱を平然と受けとめるようになっていった。それは暴力性への馴化であると同時に、社会全体が自ら暴力性に耽りこんでゆく兆しの現われだった。

そうした社会の感受性のありようを典型するささやかな一例は、一九六八年三月にシカゴの科学・産業博物館で「ヴェトナム中部高原地帯の景観模型《ディオラマ》を標的にヘリコプターのマシンガンによる模擬射撃を行なう」というゲームマシンの展示が人気を集めたことである。『ニューヨーク・タイムズ』一九六八年三月十九日付によると、この展示は「小屋とふたつの橋と弾薬庫が目標で、ヒットすると閃光が走りスコアが上がる」というもので、特にこれが子供たちに優先的に公開されたことに反対した平和団体がピケを張り警官隊に実力排除されるという事件が起こったため、博物館側は展示主である軍当局と相談の上で一部を撤去することになった、という。「だが」、と『タイムズ』の記者はその記事の最後に付け加えている、「入場者たちは依然として、対戦車砲や各種のライフルによる模擬戦をしつらえた他の展示での腕試しに余念がなさそうだ」。

それは、いわばアメリカ社会の自意識の奥底を絶えず刺戟し、苛立たせ、執拗にそそけ立たせる経験だった。立ち止まり、ためらうことは罪悪だと考えられ、より未知のほうへより過激なほうへと自分の背を押しつづけてゆくことがいかした《ヒップな》ことになってゆき、ケン・ケイシーと彼の率いるメアリー・プランクスターズが、バスで全米を旅するというアメリカの若者にとってのグランドツアー体験とLSD実験とを合体させたユニークな通過儀礼——来たるべき新しい価値の世界への入場——を試み、既に一九五〇年代からアンダーグラウンド・カルチュア・シーンに名を馳せるケネス・アンガーがより挑撥的な表現に向かって駆けつづけていった。アンディ・ウォーホル・グループではボストンの名家の娘イーディ・セジウィックが輝かしくも悲惨な麻薬の女王《ドラッグ・クィーン》になり、年嵩の知識人たちは「感性〔sensibility〕」と「感受性〔sensitiveness〕」という伝統的な概念を無視した「感度〔sensitivity〕」という新語が流行することに不快感を隠さなかった。J・D・サリンジャー以降最大の文化的影響力を青年読書層に持った作家カート・ヴォネガットJr.の家庭では、父の大き過ぎる存在に苦しんだ息子マーク・ヴォネガットが、より未知でより過激な分裂的価値の世界を見ようとして哀しくもがいていた。彼のヒッピーズ・コミューン体験と精神病棟からの蘇生を綴った『エデン・エクスプレス』がヴェトナム戦争終結の一九七五年に刊行されたのは、さまざまな意味で暗示的だ。そしてこのころから、ヴェトナム戦争の経験を主題化した映画がメジャー・ルートに乗って次つぎに送り出されていったことは、暗示的である以上に象徴的なことに違いない。

マーティン・スコシージは『タクシー・ドライヴァー』〔七六年〕で酸鼻の果てに至福を見ようとする〈動機なき血の儀礼《リチュアル》〉を描き出し、既に一九六〇年代の末からヴェトナム戦争映画を準備し始めていたフランシス・コッポラは一九七六年に『地獄の黙示録』〔七九年〕のフィリピン・ロケを開始し、それを聞き及んだマイケル・チミノは『ディア・ハンター』〔七八年〕の撮影に取りかかった。それらの映画のなかではジョン・ウェインが『グリーン・ベレー』〔六八年〕で示した太平楽なアメリカの力のヴィジョンはもちろん、ロバート・アルトマンの『M★A★S★H』〔七〇年〕を占めていたアイロニカルな笑いすら影をひそめ、切羽詰まった戦慄と恐怖のイメージだけが観客の意識の上になだれ込もうとしていた。コッポラよりも九歳年長のジョン・フランケンハイマーが、かろうじて残った一九五〇年代的なハリウッド映画の作法の名残りを使って職人的に撮り上げた『殺し屋ハリー／華麗なる挑戦』〔七四年〕のようなアクション映画の技術的細部への配慮は殆ど見られなくなり、より未知のほうへより過激なほうへと人びとの眼は強引に連れ去られていった。そのため、それらはヴェトナム戦争とその帰還兵に対する戦争神経症と殺人狂のイメージを確立することとなり、そのことへの「良心的」抵抗をメッセージにしたジョン・ヴォイトとジェーン・フォンダ主演の『帰郷』〔七八年〕のような映画がつくられる一方では、いわゆるニューシネマとは基本的に無関係なリチャード・ブルックスによるおよそヴェトナム戦争とは縁のない風俗映画『ミスター・グッドバーを探して』〔七七年〕にまで、〝ヴェトナム帰りの麻薬中毒の性倒錯者〟という惨憺たる常套句《クリシェ》的イメージのキャラクターが登場させられることになる。ヴェトナム戦争後の十年間がヴェトナム・ヴェテランたちにとっての「もうひとつの戦争《ジ・アザー・ウォー》」の時代だったと言われるのは、つまり、プレスやメディアやこれら社会的影響力の大きいメジャー系映画によって流布されつづけるヴェトナム戦争の陰惨な印象が、覆すことの困難なソーシャル／パブリック・イメージとなっていることへのヴェテランたちの反撥と抗議、あるいは鬱屈と沈潜の時代だったからに他ならないのである。

2

だが、現実のヴェトナムは陰惨であると同時に奇妙にとりとめのない、間の抜けた緊張に揺れる戦いの場でもあった。一九六八年夏、ティム・オブライエンやグレッグ・スキールズと同時期からダナン基地の補給兵団の憲兵《MP》大隊に所属したチャールズ・A・アンダーソンは、『ヴェトナム／もうひとつの戦争《ジ・アザー・ウォー》』〔八二年〕と題する回想録の冒頭で、次のように書いている。

多くの人びとの心のなかにあるヴェトナム戦争についてのイメージは、TVや映画や新聞がつくり出したきわめて限られたものである。それらは大抵、血みどろの戦闘やそれを伝える新聞の大見出し《ヘッドライン》やニューズ・フィルムに拠っている。若い兵士が草原から木立へ向かってジグザグに駆け出し、砲弾の跡がくっきりと刻まれた丘の上でヘリコプターがホヴァリングし、竹藪の上空をしなやかにジェット機が切り裂き、炎上する街から大量の避難民が絶え間なく溢れ出てくる。それらが、ヴェトナム戦争をめぐって最も広く抱かれているイメージなのだ。〔……〕そんな光景は古くさいものでしかないのに、このイメージは依然として強固につづいている。だが、そういった戦闘やそれを報じる新聞のヘッドラインの背景には別の側面、ヴェトナム戦争のもうひとつの側面が存在したのである。(11)

ヴェトナム戦争に加わった十三カ月間のうち、最初の半年間を後方のMP大隊少尉として過したアンダーソンは、しばしば非通常戦争《アンコンヴェンショナル・ウォー》と呼ばれるこの戦争のことを「普通でない《アンポピュラー・》戦争《ウォー》」と呼び、「国防省はそこでの戦闘を少しでも快適にするような人事対策として、いくつかの〝甘味料《スウィータナーズ》〟を加えていた」ことを紹介している。(12) 彼によれば「甘味料」の最大のものはRTD、すなわちヴェトナム戦争に投入される将兵の標準任務期限を一年間――志願兵のみで構成される海兵隊の場合は十三カ月間〔十二カ月と二十日〕――に定める任務交替日程《ローテーション・ツアー・デイト》である。地上戦闘部隊に配属された者は通常数カ月、一九六七年から翌年にかけてのケ・サン防御部隊のような激しい環境下の兵員の場合であれば三週間から五週間にわたる前線任務の後、後方へといったん移動する。このようにヴェトナムの場合、第二次大戦のように戦争終了まで各兵員が殆ど顔ぶれの変わらない分隊単位で数年間にわたって転戦をつづけていったのに比べると、各自の戦闘経験期間はきわめて短く、かつまちまちだった。ヴェトナムへの着任・離任および部隊間の転属はすべて個人単位で行なわれ、所属部隊が戦闘行動に従事する間にも、或るとき突然のように転属命令が個人単位で下された。したがってそれを受け取った者は仲間たちをあとに残したまま単独で輸送ヘリに乗り込み、長くても数時間で、泥と埃と死の緊張に充ちた戦場からコールド・ドリンクとホット・フード、快適なシャワー、そして——望むならば——女たちの待つ歓楽の巷へも出かけてゆけるような安全な後方へと舞い降りることができたのである。

　このＲＴＤに次ぐふたつめの「甘味料」がＲ＆Ｒだった。Ｒ＆Ｒは「休息と保養《レスト・アンド・リクリエーション》」の略称で、任務期間中に五日間、ヴェトナム以外の外国での自由行動を許される戦闘休暇のことである。アンダーソンは「このＲ＆Ｒ制度はアメリカのＧＩたちだけでなくアジアの政治家や実業家たちをも喜ばせた」と書いている。というのも、このＲ＆Ｒは国防省が東南アジアから太平洋一帯にかけてのいくつかの都市を指定し、そこへ休暇を許されたアメリカの将兵を政府が契約した民間機で運ぶという制度だったからである。これらの都市へ乗り込むとき、「大抵の者は戦争から解放された五日間のヴァケーションのために四〇〇ドルから一二〇〇ドルを持っていた。だから、一六五五人から一八五五人を乗せたそれぞれの飛行機は、合計六万六〇〇〇ドルから二二万二〇〇〇ドルを〔各指定都市へ〕持ち込んだことになるわけなのだ」。当時Ｒ＆Ｒ指定地に選ばれたのは全部で十都市——東京、マニラ、シンガポール、クアラルンプール、香港、バンコク、台北《タイペイ》、那覇、シドニー、ホノルル——で、既婚者にはホノルル行きのチャンスが優先的に与えられた。これは合衆国本土から妻たちが来るのに便利なためだが、空席があるときは独身者も利用できたという。「その都市に人気が集まるかどうかで毎週GIたちを満載した飛行機が一機から五機到着したのだが、これは言うならば、一〇〇万ドル以上にのぼる無償の紐つきでない外国援助《ノーストリングス・アタッチド・フォーリン・エイド》のようなものだった。あの戦争にアメリカが深く介入したピークのころ、バンコクや香港のように観光開発の進んでいたところには、ヴェトナム駐留のGIたちによって年間一億ドルが流れ込んでいたのである[13]」

これらの制度、とりわけ海外派遣を長くても一年間に限るというRTDは、第二次大戦末期から進められた兵士たちの戦闘による心理的ストレスの研究に基く施策だった。前線を経験した兵隊たちの抑圧変調《ストレス・ディスオーダーズ》がどのような環境と個体差によって生じるのかについては諸説があり、その解答はいまも出てはいないが、ハリー・R・コーモスによれば「戦闘が時々、挿間的にしか起こらないということが、軍隊の精神衛生にとっては良いという説」が第二次大戦後半に仮説として唱えられ、朝鮮戦争の最初の一年を経てその意義が完全に認められてRTD制度が確立することになった。また、それに伴ってヴェトナム戦争では「発病を促進するような条件は、できる限り、取り除くよう努力された。すなわち、軍隊において課せられる肉体的苦痛をできるだけ少なくし、あらゆる商品が入手できるようにし、アメリカ流の生活《アメリカン・ウェイ・オヴ・ライフ》をそこで再現するような努力がなされた[14]」。

それは明らかにママと星条旗とアップルパイによって——さもなくばコークとハンバーガーとピンナップ・ガールズによって——象徴されるアメリカ流の戦争《アメリカン・ウェイ・オヴ・ウォー》であった。この戦争を指して「エアコン付き戦争《エアコンディションド・ウォー》」という言葉が使われたのは、だからけっして実体のない皮肉ではなかった。そしてもちろん、投入された兵隊たち個々人にとってのこの戦争を最も条件付き《コンディショナル》のものにしたのは、言うまでもなく一年間の期限の付いたRTDだった。

しかし、本来将兵たちの負担を少なくして士気を高めるために案出された筈のこの制度は、一方で実に皮肉な結果を招いていた。すなわち、「もし十二カ月生き残れば、確実に戦場から引き揚げることができるということをGIたちは知っていた。兵隊たちが戦線から解放されるのは、死んだり、傷ついたり、あるいは平和が訪れた時だけだという以前の戦争のような救いのない絶望感はここには無かった」(15)のだが、多くの報告はそれがかえって「個人の士気、部隊の士気を危うく」(16)したと指摘している。言うならばそれは、自らの積極的な行動によって満足すべき結果を獲得しようとさせるのではなく、ただひたすら悪夢のような時間をやり過ごせばいいとおもわせてしまうようなうしろむきの緊張感をもたらしていたのである。

しかし戦場は、そこがたとえ条件付きのものであれ、つねに現実的な死の恐怖につきまとわれている。そして、にもかかわらずインドシナ半島のアメリカ兵たちの周囲にはアメリカ流の戦争《アメリカン・ウェイ・オヴ・ウォー》が示す奇妙に非現実的な光景が展開する。たとえばチャールズ・アンダーソンは前線から遠く離れたダ・ナンのMP大隊での生活を、苦いアイロニーをこめて「ビール付きの後方《リア・ウィズ・ザ・ビア》」だったと呼んでいるが(17)、彼と同じ時期に陸軍の第四六歩兵師団第五大隊A中隊《アルファ・カンパニー》の少尉として前線を経験していたティム・オブライエンも、解放戦線勢力に対する待ち伏せ《アンブッシュ》地点にした村へと一箇中隊(約五〇人規模)ごと移動した際、直ちに輸送ヘリが冷えたビールと食糧を運んできたことをさして珍しくもなさそうな筆致で書きつけている(18)。そしてまた、ヴェトナム帰還兵として帰国してのち『テキサス・マンスリー』や『カリフォルニア』マガジンなどの編集長を経て『ニューズウィーク』編集長に抜擢されたウィリアム・ブロイルズJr.は、戦時中に前線で警戒に当たっていた際、酔っ払った中隊将校の気まぐれでまったく無意味な偵察を命じられ、仕方なく中隊本部のすぐそばでほんの数フィート離れたところにいる仲間とハンディ・トーキーを通して本物そっくりの連絡を交し合って、それを中隊長のところに流したことを回想している[19]。それらはいかにも奇妙で皮肉だが、ヴェトナムにおいてはけっして例外ではない戦争の現実だったのである。

在ヴェトナム援助軍といいながら一部の軍事顧問たちを除くアメリカ兵たちにはサイゴン政府軍兵と肩を接する機会は殆どなく、ミ・ライ地区ソン・ミ村の虐殺事件が明るみに出て以後従軍牧師たちは「なんじ殺すなかれ」という説教の文句を「なんじ虐殺するなかれ」に変更し、ジャーナリストたちからは「ナパームを落しておいてからバンド・エイドを投げてやるような」矛盾だと評されたヴェトナム戦争。ジャングルに棲みつく巨大な蛭の話は、前線に出た帰還兵やジャーナリストの回想にしばしば登場するもののひとつだ。ケ・サンの戦闘に海兵隊報道班の先任軍曹として関わり、いかにも公式的で楽天的な記録文書を遺したボブ・グリーンは知らぬ間に彼の鼻の奥に入りこんで肥え太っていた蛭の話を書いているし[20]、ティム・オブライエンの小説『カチアートを追跡して』の冒頭には夜中に舌に蛭が吸いついたため喚きながら跳び起きた兵隊のエピソードが出てくる。また、フリーランス・フォトグラファーとしてシリアスな戦争報道写真を撮りつづけた沖縄生まれの石川文洋は、解放戦線の奇襲を避けて水田に身を伏せ、「攻撃が終わって身体に吸いついたヒルを落すと、身体が血で真っ赤になった」と述べている。(21) 要するに戦争とはまず第一に純然たる身体的な次元での恐怖から出発する体験なのである。だが、その周囲を取り巻いているのはアメリカン・ウェイ・オヴ・ウォーがもたらす奇妙な非現実感――現実からの隔離感――であり、その両者の狭間に置かれた自意識は、当然のように歪まざるを得ない。そしてさらに、その歪みを負った自意識がアジア南東部の風土と一九六〇年代という時代の濃密な空気を潜り抜けてゆきながら独自に変型《トランスフォーム》してゆくプロセスそれ自体が、すなわち、アメリカとアメリカ人たちにとってのヴェトナム戦争だったのだ。

しかしこの文脈の上で最も重要なのは、おそらくこのことではない。そうではなく、この戦争を通して培養された奇妙な自意識がいったん社会全体の上に溢れ出し、せめぎ合い、相互作用を起こし、そこから逆照射されるかたちでもう一度、ヴェトナム戦争に関わった人々の意識がより深い沈潜や屈曲や内省を余儀なくされたというその射程の長さ、奥行の深さにこそ、この戦争が紡ぎ出した文化のひとつの本質が存在するのである。あの「天使たちの丘《ヒル》」やケ・サンの高地861アルファでD・D・ダンカンが目撃したアメリカの自画像《セルフ・ポートレイト》とは、そのような自意識を正の方向で把握しようとした試みだったと言えるだろう。そして彼は、確かにその試みに成功した。だがそのことは――あえて言うなら――彼の限界をも同時に示していたのではなかったろうか。第二次大戦と朝鮮戦争を既に大人として経験してきた彼にとって遙かに若いヴェトナムのアメリカ兵たちを遇してやることのできる最良の方法は、彼らの孤独で不安な相貌を〈無垢とその喪失〉というアメリカの伝統的な文化神話の枠組のなかに位置づけてやることだった。言い換えればそれは、スティーヴン・クレインが南北戦争で、アーネスト・ヘミングウェイがスペイン市民戦争で描き出したのと同じ伝統的な戦争ヴィジョンのなかでヴェトナム戦争の経験を捉えようとする視点であり、この視点の上に立つことによってD・D・Dは、いわば父親として、ヒーローのいない戦争を息子たちになり代って悲しんだのである。彼の優れたフォト・ドキュメントを正の方向での把握と呼ぶのは、そうしたことのために他ならない。

しかし、D・D・Dよりも遙かに齢の若い戦争写真家たち、戦争特派員たちにとっては、ヴェトナム戦争は父親によって認知され、悲しみと慈しみを差しのべられるべきものではあり得なかった。一九六〇年代という時代がそうであったように、もはや父親たちとは完全に手を切った息子たちは、この戦争をまったく未知の、かつて誰も見たことのないミステリアスな出来事として目撃しようとしていたのである。

5　冬の音楽　The Wintry Musics

1

私が知ってるヴェトナム記者団のなかで、「戦争」と「特派員」という二つの言葉がくっつくとどういうことになるか、それを承知してない者はいなかった。魅力はゼロ同然か、ほとんど狂気じみてるか、のどっちかだった。しかし、その言葉にしか頼れなくなるときもあって、そういうときそれはやさしく体中に広がり、どうしようもない恐怖と不安はともかく、それ以外はすべて消してくれた。こんなところにわざわざでかけてきたのだから、私たちはたしかにどこかおかしい。それは認めよう。でも、なかには、自分がいまどの戦争にいるのか分らないおかしな連中もいて、勝手に、別な大昔の戦争を頭に描いていた。第一次大戦、第二次大戦、空中戦争、砂漠戦争、島での戦争、何度も宗主国が変わったせいでどの国と闘っているのか分らない植民地戦争、懲罰的戦争、聖なる戦争、気候が冷んやりとしていてトレンチ・コートがよく似合う戦争。要するに、ヴェトナムの戦争がたまらなくなっている者には、そういう戦争が昔なつかしのセンチメンタルなものに思えていた。手に負えないほど下品で自意識過剰な特派員もどっさりいたが、かれらの異常さもけっして理解不能といったものではなかった。特派員の姿は、たとえそれがどんな形で現われるにせよ、根っこは同じ呪われた、呪わしいロマンスから生じたものだった。すなわち、戦争を取材する気違いども、というロマンス。これである(1)。

一九六七年から翌年にかけて『エスクァイア』の特派員として南ヴェトナムに滞在したマイケル・ハーは、のちに同誌〔一九七〇年四月号〕に寄せた長い記事の冒頭近くで、以上のように書いている。舞台は、ドン・ハ、カム・ロ、ロックパイル、カム・ル、ケ・サンといった非武装地帯《DMZ》に並行して点在する重要地点をつなぐルート9を見降す通称「ぼやきの峰《マターズ・リッジ》」。アメリカ海兵隊が北ヴェトナム人民軍に逐《お》われるようにケ・サン基地から撤退――軍はこれを包囲突破《ブレークアウト》と呼んだ――して四カ月後の、一九六八年八月のことである。記事の主題は、当時二十八歳のハーと親しかった同年輩のジャーナリストたちの横顔だ。そこでは、一九三〇―四〇年代ハリウッドのスターだったエロール・フリンの息子で、一九七〇年にカンボディアで従軍中に消息を絶ったドキュメンタリー映画作家ショーン・フリンのことが深い親しみと敬意をもって語られ、怖るべく破滅的な戦場暮しで特派員仲間でも「クレイジー・チャイルド」と異名をとっていたイギリス人の写真家ティム・ペイジのことが、暖かな、愛情溢れる筆致で綴られている。当時フリンは二十七歳で、ペイジは二十三歳だった。この他に親しげに言及されているごく少数も、歳は殆ど変わらない。たとえばAP通信の写真家デイナ・ストーンは二十五歳だったし、同じくAPのジョン・レングルは三十歳。つまり彼らはみな、まわりの塹壕で卑語を喚きながら笑い合っている疲れた若いマリーン・コウたちと見分けがつかないくらいの若さだったのである。事実、ハーに向かって得意気に「俺はVC《ヴェトコン》を一四人ぶっ殺して、捕虜を六人楽にしてやったのさ。あんた、勲章《メダル》を見たいかい？」と語りかけてきた特殊部隊の大尉は二十四歳だったという[2]。

だが、両者の間には決定的な違いがあった。もちろん、一方は兵隊、もう一方はいつでも好きなときに戦場にやって来ては好きなときに帰ることのできる特派員という違いである。そのことを後者の人間たち、とりわけハーとその友人たちがどんなふうに感じていたかについて、彼はひどく屈折した言い方でこう語っている。

　そう。正直に言おうか。戦争特派員というのはじつにいいもん《グルーヴ》だった。兵たちと一緒にぶらついたり、戦争のすぐそばまで行ってそれに触わったり、戦争に夢中になったり、無理矢理戦争反対を唱えたり。いつもそうしてたかった。理由なんかどうでもよくて、それは自分のものだった。〔……〕どこにでかけてもかならず〝復讐の天使〟〔と自称する或る兵士〕のような海兵隊員なり兵なりがいて、やつがクリンスキーに言ったようなことを言った。「あんたは凄いぜ。あんたはクールだ。あんたには金玉がついてる」。私たちのことをどう考えたらいいものか、なにを言ったらいいものなのか、かれらには見当もつかず、やめろと言わないかぎり、敬語で話しかけてきた。志願‐記者という、かれらにしてみればゾッとするような立場に狂気を読み取って、くすくす笑いはやめた。それどころか尊敬さえした。気に入るとそのことは分かってもらえると勝手に考え、武装へリで発とうとすると、さよならを言い、お元気で、とまで言った。(3) なかには感謝してくれる者もいたが、これにどう返事したらよかったのだろう？

一見するときわめて放埒なこうした記述は、どんな層の読者にも受け入れられることを目指す通常のジャーナリズムのそれとは違って、読み手をはっきり選ぶ傾向を持っている。ハー自身の言葉を借りればそれは、彼と少数の仲間たちを結ぶ「兄弟愛《ブラザーフッド》」――とそれを結ぶための或る種の「感性《センシビリティ》とスタイル」――を理解し、分かち合うことのできる読み手である。ハーはこの「兄弟愛」について述べるくだりの直前で、「三つの戦争をくぐってきた著名な特派員」が或るとき海兵隊のお仕着せの前戦視察から「わが軍の大勝利にいたく御満悦」の体でダ・ナンへ戻り、およそ二〇〇名の米兵が戦死したらしいと耳にしたハーとジョン・レングルの前で、次のように言い放ったエピソードを書いている――「二〇〇？　そんなの、たいした数じゃない。ガダルカナルじゃあ、一時間のうちにそれ以上の数を失ったものさ」(4)

しかしこの逸話は、ほんの一例に過ぎない。彼はこの記事を収めた著書『ディスパッチズ』のあちこちで、兵卒よりは将校と、将校よりは将軍と話すことを好み、ＭＡＣＶが毎日夕方に発表する情勢発表——いわゆる「五時のどたばた《ファイヴ・オクロック・フォリーズ》」——を鵜呑みにして常套的な言いまわしをちりばめた記事を書きとばしてゆく年長者《オールドタイマー》たちへの反感を、露骨に見せている。ハーによれば、「従来の射撃能力《コンヴェンショナル・ファイア・パワー》ではこの戦争に勝てないように、従来《コンヴェンショナル》のジャーナリズムのやりかたではこの戦争はつかまえられなかった。せいぜい、アメリカ史上最大の出来事を情報のプディングにするぐらいしか、できなかった。〔……〕そして、すぐれた特派員たちにはそんなことは分りすぎるぐらい分っていた」[5]。

　だが、振りかえってみれば明らかなように、ハーが反撥したオールドタイマーたちもかつては青年だったのである。事実、アメリカ史上最長のこの「宣戦布告なき戦争」が始まって間もなかったころ、サイゴンに乗り込んできたアメリカのジャーナリストたちのなかで最も野心的な働きを見せていたのは、のちのハーとさして齢の変わらない特派員たちだった。

　一九六〇年代初頭のサイゴンに常駐していたアメリカ人の特派員の数は、けっして多くない。ＣＢＳのピーター・キャリシャー、『タイム』のチャールズ・モーア、『ニューズウィーク』のフランセス・サリー、初めフリーランスとしてやって来てサリーから『ニューズウィーク』の仕事を引き継いだベヴァリー・ディープ。そして彼らのなかでもひときわ目立ったのが、ＡＰサイゴン支局長のマルカム・Ｗ・ブラウン、彼の下に配属され、後年湾岸戦争の現地報道で世界的に名前を知られることになるニュージーランド出身のピーター・アーネット、ＵＰＩのニール・シーハン、および、ホーマー・ビガートに代わって『ニューヨーク・タイムズ』の特派員としてやって来たデイヴィッド・ハルバースタムである[6]。

彼らがサイゴンで顔を揃えた一九六二年は「楽観論《オプティミズム》の年」だったと言われる。(7) 農村部のゲリラを締め出すための住民再定住策「戦略村」計画がこの年に実施され、在ヴェトナム軍事顧問団が軍事援助司令部(MACV)に拡大改編され、ラオスの中立をめぐるジュネーヴ会議の結果によってアメリカには「ベトナム問題に集中するフリーハンド」(8) が与えられて、マクナマラ国防長官は「あらゆる量的計測は、われわれがこの戦争に勝っていることを示している」(9) と語った。だが、この年にはオプティミズムとは正反対の見方や状況が米国内外で急速に顕在化していた。既に前年の末からゴ・ディン・ジェム政権はアメリカ側からの強い改革要求を躱《かわ》すために弟のゴ・ディン・ニュー支配下の新聞を通して反米キャンペーンを展開し始めており、米国内でも一九六二年四月、ライナス・ポーリングら十六人の知識人・科学者がヴェトナム介入非難と即時干渉停止・平和解決のための特別国際会議の開催要求を盛り込んだ公開状をJFKに対して送りつけている。もっとも、その一方ではケネディ暗殺後の一九六七年にアーサー・シュレジンジャーJr.が『苦い遺産』のなかで述べた次のような見方もある――「この時期のヴェトナムは、まだ低レヴェルの危機状態にあった。それはキューバやベルリン、ラテン・アメリカの危機、核実験、ヨーロッパ同盟諸国の維持、そして合衆国内における公民権闘争といったものよりも遥かに緊迫度の低いものだったし、またアジア近隣のラオス危機と比べてもずっと緊迫度は低かった」(10)。

しかし、新保守主義の言論人ノーマン・ポドレーツは『何故我々はヴェトナムにいたのか』(一九八二年)のなかで、このシュレジンジャーの見方を基本的に肯定しながらも、政治学者で元サイゴン大学教授のジョーゼフ・J・ザズロフが一九六二年初めの『コメンタリー』誌――ポドレーツはこの雑誌の編集長である――で、ラオスやベルリンやカタンガの危機が新聞の一面を賑わせている陰で南ヴェトナムも同じくらいの危機状態を呈しつつある、と指摘していたことを紹介している(11)。この指摘は、明らかにサイゴンの状況を自らの眼と膚で知っていたザズロフの実感から来るものだった。そして彼と同様――あるいはそれ以上――に、サイゴン駐在のアメリカ特派員たちが抱いていた危機感は大きかった。

実際、ハルバースタムの前任者ホーマー・ビガートは一九六二年にマクナマラ国防長官が初めてサイゴンを訪問したことを伝える記事のなかで「ケネディ政権はジェム一派の浮沈と命運を共にする道にかたくなにこだわりつづけている」と警告し、また、ジェム批判の論調をとった『ニューズウィーク』のベヴァリー・ディープはこの年の暮にジェム政権によって国外追放処分に付されている(12)(彼女はのちに『ニューヨーク・ヘラルド・トリビューン』のサイゴン特派員としてヴェトナムに復帰した)。コンゴ動乱で意欲的な報道活動をつづけていたハルバースタムが休む間もなく新たな野心を抱いて赴任したのは、このような危機が急速に顕わになりつつある一九六二年九月のサイゴンだったのである。

2

この時期を含めて、サイゴンのアメリカ人特派員たちの多くは、日課とでも言うべきひとつの習慣を共有していた。毎日夕方になり「五時のどたばた」が終わるころから、サイゴンの中心部にあるラム・ソン広場とトゥ・ドゥ通り——フランス植民地時代の呼名ではカティナ通り《リュ・カティナ》——に面したホテル・コンティネンタル・パレスのテラス・ラウンジにやって来ては、「アオザイを着てトゥ・ドゥ・ストリートを流して歩く物欲しげ《オーグル》で魅力的な女の子たち」を眺めながら酒を飲み、政治を語る。それは実に「エグゾティック」なひとときだった、と『ワシントン・ポスト』のサイゴン支局長だったピーター・ブレイストラップは回想している[13]。

　このホテル・コンティネンタル・パレスは、かつて第一次インドシナ戦争当時にロンドン『サンデー・タイムズ』との契約でサイゴンに滞在したグレアム・グリーンが愛用し、小説『おとなしいアメリカ人』（一九五五年）にしばしば登場させた場所として知られている。グリーン自身によれば「わたしのアメリカ人に対する憎悪が基調になっている[14]」この小説が、主題そのものとは別に——あるいは主題を幾重にも取り囲むようにして——「エグゾティック」な雰囲気をきわめて色濃く湛えていることは言うまでもない。ホテル・コンティネンタル・パレスは、グリーンの名声とエグゾティシズムのオーラに包まれた一種伝説的な存在だったのである。そして『おとなしいアメリカ人』から十年を経た一九六五年には、前年の合衆国議会で採決された「トンキン湾決議」に伴う戦争規模の拡大によって一挙に増員されたアメリカ報道陣が、ホテル・コンティネンタル・パレスを初めとするサイゴンの高級施設の主な顧客になってゆく。ＣＢＳとＡＢＣは近代的なカラヴェル・ホテルにヘッドクォーターを設け、マーグリット・ヒギンズと並ぶ保守派コラムニストとして合衆国政府の忠実な代弁者の役割を自ら買っていたジョーゼフ・オルソップ——ちなみに彼の母方の大伯父はかつて二十世紀初頭のアメリカの帝国主義時代に君臨した第二十六代大統領セオドア・ローズヴェルトである——はサイゴン河に面したマジェスティック・ホテルを愛用した。アテルベア、ジローム・テルといったフランス人経営の高級レストランも、同様にアメリカ人ジャーナリストたちの溜まり場になっていった。ちなみにこのころ、カラヴェル・ホテルの前に車を駐めていたヴェトナム人の運転手たちは、特派員たちのために年代物のポンティアックやランブラーを転がしてサイゴン中を駆けまわり、一日に二五ドルを稼いでいたという。(15)

これらの事実からだけでも、コンティネンタル・パレスに代表されるアメリカ人およびヨーロッパ人の特派員たちの世界が、多くのヴェトナム人たちにとってはまったく次元の異なった一種の外人租界のようなものとして受け止められていただろうことが容易に推察される。そしてこの感情は、欧米以外の国々からやってきた特派員たちの多くにも共通のものであった。事実、この当時サイゴンに駐在した日本人記者たちの回想には、欧米人たちのそれに必ず登場する高級ホテル——マイケル・ハーの『ディスパッチズ』でさえコンティネンタルのバー・テラスや「カラヴェル・ホテルの屋上で酒を飲みながら河向うの空襲を見物した」(16)ことが回想されている——が殆ど出てはこない。それればかりか、彼らの回想のなかでは、欧米のジャーナリストたちへの強い敵愾心や反感がしばしば激しい調子で書き連ねられている。たとえば、一九六四年十二月から半年間、読売新聞社サイゴン特派員として勤務した日野啓三は、到着早々初めてAPサイゴン支局を訪ねたときのことを次のように書いている。

〔……〕入口のドアに『サイゴン政情寒暖計』と書かれた寒暖計の絵が貼ってあって、水銀柱は、「クーデター近し――危険」の目盛りをさしているのを眺めてから中に入った。支局長のマルコム・ブラウン記者は、背が高く痩せて色の青白い、いかにも神経質そうな男だった。私が紹介状をさし出すと彼は「東京からきみのことは連絡があった」といったきり、封筒をあけてみようともせず、ぽいと机の横にほうり出した。それから「あれをみてもいいよ」といって、顎でうしろの壁の釘にかけてある前日からの打電記事のコピーを示した。これまで臨時に香港やバンコクからきていた日本人記者たちの主な記事のもとがそのコピーだということを私はきいたが、すでにAPの記者たちが打った電報のカスを、まるで残飯を恵んでもらうような調子で拝読させてもらう自分の姿が、私には全然気に入らなかった。紹介状の封筒をあけようともしなかった支局長の態度も、私の神経にさわった。私は「これからよろしく頼む」というような意味のことを、ぼそといって外に出ながら、心の中で固く決心した――彼らの世話になんかなるものか、おれはおれの情報源と判断で対等に仕事をしてみせる。ソウルだって、おれは外電と対等に、いやそれ以上にやったではないか。それにここはアジアなのだ。(17)

そう決意しながら、しかし彼は翌日のMACVの「五時のどたばた」に出席して「ベトナムはたしかにアジアだが、ベトナム戦争は、もはやアジアの戦争ではなく、アメリカの戦争だということを痛切に思い知らされ(18)」、それでもなお欧米ジャーナリストたちにけっして依存しないための「腰をすえての暗中模索と、試行錯誤の努力(19)」を開始することになる。それ以降の過程で繰返し強調されるのは「ベトナム人記者たちは、日本人記者にはほとんど同族の親近感めいた感情をもっていたようだ」、「アメリカ人たちがアジア人の心を理解していないと気安く笑う前に、われわれ自身、果してどうなのか」、「欧米先進国の高みからではなく、アジアの民衆の下からの視点をもって情勢を眺めようと努めた。といってももちろん、かつてのような対欧米劣等感を裏返しにしたアジア主義といったものではなく、植民地化の後遺症状、後進性の歪み、援助体制の腐敗にはきびしく批判的でありながら、後進国の矛盾とそれから脱け出ようとするときには、いささか喜劇的にさえみえる苦闘と混乱に対しても、決して他人事でないものを感じながら、タイプを叩いた(20)」といった、民族と文明にまつわる気負いに溢れた問題意識である。それは、韓国特派員を経てヴェトナムに赴任し、読売新聞社外報部のなかでも非欧米諸国の「ドサ廻り(21)」をつづけてきた日野啓三のジャーナリストとしてのキャリアから生じた自負心だった。

だが、このような意識と気負いにしては些か奇妙なことに、彼はヴェトナム語を十全に解していたわけではなかった。彼の回想に登場する他の日本人特派員たちも同様だ。一九六二年暮からタイ、ラオス、ヴェトナムに長く滞在していた岡村昭彦を除くと、トンキン湾事件の勃発によってサイゴンに投入され始めた日本人の特派員たちは英語ないしフランス語を解するだけであり、日野啓三自身も慌しい日常のなかで「政府を、グーベルマンとフランス語式に発音するサイゴン英語にも慣れ、ベトナム語の片言をおぼえ、片言と手まねだけでもかなり意志疎通することも知った」[22]と記しているだけである。そしてこのことは、多くのアメリカ人特派員たちも同等かそれ以下であった。

ピーター・ブレイストラップによれば、一九六〇年代半ば以降にサイゴンに集まってきた欧米のジャーナリストたちに大きな影響を与えた前任者たち——一九六四年のピュリツァー賞国際報道部門を共同受賞したハルバースタムとブラウン、香港をベースにして『ニューヨーカー』にヴェトナム報道記事を寄稿したロベール・シャプラン、元『タイム』特派員でサイゴンの米大使館報道部長をつとめたジョン・メクリン、『おとなしいアメリカ人』のグレアム・グリーン、フランスおよびアメリカの対インドシナ政策を分析した『ふたつのヴェトナム』(一九六三年)の著者バーナード・フォール——はすべて、「もちろんアウトサイダーであり訪問者《ヴィジター》だった。彼らはヴェトナム語を解さなかった」。彼らの著作は一九六〇年代のサイゴン特派員たちの「内部認識《インナー・ランドスケープ》」を形成する上に大きな影響力を持っていたが、「総じて彼らはインドシナにおける西側の(原文イタリック)経験に興味《フォーカス》を集中させており、その興味は彼らにつづいたニューズメンにも引き継がれたのである」[23]。

この問題は、しかし少なくとも一九七〇年代初頭までのハルバースタムにとってはさほど重要なものではなかった。一九六二年の半ば、プレスと合衆国政府当局との対立が激しくなりつつある渦中のサイゴンに乗り込んできた彼にとっては、ジョーゼフ・オルソップに代表されるような従来《コンヴェンショナル》のジャーナリズムとは違う、彼と彼の世代独自のジャーナリズムのあり方を模索し、明らかにし、確立することが、なによりも重要なことだった。

〔……〕サイゴンにおいて、アメリカのジャーナリストは他人の支配に屈服しない唯一の集団であった。ジエムはヴェトナムの報道機関、軍部および立法府を支配していた。ハーキンズは援助軍司令部の報告を支配し、ノルティングは大使館の報告を支配していた。率直に見たままを語るのは、アメリカの報道陣をおいてほかになかった。ハリー・フェルト提督は、「アメリカの努力に歩調を合わせろ」とAPのマルカム・ブラウンに言った。「アラ探しばかりするものじゃない」と、ノルティングは記者団に説教した。サイゴンにおけるCIA機関長ジョン・リチャードソンは、報道を管制できる共産主義者がうらやましい、と仲間に語った。記者たちの報道に怒りをつのらせたノルティングは、報道担当官ジョン・メクリンに命じて、わが国の政策は「無責任かつ乱視眼的でセンセーショナルな報道によって、重大な妨害を受けている」という報告書をワシントンに送らせた。政治的攻撃の手練手管に長けたクルラック将軍は、記者たちの人格を問題にした。記者の連中のなかには死体を見て、女々しくも大粒の涙を流したのがいる。タイム誌やジョセフ・オルソップ、マーグリット・ヒギンズなどお気に入りの記者や雑誌は、楽観的な記事を書くよう勧められ、喜んでこれに応えた。

『ベスト&ブライテスト』のなかでこのように当局の態度を描いたハルバースタムは、つづいて、彼と彼の世代のジャーナリストたちが抱いていた自意識を次のように振りかえっている。

> 攻撃された記者たちには、攻撃されやすい面があった。彼らは若く、ジャーナリストとしての評価と名声をまだ確立していなかった。その若さゆえに、彼らの世界観と戦争観は、第二次大戦のそれとは無縁であった。彼らのうち妻帯者は一人だけであったから、サイゴン社交界の渦巻きに引かれることもなく、ノルティング夫妻やハーキンズ夫妻と調子を合わせる必要もなかった。ワシントンの同僚と違い、彼らは取材担当の機関の人びとの好意に依存する必要もなかった。彼らの友人や同世代の人びとは、戦争が現に戦われている前線にいたのである。(24)

主題をインドシナにおける「西側の」――とりわけアメリカ合衆国の――経験に限って言えば、この長い長い戦争はハルバースタムらプレスと政府当局の間に深い亀裂を生まれさせたいわゆる「信頼感の欠如《クレディビリティ・ギャップ》」の連続であると同時に、さまざまな側面における世代間《ジェネレーション・》格差《ギャップ》の連続を経験しなければならなかった戦争である。施政者たちのレヴェルにおいても、それは同様だった。第二次大戦の凱旋将軍のひとりだったアイゼンハウアーから政権を引き継いだジョン・F・ケネディは、言うまでもなく一九三〇年代の知的学生であり、彼と彼の世代は当時のヨーロッパ情勢におけるヘゲモニーをアドルフ・ヒトラーに握らせることになったミュンヘン会談の教訓と印象から国際政治認識の基礎を固めた人々である。ハルバースタムはこれを指して「彼らはミュンヘン以後、とりわけマッカーシーイズム以後の時代のプラグマティズムを反映した人びとであった[25]」と述べ、ハルバースタムの著作から多くの指摘や認識を引き出しつつ『ヴェトナム／或る歴史』〔一九八三年〕を執筆したスタンリー・カーノウも「ケネディは〔……〕第二次大戦を惹き起こしたヒトラーの登場を振りかえりつつ、上院議員として流行の冷戦論に従った陳腐な決まり文句を並べたてていた[26]」と書いている。事実、冷戦とマッカーシーイズムの時代にJFKが示した曖昧な態度がエリノア・ローズヴェルトの不興を買い、一九五〇年代における民主党主流派を代表したアドレイ・スティーヴンスンにも自党の大統領候補者としてのJFKに対して不安感を抱かせる一因になっていたことは良く知られている。しかし第二次大戦の教訓から得た認識の点では、JFKから政権を引きついだ〈一九二〇年代の青年〉リンドン・B・ジョンソンも同じものを共有していた。ノーマン・ポドレーツによれば「ケネディ同様、彼もまたミュンヘン〔の教訓〕に関連し象徴される政治学の観点から、戦争と平和をめぐる諸問題の最初の重要な経験を得た世代のひとりだった。実際、ケネディ以上に〔……〕ジョンソンは、もしも一九三〇年代の合衆国がヨーロッパとアジアにおける侵略行為に対して明確な反応をしていれば第二次大戦は回避できたかもしれない、と強く感じていた[27]」。

もちろん、こうした認識はJFKが組織しLBJが引き継いだ若い官僚たちの一群、すなわち〈ベスト&ブライテスト〉にとっては余りにも当然のものだった。そしてこの文脈から見てゆくならば、ハルバースタムの大著『ベスト&ブライテスト』とは、JFKの属する〈ミュンヘン世代《ジェネレーション》〉に対する後発世代からの激しい告発の書に他ならないのである。しかも彼が最初にサイゴンへやって来た一九六〇年代初頭当時のアメリカン・ジャーナリズムで権勢を誇り、政府擁護につとめていたのはオルソップやウォルター・クロンカイトら――すなわち一九二〇―三〇年代の青年たち――であった。無論オルソップとクロンカイトの政治的立場を同一視することはできないが、それでもクロンカイトが明らかな政府批判に転じたのは、前述したように一九六八年のテト攻勢の衝撃後のことである。

彼らの経験と認識を〈ミュンヘン世代〉のそれと呼ぶとすれば、一九三四年生まれのハルバースタムは明らかに〈朝鮮戦争世代〉としてのそれを有していた。ハーヴァード在学中にアイゼンハウアー政権の誕生と「朝鮮における名誉ある休戦」を目撃した彼とそのジェネレーションは、先行する人々とは違った認識と経験を切り拓いてゆく可能性を持ち、事実それを実行していった。その最も端的かつ野心的な現われが、一九六〇年代初頭における彼らの激しい政府批判報道だったのだ。

一九六二年、ハルバースタムはようやく二十八歳になっていた。のちに彼とピュリツァー賞をシェアすることになるマルカム・ブラウンは三十一歳だった。その下で彼の手足《レッグズマン》となって働いたピーター・アーネットは二十七歳。UPI東京支局から(28)サイゴン支局に転じ、ハルバースタムに本来「〔ピュリツァー賞受賞の〕栄誉をシェアするべき」だったと言わせたほど充実した報道活動を見せたニール・シーハンは二十六歳。コンゴ動乱時代からのハルバースタムの友人だったAPの写真家ホルスト・ファースは二十九歳。彼らはサイゴンのアメリカ大使館とMACVの社交界から孤立したまま身を寄せ合い、互いに記事を批評し合い、ハルバースタムやシーハンやニック・ターナーといった「ハード・ワーキング・ライヴァルの絆[29]」がAP支局を根城に培われていたという。そうした若さと結束は明らかに、のちのマイケル・ハーやその友人たちのそれと同じ性質のものであった。いや、より正確に言うならば、一九六二年のサイゴンのアメリカン・ボーイズが敢然と掲げた叛逆のたいまつ《トーチ》は、その後さらに孤独で惨めで激しい輝きを増して、一九六八年のアメリカン・ボーイズへと手渡されたのである。

3

一九六七年の暮に『エスクァイア』の特派員として南ヴェトナムへやって来たハーは、到着後早々に出喰わしたテト攻勢直後のサイゴンの街の様子を次のように書いている。

> 毎夜午前二時半にもなれば、サイゴンは『渚にて』の最後のくだり《ファイナル・リール》とそっくりの姿を見せる。長い街路にはガラクタと風に飛ばされる新聞と誰かが洩らした糞の山、枯れた花、旧正月を祝って鳴らされた爆竹の残り屑、そんなもの以外にはなにもない、無人の

街だ。[30]

ハーの文章の特徴は、それがきわめて視覚的――というより明らかに映画的――な効果を喚起するところにある。彼はしばしばヘンリー・フォンダとジョン・ウェインの『アパッチ砦』やスティーヴ・マクィーンの『ネヴァダ・スミス』などの映画を引き合いに出して戦争を語り、一人称としてのカメラを手持ちで移動させてゆくようにして自分の眼に映じた光景を書き止め（現実には彼はカメラを一切持たなかった）、まわりの若い特派員たちや兵隊たちもそれぞれが自分だけの戦争映画に主演・監督しているような気分を味わっていたと述べて、「この文章も私の映画なのだ」と書いている。[31]

しかし、このこと自体は必ずしもハーとその友人たちだけに固有の姿勢や意識だったわけではない。マイケル・アーレンが「居間の戦争《リヴィングルーム・ウォー》」と呼び、ドン・オーバードーファーが「手に汗を握らせるサスペンスと劇的迫力に富み、はなはだしく大衆の興味をそそった」[32]と言うこの戦争の報道に当たっては、なにを、どのように撮ればよりフォトジェニックな効果を得られるかを考慮しないカメラマンなどいるわけがないのである。その点では五十二歳のD・D・ダンカンも二十三歳のティム・ペイジも、そしてまた彼らのようなスティル・フォトグラファーに限らずローライ・フレックスやヴィデオ・カメラを肩にしたニューズリール・カメラマンたちも、変わりはない。唯一の違いは、なにを、どのように撮ることで最後になにを印象づけたか、ということに尽きるのだ。

「英雄のいない戦争《ウォー・ウィズアウト・ヒーローズ》」――既に述べたようにD・D・Dは、父親としての立場からの哀しみをこめてこの戦争をそう呼んだ。だが、彼よりも遥かに若い戦争写真家や戦争特派員たちにとって、この戦争は、けっして父親によって認知されてしかるべきものではあり得なかった。一九六〇年代という時代がそうであったように、もはや父親とは完全に手を切った息子たちは、この戦争をまったく未知の体験として捉えようとしていたのである。たとえば、一方でD・D・Dが「天使たちの丘」やヒル861アルファで若い海兵隊員《マリーン・コウ》たちを印象的なドキュメンタリー・ポートレイツに撮り収めていたのと同じころ、ハーは同じケ・サンで出逢ったひとりのマリーンのことを次のように描いている。

> 彼はミシガン生まれの長身のブロンドで、齢のころはたぶん二十歳《はたち》ぐらい、とはいえ長いこと風貌に漂っていた筈の若さが消えてしまったケ・サンのマリーンたちの齢を推《あ》てるのは簡単なことじゃない。そのわけは眼だ。彼らは、緊張したときも怒り狂ったときもまるでぼんやりと虚ろにしているときも、眼でそれを表わすだけで、貌の他の部分を使わない。だからみんな、ひどくくたびれているか、でなければ狂気を漂わせているみたいに見える(年齢もそうだ。南北戦争以来のいろんな部隊の写真をどれでも採り上げて、眼だけを残して覆ってみるといい。五十歳の男も十三歳の少年もまるっきり違いはないのだ)。たとえばこのマリーンは、いつでも笑みを泛べている。それはもうちょっとでクスクス笑い出してしまいそうな感じの笑みなのだが、眼には愉しさも途惑いも

苛立ちも、なにも、ない。つまりちょっとばかり気狂いじみているというか、むしろ謎めいていると言ったほうがいいだろう。第一師団に配属されて何カ月か経った二十五歳以下のマリーンたちの多くは、大抵こんなふうになる。若くて特徴のないその貌に泛ぶ笑みは、まるで老いの知恵から生まれたみたいにこう語りかけてくるのだ、「俺がなんで笑ってるのか教えてやろうか。でもそいつを聞いたら、あんた、狂っちまうぜ」。

　彼は上膊にマルレーンという名前を刺青していた。ヘルメットにはジュディと書いてある。でも彼に言わせると、「ああ、そりゃあジュディはマルレーンのことを全部知ってるさ。クールなもんだよ。やきもちなんか妬きゃしないって」なんだそうだ。以前は、彼のフラック・ジャケットの背中にこんな文句が書いてあった。そうとも、俺は死の谷の影のなかを歩いたって、ちっとも怖かない。俺様はこの谷でも最低のマザーファッカーだからだ〔原文イタリック〕。だが彼は、あとになってその文字をごしごし洗い落としてしまおうとした。うまくは落とせなかったのだが、何故消そうとしたかを説明してくれたところでは、非武装地帯《DMZ》で一緒になったたくそったれのすかし屋どもがみんな、てんでにいろんな文句をフラック・ジャケットの背に書いているのを見て嫌んなっちまったからなんだそうだ。そう言って、彼は微笑した。[33]

　若くして老いた、謎のような貌。そこに漂ううっすらとした狂気の気配に触手を伸ばし、相手の――そしておそらくは自分自身の――自意識の奥底をまさぐり、なでまわし、そっくり摑み出してしまおうとするハーのこのような描写姿勢は、明らかにD・D・Dには存在しない。それは彼にはとることのできない姿勢であり、抱く必要のない自意識である。その点で言えばD・D・Dと彼の被写体の間には、明らかな懸隔の閾《しきい》が横たわっているのだ。しかし、だからといってD・D・Dがその対象に対して冷淡であったり邪慳であったり、他人行儀《ポライト》に振舞っているわけではない。第二次大戦と朝鮮戦争を経験し、自身も海兵隊の予備役将校であるD・D・Dはそうした自らの経験と知識に基く堂々とした正攻法の視点で兵士たちの孤独を把握しているのであり、兵士たちもまた彼のフレームのなかで十二分に〈孤独なアメリカン・ボーイズ〉としてのイメージを演じ上げている。それはべつに批判すべきものでも何でもない。そして、にもかかわらず同じ対象をマイケル・ハーが、ティム・ペイジが見凝めるとき、その対象はまったく異なった相貌を露わにするのである。

ペイジは、先にも触れたように、「クレイジー・チャイルド」と異名をとったコンバット・フォトグラファーである。一九八三年に出版された彼の初めての写真集の序文でも、かつてロンドン『サンデー・タイムズ』の特派員としてヴェトナムを経験したウィリアム・ショークロスが「ペイジは頭を半分吹っ飛ばされる前もずっとクレイジーだったに違いない」と書いている。彼によれば「映画『地獄の黙示録』のなかで河の上流に待ち受けていたマッド・ジャーナリスト〔デニス・ホッパーが演じた〕はペイジの友人のマイケル・ハーが創造した人物だが、その発想の一部はペイジに基いていた」[34]という。フランシス・コッポラのこの映画の制作に際してハーはシナリオの執筆に協力しており、なかんずくマーティン・シーンが

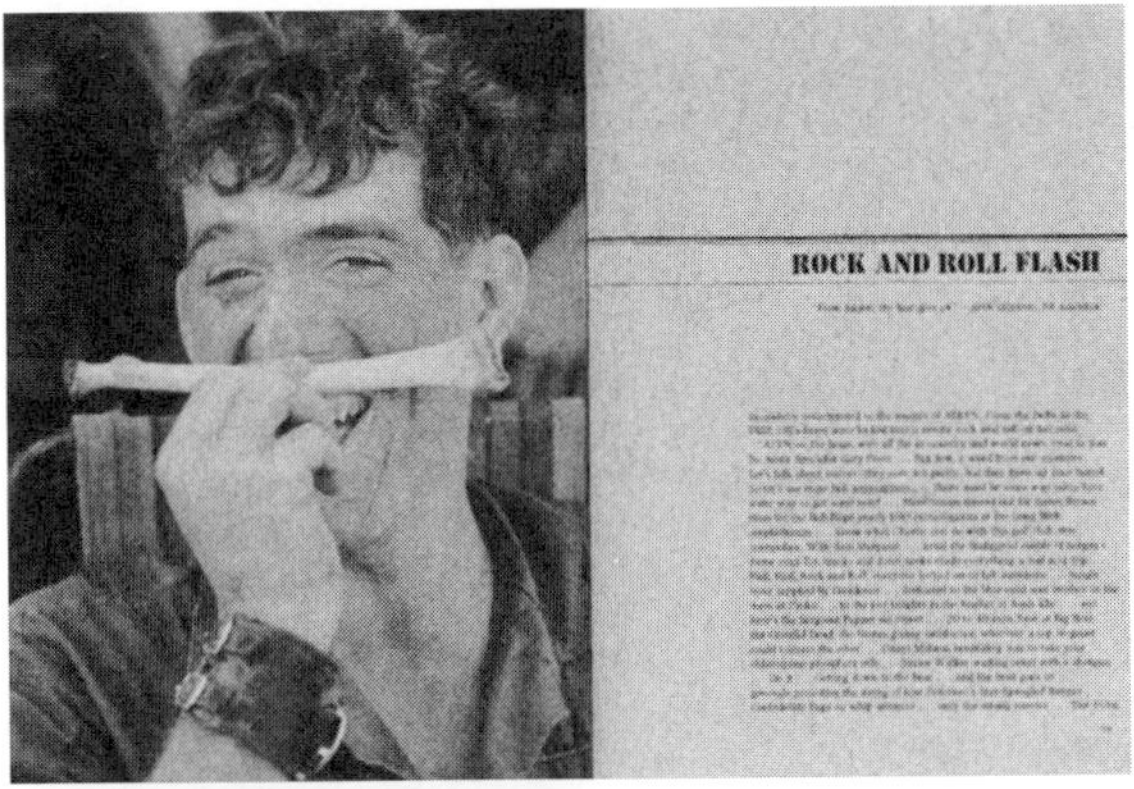

(Tim Page, *NAM*, 1995)

演じたウィラード大尉のモノローグはハーが書いたものである。ジョーゼフ・コンラッドの『闇の奥』と並んで、『地獄の黙示録』の原作に『ディスパッチズ』があると批評家たちによって指摘されるのは、こうした事情のためだ。そして、ペイジの写真集『NAM《ナム》』が出版されるに至るまでの経緯にも、『ディスパッチズ』の存在は大きく関わっている。

ティム・ペイジは一九四五年、ロンドン郊外のオーピングトンで生まれた。十七歳になった或る日、彼は「世界を見に行く」という書き置きを残して家出し、一九六五年には独習した写真技術をもとにラオスの紛争地帯を撮り、それをUPIに売って戦争写真家の生活に入っていった。その後ヴェトナムへ移ったペイジは友人たちと、「彼の言い方によると『莫迦やりながら《グーフィング・アラウンド》』過し」始める。「多くの保守的なジャーナリストたちの眼には、彼らが麻薬《ドープ》や死や破壊や戦闘用具《ギア》や、あるいはヴェトナム軍と米軍によって提供された驚くほど多くの特派員特権によってすっかり有頂天《ハイ》になってしまっているウォー・グルーピーのように映っていた。ペイジ自身もそのことは否定しなかっただろう。マリワナや阿片が自由に手に入るということが彼の愉しみを倍増させたのは間違いない。〔……〕／実際ペイジは狂ったように無鉄砲をやりつづけ、もっと利巧な特派員なら絶対に踏みこもうとしないし踏みこむこともできないような戦闘をじかに体験していった。その結果、彼の仕事は大企業、特にタイム・ライフ社が欲しがるものになった。彼らは喜んで彼を使った——但し、社員《スタッフ》としてではない。彼は仲間にするには余りにも変わり者《ワッキー》過ぎたのだ[35]」

彼はしばしば負傷し、そのたびに砲弾の破片を体内に残したままで再び戦場へ戻っていった。その理由を彼はショークロに語っている、「なんでいけないんだよ。だってむず痒さ《イッチ》みたいなものなんだからさ、(36)掻いてやるしかねえんだよ。そいつがロック・アンド・ロールってことさ、わかるだろ?」

ロックン・ロール、それがペイジにとっての戦争の代名詞だった。そのビート、その閃光《フラッシュ》、その昂揚《エキサイトメント》――。全体で九十葉の戦争写真を収めた『NAM』のなかでも彼は、「ロック・アンド・ロール・フラッシュ」と題する一章を設け、そのなかでAFRVN〔ヴェトナム駐留米軍放送American Forces Radio in Vietnam Network〕のディスク・ジョッキーの喋りを文章で再現している。

AFRVNオン・ジ・アワー、国内と世界のニュースをお届けします。お相手は陸軍特科部隊のゲイリー・ピールズ……初めは我らがスポンサーからのお言葉だよ……敵のことだけどね、可愛らしいもんだよな、奴ら、俺たちの燃料庫を爆破しやがったんだ。そんなら俺たちもボール爆弾をガンガン落としてやろうじゃないか……こんなとこからおサラバしてさあ、もっと気楽にやれる筈なんだけどねえ……ジェイムズ・ブラウンにさ、例のボブ・ホープがロン・ビンでやった毎年恒例のUSO乱痴気大会《イクストラヴァガンザ》よりも人が詰めかけたぜ……ロン・ビンじゃあチャーリー〔C中隊〕がどんな具合にあのゴルフ・クラブのオッサンやボイン《トランポリン》ちゃんと一緒に騒いだかって、知ってるかい。なにしろアン・マーグレットだぜ……サイゴンの八回目をば迎えた小テトのスターリングラードみたいな瓦礫のどまんなかで、トラックとブルドーザーが全部ひでえ悪酔《バッド・アシッド・トリップ》いにしちまったそうだよ……さあていよいよロックン・ロールだ、みんなフル・オートに掛けっ放《ロック・オン》しにしといてくれよ……クリーデンスが送るジャングル・フィーヴァーだ……プレイクのおんぼろ食堂にいる青い眼のソウル・ブラザーに捧げるぜ……サン・ケ〔ケ・サン〕の穴ぼこにいる踊る強者《ジヴ・ナイツ》にもだ……ではここでサージャント・スキー・クラブのお時間……ビッグ・ベアじゃ二〇インチから四〇インチがベースだ……グレイトフル・デッドにストーンズが、ヴァイヴにお優しい先任軍曹殿のいるとこへ満足をお届けしよう(37)……

ペイジが書き留める米軍放送のDJは、このあとも蜿々とつづいている。ジェイムズ・ブラウン、クリーデンス・クリアウォーター・リヴァイヴァル、グレイトフル・デッド、ローリング・ストーンズに加えて、ジュニア・ウォーカー、ホセ・フェリシアーノ、ジミ・ヘンドリックス、フラーテイションズ、ウィルソン・ピケット、ブッカー・Tとエム《MG》ジーズなど、挙げられた名前はハードロックからブルーズ、ソウル、ファンキーその他さまざまな系統のミュージシャンやグループに及んでいる。それらが競うようにして、ペイジの行間と写真の背後からめくるめくようなロックン・ロールの閃光《フラッシュ》を放ち、烈しいビートを響かせてくる。それは明らかに従来《コンヴェンショナル》のジャーナリズムとは完全に異なった「クレイジー・チャイルド」たちのスタイルだ。

とはいえ、彼らより年長のジャーナリストたちの耳にもこれらのサウンドが聴えていなかったわけではない。彼らの周囲でも、米軍放送やサイゴン放送や、また若い特派員たちが競って持ち込んでくる最新のレコードが四六時中ロックを流していたのであり、それらを聴き分ける意思と耳さえ持っていれば、環境は十分に整っていたのである。だが、実際には、年長のジャーナリストたちの文章におけるそれらの扱いはひどく素気ないものでしかない。たとえば一九六八年のテト攻勢を三十六歳で経験したドン・オーバードーファーは、「攻撃がはじまってしばらくのあいだ、サイゴンのラジオからは、ウィンナ・ワルツやビートルズ、ローリング・ストーンズ、それにヴェトナム音楽といったおよそ雑多な取りあわせの音楽ばかりが流れていた(38)」と書いている。これは、テト攻勢で放送局が占領された際に解放戦線がプロパガンダ放送を流すのを防ぐために、予め南ヴェトナムのラジオ当局者が別の送信施設を準備していたことに触れたくだりの一節だが、緊急時の代替放送の内容にまでは気がまわっていなかったという以上のこと――つまり音楽の内容――には、オーバードーファーの関心は払われてはいない。そして、彼の本を参考文献のひとつにして長大なヴェトナム戦争史を書いたスタンリー・カーノウの著作では、同じ出来事が「送信所の南ヴェトナム政府の技術者たちはウィンナ・ワルツとビートルズ調《テューン》、そしてヴェトナムのミリタリー・マーチといったごちゃまぜのメドレーを流した――所内で手近に使えた音楽はそれだけだったのである(39)」と記される。一九二五年生まれのカーノウにとってはローリング・ストーンズも「ビートルズ調」以上のものではないのである。

だが、もしも同じ出来事をハーやペイジが書いていたとしたら、どうなっていたことだろう？　その問いを反語的に提出してみるのも、あながち不当なことではあるまい。一九六〇年代末という時代にあってますます混乱の体を極めつづけていた戦争に、二十代で遭遇し立ち向かわざるを得なかった青二才たちの意識と経験と感覚は、オールドタイマーたちのそれとは余りにも際立って対照的なのである。ハーは書いている。

夜、コンティネンタル・ホテルのあちこちの部屋には特派員どもがあふれ、寝る前の一服、おしゃべり、音楽をもとめてさまよった。ローリング・ストーンズが歌っていた。「淋しいだろうな。故郷から二千光年も離れてるなんて」あるいは「おまえの要塞で待っている。必ず来てくれ」。後者の言葉など、部屋中のみんなを震えあがらせた。R&Rから戻ってくるたび、私たちはみんなレコードを持って帰ったが、音は水のように貴重だったのだ。ヘンドリックス、エアプレイン、フランク・ザッパとマザーズ。それと、私たちがアメリカを発ったときにはまだ誕生さえしてなかった面々の曲。ウィルソン・ピケット、ジュニア・ウォーカー、『ジョン・ウェズレー・ハーディング』(すり切れるまでかけられ、一カ月もたたないうちに新品に交換された)、グレートフル・デッド(名前だけでもう最高だった)、ドアーズ(あの彼方からの氷のような音)。どれもこれも、冬の音楽のようだった。(40)

4

しかし、この戦争についてハーやペイジらが書き残したものの内容がオールドタイマーたちのそれと大きく違っている理由は、彼らの年齢差・世代差にだけあるわけではない。オールドタイマーたちの多くは新聞や通信社や報道・評論誌の記者——いわゆるニューズメン——であり、それに対してハーをヴェトナムへ送った『エスクァイア』は文芸雑誌としての性格を兼ね備えた男性読者向けの文化誌である。ニューズメンは限られた紙面だけを与えられ、統計数字や事件の日時・規模といったデータを優先し、情勢の観測や分析に関してはなるべく社会的に権威の高い人々の談話《コメント》や行動を以て裏付けることを要求される。そのなかではニューズメンの年齢や個性は——少なくとも表面的には——問題にされず、本記事《データ》に添えられる記者自身の雑感《コメント》についてはしばしば報道経験の長い記者のものが尊重される。ところがハーのようなマガジン・ライターの場合には、雑誌の性格にもよってはいるが、しばしばその記事全体が彼ないしは彼女自身のコメントであり、ときには——ハーの例がそうであるように——きわめて個人的《パーソナル》なエッセイにもなり得る。

　こうした条件の違いはニューズリールやスティル・フォトのカメラマンたちにとっても同様だ。TVネットワークのクルゥたちの役割は活字による報道《プレス》の従事者たちに許される役割よりも狭い範囲に限定され、カメラマンは数分からときには数秒間の映像だけを撮り、現場のリポーターは情勢の報告《リポート》だけを行ない、最後のコメントは大抵、何千マイルも離れた本国のキー・ステーションに坐るアンカーに一任される。通信社のスタッフ・フォトグラファーの場合も、撮影者の名前が明示されることは殆どなく、著作権もしばしば撮影者本人には帰属しない。これに対してペイジのようなフリーランサーは、きわめて不安定な身分ではあってもその行動は本人の自由裁量に基いており、雑誌との契約も基本的には一時的なものに留められて著作権は本人の手を離れない。特にダンカンのように著名な写真家になれば、写真の選択や発表誌面のデザインに関しても本人の意向が大きく通用し得る。こうした立場の違いがケ・サン包囲戦の報道にどのように影響を与えたかに触れて、ピーター・ブレイストラップは、TVはダンカンには到底太刀打ちできなかったと述べている——「ダンカンはAPの写真家たちやTVネットワークが課せられた技術的制約には頓着することなく、六日間以上にわたってこのケ・サン体験についての奥の深いポートフォリオを自由につくっていった。/それに対してテレヴィジョンの場合は、特派員たち自身が言うように余りにも制約されていた。興味は狭い範囲に絞られ、多くの場合カメラはありきたりの映像《ヴィジュアル・クリシェ》を拾ってゆくだけだった——破壊された飛行機、負傷者、砲撃下で機を緊急発進させたり着陸する海兵隊員たち、高地の北を降下爆撃するジェット機、そしてときたま挟まれるのは、兵隊に向かって『怖いですか?』とかロウンズ大佐との会見で『攻撃はあるでしょうか?』と尋ねるだけのインタヴューである」(41)

このケ・サン包囲戦とテト攻勢をめぐるTVニュースの「技巧《アート》」を分析したピーター・

Ｃ・ロリンズは「ＴＶは面白くて典型的な絵柄を得て活気づく視覚媒体である。あらゆるフォトジャーナリストは出来事の内に秘められた意味を露わにするような具体的な細部と行動を捉えようとする」[42]と述べている。この指摘は、映像による報道の原則的な態度を説いたものとしては正しい。だが、ヴェトナム戦争のような先行きのまったく定かでない戦争をきわめて限られた条件の下で、しかも殆どリアル・タイムに近い時間差で報道しようとする場合には、ＴＶカメラが捕捉できる「典型的な絵柄《レプリゼンタティヴ・ピクチュア》」はしばしば「ありきたりの映像《ヴィジュアル・クリシェ》」と変わりのないものになってしまう。そしてこの「クリシェ」こそが、マイケル・ハーにとって最も忌避されるべきものだったのである。

　新聞社や通信社の特派員たちのように速報性とニューズ・ヴァリューを義務とする必要のなかったハーは、将軍や政治家・官僚たちと会うよりも下士官や兵卒たちと話すことを好み、将官や指揮官たちの記者会見に顔を出したときにも自分から積極的に質問を飛ばすことを殆どまったくしなかった。彼は会見者の表情や仕草や喋り方を眺め、その前に詰めかける記者たちの様子に興味をそそられ、つまりは記者会見という台本のないパフォーマンスの観客として振舞うことのほうを好んだのだ。ケ・サン包囲戦――アメリカ側から見れば籠城戦――が米軍にとって苦難と混迷の様相を呈しつづけ殆ど落城寸前の状態にまで追いつめられていた或る日、ダ・ナン海兵隊基地のプレス・センターで開かれた記者会見に出席したハーは、そのときの模様を次のように描いている。

〔……〕「報道作戦《プレス・オペレーション》」に臨んだ大佐〔ケ・サン基地指揮官のロウンズ大佐〕は見るからに神経質になっていた。ダイニング・ルームは会見のために掃除され、マイクロフォンがセット・アップされ、椅子が並べられて資料が揃えられた。こういった公式のブリーフィングというやつは大抵、闇夜に打ち上げられた信号弾の一瞬の炎で戦争を垣間見たときの印象とまるで同じことしかわかりゃしないのだが、今日のこいつだけは特別だとおもわれていて、第一軍管区じゅうの特派員たちが集まってきた。私たちのなかには『ワシントン・ポスト』のピーター・ブレイストラップがいた。以前は『ニューヨーク・タイムズ』にいた男だ。彼はこの戦争の報道をもう三年近くもつづけてきた上に、昔、朝鮮戦争のときは海兵隊の大尉だった。元海兵隊員というのは元カソリック教徒とか非番のときの連邦捜査官みたいなもので、ブレイストラップの場合もいまの海兵隊に特別な関心を寄せていた。彼はケ・サンを保持できなかった海兵隊の失敗、とりわけ敵の砲撃から持ちこたえきれていないというショックをひどく苦々しく感じつづけていた。大佐が将軍〔第三海兵航空団の准将〕を紹介しブリーフィングが始まったとき、彼は静かに坐っていた。

いい天気だった。第一声は「このところケ・サンでは毎朝十時にはすっかり晴れ上がっております」だった(記者席から一斉に呻き声が洩れた)。「ルート9が再開され、完全に通行可能になったことを御報告できるのも喜ばしいことであります」(将軍、あんたはルート9をドライヴできますか？　あんただってできないほうに賭けるでしょ？)

「ケ・サンの海兵隊はどんな状態です？」と誰かが訊いた。

「それは嬉しい質問だ」と将軍が言った。「今朝私も何時間かケ・サンにおりましたが、我が海兵隊が清潔《クリーン》にやっておるということをはっきり申し上げておきましょう！」

不気味な沈黙が、あたりを包んだ。私たちはみんな、彼が何と言ったかをしかと聞いたのだ。この男はケ・サンの海兵隊が清潔《クリーン》だといったのだ(「清潔だって？　本当に清潔だって、そう言ったよな？」)。だがそれがどういう意味なのか、誰にもわからなかった。

「つまりですな、一日おきには風呂にも入っておるし、洗濯もしておるわけです。髭も剃っておる。こっちは毎日きちんと、です。ムードは大変良いし、精神状態も良好、士気はきわめて高く、瞳も輝いておるのです！」ブレイストラップが立ち上がった。

「将軍」

「なんだね、ピーター？」

「将軍。ケ・サンの防御はどうなんですか。確かにここは快適でエア・コンもよく利いた将校クラブですが、あそこはまったくの修羅場ですよ。あなたはここにビア・ホールをおつくりになったが、あそこは吹き飛ばされつづけですよ」初めは冷静だった彼は、次第に声音に滲む怒りを抑えきれなくなり始めていた。「ここには医療班を置いておられるが、あそこは滅茶苦茶《ディスグレイス》です。滑走路は修理されても毎日毎日数百発もの砲撃にさらされっ放しで、頭上を覆うものとてない。あなたは昨年七月以来、基地に兵を置いてこられてきたわけです。少なくとも十一月以降には攻撃があるだろうとも予測しておられた。ところがこの一月から敵はずっとあなたの部下たちを叩きっ放しなんですよ。将軍、いったいなぜ海兵隊はケ・サンで腰を据えて戦えんのですか？」

部屋は静まりかえっていた。席に着いたブレイストラップは怒りと微笑のまじった複雑な顔をしていた。彼の質問が始まったとき、大佐はいきなり椅子の片側に凭れるように斜めになって、ひどい貧乏ゆすりを始めていた。まるで弾が当たったみたいだった。いま彼は将軍の顔をのぞき込むようにして、さもこう言いたげにしていた。「どうです、将軍？　私が毎日相手にしているのがこんなうるさ野郎《ペッカーヘッド》どもだってことを、おわかりになりましたか？」ブレイストラップはまっすぐに将軍を見つめて、答えを待っていた――彼の質問はけっしてレトリカルなものではなく、きちんとした答えを要求しているのだ。答えが返ってくるのに長い時間はかからなかった。

「ピーター」と将軍が言った[43]、「君の質問は、ばかでかいハンマーでちっぽけな釘を叩き潰してるようなものだよ」

5

『ディスパッチズ』におけるマイケル・ハーの文章のスタイルをひとことで言い表わすとすれば、〈絶望のアイロニー〉だと呼ぶことができるだろう。それはしかし、アイロニカルだが冷笑的《シニック》ではない。絶望的だが、攻撃的ではない。いや、より正確に言うならば冷笑的で攻撃的で嘲笑と怒りと憎しみにさえ溢れているのだが、そこで放たれた矢は彼方の標的をめがけて一直線に飛んでゆくのではなく、むしろ、不意に鋭い反転のシュプールを描いて彼自身の胸に突き立ってしまうのだ。そのさまは、鏡を向けられたメドゥーサのようでもあり、風車へ突進してゆくドン・キホーテのようでもある。しかし彼は神話や物語の主人公のように象徴の力を託された存在ではない。かろうじて彼が与えられているのは、戦争という壮大な経験を前にしておもわず血の昂《たかぶ》りを覚えてしまっている自分自身の、その惑溺と錯乱に弄ばれる惨めな姿を知覚する力だけである。そのときの彼の姿勢はショーン・フリンやティム・ペイジにも共通しているものだが、カメラではなくペンを持たなければならなかったぶんだけ、彼にはより直截に内省の力——出口を封じられた痛ましい内省を生む力——が働きかけてしまう。そうして彼は、猛烈な砲撃を加えられるケ・サンの基地で流血と死の「最もスリリングなイリュージョン」を実感しながらも同時にその姿を丘の高みで見降ろしているような奇妙な二重視像《ダブル・ヴィジョン》の錯覚に襲われて「そのとき私の頭のなかで次第に昂まってくる音があった、ほんの数日前に初めて聴いたばかりの信じられないくらい不吉な歌だ。『マジカル・ミステリー・ツアーがお前を連れ去ろうと待ち構えているんだ』と。『近づいて連れてゆくんだ、死がお前を連れ去ってゆくんだ……』そのとき私ははっきりと知った、この歌はケ・サンの歌だ」と書きつけ、遂に『ディスパッチズ』の最後の一行に至っては「私にはもうほんの数語を書いて砕け散ってゆくことしか残されてはいない、ヴェトナム　ヴェトナム　ヴェトナム　我々はみなあそこにいたのだ」という痛ましい呻き声を挙げてしまうのである。[44]

マイケル・ハーのこのような視点とその揺らぎは明らかに、彼がグレッグ・スキールズやティム・オブライエンや「復讐の天使《アヴェンジャー》」や「この谷で最低のマザーファッカー」やその他多くの兵隊たちと同様に、このインドシナ半島での絶望的な戦いを初めての戦争として体験し、より未知のほうへより過激なほうへと我と我が身を突き動かしてゆくことを自らの美学にしてしまった六〇年代世代《シクスティーズ》として、図らずも、最も未知で最も過激な戦争のヴィジョンとイメージを自意識の上に引き受けてしまった結果に他ならない。もちろん一方でこの戦争はデイヴィッド・ハルバースタムのような冷戦初期の青年たちや、〈アメリカの父親〉としてのD・D・ダンカンやウォルター・クロンカイトのようなオールドタイマーたちをも目覚めさせ、悲しませていた。だが、第二次大戦も朝鮮戦争も遙かに遠い父や兄たちの経験としてしか知らない若いジャーナリストたちの心に刻まれたのは、我と我が身を抉《えぐ》ってしまった結果としての傷なのである。だからこそその傷は、癒しようがないのだ。

このあたりのことについては、マイケル・ハーを特派員としてヴェトナムに送った『エスクァイア』の一九六〇年代における軌跡を見るのが最良の参照法——ではないとしても『ニュー・リパブリック』や『サタデー・イヴニング・ポスト』を見るよりはずっと理に叶った方法——だ。もちろん他にも、一九六五年に創刊された『ペントハウス』や一九六七年創刊の『ローリング・ストーン』、あるいは一九七〇年に『ナショナル・ランプーン』となるまでの『ハーヴァード・ランプーン』といった雑誌を通してあの時代を見てゆくことも可能だろう。これらが一九六〇年代という時代を得てこそ生まれ得たというのに比べれば、一九三〇年代に創刊された『エスクァイア』はとうの昔にエスタブリッシュメントの雑誌としての地位に達していた。だが、文学とファッションを等価に並べる贅沢でスノッブなメンズ・マガジンがいつの時代にも或る種の青年たちを強く惹きつけるという倣《なら》いを考えるならば、六〇年代の『エスクァイア』は間違いなくカウンター・カルチュアの第一世代、もしくはのちのヤッピーの先駆的世代、言い換えれば〈ケネディ・ジェネレーション〉のために奉仕した雑誌であった。アメリカ合衆国の力と繁栄と自信の時代だけを生きつづけた創刊時からの編集長アーノルド・ギングリッチが一九六六年に世を去ったことが奇しくも象徴しているように、この時代の『エスクァイア』は一九六〇年代のアメリカン・モダニティの威勢とその喪失をさりげなく、しかし確実に映し出している。

『エスクァイア』がヴェトナム報道、というより正確にはヴェトナム戦争を念頭にしたものと推察されるカヴァー・ストーリーを組んだ最初は一九六五年八月号のことである。表紙写真では水着姿の若いややエグゾティックな顔立ちの女性モデルが笑いかけ、その横に「美しきバターン、ガダルカナル、イオージマ、コレヒドール、オキナワ、グアム、タラワそしてウェーキ島を再訪」というヘッドラインが斜めに躍っている。これは言うまでもなく第二次大戦終結二十周年を記念して太平洋戦線の激戦地を再訪するという主題の特集記事であり、それぞれの場所の過去と現在が写真を使って対照される。ダグラス・マッカーサーのフィリピン上陸の写真と、同じ場所ではしゃぐビキニの娘たちの写真。フィジーで野営する日本軍の炊飯風景と、同じフィジーの密林のなかで日本料理を並べて供する和服の日本女性のエグゾティックな写真。沖縄激戦後の首里の街頭の惨状と、若い二枚目のアメリカ海兵隊士官に寄り添う伝統衣装の沖縄女性……。それらは戦争写真と観光写真の巧妙な対照であると同時に、この大戦によって世界の軍事へゲモニーを握ったアメリカを長らく支配したアジア観を象徴するエグゾティシズムの強調であり、特に戦争讃美の論調が打ち出されているわけではないのに、どこかしら好戦的でスノッブな空気が誌面に立ちこめている。見方をかえればそれは、平和な時代におけるエキサイティングな戦争のイメージを商品化してみせた代表例であるとともに、一九六〇年代中葉までの大衆的なアメリカン・モダニティの粋を結晶させた典型だ。若く、健康的で、逞しく、大胆で、知的で、陽気で、繊細で、喧嘩っ早くて、高貴で、平俗で、政治論議と女遊びに長けたクールでホットなモダニティ。それはすなわち『エスクァイア』が支持してやまなかったジョン・F・ケネディのイメージそのものなのだ。したがって、その三カ月後の十一月号の、中世騎士の甲冑にリンドン・B・ジョンソンの顔を嵌め込んで彼の不恰好なタカ派ぶりを皮肉った絵柄——その上には「ジャック・ケネディはプリンスだった。リンドン・ジョンソンはどうだろう?」と書かれている——の表紙は明らかに、LBJがタカ派だからではなく不粋だから疑念を表明する、という『エスクァイア』の編集姿勢の現われに他ならない。と同時に重要なのは、これらのカヴァー・ストーリーが登場した時期が、前年(一九六四年)八月のトンキン湾事件によって一挙にアメリカ国内に高まった好戦機運——事件前に四二パーセントだったLBJのヴェトナム政策への支持率は事件後七二パーセントに急上昇した[45]——が衰えつつも依然として根強く、根強いながらも次第に批判の風向きを呼び起こし始めるというひどく微妙な情勢下にあったことであろう。既に議会の「トンキン湾決議」の結果、大統領に一任された戦争遂行権限によって開始された北爆とアメリカ地上軍の実戦投入はその規模を急速に拡大しつつあったが、フルブライト、マンスフィールド、チャーチ、ロバート・ケネディら民主党リベラル主流派《インズ》による大統領批判という深刻な事態は、まだ翌年に入るまで公然としたものにはならない。つまり一九六五年は、JFKを暗殺によって喪った衝撃が徐々に薄らいでゆく一方で、拡大される戦争への昂奮と懸念とがせめぎ合いを始めた年だったのである。そして一九六五年から六六年にかけての『エスクァイア』に見えるのは、こうした政治的な葛藤がそのまま時代の文化的ヘゲモニー争いと密接に呼応し合っていたことの反映なのである。

その間にウッディ・アレンやキャシアス・クレイ（のちのモハメド・アリ）ら新しいカルチュア・ヒーローたちを次々にカヴァー・サブジェクトに採り上げていた『エスクァイア』は一九六六年九月号で、赤い口紅を唇に当てた男の顔写真を表紙に登場させている。見出しは「赤く血塗られた我らがキャンパス・ヒーローたちの徴兵打倒法」である。それは学生たちの間に広まりつつあった厭戦気分を女々しい男子学生の姿で代弁し、その軟弱さをむしろ「ビューティフル」だと評価するという価値観の変化を物語っている。そのカヴァー・ストーリーの最初のページは「君は徴兵を蹴って学園に留まり、エスクァイアのこの特集を読むのにふさわしくスマートかな？」と題するカリカチュアライズされた知能テストであり、つづく四ページにはジル・ヘイワース、パメラ・ティフィン、ジョーイ・ヘザートン、エル

『エスクァイア』表紙.
上段右／65 年 8 月，左／同年 11 月，下段右／66 年 9 月，左／同年 10 月号.
次頁右／67 年 9 月，左／84 年 11 月号.

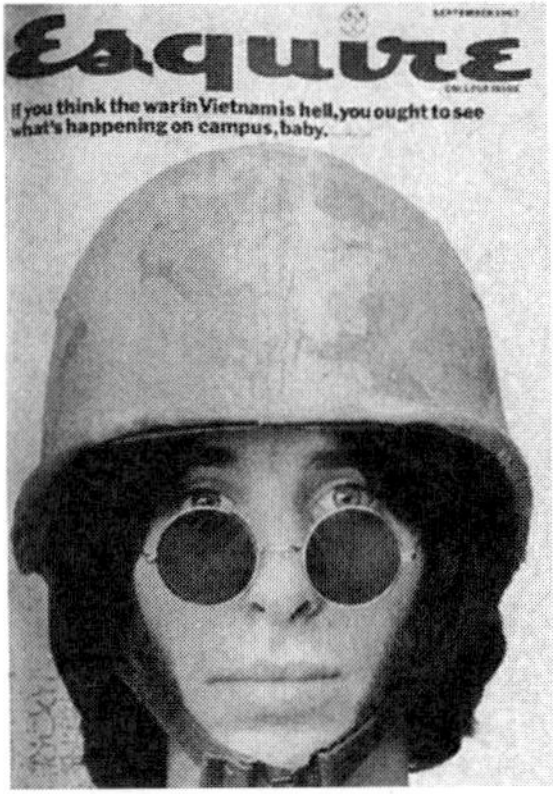

ケ・ソマーら当時の若手女優たちが第二次大戦中にＧＩたちに人気のあったピンナップ・ガールズ――チリ・ウィリアムズ、リタ・ヘイワース、ベティ・グレイブル、アン・シェリダン――とそっくりのセクシーな衣装と姿態で写真に撮られている。その次は、キャプテン・アメリカやアイアン・マン、スパイダー・マンなど大学生に人気の戦闘的コミック・キャラクターたちのイメージを使いながら全米各地で社会運動や政治運動を組織する「スーパー・ステューデント」、業績やジャーナリズムでの知名度、講義内容などで有名な「スーパー・プロフェッサー」を紹介する記事がつづき、さらには同じマーヴェル・コミックスの超人ハルクを図解して徴兵検査で不合格になるための肉体的条件を列挙する記事が来る。その他にはもうひとつ、徴兵を拒否して投獄された十九歳の青年をルポした「トミー・ロッドは監獄へ行った」というシリアスな記事もあるが、全体として

はカリカチュア仕立ての誌面が目立ち、戦争による社会的な切迫感はまだ薄い。だが、翌十月号に至ると『エスクァイア』は、黒一色の地に大きな白抜きのロゴが「おお神様、俺たちは少女を射っちまった」と訴えかける印象的な表紙を登場させ、遂に本格的な戦争報道に踏み切ることになるのである。このときのサブ・コピーは「M中隊《カンパニー》をめぐる実話／フォート・ディックスからヴェトナムへ」である。これが、ジョン・サックの優れたヴェトナム報告『M』のはじまりだった。

6

「M」とは、アメリカ陸軍第一歩兵上級訓練旅団に所属するM中隊のことである。同隊は一九六五年十二月十三日から翌年二月三日までニュージャージー州フォート・ディックスの訓練センターでトレーニングを受け、終了後すぐヴェトナムへ派遣された。サックは『エスクァイア』との特派記者契約によってこのM中隊の訓練期間中から行動をともにし、ヴェトナムへも同行して、サイゴンや中部地方のディアン、ライケなどでのMの作戦行動をファーストハンドで観察した記録を三万語以上にのぼる長文の記事にまとめ、一九六六年十月号に発表したのである。その記事のタイトル・ページは上半分を空白にし、その中央に約九センチ四方の大きさでレタリングした大文字のMが配されるというシンプルで力強いデザインを施されている。また、記事の末尾にはサックが取材中に知合った一〇〇名以上の兵士たちの名前が「点　呼《ロール・コール》」と題してびっしりと書き連ねられているのが眼を惹く〔この記事はのちに大幅に加筆・訂正されて一九八五年にエイボン・ブックスからペーパーバックとして刊行された〕。

M中隊がヴェトナムで最初に従事した作戦は、着任早々の一九六六年二月の「オペレーション・マスティフ」である。狩猟用の大型猛犬の名を冠したこの作戦は、アメリカ、イギリス、南ヴェトナムの協力による「戦略村計画」の下で実行されたもののひとつであった。このため住民たちは各地でマスティフに追い立てられるように村を退去させられ、鉄条網と武装警備兵がとり囲む見知らぬ戦略村へと移されて、残った無人の家屋は多くの場合、焼き払われた。火を放つのは、無論、M中隊の役目である。

……木々が眼下に迫り、茶色の大地が近づいてMの乗ったヘリコプターはゆっくりと舞い降りた。黒いライフルこそ携帯していなかったが、Mは荷物の多さに辟易していた。全員が各自で、弾薬ポーチと二箇の野戦用食糧・調理箱、タコツボを掘るシャベル、ガスマスク、そして背嚢を携帯し、さらに背嚢を背負うサスペンダーの上に、ちょうどボタン穴に花を挿すみたいにして手榴弾を数箇付けていた。戦場経験者《ヴェテラン》たちはみんなスティール・ヘルメットのストラップの下に煙草やトイレット・ティシューを挟んでいた。そこなら渡河のときも濡らさずに済むからだ。機関銃手のアシストを命令されたヨシオカは、いやいやながら首から膝頭のあたりまで大きな弾帯をぶらぶらさせていた。ちょうどトンガのウォンガなんて王様が豚の歯でつくったビーズをぶらさげてるところみたいだった。デマージャンは派手な野営用のカップを持っていた。以前、鍋から直接コーヒーをまるで妙に暗い引き潮の海みたいにばしゃばしゃさせながら飲んでいたら、その一週間後に支給されたのだ。彼はそのカップが実は組立て式でバラすことができることを全然知らなかったから、この邪魔っけなものをベルトのバックルのあたりに物乞いみたいに提げていて、まるで救世軍のようだった。デマージャンは背嚢のなかにオールド・スパイスのシェーヴィング・クリームの缶を入れていた。サリヴァンはライズのメンソールとマクリーンズの練り歯磨だ。ふたりともジェイド・イーストやブルートの製品は持たなかった。モートンはパーモリヴを持っていて……と、「降りろ！」とゴア軍曹が言った。ヘリコプターは再び舞い上がり、デマージャンは平たい地面の乾いた土のうえに転倒した。どうやらここは田んぼらしいな、と彼は考えていた。それが彼の最初の感想だった——なんにせよゴム栽培のプランテーションじゃないのは確かだ。ハハ！(46)

ジョン・サックはこのヴァロージャン・デマージャン二等兵を中心的なキャラクターとして『M』をいわゆるニュージャーナリズムの典型的な手法——徹底的な観察を通して実在の人物の心理をあたかも小説のキャラクターのそれのように描き出してゆく手法——で書き進め、その文章にもしばしばコンヴェンショナルな統辞法を故意に混乱させるための破格を用いている。この戦略村作戦のなかでのデマージョンは、戦場のただなかにいながらも周囲の出来事から「まるで半マイルほどもぽつんとひとり離れたような感じ(47)」でぼんやり見ていた、と表現されている。

ちょっと離れたところでは、モートンが言われた通りにヴェトナム人の家を燃やしていた。「そのへんの家を燃すのはよせ！」とスモークが無線器に向かって喚き、天井（というより風防ガラスなのだが）を叩いた。デマージョンの頭のちょうど半マイルばかり上だ。フー〔頭を剃り顎の先に鬚を長く垂らしているためにフー・マンチューのようだと形容されているヘリ・パイロットのこと〕は依然として操縦桿をしっかり傾けたまま、右旋回をつづけていた。彼の頬髯が風に乱れていた。うーん、今晩はメキシコ製の髯用ワックスを塗ってやらなきゃいかんな、と彼は考えていた。前に四カ月ばかり使った耐ガソリン性のヘリコプター・グリースを塗るのより、ずっといい具合なのだ。「家を燃すのをやめろ！」とスモークが部下の大尉たちに叫んだ。「そこにゃVC《ヴェトコン》はいないぞ！」大尉たちは部下の中尉たちにVCのいない家は燃やさないように命じ――中尉たちは部下の軍曹たちに燃やすならVCがいそうな家にしろと命じ――軍曹たちは部下たちに、そこにはVCがいそうだからなるべく燃やしちまえと命じ、そしてモートンは野営食用のマッチを次々に擦っていった。マッチでなければなにか別のものを使ってだったが――ともかくすぐに、ヴェトナム人の農家は燻《いぶ》り屑ひとつ残さず消え失せた。

退屈した老いたるデマージャンは、まだ命令に従って待っていた。彼の半マイルばかり前方のウィリアムズの部隊で、とんでもないことが起こった。銃声だ！　バン！　ハイドンという名前の若い兵隊が血を流していた。「軍曹殿、自分は自分で自分を射っちまいました」とハイドンは分隊リーダーに言った――確かに彼は怪我していた。

「なにやったって？」と軍曹が叫んだが、実戦を経験したことのないハイドンは手にピストルを握ったたまま、気絶しかけていた。

「ダスト・オフ！　こちら三《スリー》－〇《ゼロ》地点だ！」と昂奮した作戦将校が野営食糧《Cレーション》の箱に腰かけたまま無線器に向かって怒鳴った。その箱は、すっかりくつろいだデマージャンの半マイルばかり後ろにあった。「ダスト・オフ！」というのは赤十字を付けたヘリのことだ。「ダスト・オフ！　場所はそこだ！　どうぞ《オーヴァー》！」ヘリコプターがデマージャンの半マイルばかり前方に騒々しく着陸し、心優しき衛生兵がハイドンをかつぎ上げ、『スターズ・アンド・ストライプス』の特派員が作戦将校にインタヴューした。

「狙撃ですか？」

「まあ、小銃弾だわな[48]」

『スターズ・アンド・ストライプス』は米陸軍当局の広報新聞で、サック自身もかつて朝鮮戦争で陸軍に志願入隊した際、この新聞の戦争特派員をつとめている。それから十余年ののち『エスクァイア』の特派員としてヴェトナムの地を踏んだ彼は、三十八歳になっていた。それはサックにとっても大きな転機となる経験であると同時に、『エスクァイア』という雑誌にとっても大きな転換の契機であったと言えるだろう。事実『エスクァイア』はサックをヴェトナム特派員にしたのにつづき翌一九六七年末にはマイケル・ハーをヴェトナムに送り、彼らの意欲的で絶望的な記事を次つぎと掲載していった。そうして、いったんこうした試みに踏み切って以後の『エスクァイア』は、『ニューヨーク・タイムズ』に代表される民主党リベラル主流派型の枠組とは異なった価値観を収容し提供し得る場として、サックやハーばかりではなく、既に独自のスタイルを積極的に推し進めていたトム・ウルフやハンター・トンプスンらの強力な擁護者《パトロン》となり、さらにデイヴィッド・ハルバースタムやゲイ・タリーズのような『ニューヨーク・タイムズ』のライターたちをも巻き込んでゆくことになる。言い換えればそれは、ポップからヒップへ、自己満足から自己解体へ、伊達男《ボー・ブランメル》からピーター・パンへ、調和《ハーモニー》から分裂《フリーキー》へという、六〇年代的感受性が辿った回路を明瞭に映し出し得る場であった。

そうしたプロセスは、サックの『M』とハーの『ディスパッチズ』を比較してみても理解される。無論、両者はともに——ジョーゼフ・オルソップのようなジャーナリストとは全く対照的に——前線で兵卒たちと行動を共にしつづけ、泥まみれのさなかで戦争を目撃していいるが、『M』にはサック自身の一人称が一切登場しないという点でコンヴェンショナル・ジャーナリズムの名残りが見えるのに対し、『ディスパッチズ』からもしも「私《アイ》」を取り払ったとしたらなにも残らなくなると言っても過言ではない。三十八歳のサックに対して当時二十八歳だったハーにとっては、この戦争はまさに彼自身のものだったのであり、〈私的《アイ》ジャーナリズム〉以外の方法を以てしては描き得ようがなかったのである。

もっとも、こうした事例が散見されるからといって『エスクァイア』そのものまでが六〇年代的な自己解体の劇——六〇年代半ばに始まり七〇年代半ばまでに終熄していった破滅的な自意識の劇——を演じていたのかと言えば、そうではない。『エスクァイア』はあくまで時代の流行《ファド》と潮流《トレンド》の推移を見越しながらアメリカの若い殿方《エスクァイア》たちのパトロンであろうとしていただけだし、事実それを実践していた。キュートな女性モデルに武骨な軍用ヘルメット、というあの大戦終結二十周年号に使われた表紙のデザイン・コンセプトは、その後、一九六七年九月号と一九八四年十一月号にまったく同じやり方で再使用されている。その内容は、しかし、実に対照的だ。「ヴェトナムの戦場が地獄だとおもうのなら、キャンパスで、いま、なにが起こっているのか知るべきだぜ、ベイビー」というヘッド・コピーを掲げた前者はアイヴィー・リーグのアッパー・ミドル・クラスの学生たちの生活と感覚のカウンター・カルチュア的変貌を丹念に追い、「男たちの秘かな愉しみ——なぜ男は戦争が好きなのか」というテーマを掲げた後者では「あのころも、いまも、ぼくは戦争が好きだ」と語るひとりのヴェトナム・ヴェテランの足跡を伝えながら「結婚なんかとは似ても似つかない、言葉によっても倦怠や離婚によっても、つまり死以外のなにものにも壊されることのない」戦場の絆を理想化してしまう男たちの感情が描き出される。この後者のドキュメンタリー・エッセイの筆者は、彼自身もヴェトナム・ヴェテランである元『ニューズウィーク』編集長ウィリアム・ブロイルズJr.で、先入見さえ捨てて接するならば、戦争をめぐる不思議な情動を苦く、巧みに綴ったきわめて優れたエッセイである。そこに漂う知的な静けさは、前者に溢れる反戦気分が妙に邪慳な放埒さに彩られているのとはおよそ対照的だ。しかし、両者の表紙デザインを一見して感じられるのはそれとは正反対の対照性、すなわち前者の表紙に登場しているのがミッド・アメリカのプレーリーに生える草の根《グラス・ルーツ》を摘んできたような素朴な顔立ちの女性であるのに対して、後者を飾っているのが頑丈そうな顎の線にアグレッシヴな都会の洗練を感じさせる女性だという対照性なのである。この両者の間に横たわるほぼ二十年間という時代のなかで、いったいなにが変わり、あるいは変わらなかったのだろうか？

6　ヴェトナム・ミステリー・ツアー

Vietnam Mystery Tour

1

一九四五年九月二日、ハノイで開かれたヴェトナム民主共和国の独立記念式典に臨んだホー・チ・ミンは、独立宣言の演説を次のような或る引用から語り始めていた。

「すべての人間は生まれながらにして平等である。造物主によって誰にもおかされない権利を付与されており、そのなかには生命、自由および幸福の追求が含まれる」／この不滅の言葉は、一七七六年のアメリカ合衆国独立宣言にある。この語句を押し広げると、全世界のすべての民族は生まれながらにして平等であり、どの民族も生きる権利、幸福の権利、自由の権利をもつということを意味している。(1)〔傍点原文〕

こうしてトマス・ジェファーソンを肯定的に引用した彼は、次に、きわめて反語的な引用を試みている。

一七九一年、フランス革命の人権と市民権の宣言も次のようにのべている。／「人は権利において生まれながらに自由、平等であり、かつ常に権利上の自由と平等を取得せねばならない」／これは何人も否定できない真理である。／しかるに八十年以上にもわたり、フランス植民地主義者は自由、平等、博愛の旗じるしを利用して、わが同胞を抑圧してきた。彼らの行動は、人道と正義に全く背反するものであった。

つづけて彼は、宣言演説の大半をフランスの「愚民政策」と「陰謀」の歴史への言及に費し、レトリカルな印象を極力抑えた記述的な構成を展開したあと、終章に至って再びアメリカの存在に触れた。

われわれはテヘラン、サンフランシスコ両会議で民族平等の諸原則を承認した連合国が、ベトナム人民の独立権の承認を拒むことは決してないと確信している。／八十年にわたって、フランスの奴隷のくびかせに恐れることなくファシストに反対してきた民族、この民族こそ自由を獲得すべきである！　この民族こそ独立を獲得すべきである！／以上の理由から、われわれ――ベトナム民主共和国臨時革命政府――は全世界にむかっておごそかに宣言する。／ベトナムは自由と独立を享受する権利がある。そして事実上すでに自由、独立の国家となった。全ベトナム民族は、すべての精神と力、生命と財産をもってその自由と独立の権利を守るべく決意している。

ケンタッキー大学の外交史家ジョージ・C・ヘリングは、ホー・チ・ミンのこの演説に現われたアメリカの存在に留意しながら、「その日後刻ハノイには、アメリカ軍の航空機が市街上空を飛行し、アメリカの将軍達がボー・グェン・ザップ等の指導者達とともに、観閲台の上に並んだ。そして、ヴェトナムの楽隊によってアメリカ国歌が吹奏された。祝典も終わりに近づいた時、ザップはヴェトナムとアメリカとの『とりわけ親密』な関係について温かい口調で語った。彼は是非とも両国の親密な関係を『強調しておかねばならないが、そうすることは快い義務である』と、わざわざ述べた」と書いている(2)。

この光景は確かに、ヘリングが言うように「極めて苦い歴史の皮肉の一つ」に違いなかった。だが、その皮肉さはけっして偶然の結果から生まれたものではなく、このころ幾度となくハノイ側からの熱烈なる「親密な関係」への呼びかけが繰返されていたにもかかわらず、アメリカが一度としてヴェトナム民主共和国を公式に承認する動きを示さないままなしくずしにインドシナへの介入をつづけ、遂に、自らの手でつくった泥沼のなかに深く囚われていったことに起因している。事実、一九四五年当時のホー・チ・ミンは必ずしもフランスと決裂して全面的に事を構えることは意図しておらず、「フランス共同体の一員として、フランスとの特恵的関係を樹立してゆくのだとする考えを、おそらくは捨てきってはいなかった(3)」。そして、そのための大きな助力を引き出し得る存在として彼が最も重要視していたのが、アメリカ合衆国だった。

　ホーのこのような考え方は彼自身の政治的イデオロギーとは必ずしも矛盾するものではなく、当時のヴェトナム情勢においては無視でき得ない現実性を持っていた。一九四〇年代を通して、アメリカのみならずソヴィエトおよび東欧圏からも北ヴェトナムを正式に承認する動きが現われなかったことが、その背景を端的に物語っている。米ソ間のいわゆる冷戦は一九四七年三月に発表されたトルーマン・ドクトリンを契機として急速に公然化しつつあったが、ホー自身は平和的手段による南北ヴェトナムの統一と独立への望みを捨てることはなく、考えられるすべての方策をあらゆる方向に向けて打診していた。第二次大戦前のフランスと大戦中の日本によるヴェトナム支配のなかで完全な傀儡としてだけ擬せられ、大戦後しばらくはまったくの孤立状態にあったアンナン皇帝バオ・ダイに対してさえも周到な呼びかけを行ない、彼を新政府の「特別顧問」として迎え入れようとしたのも、その現われのひとつだった。このときバオ・ダイは「一市民」として扱ってほしいとハノイに申し出ていたが、ヴェトミンの指導者たちは彼を「殿下」と呼んで丁重に遇し、バオ・ダイもまたホーを「師」と尊称した。スタンリー・カーノウは当時のこうしたヴェトミン指導者たちの様子を「素朴《ナイーヴ》で経験不足で、一国の政府というよりは町役場を取り仕切っているようだった」と評して[4]いるが、当時のハノイにとっては――ホー自身のパーソナリティがそうであったように――親しみやすく控えめな微笑こそが、最大の外交的武器だった。ハノイ訪問後のバオ・ダイがド・ゴールに対して、フランスが従来のような植民地支配体制を再興しようとしても服従を得ることはできないだろうと警告したのも、ハノイのこのような外交姿勢に感銘を受けた結果であった。

だが、言うまでもなく革命は、微笑だけでは成就し得ない。アメリカの支持を期待していたホーは、第二次大戦直後にヴェトナムに駐留したOSSのエージェントたちに対して、もしもアメリカ軍がヴェトナムに進駐する意向を持っているなら喜んで迎えようと語り(6)、新生ヴェトナムの内相に就任したボー・グエン・ザップもハノイでの独立式典での演説で、民衆に向かってアメリカは「領土的野心のないデモクラシー」をもたらす「良き友」なのだと説いたが、同じ演説のなかで彼は次のようにも述べていた——「独立を確立し、世襲の敵として再び登場しようとするフランスの企みと闘おう。そのためにはあらゆる外交手段を使い、中国、アメリカ、ソ連に訴えることもあるだろう。平和的方法が失敗に終わった時、その時こそ武器をもって民族を守るのだ……」(7)。

ヴェトナム系フランス人のジャーナリスト、ジェラール・レ・クアンはこの演説に「ある威嚇が含まれていることはほぼ明らかだろう」と述べ、ザップ自身は「フランスとの直接交渉に期待をかけるベトミンの一部の同志たちに対して対抗策を講じ、彼らと袂を分かたなければならないという考えにすでに傾いていた」と指摘している。「彼は〔……〕ホー・チ・ミンやファン・バン・ドンとは違って、確実な出口はほとんど存在しないと信じていた」のである(8)。それは、彼を含むハノイの高官たちの微笑が単なる未熟《ナイーヴネス》さの現われではなく、むしろ諸大国の思惑の間を巧妙にかいくぐりながら自らの目的を果そうとする革命家とプラグマティストのふたつの貌を秘めた微笑みであったことを、如実に示している。と同時にここには、ヴェトナムもまた革命には権力闘争が付きものだという歴史の常から例外ではなく、さらにはやがて一九七五年にサイゴンが解放されて南北ヴェトナムが社会主義統一に向かって動いてゆくなかで、かつての同志であった解放戦線勢力と北ヴェトナム当局との間に悲惨な桎梏が生ずることになった兆しさえもが既に見てとれる。

こうしたさまざまな点を考慮するならば、むしろ余りにもナイーヴな振舞いに終始したのは――明らかに――アメリカのほうだった。ホーによる独立宣言のあと早々にアメリカのOSS要員は当時のトルーマン政権の国務長官ジェイムズ・ビーンズ宛に、失うものがなにもないところから出発したヴェトナムは生命に換えても独立を守り抜く決意を固めていると報告していたが、[9] 政府の方針にはなんらの変更も見られず、むしろ大戦後新たな脅威となったソヴィエトに対抗すべく西ヨーロッパの結束を固めようとして、インドシナ植民地に関するフランスの主張をすべて容認する途を選択した。その間にもアメリカに支持を訴えるホーの呼びかけはつづき、「アメリカの資本と企業にとって」インドシナは「肥沃な地となろう」と指摘するとともにカム・ラン湾にアメリカの海軍基地を設ける可能性についてさえ述べたことさえもあった。[10] が、トルーマン・ドクトリンによる対ソ「封じ込め政策〔Policy of firm containment〕」に踏み切って以後のアメリカは、一九四八年、それまで表向きは西欧諸国に禁止していた援助――マーシャル・プランによる大戦後復興のための資金・物資援助――を東南アジアの植民地対策用にそのまま流用することを容認するに至る。すなわちアメリカは、それ自身としてはザップが述べたように「領土的野心」を持たなかったものの、そのぶんだけインドシナ情勢への細心の観察と配慮を怠り、西欧の旧植民地宗主諸国の「領土的野心」にひたすら手を貸しつづけていたのである。

一方、ハノイの行動は実に周到な計算の上に成り立っていた。第二次大戦直後、連合国内部での取り決めに従ってヴェトナム南部ではイギリス軍〔とその補佐的役割を受け持つOSS〕が日本軍の武装解除に当たり、ハノイを中心とする北部には蔣介石指揮下の中国国民党軍が進駐を予定していたが、ホー・チ・ミンは一九四六年三月、フランスとの間で「ヴェトナム民主共和国政府は中国軍に代わるフランス軍を友好的に歓迎する用意がある」とする予備協定に調印している。これは、一見するときわめて不利な協定だった。何故なら戦後のフランスがインドシナ半島に対して植民地支配を再び確立しようと望んでいることは火を見るより明らかなことだったからである。だからこそこのときの交渉の主眼は、ヴェトナムの独立と南北統一をフランス側にも平和的に認めさせることにこそある筈だった。だが、交渉の結果ヴェトナム側の公式目標は殆ど達成されず、協定の条文にはヴェトナムが「フランス連合《ユニオン・フランセーズ》」〔一九四六年のフランス憲法で制定されたフランス本国および植民地、保護領、信託統治領などから成るフランス共同体の総称〕に属するインドシナ連邦内部の「自由国家」である、という曖昧そのものの表現が盛り込まれたに過ぎなかった。これは、表面的には明らかにハノイの外交交渉の失敗だと言えた。したがって当然のように、ハノイ内部からは批判の声が挙がった。だが、それを聞いたホー・チ・ミンは激しい調子で「莫迦なことを！」と言い放ち、この交渉の真の狙いが実はまったく別のところにあることを示唆して、こう語った――「もしも中国が居残ったとしたらどんなことになるのか、君たちはわかっているのか？　歴史を忘れたのか？　いったん中国がやってきたら、奴らは千年もの間居坐りつづけることになるんだぞ。フランスは所詮は外国人に過ぎやせん。奴らは弱体だ。植民地主義なんてものは死にかけてるんだ。白人は、アジアではもう終わったんだ。だが、もしいま中国がやってきたら、奴らは絶対に出ていきやしないだろうよ。私は、死ぬまで中国人どもの糞を喰《くら》うより、五年間フランスの糞の臭いをかがされているほうがずっとましだね(11)」。

どうにも品が良いとは言いかねる表現だが、しかしここで語られていることは明らかに、現実をよく見通した知見の現われに他ならなかった。国家と民族の自由と独立を唱える理想の声の背後には、つねに、相矛盾する主義主張やさまざまな思惑がひしめき合い、蠢いている。殊に二十世紀の革命にはいつも、コミュニズムとナショナリズムが複雑に入り組んだかたちで絡みついている。加えてヴェトナムの場合には、インドシナ半島の東端で南北に細長く伸びているという地勢条件のため、地域によって気候・風土・人々の気質が大きく異なり、さまざまな社会環境と宗教を持つ集団が分離した状態で混在し、さらにはヴェトナム北部だけでも五十種以上と言われる(12)多数の少数民族が山岳地帯や中央高地地帯に点在するように暮らしている。

これらの問題、特に少数民族の存在は、ヴェトナムに限らずインドシナ半島全域に共通する大きな社会問題のひとつである。この問題に長年関わったフランスのインドシナ研究者マルシャル・ダッセによれば、植民地統治時代には彼ら少数民族を多数民族から隔離・保護するかたちでのセグリゲーション政策が宗主国によって多く採用されていたため、「少数民族問題は浮上しなかった」という。[13] しかし、マルキシズム革命による近代国家建設をめざすハノイの指導勢力にとって必要なのは、隔離による統治の方法ではなく、国家内部からの自発的な融和・協調に基く支持の勃興である。殊にソヴィエトや中国のように広大な領土を持つわけではないヴェトナムの場合には、隔離政策が反革命勢力の育成をもたらすことをなによりも警戒しなければならない。したがって、さまざまな思惑や民衆感情をともかくも束ねるためには、外部に〈眼に見える敵〉の存在を用意するのが最も単純で力強い方法となる。ホー・チ・ミンはもちろん、そのことをよく知っていた。だからこそ彼は〈よりよく眼に見える敵〉として、中国よりもフランスを選択したのであった。

こうした彼の考え方をプラグマティズムではなく単なる打算と呼び、あるいは狡猾とすることも可能かもしれない。が、そうした見方こそまさしくナイーヴと呼ぶべきものだろう。それよりもむしろ強く眼を惹くのは、このように本質的に怜悧なプラグマティストであった彼が、対人関係の上では逆に伝統的に安定した倫理感に裏打ちされた〈父親〉のイメージ――柔和さがそのまま威厳となる儒教道徳的な〈父祖〉のイメージ――を纏っていたことである。文化的な側面においてはこれこそがヴェトナムの社会主義革命の最大の特徴となっていることを、見逃すわけにはいかない。たとえば、ヴェトナム戦争当時に解放戦線の中央委員として活動し、一九六九年に同戦線が樹立した南ヴェトナム臨時革命政府の法務大臣という要職に選ばれながらもその後の南北の確執のなかで次第に革命への幻滅を覚え、遂に一九七八年にボートピープルとしてフランスに亡命したチュオン・ニュ・タンは、かつて第二次大戦直後にパリに薬学生として留学したころ、初めてホー・チ・ミンに出逢ったときの感激を次のように回想している。

〔……〕私が、即座に打たれたのは、ホーの容姿であった。西洋式の衣服をまとった他のすべての人々と違い、ホーはすり減った、高いカラーの中国服を着ていた。はいていたのは、ゴム製のサンダルであった。周囲にいる緊張した表情の若い人たちとは対照的に、ホーの容姿を観察してみると、ひ弱で病弱ではないかと思われるくらいであった。だがそうした印象は、かえってホーを包み込んでいる、物事に動じない威厳に、アクセントをつける以外のなにものでもなかった。〔……〕

そのとき私の頭に浮かんだのは、祖父のことであった。そのことに気づいた私は、ほとんど反射的にわれに返った。儒教における生活の価値観を、祖父が私たち子供のため、実例を挙げながら話してくれたのと同じように、ホーに会っていて、英知と気遣いが自然に伝わってくる思いであった。私たちをそばに引きよせるような所作で、ホーが大きく手を振るようにして、いっぱい伸ばしたとき、私は一瞬びっくりした。「さあぼくの子供たち、こっちへいらっしゃい」と、ホーは言い、石段に腰かけた。私たちは、ホーを囲むようにしてすわった。そうすることが、この世の中で最も自然なことに思われたからであった。私はホーのすぐ横にすわり、私の祖父ととてもよく似たこのすばらしい人に対して、ガンジー、孫文そして特にリンカンといったように、歴史を読むことによって私自身が英雄として受け入れた人たちに、子供の頃抱いていたような敬愛の念をホーにも感じていた。(14)〔……〕

この回想はホー・チ・ミンのパーソナリティを的確に伝えているとともに、サイゴンの富裕なインテリ家庭に育った回想者のタン自身を含むヴェトナムの中流・上流階級のなかに、いかに深く中国伝来の儒教道徳が根を下ろしていたかを明瞭に表わしている。

中国によるヴェトナムの政治支配の歴史は、紀元前二世紀にまで遡ることができる。(15)中国はまずこの時期から紀元十世紀初頭までの一千年以上にわたってヴェトナムを支配しつづけ、その後ヴェトナムが独立を達成してからも宋、元、明、清と中国の歴代王朝が繰返し対ヴェトナム出兵を実行した。一方、ヨーロッパからは十六世紀の前半にポルトガル人がヴェトナムへの入植を始め、十八世紀半ばにフランスが最初の植民地体制を築いて、十九世紀後半にフランスと清が戦争を交えている。これによって中国のヴェトナムに対する政治的支配行動はようやく終りを迎えたのだが、それまでの長い歴史を通してヴェトナム全土には中国の士人・学者が多く移住して儒教と仏教を広め、また、ヴェトナム側からも中国で教養を身に付けて中国官界・文化界で名を成す者を輩出するといったような文化的支配体制が形成されていたのである。さらにまたヴェトナムの上流階級は中国の間接支配策から多くを学び、「中国伝来の教育と世界観と生活様式《ウェイ・オヴ・ライフ》を通して中国人抜きでも同じように統治できるだけの能力と意欲[16]」を自然に植えつけられていた。その、いわば抜き難い文化的遺制がチュオン・ニュ・タンのような二十世紀も半ばになったヴェトナム都市ブルジョア階級の子弟のなかにも根強く存在して、ホー・チ・ミンの面影のなかに儒教的父祖のイメージを見てとらせ、強く心を動かしたのである。

初対面の年少者に向かっても気軽に「ホーおじさん《バク・ホー》」と呼びかけてほしいと語りかけた彼は、こうしたパーソナリティが他人に与える効果を十二分に知悉していた。そして彼はこのパーソナリティの内側に、大統領ジョンソンの顧問ジョン・P・ロシェをして「自分の目的を実現するためにはたとえ暖炉に爆弾を投げ込まれても冷然と、まるでブレストリトヴスクにおけるレーニンのように交渉をつづける[17]」男だと感嘆させたほどの強靱で冷徹なキャラクターを巧みに包み込んでいたのであった。

2

チュオン・ニュ・タンの例からも窺えるように、温和さと威厳とを同時に漂わせる「ホーおじさん」のイメージは、ヴェトナム革命勢力の集団内部に一種独特の雰囲気をもたらす魅力的な源泉となっていた。それはカリスマとも呼び得るものではあるだろうけれど、尊大な力強さに奉仕する狂信性の影は薄い。事実ボー・グェン・ザップなどは公式文書の上でもしばしば「ホー主席」ではなく「ホーおじさん」という呼称を使用し、ヴェトミン活動時代から民衆に「オン・クー」とも呼ばれていたことを紹介している[18]〔オン・クーとは人々から愛着と尊敬を集める老人に対する伝統的な呼びかけの言葉である〕。或る元ヴェトミン兵士も、初めは彼を「同志」と呼び、次に「翁《クー》」、さらに「ホーおじさん[19]」と――「その呼びかたのほうが気持にぴったりなので」――呼ぶことにしたと述べている。

こうしたときの彼らの感情は、もうひとりの元ヴェトミン兵の回想を見るとさらによく理解されることだろう。彼チャン・ドゥク・ファンによると、一九四五年九月二日のヴェトナム独立宣言の演説のさなかでホー・チ・ミンはふと宣言文を読むのを途中で止め、聴衆に向かって「同胞のみなさん、私の声が聞こえますか？」と優しく問いかけたという。

> ……このなにげない一言が、みんなの胸に滲み込みました。ちょっと静かな間があって、その後みんなが叫びました。「聞こえるぞ！」私たちはこのとき、口先だけでなく心からそう叫んだのです。そのとき広場にいた四十万人の人間が、心からそう叫んだのです[20]。

柔和な平明さを湛えたホーの振舞いは、彼の下に従うインドシナ共産党員たちの対人行動にも当然のように影響を及ぼし、彼らは、世界中のコミュニストたちの決まり文句というべき「同志[21]」という呼称よりも「兄さん《アイン》」という呼びかけのほうを好んで用いる気風をつくり上げていた。それは、彼らを繋いでいる絆が政治思想や信念、大義といったものを同じくする者たちのそれであるというより、むしろ伝統的な家族や民俗的社会集団のそれに近いものであることを窺わせる。事実、ホーがしばしば周囲の人々に説いたのは「党は共産主義者の親身な家庭です」という考え方であった。そして彼は「かならずのように、兄弟たちの日ごろの体のようすをたずね、ゆきとどいた心くばりを見せ」ていた。[22]〔傍点引用者〕

このようなホーのパーソナリティが、もしも彼の党と革命勢力のなかでだけ象徴力を持つものであったとしたら、それは確かに――良い意味でも悪い意味でも――カリスマと呼んで差し支えないことだろう。しかし彼が他人に対して与えた印象は、彼の敵対者もしくは敵対する可能性を持つ者にも驚くほど一貫したものとなっていた。一九二〇年代、まだ三十代だったころまでの彼は真直ぐな黒髪を七三に整え、痩せて小柄な体軀と削げた頰の上に光る眼ばかりが目立つひとりの典型的な東南アジア青年の外見を持つに過ぎない。わずかに残っているいずれの写真でも、彼は几帳面に口許を引き緊め、殆ど笑い顔を見せてはいない。だが、髪に白いものが目立ち額が高くなり、あのひとつまみほどの細長い顎鬚を生やすようになって以後の彼は、ひとめ見ただけの人間にも不思議に強く印象を残す風貌へと変貌する。アメリカのジャーナリスト、アンドリュー・ロスは一九四〇年代に初めてホーに会ったときのことをこう書いている――「かれの経歴についての断片をいろいろと漁り、また、かれを『暴徒の巨魁』として攻撃している文章をよんだのち、私はやせてほっそりした親切そうなその人に紹介された。頰骨が高く、目もとに微笑をたたえ、いかにも役人風の鼻下ひげや、うすいあごひげは、ハリウッドで好んでよくやる中国の学者風の役人を髣髴させるものがあった。

おそらくかれはいまから五十四年前に、北部アンナンのグエ・アンの部落の古い学校の教養ある学者役人の家族に生れたときの面影を、そのままつたえているのであろう……」[23]。

第二次大戦末期からしばしばホーと接触していたOSSのエージェントたちも、この点では殆ど同じ印象を受けたことを口々に語っている。そのうちのひとりで、のちに『ホー・チ・ミン伝』（一九七三年）を著したチャールズ・フェンは、その伝記のなかでしばしばホーの「眼の輝き」について触れ、同じく元OSSのアルキメデス・パティも「彼は実に興味深い人物でした。非常に感受性の豊かな、非常に温和な、そしてちょっとひよわな感じさえしました」と述べている[24]。

そうして、ちょうどこのころからホー・チ・ミンの姿を撮った記録写真やニューズリールの数が急速に増えはじめていることは、彼が歴史の上に刻んだ歩みの文化的側面を考える上で、まさに興味深い事実だと言わざるを得ないだろう。もちろんそのことは、彼が既にマルクス＝レーニン主義と第三インターに熱烈に奉仕するコミンテルンの一員であるだけには留まらず、世界史に記されるべき重要な革命家のひとりに成長していたことの証しに他ならない。そして、そうなったときの彼はもう、一九六九年に彼が七十九歳で死去するまでつづくことになるあの老賢者としての風貌とイメージを獲得していたのである。事実、フランス植民地主義を代表する立場にあった在中国フランス軍事使節団の元団長ジャン・サントニーさえも、「初対面でホー・チ・ミンという独立苦行の人物が、知性にあふれ、繊細で、しかも抜け目なく、第一級の人物」であり、「彼の広い教養と知性、信じられないような行動力、

無私無欲は、民衆に威厳を感じさせ、同時にたぐいまれな人気をつくり出していた」ことを認めている。(25)

その人気は、ヴェトナムの民衆の間でだけのものではなかった。一九四六年三月に調印されたフランスとの予備協定――ホーに「一生中国人の糞を……」と言わせたあの協定――を改善し、より進んだ内容の本協定を締結すべく同年六月にパリを訪れた彼は、ここでもフランスの民衆たちの間で「自然発生的な人気」(26)を得ていた。そのときの模様をロベール・シャプランは次のように描写している。

ホーはたいへんな成功をおさめた。かれはだれもかれもを魅了した。かれはひろく孔子に、釈迦に、バプテスマのヨハネに比較された。かれの行くところ、オペラであれ、優雅なレセプションであれ、ピクニック、記者会見であれ、かれは質素な、首までボタンのあるリンネルの仕事着であらわれた。かれの機知、かれの東洋的な丁重さ、かれの手腕、社交にさいしてのかれの深みと陽気さの混じりあった態度、子供たちへのかれのあけっぴろげな愛情、わけてもかれの誠実さと単純さは、ことごとくみんなをとらえた。「モスクワは英雄的だが、パリは生きる歓びだ」とホーは言った。「何たるすばらしい都市、何たるすばらしい景観！」(27)

この当時残された多くのニューズリールを観ると、シャプランの描いたホーのイメージが

ホー・チ・ミンの代表的な肖像写真(ジャン・ラクチュール『ベトナムの星　ホー・チ・ミン伝』1968).

上／1920年，フランス社会主義者大会に出席したホー．当時彼はグェン・アイ・クォック(愛国者グェン)と名乗っていた．下／子供たちに囲まれたホーの有名なニューズリールのひとこま．(Agence France-Presse)

けっして誇張ではないことが了解できる。彼はつねに小柄な体軀ながら背筋を伸ばして歩き、辞去する際にはほんの少し腰をかがめ、尊大さよりも節度を印象づける物腰で振舞う。痩せた手指に煙草を挟み、細い手首をわずかに撓わせるようにして口許へ運ぶ。そのさまはいくぶん女性的でさえあるが、全体の印象のなかでは明らかに「東洋的な丁重さ」を感じさせる。このような人物を革命の象徴として得たことは、共産主義についての知識を殆ど持たずむしろ恐怖心を先行させがちな西側世界の民衆にヴェトナム革命勢力の善良さと大義を宣伝してゆく上で、まことに都合の良いことであった。そのため、のちにフランスとの全面的戦争に突入し、さらにアメリカとも長い戦いをつづけるなかで北ヴェトナムが世界中に送り出したプロパガンダ映画のなかでも、こうしたホー・チ・ミンのイメージは多用され、随所に的確に差し挟まれてゆくことになる。

そのうちの一本、ヴェトナム人民軍映画撮影所によって撮影され、ソヴィエトの映画人の協力で編集されて一九六五年にリリースされた『ディエンビエンフーの大決戦』(一六ミリ、白黒八〇分)は、殊に印象的だ。タイトルからわかる通り、この映画は一九五四年五月八日、ラオスとの国境にほど近いヴェトナム北部のディエン・ビエン・フーに設けられていたフランス軍の大要塞が包囲した北ヴェトナム人民軍によって陥落させられるまでを記録したドキュメンタリー・フィルムである。

冒頭、単葉プロペラのフランス軍戦闘機が横列飛行し、つぎつぎと反転降下してゆく光景が映し出される。一方、地上ではライフルや手榴弾、竹槍などで武装した人民軍が戦闘の準備を進めている。つづいて「アメリカの朝鮮侵略戦争」がナレーションとともに紹介され、フランス外相ルネ・マイエルがアメリカ大統領ドワイト・アイゼンハウアーと握手するスティル写真が登場する。おそらくはこの光景を撮ったムーヴィー・ロールが入手できなかったためだろう、カメラは何度か繰返してこの写真のふたりの握手の手許をクローズアップして動きを付けながら、〈侵略の悪魔〉が共同で陰謀を企むイメージを醸成する。そして画面は一転し、ヴェトナムのおだやかな風景——小さな滝でつながるヴェトナムの清流や棕櫚の林——が東洋的な音楽とともに映し出されて、ホー・チ・ミンが現われる。彼は竹と木で造られた涼しげな家のテラスで本を読み、あるいは咥え煙草のまま書類に眼を通しながらタイプを打つ。その間、ナレーターは沈黙したまま、音楽が流れている。次に、ホーとヴェトミン軍の要人数人が机上の地図を眺めながら作戦会議を行なっている光景になる。ホーの周りにいるのは人民軍司令官ボー・グェン・ザップやヴェトナム労働党〔インドシナ共産党から改称〕の幹部だ。だが、ホーとザップ以外のチュオン・チン、ファン・ヴァン・ドンといった面々は、彼らの顔を見慣れた眼でないと些か判別し難い。その理由の大きなひとつは画面のプリント状態が良くないせいなのだが、もうひとつには、彼らがホーとその党体制を強固に支える理論的・実務的な支柱的存在であるにもかかわらず、ニューズやプロパガンダの写真などに余り登場しないためである。したがって観客の眼は、痩身の老賢者ホー・チ・ミンとその傍らで抜群の軍事的手腕を放つボー・グェン・ザップの凜々しく怜悧な面立ちをしっかりと記憶することになる。

このあとフィルムは、農民たちの働く姿や人民軍の若い兵士たちの野外学習・訓練の光景へと移って、ナレーションは再び活発に「人民の正義の戦い」を説きつづけてゆくのだが、ここまでのシークエンスからすぐにわかるのはヴェトナム解放戦争の全体がホーとザップというそれぞれに異なった印象強いふたつの個性によって象徴されていることである。言うまでもなくそれは、中国革命を率いたふたりの人物――毛沢東と周恩来――の組合せを連想させる。事実ザップの顔立ちは、うしろになでつけられた黒髪といい、その下の聡明そうな高い額といい、そしてなにより勇ましく撥ね上がった意志的な濃い眉といい、周恩来と驚くほどよく似ている。というより、それぞれ彼らの上に立つ毛沢東とホー・チ・ミンがおよそ対照的なほどの軀つきであるぶんだけ、周とザップの外見上の共通点がより強く印象づけられるのだと見るべきかもしれない。いずれにせよはっきりしているのは、彼らの面立ちがともに有能なる右腕のイメージを湛えていることであり、かつ、西欧的基準で見てもきわめて受け容れやすい聡明さ、明朗さを具えていること、である。殊に彼らの眼許は、丸く大きく、豊かな意志と感情の所在を感じさせるのだ。

これらの点を考慮してみると、ホーとザップの組合せは政治的・経済的・軍事的基盤の弱い北ヴェトナムが世界中に向けてプロパガンダ活動を行なってゆく上で、まことに魅力的な外見《ルック》を具えていたと言うことができる。事実このふたりの理想的な師弟関係は、その革命的意思においてばかりではなかった。

一八九〇年生まれのホーと一九一〇年生まれのザップが最初に対面したのは、一九四〇年の中国・昆明でのことである。それまでの二十年間、ホーはパリからモスクワ、広東、タイに滞在し、ドイツ、スイス、イタリアなどへも旅行して国際的な革命家・組織者としての力を十分に蓄えていた。一方、ハノイ法科大学の学生でハノイ市内の高等中学《リセ》校の歴史および地理の教師でもあったザップは、彼よりも七歳年長のファン・ヴァン・ドンとの出会いによって民族革命への情熱に燃え、地下活動に入ってまもなくの状態にあった。初対面のとき、既に五十歳になっていたホーは三十歳になるまで三カ月を残すザップを見て、「彼は、いつもはたちの娘のように生き生きしている」[28]と言い、官憲の眼を逃れて秘かに中国入りしたザップを賞めて「あなたはここまで来ることができました。これは素晴らしいことです。私たちはあなたを必要としているのです」と語りかけた[29]。以後ザップは、優れた革命教育者としてのホーの謦咳につねに接し、「ホー・チ・ミンの最も確実で忠実なスポークスマン[30]」へと成長してゆく。

　彼はホーから、彼の知識や世界観、革命家としての意志といったもののみならず、話し方や他人への接し方、さらに服装までを学んでいった。たとえばザップと初めて会ったときのホーが「ヨーロッパ風の服装をし、やわらかいフェルトの帽子をかぶっ[31]」ていたことはそれまでヨーロッパ体験を持たなかったザップに強い印象を残し、第二次大戦終了から第一次インドシナ戦争の勃発までの短かい平和の時期、ザップは「ナフタリンが臭いながらもブルジヨワ風の明るい色の上着と夏ズボンに着替え」、ネクタイをきちんと締め、フェルト帽ないしはストロー・ハットを好んで被っていたという[32]。

、もちろん、ホーの影響はこういった瑣事にだけ現われたわけではない。たとえば、その話術である。ホーは革命とそのための戦い方について語るとき、いつも巧みな比喩を駆使していた。一九四六年九月、フランスとの交渉が一向に進捗しないまま第一次インドシナ戦争が避けられない事態になりつつあったころ、彼はアメリカのジャーナリスト、デイヴィッド・シェーンブルンに対して、のちに有名な言葉として知られることになる次のような譬え話を語っている――「もし、虎〔ヴェトミン〕が立ち止まれば、象〔フランス〕は、その力強い牙で虎を刺し殺してしまうだろう。しかし虎は立ち止まりはしない。このため、象は、疲れと出血で死んでしまうだろう[33]」。

また彼は、同じころハノイ内部で勢力を拡めつつあった反革命分子について、こう述べている――「家の中に鼠が巣くった時、石を投げて追い出そうとしても無駄なことだ。石をぶつければ、そこにある大切な物をこわしてしまう怖れがあるからだ。だから鼠は罠で捕えた方が良い[34]」。

ザップがホーから受け継いだのは、ここまで卓抜な譬え話の才ではない。ジェラール・レ・クアンが述べているように彼は「詩人」ではなく、より率直に革命の闘士たちを鼓舞し、明快に戦略を語ることに長けていた[35]。だが、その基本にある姿勢と精神は、明らかにホーから与えられたものだった。たとえばホーは一九四六年のパリ滞在時にフランス政府の社会党系閣僚のひとりに向かって、こう告げている――「われわれがひとりのフランス兵を殺す間に、あなた方は我がほうの十人を殺すことができます。しかし、たとえ率がそれほど開いて

上／テト攻勢に際して会議を開く，左からファン・ヴァン・ドン，ホー・チ・ミン，チュオン・チン，ボー・グェン・ザップ．下／ホーとザップ．（ジェラール・レ・クアン『ボー・グエン・ザップ』1975）

いたとしても、結局あなた方は敗れ、我々が勝つのです[36]」。

このきわめて挑戦的な言葉は、けっして根拠のない恫喝でもなければ勝利を急ぐ余りの無謀な捨て石戦術の表明でもない。その要諦は、先の象と虎の比喩と同じく、長期戦についての断固たる覚悟を披露することにこそ存しているのである。ザップはその教えを、初めは理論で、次に実践的なゲリラ戦の勝利によって学び、最後に自らの犯した戦略的失策によって完全に自分のものにしていった。その失策とは、一九五一年、彼が紅河デルタ域における大規模な総反攻作戦に出たことである。この電撃的な「総反攻」の理論は、のちにあの一九六八年のテト攻勢でアメリカに致命的な精神的打撃を与えることになる、北ヴェトナム人民軍にとっておきの軍事的バックボーンである。だが、一九五一年当時の人民軍は平野部における直接的な交戦を経験したことが一度もない初歩的なゲリラ集団に過ぎなかった。そのため人民軍の第三〇八および第三一二師団による「第一次ホアン・ホア・タム作戦」は、フランス軍機の投下する大量のナパーム弾によって六〇〇〇名の戦死者を出す失敗に終わり、つづいてハイフォンの孤立化を狙った「第二次ホアン・ホア・タム作戦」とハノイ南方を集中攻撃する三度目の総反攻作戦でも、ことごとくザップは敗北せねばならなかった。のちに彼はこの失策を謙虚に認め、ホーがかつて説いた戦略の基本姿勢を、彼自身の言葉によってこう語り直すことになる——「経験の浅い兵力で総反攻に乗り出すことによって、我々は会戦を短期に終わらせ、長期戦術による消耗を回避できる心積りだったのである……(しかし)この戦術は大きな、そして根本的な誤りであった。我が軍は、要塞にたてこもる敵の陣地を攻撃するという経験を欠いていた。したがって迅速に勝利を得ようとしても、成功は覚束なかったのである。……こうして我々は着実に勝利し前進してゆくという途を選ぶこととなった。……勝つために戦い、成功が確実なときにのみ戦うのだ。もしも成功が確実でなければ、戦ってはならないのである」[37]。

この敗北の経験は、北ヴェトナム人民軍とその司令官ザップにとって、けっして無駄ではなかった。このののち彼らはフランス軍との直接衝突を避け、山岳部にフランス軍を引き寄せてトンキン・デルタを抑える戦術へと転換し、やがてディエン・ビエン・フーでの大勝利を得るのである。

ディエン・ビエン・フーの要塞は、植民地権益をあくまで死守しようとするフランスにとって、いわば威信を賭けた最大の切り札であった。一九五〇年、革命を成就した中国共産党の支援によって初めて大量の武器を手に入れた北ヴェトナム人民軍は幾度かフランス軍に手痛い敗北を味わわせていた。このためフランス側は第二次大戦時の自由フランス軍の英雄である将軍ジャン・ド・ラトルをインドシナ最高司令官の職に派遣し、その直後からフランス側は次々と戦果を挙げていった。ヴェトナム側から見ると、これがあの三度にわたる総反攻作戦失敗の時期である。それはド・ラトルの軍事的手腕の勝利だったに違いないのだが、同時にこれを可能にした大きな要因のひとつとして、一九五〇年の末までに軍用機、火力、ナパーム弾など総計一億五〇〇〇万ドルにものぼっていたアメリカの対仏軍事援助があった[38]ことを無視するわけにはいかない。

この当時、東側では誕生したばかりの中華人民共和国が世界に先がけてホーの率いるヴェトナム民主共和国を公式承認し、一歩遅れをとったソヴィエトが急いで承認に踏み切っていた。これらの動きを受けて、西側ではイギリスとアメリカがフランスの傀儡である南ヴェトナム＝バオ・ダイ政権を承認。しかもこのころのアメリカ国内では反共マッカーシーイズムによる「赤狩り」の嵐が社会を席捲し、さらに一九五〇年六月に勃発した朝鮮戦争によって国内世論は冷戦機運の頂点を迎えていた。こうした情勢のなかでド・ラトルはバオ・ダイ政権下に南ヴェトナム軍を創設し、アメリカの援助をさらに引き出した。しかし彼は一九五二年二月、癌のために死去。後任のラウール・サランはいっこうに成果を挙げ得ずに翌年五月に更迭され、代わってアンリ・ナヴァールがインドシナ派遣軍司令官に就任する。彼は直ちに、空挺部隊を中心とした機動作戦によって大規模な反攻・掃討を開始した。一般に「ナヴァール・プラン」と呼ばれるこの計画は、誕生したばかりのアイゼンハウアー米政権の冷戦態勢——殊に国務長官ジョン・フォスター・ダレスのいわゆる「ニュールック」戦略——と呼応して、アメリカのインドシナ介入の下地を準備することになるのである。

このようにしてアメリカの全面的なバックアップを得たフランス軍は、ラオス領内にまで及ぶ北ヴェトナム人民軍の後方を遮断するため、ヴェトナムとラオスの国境地帯にあるディエン・ビエン・フーを要塞化し、初めサイゴン政府軍一箇師団を配置したが、殆ど急拵えでしかない彼らはすぐに人民軍に投降してしまう。そこで新たに、フランス軍きっての精鋭である降下師団二万名がディエン・ビエン・フーに派遣されて、一九五四年三月十三日から大

ホーとザップ，1945年(Public domain, Wikipedia).

規模な戦いが開始されていった。

当時、フランス軍はヴェトナム人民軍の力を完全に軽視していた。だが、人民軍は八十門の対空砲火と百門の一〇五ミリ砲、弾薬、そして五万一〇〇〇名の兵員という驚くべき規模の兵力を投入していた。全土から呼集された人民軍のヴェトミン兵士たちは一カ月以上にわたる殆ど徹夜状態の行軍をつづけてきながらも、その士気はいっこうに衰えていなかった。しかも、このとき武器・弾薬の一部を提供した中国は各兵科の軍事顧問をも前線に派遣していたと言われる。(39) 戦いはほぼ二カ月間にわたってつづき、五月七日、ディエン・ビエン・フーに残ったフランス軍は遂に降服、要塞は陥落した。降服したフランス軍残兵の数は当初の半分の一万一〇〇〇名、戦死者は一五〇〇名、負傷者は四〇〇〇名を数えた。(40)

このときのすべての模様、とりわけ開戦前のヴェトナム人民軍の行軍の様子は件《くだん》のドキュメンタリー・プロパガンダ・フィルム『ディエンビエンフーの大決戦』にもくわしく記録されている。

浅い皿型のヘルメットを被ったヴェトミン兵たちのひとりひとりは、銃を除けばさして大きな荷物を携えてはいない。それはしかし、彼らの行軍が楽なものだったことを意味しているわけではない。むしろ武器・弾薬を除けば彼らは殆ど寝具や糧食を携行していなかったのである。その代わり彼らは弾薬や物資を幾台もの自転車の荷台やハンドルに括りつけ、急な坂道を喘ぎながら押している。なかにはトラックの荷台に乗って移動する一群もいるが、多くは徒歩であり、砲兵たちは大きな大砲を数人がかりで懸命になって押してゆく。彼らが通

上／1945年，アメリカOSS要員たちとホー(右から3人め)とザップ(左から3人め)．右端がアルキメデス・パティ(World Press)．下左／1933年，23歳当時のザップ(ジェラール・レ・クアン『ボー・グエン・ザップ』)下右／PBS・TV "Vietnam: A Television History"(1983)でインタヴューに答えるザップ．

っている道路は、本来嶮しい山腹の斜面であったところを農民たちが新たに切り拓いて造成したものである。もちろん平坦な道ではない。そればかりか急斜面になると樹木を伐り取るだけが精一杯で、そこに差しかかれば一門について一〇名以上の兵士たちが縄を結んだ大砲を強引に引きずり上げるしかない。映画のなかで幾人も紹介される「模範兵士」たちの多くは、このような人海戦術の過程で自分の身を犠牲にした者たちである。自らの肩に機関銃の脚を担《かつ》ぎ上げ、銃手の前の楯となってフランス軍機に立ち向った者。急坂で野戦砲を引き上げている際、フランス側の攻撃を受けて滑り落ちかけた砲の下に身を投げ出し、楔の役目を果しながら死んでいった者。フランス軍のトーチカの銃眼に抱きついて、屍体となった我が身で攻撃を防いだ者……。すべてがこの調子であり、ホーが語った十対一の損耗率がけっして過言ではないことを窺わせる。

だが、いかに苦しく悲惨な経験であれ、それがのちに勝利をもたらした場合にはすべて懐しげな声音や愉しげなジョークにさえ包まれる。たとえば、物資を積み上げた自転車を押して移動する移動戦術〔レ・クアンはこれを「かの有名なベトミンの伝統」と呼ぶ〕は、ザップによってこんなふうに語られている――「中には、重さ三五〇キロにも達する砲弾や米を積んで、一晩のうちに二五キロもの道のりを運ぶ自転車乗りもいた。われわれにとって自転車は、〝マルヌのタクシー〟〔第一次大戦時のフランスで、不足した軍用車輌を補って民間のタクシーが物資輸送に協力した有名なエピソード〕にも匹敵した。われわれは、われわれの〝プジョー〟や〝エチアンヌ〟のおかげで、ディエンビエンフーに勝った(41)」。

この諧謔が、ホーではなくザップの口から洩れたものであることはとりわけ興味深い。その明快さ、無邪気さ、陽気な皮肉っぽさは紛れもなく「いつもはたちの娘のように生き生きし」たザップのパーソナリティの一面を現わしているとともに、明らかに彼がホーの警句家的レトリック感覚を自分なりに消化し応用していたことを窺わせる。

加えて、ディエン・ビエン・フーでザップが収めた完璧な勝利は、世界中に北ヴェトナム人民軍のあなどり難い実力を印象づける結果をもたらした。それはザップの軍事的指導力に対する名誉であるばかりではなく、ヴェトナムの革命勢力がホーにつづく象徴的な〈革命の貌〉を獲得できたことを意味していた。『ディエンビエンフーの大決戦』はもとより、北ヴェトナム人民軍撮影所が制作した多数のドキュメンタリー・プロパガンダ・フィルムが高い頻度で彼らふたりの姿を登場させていることは、その顕著な現われに他ならない。

3

こうして〈老賢者ホー〉と〈智将ザップ〉のコンビネーションは比類なき力強さで観客の脳裏に灼きつけられ、解放と独立と平和をめざす彼らの大義を、単なる党派宣伝を超えた説得力あるアピールへと練り上げていった。もちろん平和の貌がホーであり、戦いの貌がザップである。ホーは民衆に向かって熱烈に民族の使命感を説き聞かせる一方で、幼ない子供たちに囲まれ、小さな手で山羊髯を引っ張られながら慈父の笑みを泛べる。ザップは明朗な童顔をいつも引き緊め、きりりと眉を上げながら猛烈な砲火の降る前線で指揮を採る。数々の記録映画の画像は総じてフィルム感度が低くプリント状態も良いとは言えないのだが、そのなかでも彼らふたりの姿だけは群を抜いて目立っている。ディエン・ビエン・フー攻略戦の前に北ヴェトナムの党・軍首脳部が集まって開かれた戦略会議の光景は『ディエンビエンフーの大決戦』のほか、『ハノイはたたかう』『勝利へ進むベトナム』〔いずれも制作年不詳〕などにも同じ場面が組み込まれているが、このなかでも活発な身振りを見せているのはホーとザップであり、チュオン・チンとファン・ヴァン・ドンのふたりは机上の地図を見凝めたまま殆ど身動きをしてはいない。つまり、半ば偶然の結果とはいえ、ここではホーとザップのふたりへと映像効果の強力な中心化作用が働いているのである。政治イデオロギーの内容の如何を問わず二十世紀のさまざまな革命的場面を記録した映像が、たとえばレーニンやたとえばヒトラーといった一個人にのみ中心化されがちだったなかで、ホーとザップの映像はその二極性によって抜群の安定感を示している。彼らの組合せは毛沢東と周恩来あるいはフェデル・カストロとチェ・ゲバラといった例に比しても、遜色のないばかりか、むしろ優れた安定感を持っている。

しかし、これらのフィルムを繰返し眼にするうちに観客の内部には或る無視しがたい疑問が芽を吹きはじめるのである。すなわち、マルクス＝レーニン主義に基く民族解放を謳ったこれらの映画の主人公は果して誰なのか、という疑問である。〈老賢者ホー〉なのか〈智将ザップ〉なのか、それとも革命主体としての〈人民大衆〉なのか——？

再び『ディエンビエンフーの大決戦』を例にとってみよう。この映画は先にも触れた通り、冒頭で西洋の侵略者たちのイメージを強調したのちに東洋的静謐さを対置させ、そのシンボルとしてのホー・チ・ミンを追ってからザップやチンらのホー・ファミリーを登場させる。次いで出てくるのが一般民衆である。多くの場合、彼らは個人ではなく集団ないしは群衆として現われる。そのため彼らは表情や貌立ちをクロースアップで捉えられる機会を殆ど持たないまま、フィルム感度の低い解像画面のなかで予め記名性を剝奪されている。その傾向は若いヴェトミン兵士たちの野外学習・訓練の光景で最も顕著になる。強い陽光が画面にハイコントラストをもたらし、ロングショットで撮られた青年たちの顔はヘルメットの陰で殆ど見分けが付かないまでに黒く翳っている。その状態で彼らは一斉に拳《こぶし》を振り上げ、何事か――音声は伴っていないがおそらく軍のスローガンだろう――を叫ぶのである。小柄で表情のない東洋人の青年たちが何度も握りしめた拳を振りかざすその様は、率直なところ極度の閉鎖的昂揚感を充満させた異様な光景に他ならない。同じことは、ディエン・ビエン・フーへの行軍の途中で身を犠牲にした英雄たちが紹介されるときにも起こる。彼らはいずれも匿名的な存在ではなく、ひとりずつ名前と功績を紹介されているのだが、画面に彼ら自身は登場しない。そのエピソードはいずれも、同じような顔つきの人物を描いたイラストレーション――〈英雄兵士〉という役割《ロール》を模範的に記号化した看板画のような絵図の数々――で提示されるだけなのだ。

そしてこのことは、インドシナ半島でおよそ三十年ほどもつづいた戦争が基本的に植民地性を介在させた異文化の不幸な接触だったことを考えると、より微妙な問題を提起してゆくことになる。すなわち、異文化に属する者同士は結局のところお互い同士を何者として認知することが可能なのか――という問いである。

4

一九六八年の六月から七月にかけての二週間、北ヴェトナム政府当局の招待に応じてハノイを訪問したスーザン・ソンタグはその体験的感想を記した『ハノイで考えたこと』(一九六八年)のなかで、現実の北ヴェトナムが「非現実的《アンリアル》」に見えて仕方がなかったことを、苦しげな筆致で繰返し書きつけている。もちろんその苦しみは、彼女自身が認めている通り、彼女の「ユダヤ的」もしくは「アメリカ的」な先入見に由来している。彼女によれば「ユダヤ人が苦難を経験してきた態度は、直接的で、感情的で、信仰的だった。それは赤裸々な弁舌から皮肉に満ちた自嘲にいたるまでのあらゆる範囲に及んでいる」。ユダヤ系アメリカ人としての彼女はそのことを痛切に、典型的に、そして些か極端なほどに自覚しており、そのため同じく〈抑圧された民衆〉としてのヴェトナム人にも同じ気質を見出そうとしていた。つまり、「あからさまに表明された苦難、というなにかユダヤ的な(したがってまた、〝西欧的〟な)スタイルが、ヴェトナムに来て発見できるのではないかと私は無意識に思いこんでいたのだ」[42]。

ところが現実に彼女が出会ったのは「ぎりぎりのところまで相手を憎悪しない」北ヴェトナム人の態度であり、かろうじて見出せるのは「弱小国家の民衆がもつ（誇らしげだが）謙虚な自己主張」以上のものではない。したがって彼女は「ユダヤ人と異なり、ヴェトナム人は、その精神《サイキック》タイプがいまだに高度の明確な分化段階（各自がたがいに相手を批判することをせまられるような段階）に達してないような文化に帰属する」と考え、「ヴェトナム人は〝全体《ホウル》〟としての人間であり、私たちのように〝切離《スプリット》された〟人間ではないのだ」と書きつける。これらの言葉の独善性・強引さ・偏狭性について、ソンタグは驚くほど無自覚に見える。そして結局彼女はこの問題意識のなかを何度も行き来しながら「ハノイに旅立つまで、私が想像世界のなかで勝手に関連づけていたヴェトナム像は、現地にのぞんだとき、なんら現実性をもっていないことが立証された」という結論に至るのである。「過去数年間、ヴェトナムは私の意識の内側で、〝弱者〟の苦難と英雄行為を示す、ひとつの典型的な像として腰を据えていたのだ。しかし、私の心にとりついていたのは、じつは〝強者〟アメリカ像のほうであった――アメリカ的権力、アメリカ的残忍性、アメリカ的独善の形姿であった」[43]。

この結論とそこまでの過程は、ソンタグのハノイ訪問がヴェトナムの現実ではなく彼女自身のほうの内側を覗き込む契機をもたらすものだったことを示している。事実彼女は、本全体の最終行で、彼女の心中に芽生えた認識上の「〝革命〟が……いまなお進行中である」と述べている。と同時にそれはまた、ソンタグ個人を含む一部のユダヤ系アメリカ人の世界観のありよう——そのアイデンティティ喪失性や一九六〇年代末という時代における彼らの社会意識——にまつわる興味深い断片をもさまざまにちりばめていることに留意すべきだろう。だがその議論は、『ハノイで考えたこと』という本と同様、文化的主体としてのヴェトナムの問題とはかけ離れてしまう。

したがってここで必要なのは、この時代のハノイへの旅において、ソンタグでなくとも多くのアメリカ人たちが感じたであろう事物、それを発見し直すためにソンタグの著作をもう一度読み直してみることだ。言い換えれば、この旅の途上でソンタグが〈ソンタグ的主題〉に突入する前の段階でなにを見たか、ということである。

或る日、ハノイからの公式招待状を受け取った彼女は、その旅のための明確な目的を予め把握できずに苦しみながら〔つまりソンタグらしからざる状態で〕ふたりのアメリカ人とともにニューヨークからパリ、プノンペンと、解放戦線の代表部の所在地を踏み石のようにステップしてハノイ入りする。以後、彼女らは英語を母国語とする人間にはひとりも出会わないまま、旅をつづける。ハノイに到着したのは夜であり、空港から迎えの車に乗ってホテルへと送り届けられる。その間、周囲を行き交うのは「年齢や男女の区別がつかない自転車乗りの流れ」だけであり、ホテルに着いたあともう一度「興奮にふるえる足を踏みしめるようにして」散歩へ出てみるが、そこは人通りが殆どなくなった街路でしかない。そこで彼女は「この最初の夜、北ヴェトナムは非現実的《アンリアル》であった」と書くことになる。その後、昼間の経験をさまざまに経てゆくことによって「いままでは、ひとかたまりで往来している、鳴りをひそめた、自転車乗りと歩行者の一群としか見えなかったものから、それぞれの年齢と個性をそなえた個々の人間が浮かびあがってきた」。そして「このハノイにたいし、私は気味わるいほど急速に馴染みを深めていった。にもかかわらず、自分じしんと正直に対決してみると、ここはあまりにも外国的であり、或る一定の距離をおいて以外に、ほんとうはなにひとつ理解できていない、と打ち明けざるをえない」(44)。

この理性的な抑制を課した告白につづいて『ハノイで考えたこと』は滞在中の日記を転載し、急速に、極端から極端へと激しく揺れ動く〈ソンタグ的主題〉の言説へとさまよい込んでいる。ということは、このハノイへの旅においてソンタグが彼女らしからざる——つまりハノイを初めて訪れたアメリカ人および西洋人一般に敷衍し得る——感覚を経験したのは、最初の夜とその後の数日間だけだったことになる。そのとき彼女が感じていたことを一言でいえば、「非現実性《アンリアリティ》」、すなわち人々の個体差を見分けることのできない状態、である。

初めての異国に、それも飛行機のように点から点へと移動するだけの輸送手段によって足を踏み入れたとき、人は誰しもアンリアルな感覚を経験させられる。殊にこの国についての数少ない〔あるいは偏った〕情報しか持っていなければ、その国の人々の個体差を見分けることは不可能に近い。ちょうど、北ヴェトナム首脳部を撮ったニューズリールを観ながら、異文化に属する多くの観客がホー・チ・ミンとボー・グェン・ザップ以外の顔をしかと判別できないのと同じようにである。映画という近代的な視覚メディアは、この点で飛行機という近代的な交通メディアとよく似ている。そしてこのような文脈に沿ってきたとき、ソンタグの次のような感慨はようやくある種の普遍性を帯びて見えてくることになる。

ひょっとしたら、私はヴェトナム人を心から真剣に〝現実《リアル》の人間〟と意識しないから、これほど確信をもって安心してるのかもしれない。私の故国で膾炙している味気ない解釈によれば、〝生《リアル》まの人間〟は、危険で気まぐれな存在であり、いっしょにいては、かならずしも安全ではない、というしろものなのだから。でも、私はそうは思いたくない。もちろん、私はヴェトナム人がもっと気むずかしく、意地悪のほうがいい、などと思ってもいない。けれども、私が、ハノイのこの深ぶかとした、甘美な静寂に愛情をもつのとまったく同様、私は、ヴェトナム人のあいだに或る種の軋轢の要素がなく、彼らの感情のなかにもういっそうの幅ひろい——かならずしも、高調子でなくていい——領域がないことを残念に思うのだ(45)。

すなわち、人はあまりに整然と安定した光景《シーン》を突きつけられると、しばしば、それに好意や敬意を抱くよりも先に破綻の兆しが何処にも見当らないかどうかを探そうとしてしまうのである。それは、再びソンタグの言葉を引くならば、「ヴェトナム人は、私がもっと容易に彼らを理解できるよう、ちっとも努力してくれない、という不平不満——ほんとうの子供のような私の不満——と、彼らが不透明に、単純素朴にみえないよう、ヴェトナム人はもっとはっきり自分を〝さらけだして〟ほしいという願望(46)」である。

これらの不満や願望は、彼女自身も認めているように、まことに理不尽きわまりない。「自分をさらけだしてほしい」とは、要するに破綻する様を見せてほしいということと同義でしかないからである。しかし何故彼女がそれを要求するのかといえば、それは彼女が「もっと容易に彼らを理解できる」ためではなく、彼女自身が自らを赤裸々にさらけだし、破綻し、その自意識のなかでひとり苦しんでいるためなのだ。つまり、端的に言うなら、彼女は自分と同じように振舞い、そして自分と同じように破綻することを異文化の壁の向うに要求しているのである。

しかしこの理不尽な発想は、けっしてスーザン・ソンタグだけのものではなかった。ヴェトナム戦争とその時代にあって、それは、彼女を含めた殆どすべてのアメリカ人に共通のものであった。〈見えない敵〉を見えないものにしたのは、実は彼ら自身だったのである。

5

ソンタグがハノイを訪問していたのとほぼ同じ一九六八年の半ば、ＲＯＴＣ出身の海兵隊少尉としてダ・ナンの第三大隊に着任したチャールズ・アンダーソンは、ヴェトナム駐留の海兵大隊の機構がアメリカ本土のそれとは異なった編成になっていたと述べている。すなわち通常はＳ＝１／人事、Ｓ＝２／情報、Ｓ＝３／作戦、Ｓ＝４／兵站の四セクションであるのに対して、ヴェトナムではもうひとつＳ＝５／民政対策《シヴィル・アフェアーズ》が特別編成されていた。Ｓ＝５

の主任務はヴェトナムの一般民衆を対象に無料で治療・衛生指導をおこなう民間対策医療計画〔MEDCAP：Medical Civic Action Program〕や食糧・物資の提供、学校・公共施設の建造といった支援活動である。ジャーナリストたちはそれを「もうひとつの戦争《ジ・アザー・ウォー》」、サイゴンの米大使館筋は「平定化《パシフィケーション》」、そしてアメリカ本土の政治家たちは「心と信頼の獲得《ウィニング・ハーツ・アンド・マインズ》」と呼んでいた[47]——。

だが、このS＝5活動はヴェトナム駐留のアメリカ政－軍活動のなかには余り根づいてはいなかった。何故ならアメリカ大使館のいう「平定活動《パシフィケーション》」の本来のかたちは軍事顧問とアメリカ国際開発機関〔U. S. Agency for International Development; USAID〕を介して南ヴェトナム政府当局へと必要な物資や食糧の類いを渡し、さらにそこから南ヴェトナム各地へと配給されるという手続きをとるべきものとされていたのに対して、海兵隊のS＝5活動は計画から支援・配給の実際に至るまですべてアメリカの海兵隊員が実行していたからである。アンダーソンによればそれは「海兵隊のひとり舞台《オール・マリーン・ショウ》」であり、ヴェトナムのことはヴェトナム人の手で、とするいわゆる戦争の「ヴェトナム化《ヴェトナミゼーション》」政策とは相容れなかった。しかし、とアンダーソンは言う、「海兵隊は戦争初期の時点で、もしもCAP〔民間対策計画《シヴィック・アクション・プログラム》〕を成功させようとするなら南ヴェトナムの官僚機構を介在させてはならない、と判断していた」。海兵隊は大量の援助物資がゴ・ディン・ジェム政権下の役人たちの横領の対象にしかなっていないことを知っており、それを回避する手段を採ったのである。したがって「その結果、総司令部内ではさまざまな官僚主義的争いが起こったものの、戦争におけるアメリカの努力が成功した数少ない例のひとつとなったのだ」(48)。

けれども、このS＝5活動は他のアメリカ軍からのみならず、海兵隊内部でも批判と白眼視の的となっていた。海兵隊当局がアメリカ四軍のなかでも独自に自前のCAP活動を行ない得たのは、つねにアメリカの海外派兵の尖兵として行動する海兵隊の歴史と自負と経験の賜物だが、同時に海兵隊は、勇猛に戦うことこそが己が使命の第一義にあると信ずる戦闘集団である。したがってS＝5のような地味な平和的活動は猛者にふさわしい男性的《マンリー》な仕事ではなく、たとえ必要だとしてもそれは昇進を諦めた者がやればいいと考えられていたからである。こうした偏見と冷たい反応の現われを、アンダーソンは、第三MP大隊でS＝5を担当した参謀将校ビル・トーマスが隊内の将校会議で定期的に行なった活動報告の席上を例にとって、次のように述べている。

〔……〕トーマスの話が数字や日付などの機械的なものからヴェトナム文化の一面といったものの説明に移ると、それまで半ば居眠りしていたような聴衆のムードは、にわかに敵意のあるものに変化した。〔……〕／主だった下士官や将校たちは「文明」だの「文化」だのといった言葉がなにを意味するのか、誰がそういうものを持っているか否か、といった話題にはひどく狭い考えしか持ってはいなかった。そういう連中にとって文明だの文化だのというのは、最新テクノロジー崇拝や物質的欲望やキリスト教的な道徳基準に対する認識、そして黄色・褐色・黒色人種よりも白人種が優越しているという信念などが重なり合ったものだった。ヴェトナム人はそれらからはすべて外れた存在だと見做され、だからこそ誰からも寛容や理解や同情を受ける価値なんかないとされていた。第三MP大隊の多数の文化的姿勢は、文化のギャップを埋める仕事に携わる二十世紀の戦闘－技術員《ウォリアー・テクノロジスト》というよりは十六世紀の植民地帝国の建設者と呼ぶにふさわしいものだった。／「……」「あのちくしょうども《ダム・ピープル》は、なんでろくに石鹸も使えないんですかね？」「どうして男たちがいつも手を握り合わせてるんです？——おかしいんじゃないですか？」「なんで立ち上がってVC《ヴェトコン》と戦いもせずに逃げるんでしょうね？」／トーマスがこの手の意地悪な質問を受けたのは、これが初めてではなかった。もう数カ月も前から彼は、質問者たちがべつにヴェトナム人を理解しようなどという気もなく、本当に質問の答えを知りたいともおもっていないことを知っていた。彼らは不完全な観察の上で得た性急な結論を確かめ、S＝5の見解などがあったところでその結論には変わりがないんだという理屈や理由づけをすることにしか興味がないのだ。トーマスは彼らの仕掛ける挑発には乗ろうともせず、ただ質問を逸らして結論に入っていった。[49]

アンダーソンによれば、ダ・ナンの第三MP大隊のような後方部隊ではS＝2〔情報〕やS＝3〔作戦〕といったセクションは実のところ大して重要ではない。にもかかわらずそれらは、昇進を望む職業軍人たちのキャリアを高めるだけの意味で、不必要な人員と予算を得ていた。そして、前線の戦闘任務の少ない後方部隊だからこそ力を割くべきS＝5のような任務は、完全に傍流扱いにしかされていなかった。したがって、もしこれがより良く機能していれば「アメリカ人とヴェトナム人の相互理解を向上させ、それによってヴェトナムの民間人に対して多くのアメリカ軍が加えた残虐行為を少なくし、戦争を早く終わらせ得たことだろう」と言う。しかし現実にはそうはならず、「ヴェトナム人の多くはアメリカ人を、欲張りで下品な性的変質者《セックス・メニアック》以外の何者でもないと信じつづけ、多くのアメリカ人はヴェトナム人を、未開の人間以下の物乞い《アンシヴィライズド・サブヒューマン・ベガーズ》どもだと信じつづけたのである(50)」。

アンダーソンのこれらの見解は、S＝5が本来持っていながらも実現され得なかった可能性を過大評価していると言えるかもしれない。この当時のヴェトナムは、それが北の理念や南の流儀のいずれに従うにせよ、近代国家としての統一を果そうとする過程の進行上に立っていたのであり、その意味ではアメリカとその軍隊がかつて第二次大戦後の日本にアメリカン・ウェイ・オヴ・ライフを持ち込んだ状態とは明らかに違う条件がいくつも横たわっていたからである。しかし少なくともアンダーソンは、ヴェトナム戦争当時のアメリカの軍隊が現実にどのような姿勢を以てインドシナ半島に駐留していたかについては、冷静に等身大の評価を下している。けれども、だとすればなおのことアンダーソンのこれらの見解は――スーザン・ソンタグの唯我的な問題提起と同様――自分自身をも含んだアメリカの自画像に対する自己言及以外のなにものでもないのである。あるいは、だからこそアンダーソンの見解は、軍人の立場のものとしては驚くほど冷静な自己評価を下していながらも、結局は実現できなかった可能性を過大に強調する結果にしかなり得ていないのだと考えるべきかもしれない。つまりアンダーソンも、大きな枠組のなかで言えば、「不完全な観察の上で得た性急な結論」に走っているのである。

ソンタグやアンダーソンは、多くのアメリカ人たちに比べると明らかに、異文化の存在に対して敏感な立場の考え方に拠っている。彼らは、多くのアメリカ人たちが「未開《アンシヴィライズド》」だと見做したヴェトナムの文化を、西洋文化とは相対立する基準に立つ異質の文化だと考えている。もちろん、これ自体は誤りではない。しかしヴェトナム国内における南北の確執とは、固有の民俗文化と近代化理念の対立ではなく、一方はマルクス＝レーニン主義、一方はアメリカン・デモクラシーという大きな政治理念の対立はあるにせよ、ともに国家の近代化を目指す二大勢力の闘争だったのである。しかも両者はともに、近代国家の世界史の上では遅れを余儀なくされていたがために、固有の近代化のプロセスを採らざるを得なかったのである。そのことは、ホーに対するゴ・ディン・ジェム体制の内実を点検することによっても裏付けることができよう。

6

ケネディ一家やマンスフィールド上院議員らアメリカの有力者たちの強力なバックアップを受けた反共・反仏・親米のカソリック教徒ゴ・ディン・ジェムの下の官僚機構は、一九五九年の初めまでその三分の一が仏領植民地時代からの勤務者であり、特に中級以上の大部分はフランス撤収以後のバオ・ダイ政権下でフランス式行政を経験した者だった。したがって彼らにとっては政府部内での公用語はむしろフランス語のほうが自然であり、なおかつフランス支配以来の彼らの伝統のひとつはものごとの決定に躊躇し、渋り、いつまでも煮えきらない態度を執りつづけることであった。(51)

しかし、アメリカ型の教育を受けたジェムがそうした能率の悪さを覆し、ケネディ流の機能主義を持ち込んだのかと言えば、そうではない。それどころかジェムは日常的なこまごまとした事項、たとえば公共施設のなかでの植木の配置まで自分で決裁するといったかたちで他人への不信を露骨にし、極端な独裁体制を敷いてひどく能率を劣化させていた。何故ならば――ここが面妖なところなのだが――、ジェムはヴェトナム人を「未熟で子供じみてさえいて、家父長的な指導を必要とするものと考えていた(52)」からである。

ジェムは、それ自身としては或る程度まで一貫した独特の政治哲学を持つ民族主義者であった。その哲学を「人位主義〔nhan vi〕」という。

人位主義はフランスのカソリック哲学者エマニュエル・ムーニエの提唱による「パーソナリズム」に基礎を置く。そこでは神の似姿としての人間がなによりも重視される。したがってパーソナリズムは「一種の精神主義」であり、「機械文明や大衆社会といった非人格化された現代文明にたいするアンチテーゼとしての意味をもつ」。これらの点に触れて政治学者・石田正治は「こうした考え方は、程度の差はあっても、多くのヨーロッパ諸国のキリスト教民主主義がその要素としてもっているものである」と指摘しているが、(53)それはまたアメリカの文化史家パトリック・ブラントリンガーの言う「正の古典主義《ポジティヴ・クラシシズム》」――文化の理想型は古代アテネなどに具現されていたとして現代の衰退を嘆く西洋知識人たちに支配的な文明史観・大衆社会批判(54)――に連なるものとも言えるだろう。つまりジェムは、まず、フランス植民地支配の下に育ったブルジョワ・エリートの子弟としてヨーロッパ知識階級の貴族趣味的古典主義に依拠しつつ、大衆《マス》とは正しい知性と人格によって教化・指導されるべき「未熟で子供じみ」た存在なのだと考えていたわけである。

しかし、かといって彼自身は無論ヨーロッパ人ではない。だから彼が「正の古典主義」をめざすとしても、そのときの理想は自分たち自身のヴェトナム文明の過去に求められなければ説得力をまるで欠いたものになってしまいかねない。このあたりは、近代化を不可避の選択としながらもなお自国の歴史に忠実たらざるを得ないという、二十世紀アジア人指導者の苦しい立場をものの見事に典型しているといえるだろう。こうして彼は、その昔中国の圧倒的な経済的・文化的進出に押しまくられながらも辛うじて政治的独立を守った古代アンナン王朝を理想化して考えることとなり、アメリカの女性コラムニスト、マーグリット・ヒギンズ――ハルバースタムやハーらが心底嫌った大物ジャーナリストのひとりである――によるインタヴューで語ったような「植民地にされる以前は、人々は農村においても読み書きができた。いまや、われわれは再建しなければならない。……われわれの社会の再建にあたっては、わが国の儒教的伝統への深い愛着を呼びおこさねばならない(55)」という主張を内外に説いていったのだった。

石田正治は指摘する――「このようなゴ・ジン・ジェムの思想は、民族的伝統を強調し、社会的再統合の手段を示したという点で、たしかに一種のナショナリズムということができる。植民地支配から抜けでようとする人民に社会的再統合を呼びかけるものはナショナリズムであるし、植民地主義によって堕落させられる以前の、彼ら自身の文明にたち戻ること、すなわち自分達の歴史を取り戻すことは、民族主義運動(nationalist movement)だからである。しかし、ジェムの思想は、グエン朝〔古代アンナン王朝〕の封建的支配階級が、十九世紀後半、植民地主義の走狗となった事実にたいする反省を欠いていた。そのために、人位主義は、植民地を内側から支えた封建的階級関係の変革を提起できなかった。封建的諸関係の変革なしにそれが理想とする『無階級の宗教国家』を実現するには、既存の階級対立を強力な独裁権力によって抑えこむ以外に道がない。ジェムの思想は、実際には封建的支配階級を擁護しながら、すべての階級に超然としているかのような外見をとる独裁制を要求したのである」(56)。

一方、これに対してデイヴィッド・ハルバースタムは次のような見方を披露している――「権力を掌握するのにホー・チ・ミンは外国の援助を必要としなかった。彼は、外国人を追い出した農村社会の中にその根強い基盤をもっていた。ジエムは外国からの援助なしには一週間も権力の座に留まることはできなかった。彼はアメリカの政治的必要と要望に合致すべく作られたアメリカの傀儡であり、ベトナム人の目にはまったく正統性を欠いていた。彼は仏教国にあってカトリック教徒であり、中部ベトナム出身であって南ベトナムを支配した。彼はなかんずく、彼は革命の波に洗われている国にあって、封建貴族出身の官吏であった。

〔……〕彼は熱心な反共主義者であるとともに、その反フランス的立場のゆえに、技術的には民族主義者として通用した。社会改革の必要を説く彼の演説は、アメリカの自由主義的良心に快く響いた。〔……〕いまだマッカーシズムを脱却していないアメリカ人にとって、ジエムはまさに外国における支配階級の理想像であった」「だが、初めからジエムを心から信頼したアメリカ人はほとんどいなかった。そもそも、南ベトナムに対するコミットメントそのものが場当り的な性格であった。他に何もしようがないではないか。一つこれで行くか、という発想だったのである。その宗教的神秘主義、その独善性、その頑迷さあるいは一族中心主義など、ジエムの欠陥は当初から明らかであった。最初の駐ベトナム・アメリカ大使J・ロートン・コリンズは、ジエムが完全に無能な人間だと感じていた。当時のフランス首相エドガー・フォールは国民会議で演説し『ジエムは無能であるばかりか、気違いである』と述べている」[57]。

しかし、ハルバースタムと見方を共有する人々には意外なことかもしれないが、ジェムの民族主義とホーやザップの民族主義は、出発の時点において或る程度まで共通した側面を持っていた。それは彼らの受けた学校教育である。

一九〇一年にジェムが中部ヴェトナムの古都フエに生まれたとき、一家の主はゴ・ディン・カ〔Ngo Dinh Kha〕であった。ゴ・ディン一族は十七世紀にポルトガルの宣教師が渡来して以来の熱心なカソリック教徒の家柄として中部ヴェトナムのフュ・カン〔Phu Cam〕に根を張る一方、フエの宮廷に官吏としても代々仕えており、カも一族の伝統に従って皇帝タン・

タイ〔Than Thai バオ・ダイの曽祖父〕施政下の高級官僚を務めていた。だが彼は一九〇七年にフランスのインドシナ総督府がタン・タイを無理に王位から降し、その息子ドゥイ・タン〔Duy Tan〕を後継させたことに立腹して下野。このため一家の経済は窮乏し、わずかな農地からの小作料を得てはいたものの、カは六人の息子たちの教育費を稼ぐことに追われて「実質的に無一文」の状態にあったという[58]。

彼の教育的熱意は、また、フエに自らの手でクォック・ホック〔Quoc Hoc〕という高等中学校《リセ》を創設したことにも表われている。彼の三男ジェムは、当然この学校に学んだ。彼より九歳年少に当たるボー・グエン・ザップも十三歳でここに入学した。ザップの伝記を書いたジェラール・レ・クアンによると「クォック・ホック校の目的は、ベトナムのブルジョア階層の少年たちを近代的教育法によって教育することとされ、しかも、植民地としての制約を一切はねつけようとしていた。つまり、ベトナム人知識階級を養成するが、『無国籍インテリ』はつくらないという校風があった。ザップも後年、この『無国籍インテリ』を厳しく批判するようになる。クォック・ホック校は民族主義者の温床になったと言えよう」。つづけてレ・クアンはこの学校の出身者としてジェムとザップの他に、ホー・チ・ミンとファン・ヴァン・ドンを挙げている[59]。ということは、すなわち、ヴェトナム戦争の起源に位置したヴェトナムの政治指導者たちはコミュニストも反コミュニストも含めて同じ教育的土壌のなかから育ってきたことになるのである。そしてここにヴェトナム戦争の本質をめぐるもうひとつの見取り図——この戦争は前近代《プレ・モダン》と近代《モダン》の対立ではなく、手つづきを違えたふたつのヴェトナム的近代化論の対決だったという構図――を重ね合わせてみれば、この戦争の錯綜した、ひと筋縄ではゆかない奇妙さの正体もより良く見えてくることだろう。

但し、レ・クアンの言う「『無国籍インテリ』はつくらないという校風」はホーが一九〇五年ごろ〔確定できないのは彼の生年が諸説あって判然としないためである〕から四年間在学した当時には、まだ根付いていなかったものかもしれない。ホーの伝記を書いたチャールズ・フェンは「この学校のカリキュラムは基本的にはフランス志向のもので、教師たちはフランス人か親仏派ベトナム人だった」と述べ、フランス外人部隊に在籍したこともあるフランス人の校長もヴェトナムの民族主義者に逮捕された経験からヴェトナム人の生徒たちにことさら辛く当たったため、ホーにとっては「不愉快な学校生活」になった、と指摘している。(60) とはいえ、同じくホーの伝記を書いたジャン・ラクチュールも言うように、クォック・ホック校ではフランス語教育ばかりではなくヴェトナム語による民族教育が行なわれていたことは事実である。(61) これはフランス支配下のヴェトナムの高等教育機関としては相当に珍しいカリキュラムだった。たとえば、ヴェトナム戦争中に解放戦線の重要な一員として活動しながらも、戦後北ヴェトナム＝ヴェトナム共産党との政治路線闘争に敗れてフランスへ亡命したチュオン・ニュ・タンは、サイゴンで通ったリセ・シャスルー・ローバ校での学校生活を次のように回想している。

この学校に入学資格のあったのは、フランス植民地施政官と超上流階級のベトナム人の子息だけであった。私は、入学最初の日から、この学校で勉強するのが楽しみであった。〔……〕私たちが話したり、書いたりするのを許されていた、ただひとつの言葉はフランス語であった。数学、科学や文学と共に、私たちは「ガリアにおけるわが祖先」(nos ancêtres les Gaulois)の歴史と文化のあらゆることについて学んだ。フランスの地理を暗記し、その文学、国民そして芸術についての知識を修得した。フランスの政界や軍隊における英雄、それに科学者や文学者についての本も読んだ。そうすることによって、私たちは輝かしいわが「祖先」が創造した偉大な世界文明に、通暁したものと思っていたのであった。肝心な私たち自身の国については、歴史の教科書の最後の章で読んだこと、すなわちフランスの植民地帝国(France outre-mer)以外のことについては、私たちは恐ろしく無知であった。しかし、無知だからといって、恥ずかしく思っていたわけではなく、事実、無知であることすら私たちは知らなかった。(62)

重要なのは、この回想者タンがサイゴン生まれのヴェトナム南部人であるのに対して、ホーもザップもジェムもともにフエを中心とする中部の生まれで、気質の上では明らかにヴェトナム北部人に属している、ということである。もちろん後者の三人は所属階級の上で互いに劃然と違っているし、一方タンのほうも母方の家系は中部タイ・ニン省でカオダイ教〔仏教、キリスト教、イスラム教、儒教の原理を融合させた上にヴェトナム独自の民族主義を強烈に加味した独自の宗教(63)で、聖者として祀るのもイエス・キリストや仏陀からヴィクトル・ユゴーにまで至るという奇妙な世界観を持っていた[64]」を信仰する一族だというふうに各自固有の条件を負ってはいるものの、少年時代の彼らを決定づけた文化的バックグラウンドの最大の違いが南部と中・北部の違いから来ているのは疑いない。事実、だからこそジェムはサイゴン政府を統御してゆくに当たってフランス臭の強い南部出身者を斥け、主にカソリック教徒から成る北部出身者たちを重用していったのである。

彼らは北緯十七度線によってヴェトナムが南北に分断されたとき、ちょうどベルリン分割時の東ドイツ避難民と同じように「すべてを危険にさらしても共産主義のもとでは暮さないという道をえらぶことを明らかにした[65]」人々であった。したがって、ハルバースタムが言うようにジェムが「ベトナム人の目にはまったく正統性を欠いていた」としても、そのときの「ベトナム人」とは誰のことなのかが問題にされなければならない筈である。しかしハルバースタムは、そのことには殆ど触れてはいないのだ。

そしてソンタグも、おそらく、こうした微妙な混淆状態を見抜くことができないでいた。そのために彼女は、アメリカ的近代理念では解けない北ヴェトナム社会の様相を――解けないことに苛立ちながら――「東洋的」な民俗文化の表われだと結論づけ、素朴な民俗的社会観では解けない様相を――これも苛立ちながら――アメリカ的近代理念への奇妙な追従だと結論づけたのだった。しかし、事実は逆であった。彼女のアメリカ的近代理念が適用できなかった部分は北ヴェトナムが非アメリカ的な近代化のプロセスを辿っていた部分であり、彼女のナイーヴな民俗観では見えなかったのはより深層のヴェトナムのフォークロアに基く部分だったのである。

このような微妙な混淆は、ホー・チ・ミンがヴェトナムの独立と統一を掲げる民族主義者であると同時に、コミンテルンに拠る国際共産主義活動の重要な一翼に連なるマルクス・レーニン主義者であり、なおかつその革命集団内部で儒教的倫理観に基く家族的和合を説いていたという事実にも、その一端を表わしている。そしてまたこの混淆状態はホー個人にのみ留まらず、ヴェトナム革命勢力の大衆教化手段としてのプロパガンダ・フィルムのなかにも――ちょうど国家統一期のアメリカ合衆国の社会的・文化的混淆状態がD・W・グリフィスの『国民の創生』や『アメリカ』といった映画でドラマタイズされていたのと同じように――その姿を現わしている。

7　ハーツ・アンド・マインズの喪失　Losing the Hearts and Minds

1

北ヴェトナム国内で本格的に劇映画が制作されるようになったのは、さほど古い話ではない。一九七一年にハノイの外国語出版社から刊行された『ヴェトナム・スケッチ』の記述によると、一九四四年の時点で南ヴェトナムの少数の写真家たちが暗室の代わりに大きな魔法瓶を使った現像作業を経て映画制作を開始したというが、それらはおそらくスティール写真を繋ぎ合わせた程度のニューズリールだったものとおもわれる。だが一九五〇年以降、公式に北ヴェトナムを国家承認した中国とソヴィエトの援助で生フィルムの供給や撮影機材の提供がなされるようになり、一六ミリ・サウンドトラック版の制作が可能となる。こうした変化を受けて一九六三年三月十五日、ホー・チ・ミンは映画制作配給機関設置の法令に署名し、『ディエンビエンフーの大決戦』が長篇ドキュメンタリー映画として初めて制作された。そして一九五九年に、ようやく初めての長篇劇映画『同じ河から』〔グェン・ヴァン・トイ、チャン・ブー監督〕が制作されることとなった。(1)

以後、ヴェトナム戦争末期までに制作された主な長篇劇映画には次のようなものがある。

『ベトナムの少女』〔グェン・ヴァン・トイ、チャン・ブー監督、一六ミリ、四七分、一九六二年〕

『チ・ト・ハウ〔ベトナムの若い母〕』〔ハン・キ・ナム監督、一六ミリ、上映時間不詳、一九六二年〕

『キム・ドン』〔ノン・イックダット監督、一六ミリ、一〇〇分、一九六四年〕

『若い兵士クー・チン・ラン』〔ハイ・ニン、グェン・ドク・ヒン監督、一六ミリ、九五分、一九六五年〕

『グェン・バン・チャイ』〔監督名不詳、一六ミリ、九五分、一九六六年〕

『女教師ハイン』〔監督名不詳、一六ミリ、六一分、一九六六年〕

『サイゴンの少女ニュン』〔グェン・ドゥク・ミン監督、一六ミリ、六一分、一九七〇年〕

『ふるさとへの道』〔ブイ・ディン・バック監督、三五ミリ・スタンダード、一〇〇分、一九七一年〕

『愛は17度線を越えて』〔ハイ・ニン監督、三五ミリ・スタンダード、一三七分、一九七二年〕

これらの作品はすべて、ヴェトナム民主共和国ハノイ劇映画撮影所がプロデュースし、実際の制作にも当たった。また、最後の『愛は17度線を越えて』〔英語字幕版題名は『17度線　昼と夜（*17th. Parallel Day and Night*）』〕は本来三時間以上の長尺におよぶ作品だが、日本語字幕版が制作される際に映画監督・木村荘十二の手で二時間一七分弱に再編集されたものである(2)。その長さだけでも明らかに「大作」と呼ばれていいこの作品は、監督に、実在した英雄兵士の生涯を劇化した『若い兵士クー・チン・ラン』の共同監督のひとりハイ・ニンが当たっていること、出演者にも主演女優チャ・ザン、男優ラム・トイ、ホー・タイなど北ヴェトナム映画界のスターたちが名を連ねていること、さらにストーリーの重層性や撮影技術の優秀性から見ても確かに「大作」の名にふさわしい。

物語は一九五四年、ジュネーヴ協定締結直後のベンハイ河の橋の上の場面から始まる。このとき協定によって、すべてのヴェトナム人は南北両国家体制のうちいずれかを自由に選択し、移住することを認められていた。そのため女主人公グェン・ティ・ジウ〔チャ・ザン〕は、北へ移動しようとするヴェトミン兵の夫タック〔ホー・タイ〕とともに南北境界線の十七度線上にあるこの橋へやって来たのである。しかし、ジウ自身は北へ移住するわけではない。彼女は北ヴェトナム支援のために南に残存するヴェトミン勢力に混って、故郷のカット村に留まろうとしている。

慌しい橋上の往来のなかでジウはタックに「あたし、赤ちゃんができたらしいの」と告げる。タックは「よかったね、りっぱに産んで育てようじゃないか」と答え、ジウの手をとって別れを惜しんでいる。そこへ、サングラスをかけたひとりの男がにやにやしながら近づいてくる。「お楽しみですね。こんにちは、ジウさん」。チャン・スンという名のこの男〔ラム・トイ〕はカット村の地主の息子で、同じ村の小作人の娘ジウに以前から好意を寄せている。

だが彼女のほうは、インドシナ戦争でフランス側に付いたスンを毛嫌いしている。以上、主要な登場人物三者の人間関係が橋上の一シーンですべて説明されてから、タイトル・クレジットが現われる。

『愛は17度線を越えて』は、この三人——とりわけジウとスン——の人間関係の推移を軸に、ジウが南ヴェトナム解放民族戦線の女兵士として成長してゆく過程を描いた物語である。全体は二部に分かれており、第一部では秘密裏にヴェトミン／ヴェトナム労働党の末端党員としての活動をつづけるジウが獄中で出産するまでを描いている。この時点ではスンは、ゴ・ディン・ジェム勢力下でカット村一帯の警察署長として農民の弾圧をつづけている。彼は依然としてジウに下心を抱き、さまざまな甘言や恫喝で彼女の心を得ようとするがいずれも果さない。怒った彼は解放戦線を組織したヴェトナム人民革命党の老支部長を家もろとも焼き殺す。そのころジウの夫タックは北ヴェトナム人民軍将校となり、十七度線上の非武装地帯の休戦連絡事務所に出向してスンと再会している。タックもまたジウやスンと同じカット村の出身だが、彼とスンの間には既に対立しかない。一方ジウは、南ヴェトナム政府軍に逮捕・投獄され、拷問を受ける。彼女の出産は、この拷問直後のドラマティックな場面として第一部の終わりを飾っている。

第二部は、それから五年後の一九六一年初夏と設定されている。生まれた息子は表向きは生まれた直後に死んだものとされながら、実は同じ村の別の女性に預けられ、彼女の子供として育てられている。党員としての嫌疑が強まる一方のジウの許では、その子の身も危ういと判断されているためだ。二部の最初は、出獄したジウが母とは名乗れないまま息子を河辺で遊ばせる場面である。ここでこの映画は、それまでの抑圧と夫婦の悲恋の物語に加え、引き離された母と子の物語のイメージを得ることになる。

と同時に彼女は、ハインという仮名を使って、当時急速に組織づくりを進めていた解放戦線の有力な闘士となりつつある。これに対してスンは、このころまでにどうやらアメリカ留学を経験しており、いまではサイゴン政府軍の情報将校になっている。そのイメージは明らかにゴ・ディン・ジエムと重なって、ジウが成長を遂げてゆくのに対置されるようにスンも強大化されているのが良くわかる。彼の命令で、ジウと同様に夫と南北で分かたれている女たちは強制収容所に集められ、このなかから内通や離反が相次いでゆく。しかしその後再び出獄したジウはカット村一帯の解放戦線遊撃隊の隊長となって、地区の権力者や内通者の「処刑」に乗り出す。彼女はもはや夫や息子と引き離されたか弱い女ではないのだ。

そのころから、彼女と敵対する側にはスンばかりではなく、CIA情報員のアメリカ人ジムが加わっている。スンにはジウへの恋心という設定が付与されているが、このジムは珍しい蝶のコレクターという性格設定を与えられているのが眼を惹く。つまり彼は、同じヴェトナム人としてスンが踏み切れない残虐行為を一手に引き受け、あたかも蝶を採集するように、見るからに残忍そうなマニアックな笑みを泛べて解放戦線狩りを実行してゆくわけである。事実彼は、ジウの息子を拷問することも平然として辞さないような男であり、そのためジウは必死でその子を抱いてベンハイ河を深夜渡り、夫の許へ息子を託しにゆくことになる。こ

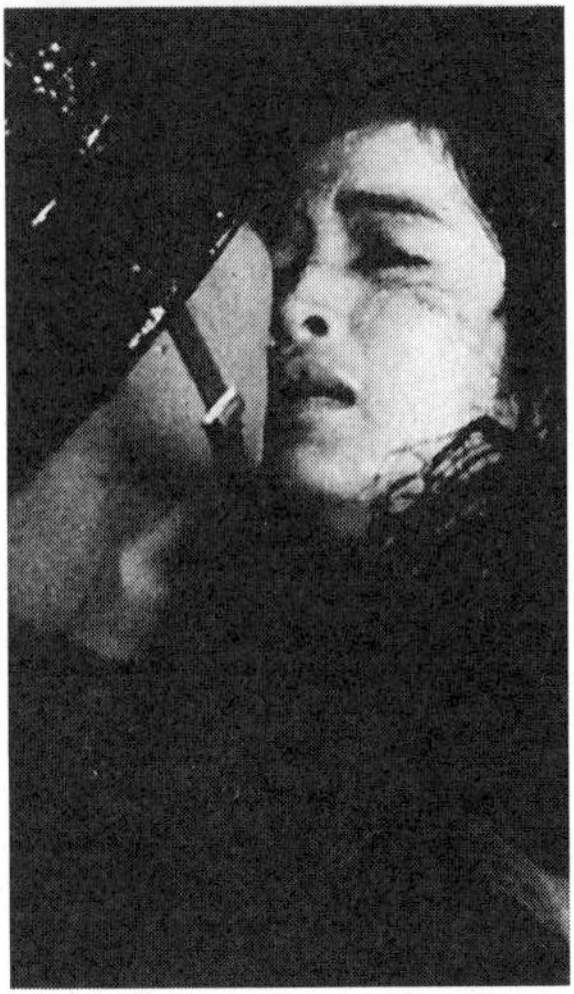

『愛は 17 度線を越えて』ジウ役のチャ・ザン(日本公開版カタログ, 1972).

の場面が、先の出産場面につづく第二の頂点となる。だがジウは、子供を夫に渡すとそのまま南へと引き返してゆくのだ。「革命の道と、夫や子に対する道は一つ。愛しています。日照りが続こうとも花は枯れないわ。村を捨てることは国を失うこと。あなた、十年たとうと待っています！」

そして映画は最後の締め括りとなる第三の頂点、すなわちアメリカがインドシナ半島へと全面介入して以後の一九六七年、戦略村計画につづく大規模な強制移住計画が実行されたのに反対する民衆デモの場面を展開することになる。ここではサイゴン政府軍は規模や兵装こそ大規模であるものの、殆ど戦意を喪失した無力な集団となっている。ジウたちは兵士に正面切って投降＝解放戦線への参加を呼びかけ、兵士たちの故郷でなにが行なわれているかを説く。かつて解放戦線を裏切った兵士は、再び解放戦線に戻ろうとしてジムに射殺され、そのジムを物語の初めでスンに買収された男が殺す。スンは必死の形相でジウに、「お前はバキンを処刑した支部長のハインだろう」と問いかけ、ジウは「私は、ベトナム人民革命党員！　私が支部長ハインだ。バキンも私が処刑した。こんどはお前たちの番だ」と答える。スンはジウを射殺しようとするが果さず、錯乱状態のままかつて金で買収した部下の手で殺される。カメラは、爆撃で深く抉られた砂丘の穴に転げ落ちたスンの屍体を大俯瞰で写しとり、エンド・クレジットが出る——。

以上のように『愛は17度線を越えて』は、革命プロパガンダのための壮大な歴史劇としてのメイン・モティーフに基きながら、ジウをめぐっては闘士としての成長と引き裂かれた夫や子供との離別－邂逅のメロドラマ、スンをめぐっては裏切りと叶わぬ恋の物語を展開している。ジウの夫タックは主要な登場人物三者のうちで最も図式的で起伏の乏しいキャラクターを付与されているが、単にジウと別れて暮さざるを得ない夫というだけではなく、スンに対しても、同郷の旧友であると同時にいまは信念の違いからスンを諌める敵対者というかたちで関係を保っている。それらは、二十世紀的であるよりは明らかに十九世紀的なドラマトゥルギーである。

ジウとスンは、ともに南ヴェトナムの農村部に生きるふたりである。もちろん、ジウはコミュニズム革命をめざし、スンはフランス植民地主義やアメリカン・デモクラシーに頼るオポチュニストなのだが、このふたりの対立構図の原基になっているのはむしろ小作人と地主という普遍的な階級対立である。事実、ジウがスンを嫌うのは彼の政治信念のためではなく、彼が単に地主階級の権益を守るためだけに主義を変える変節漢だからである。一方、スンは恋愛の次元においては階級を乗り越えているにもかかわらず、政治的な階級闘争にめざめてゆくジウを理解できないまま、変節の報いによって殺されてしまう。つまり彼が敗れたのはイデオロギーの次元においてではなく、むしろあまりにもノンイデオロジカルであったためなのだ。こうした点でジウとスンのふたりは、基本的に、非近代的な民俗的農村社会の住人であり、殊にスンが図式的にイデオロジカルな悪人としてではなく人間的な陰影を負った人物として造型されているのが眼を惹く。ちなみに、この役を演じたのはジウ役のチャ・ザンやタック役のホー・タイと並ぶ北ヴェトナム映画界のスターで、一九七一年の映画『ふるさとへの道』〔*My Village My Country* という英語題名で公開されたこともある〕で主役の解放戦線兵士を演じた男優ラム・トイである。

一方、ジウとスンが住む伝統的・民俗的農村社会の対極には、より近代的な政治イデオロギーに基くふたつの世界が待ち受けている。ひとつは言うまでもなくタックが代表する十七度線以北の社会主義世界である。しかし劇中でこの世界の内実が描かれることはない。『愛は17度線を越えて』はハノイ劇映画撮影所によって制作されたにもかかわらず、北ヴェトナム国内の様相は一切登場せず、人物もタックの部下数人がわずかに姿を見せる程度である。登場人物たちの台詞のなかでも、ヴェトナム人民革命党の老支部長が無法な火刑に処せられる場面で「ホー主席ばんざい！」と叫ぶ以外は、北ヴェトナム側の具体的事象が語られることもない。したがって北ヴェトナムの世界を代表し象徴するのは、この映画においては明らかにタックただひとりということになる。しかし彼のキャラクターは先述した通りきわめて図式的で、ジウやスンとの運命的な繫りは残しているものの、彼自身はもはやこのふたりとは違った世界の住人でしかない。つまり彼は故郷の伝統的・民俗的農村世界を自発的に捨てて、近代化への途——のひとつ——を選びとった人物なのである。

そのことは、彼が冒頭のベンハイ河橋上の場面を除いてはすべて、北ヴェトナム人民軍士官用の詰め襟型の正装ユニフォームをきちんと身に着けて現われることで視覚的に示唆されている。それはまた、彼が現在属している世界がこうしたかたちで公式的《オフィシャル》にしか描かれることはないということをも証している。したがって、主にジウの立場に寄り添いながらこの映画を観る多数の観客は、彼女が農民たちの苦しみを解放しようとしているその正義感と行動力は十二分に理解し得るものの、その先彼女が行き着こうとしている世界が一体どのような具体的ヴィジョンを持っているのかについては、実はなんら呈示されないままなのである。実際、ジウの行動の目標も単により良い状態での夫との再会と革命の遂行のみであって、その後のことはなにもわからず、タックもそれを示すことは一切ないまま終わっている。『愛は17度線を越えて』が、その重層的な物語性といい、戦時下の北ヴェトナム体制としては驚くほど斬新な撮影技法といい、まさに「大作」と呼んで遜色のない作品でありながらも遂に〈宣伝《プロパガンダ》〉の枠を超えてはいないことは、この点で認めざるを得ないことだろう。

けれども、翻って考えるならば、そうした評価はこの映画を政治とハイ・アートの接合部分においてのみ読み込んだ非映画的な結論以上のものではないのだ、と言うこともまた可能だろう。「大衆への奉仕」を第一義に掲げるコミュニズムの公的テーゼとは別に、映画はそもそもマス・オーディエンスの存在を前提として、彼らの想像力を培養し刺戟する視覚装置である。したがって要は、それがプロパガンダに過ぎないか否かではなく、観客の想像力や受容力にどのような説話的・視覚的レトリックで対応しているか、ということにある。そこでは人物造型上のステレオタイプもまたひとつのレトリックであり得るのだ。

このような意味で『愛は17度線を越えて』における最も類型的な――そしてそのぶんだけ興味深い――存在は、CIAの工作員として登場するアメリカ人ジムだろう。彼のポジションは、タックの公式的な類型性とちょうど対を成すところに定められている。彼は、タックが農村世界の内側から外へ出てマルクス＝レーニン主義に拠る近代国家建設の世界に属しているのとは逆に、外から内へと、もうひとつの近代化の理念としてのアメリカン・デモクラシーを持ち込もうとする勢力世界の住人である。とはいえ、この映画におけるジムは――無論――まったく民主主義的《デモクラティック》な存在ではない。彼はこの映画に登場する殆ど唯一のアメリカ人キャラクターなのだが、そのイメージは端的に、デモニアックな策謀家、である。事実彼は、口髭をたくわえサングラスをかけた鋭角的な顔にいつも薄ら笑いを泛べつつ、ジウへの未練やタックの非難、あるいは養母として自分を育ててくれた村の老女の激しい罵りなどに迷うスンを、巧妙に、耳許への囁きひとつで懐柔してしまう。それは紛れもなくゴ・ディン・ジエムを傀儡として操る侵略者アメリカのイメージである。そこでは、先述したような蝶のコレクターという彼のマニアックな趣味も、明らかにデモニアックなイメージの強化のために設定されている。つまり彼の病的で頽廃的な囁きが、もともと非政治的人間であるスンに取り憑いてしまうのである。

そのイメージはさらに、彼が傍らに侍《はべ》らせているアオザイ姿のヴェトナム女性の存在によっても強化される。アオザイは言うまでもなくヴェトナム女性の伝統衣装だが、この映画においてアオザイは三度にわたり、印象的に登場する。第一は、カット村の地主であるスンがジウに言い寄りながら、結婚のしるしである黒いアオザイをジウに贈ろうとするところ。第二はジムの傍らに侍る女のアオザイ姿。そして第三が、映画全体の終幕寸前に至って、南ヴェトナム軍の行軍に対して農民たちが実行したデモ行進の先頭に立つジウのアオザイ姿である。

第一の場面では、ジウは、贈られたアオザイの贅沢な触感を掌で確かめながらも、毅然としてそれをスンに突き返している。第三の場面での彼女は既に第一の場面のころのように無力ではなく、解放戦線の支部長を務めるとともにヴェトナムの母であり妻である身として政府軍の兵士たちに、彼らの故郷の村では一体なにが行なわれているのかを力強い声で呼びかけ、政府軍を捨てて解放勢力に加わるよう彼らの翻意をうながしている。したがってこのときの彼女のアオザイ姿は、ジムの傍らで都会＝サイゴン＝植民地帝国都市の頽廃をふりまいている女のアオザイ姿とは対照的に、インドシナの民俗的農村世界に根を張った大母のイメージを獲得することになるのである。しかも、この終幕のイメージをより高めるために、映画はこれ以外の場面ではジウに一切アオザイを纏わせてはいない。彼女が画面の上で常時身に着けているのは黒色か暗色の野良着であり、解放戦線兵として軍事活動を行なうときにはその上に軍用のベルトと弾帯を締め、ライフルを背負い、黒いストールを顔を隠すように頭に巻いて、〈女コマンド〉の殺気に充ちた力強い外見へと変貌してみせるのだ。それは紛れもなく、植民地支配者とその走狗たちの都会的頽廃と専横を脅かす正義の刺客のイメージを得て、観客大衆《マス・オーディエンス》の想像力を刺戟している。

これらの点において、『愛は17度線を越えて』は明らかに、さまざまな相反する人物類型をいくつも積み重ねながら動かしてゆくことによって、逆にスタティックな類型性を逃れ、教訓劇の常套性からの脱出を試みた作品だと言うことができる。それは、監督に当たったハイ・ニンひとりの指向であるというよりも脚本を書いたホアン・ティク・チの意図が大きく反映した結果であり、さらには彼らふたりがともに映画の技術を学んだヴェトナム映画学校からの影響が強かったものとおもわれるのである。

2

ヴェトナム映画学校が設立されたのは、北ヴェトナム初の長篇劇映画『同じ河から』がリリースされた一九五九年の末のことである。学生たちの指導に当たったのは一九五〇年に中国とソヴィエトが北ヴェトナムを正式承認して以降両国に映画留学生として劇映画の技術を学んだ人々で、その下で養成された監督科第一期生であるグェン・ヴァン・トイとチャン・ブーが卒業作品として一九五九年に『同じ河から』を共同監督して以降、北ヴェトナム映画界は監督・脚本家合わせて一四人というこの学校の第一期卒業生たちによって牽引されてゆくことになる。(3) そして、この一四人のなかに名を連ねていたのが、ハイ・ニンでありホアン・ティク・チであった。また、『愛は17度線を越えて』の主役の三人——ジウ役のチャ・ザン、スン役のラム・トイ、タック役のホー・タイ——もハイ・ニンらと同じ時期にヴェトナム映画学校の俳優科第一期生として学んだ計二六名のなかに含まれている。(4) つまり『愛は17度線を越えて』は、同じ時期に同じ学校で映画を学んだ人々が結集するかたちでつくられた作品なのである。その点でこの映画は、北ヴェトナム映画界の中心的流派《スクール》のすべての要素を注ぎ込んだ作品だと言ってよいだろう。

事実、この映画における類型的な人物造型は、義侠の女兵士を演ずるにうってつけの端正な顔立ちをしたチャ・ザンをはじめ、迷える悪漢としてのラム・トイ、謹厳で実直な人民軍将校としてのホー・タイ、さらにはデモニアックな策謀家・侵略者としてジム役を演ずるフランス系ヴェトナム人のドゥオン・バ・ロックに至るまで、エイゼンシュテインが説いた〈類型《ティパージュ》〉の明らかな応用である。そればかりではない。ハイ・ニンはこの映画の随所でしばしばまるで教科書に出てくるような些か古めかしくも模範的なモンタージュ技法を見せ、撮影に当たったグエン・スアン・チャウとともに意欲的な試みを行なっている。日本で公開された二時間一七分のヴァージョンは、それらの多くを「ドラマ的にまとめてあるところは、感動的だが、モンタージュで効果を出す所は不充分な面がある」(5)という理由で無残に削除されているが、それでも三つの大きなシーンが眼を惹く。

ひとつは第一部の中盤でジウが党の支部長から秘密裏に活動指示を仰ぐシーン。ここでは、釣り人たちがのどかに糸を垂れる午後の河面でジウや支部長たち数人がそれぞれひとりずつ小さな丸い椀型の舟に乗り、偶然隣り合ったようにして接触するのだが、その様子をカメラは大俯瞰で捉え、いくつもの円形が周囲に波紋を残しながらゆっくりと転げ回っているような、きわめて計算された構図を仕立てている。ふたつめはジウがジムの拷問に遭った幼い息子を抱いて雨の河辺を走るシーンだが、ここではロングの半仰角に構えたカメラが走るジウのシルエットを並走しながら長廻しで捉え、ところどころに彼女のクロースアップや雨の

上／息子を抱いてベンハイ河を渡りきったジウ．下／ジムの拷問場面(『愛は17度線を越えて』日本公開版カタログ，1972)．

夜空、非武装地帯の鉄条網などのショットをカットバックでインサートしている。そしてもうひとつが、獄中での出産に先立ってジウが拷問されるシーンである。

この拷問は「産科診療室」という札を下げた密室で行なわれている。身重のジウは頭上の大きなドラム缶から滴る冷水を浴びせられ、天井から縄で吊った小さな板の上に危ういバランスで辛うじて立っている。そして、北にいる夫や党との関わりに固く口を閉ざしたまま、その場に放置されて床に崩折れ伏してしまう。その瞬間、画面は倒れた彼女の姿を大俯瞰で捉えたショットへと切り換わり、そのままじりじりと後退してゆくのである。すると画面の周囲には煉瓦づくりの煙突孔の側壁が見えはじめるのだ。画面の明るさと奥行きから判断すると、このショットはズーム・レンズでアウトしているわけではない。ここでは間違いなくセットの外に据え付けたクレーン上のカメラが煙突孔から垂直に下を眺め下ろし、そのまま上昇しながらトラック・バックとマスキングによる画面の中心化を同時に試みているのである。

これらのカメラの視線が、いずれもジウを対象として彼女の心象に寄り添っているのは興味深い。彼女はキャラクターそのものがきわめて頑《かたく》なな正義漢であるために、表面的な振幅の面ではひどくスタティックにしか動かない人物である。したがって彼女は「ドラマ的」なヒロインとしてはいかにも魅力の乏しい教訓的な女性である。おそらくハイ・ニンは脚本が完成した段階で、そのことに気づいていた。だからこそ彼は、カメラで彼女の内面を提示することによって『愛は17度線を越えて』を映画《シネマ》にすることに意を注いだのである。そしてその作業に、主役陣を含むすべてのスタッフが従い、寄り添い、力を貸すことによって、この映画はヴェトナム映画学校第一期生ならびに北ヴェトナム映画界のマニフェスト的大作になった。現にその成功によって、主演のチャ・ザンは一九七三年のモスクワ国際映画祭で主演女優賞を得たのだった。

言うまでもないことだろうが、『愛は17度線を越えて』はハリウッド映画文法の基準で測るならば、べつにアミューズメントに富んだ映画ではない。しかし、この映画が制作された一九七二年当時、世界中の映画産業が制作システムの疲弊と疑い深くなった観客の無秩序な要求に悩まされ、再編成のための端緒をしかと握れないまま茫然としていたことを考えると、北ヴェトナム映画界のこの無邪気なほど闊達な自己表現には、怖るべき健康さが宿っていることが多数のアメリカ人観客の眼にも明瞭過ぎるほど明らかであったに違いない。

『愛は17度線を越えて』が最後の編集段階をほぼ終えた一九七二年夏、アメリカの女優ジェーン・フォンダはかつてスーザン・ソンタグが招かれたのと同じ経路でハノイに公式招待され、ハイ・ニンと出会ってこの映画の一場面を観ている。それは、主人公のジウがあの拷問のために早産を起こし、獄中で出産するシーンである。ジウが苦しみ始めたのに気づいた同房の女囚たちは必死になって看守から彼女を庇い、騒ぎを知った周囲の雑居房の男囚たちは出産用のベッドをつくるために着のみ着のままの服を脱いで次々とジウの房に送り届けてゆく。カメラはその様子をロングの俯瞰ショットで捉え、獄舎の広さと囚人の数を強調する群衆《モブ》シーンの慌しい動きをじっと一望している。ジウの姿は他の人物の陰に隠れて見えないが、それだけにこのシーンは、出産がジウの個人的な体験である以上に囚人たち全員を含む一箇の共同体にとってのシンボリックな儀式となっていることを明らかにしている。

上映が終わり、試写室内が明るくなるとジェーン・フォンダは涙を泛べながら、「このシーンを観ただけで私はもう、国に飛んで帰りたい気持ちで一杯です。いま合衆国では、こうした映画こそが公開されるべきなのです」と語ったという。(6) その言葉はこの当時ハリウッドを代表するラディカル・ヒロインとして騒がれていた「ハノイ・ジェーン」らしい感想だが、同時に、芸能人家庭の娘としての彼女を育てたハリウッドが異国の映画産業の健康さへの驚嘆を――彼女の口を借りて――発した現われだったのだと解釈したほうが良さそうにもおもわれる。

ジェーン・フォンダは、そもそも通常考えられているほどには政治的な人物ではない。確かに彼女は一九六〇年代半ばから急速にラディカル化への指向を強め、一九六九年十一月に初めてヴェトナム反戦集会に姿を見せたのを皮切りとして一気にハリウッドに政治的主張を持ち込んだ女優である。また、一九七一年には友人の俳優ドナルド・サザーランドらとともにFTAを組織して、全米の軍事基地を反戦慰問巡業してまわる計画を公表している。FTAとは公式には「自由劇場連合〔Free Theater Associates〕」の略称だと説明されたが、非公式には"Free The Army"ないしは"Fuck The Army"の意味がこめられていた。(7) 彼らの意図は、タカ派のボブ・ホープが一貫してつづけてきた軍隊慰問ショウに対抗して兵士たちの反戦活動を支援することにあるとされた。しかし、このFTAはむしろ、ラディカルな政治意識を持つヴェトナム帰還兵たちから強く批判された。彼らにしてみればＦＴＡが企てる反戦ショウなどは事の本質をとりちがえた見当違いの試みであるばかりか、単に時流に乗ってショウ・ビジネスでの異色のキャリアを得ようとするオポチュニストたちの目論見でしかなかったのだ。それはいわばファッショナブルなラディカルたちへの痛烈な批判だった。

ジェーン・フォンダが経験していたのは、要するにきわめてプライヴェートな次元での自己改変であった。彼女は政治的リベラルを標榜する父ヘンリー・フォンダとも深刻な齟齬をきたしていたが、それはリベラリズムとラディカリズムの対立であるというよりは、整然と洗練された父の影に怯える娘の葛藤の劇だった。彼女はまた、本質的に映画的《シネマティック》な女優ではない自分に激しく迷ってもいた。ヘンリーを映画俳優として育てたハリウッドの映画システムは、彼女の時代には殆ど危殆に瀕していた。それでも彼女が野心的な自己実現を果そうとすれば、映画の次元を離れ、社会の移ろいに身を躍らせ、いわゆる社会派の演劇人たちの途を模倣してゆくしかなかった。しかし、その枠内でも彼女が遂に模倣的な自己改変以上のものを手にすることができなかったことは、のちにフレッド・ジンネマンの『ジュリア』(一九七七年)で共演することになるヴァネッサ・レッドグレーヴの実生活と比べてみても明らかだろう。

つまるところ一九七〇年前後のジェーン・フォンダが体現していたのは、非力な自己を悟らされながら依然としてあるべき自己のヴィジョンを見出せないでいる不安定な彼女自身だった。そして幸か不幸かそれは、価値のシステムの崩壊を前に狼狽するアメリカ社会のありようと結果的に一致していた。ハノイ訪問からニューヨークへ戻った彼女に群衆が浴びせた「ハノイ・ジェーン」「アカの売女《コミー・スラット》」という罵言は、他者への一方的な非難である以上に、依拠すべき典範を持てなくなり、変節をさえ余儀なくされるかもしれないアメリカ社会自身の不安と恐怖の反映だったのかもしれない。そのように考えてみるならば、ジェーンが北ヴェトナム映画界に贈った絶讃は、いかなる他者の価値にも拠ることなく独自のシステムを築きつつある彼らへの――殆どナイーヴなほど率直な――ジェーン自身の羨望の表われだったということにもなるだろう。彼らは最初の独立宣言から数えてもまだ三十年に充たない若い国の映画人であり、その国家体制は、幾度かの経済危機を経験しながら一九七〇年代に至って安定した戦時経済という二律背反的な独自の近代化を強力に推進していたのである。

　一九七二年三月、北ヴェトナムは再び十七度線を越えて正規軍を大量に進攻させた。一九六八年のテト攻勢で大きな損耗を出して以来、再度の総反攻を企てるべく営々と物的・人的な蓄積をつづけた結果の作戦だった。そのときヴェトナムに駐留していたアメリカ軍は総数でも九万五〇〇〇、うち戦闘部隊はわずか六〇〇〇名に過ぎなかった。しかも既にその前年の夏、アメリカの国内世論は実に七一パーセントまでがヴェトナム派兵の過ちを認め、五八パーセントがこの戦争を「非人道的」だと見做すようになっていた。ニクソンのヴェトナム政策に対する世論の支持は三一パーセントにまで低下した。政府はインドシナ半島からの早期撤退を約束していたが、世論の過半数が撤兵のペースは遅すぎると感じ、そのうえ、たとえ南ヴェトナムが共産化することになったとしても一九七一年内には総撤兵を完了すべきだという声がかなりの多数を占めた。(8) 冷戦の美学も、国際共産主義の脅威も、ここに至ってはアメリカ人を納得させることはできなかった。

「心と信頼の獲得《ウィニング・ザ・ハーツ・アンド・マインズ》」という文句は、もはや失笑の的でしかなかった。ニクソンとヘンリー・キッシンジャーはこの戦争から手を退くときは「真に名誉ある撤退」でなければならないと繰返し主張したが、そのためにハノイに示した提案はパリの北ヴェトナム代表部から「お笑い草」だと一蹴された。その言葉がアメリカ人の屈辱感をいっそう煽った。この戦争のやり方にすっかり習熟していた北ヴェトナム代表部は、相手の焦りと苛立ちを尻目に、もし必要なら「椅子の腐るまで」パリに坐りつづけるだろうと述べた。(9) 双方とも被害は甚大だったが、根比べの主導権は一方的に彼らの手に握られたと言って良かった。その自信は明らかに、昨日よりは今日、今日よりは明日が必ずや良い日になるという若い国家と国民の健康な意気に裏打ちされていた。そのような背景を得ていたからこそ、『愛は17度線を越えて』は北ヴェトナム映画史における『国民の創生』になり得たのである。

一九七二年、アメリカは無力だった。その状態を最も消極的にしか認めようとしない人物までが、この戦争を「苦痛に充ちた《ペインフル》」経験だと語った。その形容詞は、彼の名前と皮肉な対照を成していた。希望《ホープ》――ボブ・ホープである。

3

ボブ・ホープは戦争を通して名前を売ってきた芸能人である。第二次大戦、朝鮮戦争、ヴェトナム戦争と、彼はアメリカが関わった大きな戦争が起こるたびに芸人としての最大級の協力を惜しまなかった。芸人としての彼はビング・クロスビーとのコンビによる「珍道中」シリーズを代表とする一連のハリウッド喜劇で十分その名を知られるようになっていたが、もしも戦争との関わりがなかったとしたら、その社会的影響力にはとりたてて注目すべきものもなかったことだろう。事実、それ以外の彼の経歴は、典型的なハリウッド・スターの出世物語という以上の特徴を持ってはいない。

一九〇三年、ロンドン郊外のエルサムで石工の父と元軽演劇歌手の母の間の男ばかり七人兄弟の五男に生まれたレスリー・タウンズ・ホープは、五歳のとき一家そろってアメリカのオハイオ州クリーヴランドへ移住した。当時のアメリカはもはや移民にとっての「約束の地」ではなく、週七〇時間の労働でわずか一〇ドルの労賃がワーキング・クラスの通り相場だった。それでも熟練の石工であるホープ家の父ハリーは週に一三ドル五〇セントから一九ドル三〇セントを稼ぎ出す状態をどうにか維持していた。ホープ家の子供たちは揃ってアメリカの初等教育を受けた。そのころレスリーはクリーヴランドの小学校で、先生から姓を呼ばれると自分で自分のファースト・ネームを答えるという点呼で、ちょっとしたトラブルに直面していた。すなわち、先生が「ホープ！」と呼ぶと彼が「レスリー！」と答える。するとクラス中がくすくす笑い出す――「望《ホープレスリー》みなし」になってしまう、というわけである。そこでレスリーは笑った連中の口を拳固で封じてまわった――。それは、この国にやってきたばかりの移民労働者家庭の子供がアメリカ化してゆくときの典型的な逸話というべきものである。(10)

十七歳になるとボブは、幼ないころから好きだった音楽とダンスの才能を生かして友人とコンビを組み、アマチュアのヴォードヴィリアンとして町の催しものに出演するようになった。彼らは芸能エージェントに名前を登録し、仕事の口があれば何処へでも出かけていった。それをたまたま眼にしたのが、かつての人気ハリウッド・コメディアン、ロスコー・アーバックルだった。かつて「デブ君《ファッティ》」の愛称で初期のスラプスティック・コメディのスターとなったアーバックルはハリウッドの派手な暮しのなかで少女強姦容疑のスキャンダルを暴かれ、このころには田舎のどさ回りでどうにか日々をしのぐ身に落ちぶれていた。だが、それでもアーバックルの眼に留まることは、まったくのアマチュアであるホープにとっては願ってもないチャンスだった。以後彼は、アーバックルの前座芸人を振り出しとして一九三〇年代半ばまでにはブロードウェイで着実に頭角を現わし、一九三八年には初めての主演映画『百万弗大放送〔*The Big Broadcast*〕』に出演、その後二年間で計七本の主演作を得るまでになっていった。そして一九四〇年に制作されたのが、ビング・クロスビーとのコンビによる「珍道中シリーズ」の第一作『シンガポール珍道中〔*Road to Singapore*〕』だった。

彼の伝記作者は、一九四〇年代初頭のホープが「アメリカにおける第一人者《リーディング》のコメディアン」であるばかりか、ハリウッドに集まる「勝者《チャンピオン》のなかの勝者」だと絶讃されるまでになっていた、と誇らしげに記している。(11) けれどもこのような経緯は、彼が才能あるハリウッド・コメディアンのひとりであったという以上のことを伝えてはいない。彼の名がもうひとまわり大きな存在とイメージを獲得するには、ハリウッドやブロードウェイの枠を超えたなにかが必要だった。

それは一九四二年に始まる。この年アメリカが第二次大戦へ参戦したのを受けて、ハリウッドは陸海軍の援助基金の募金活動を行なうヴォランティア興行を行なった。「ハリウッド・ヴィクトリー・キャラヴァン」と名付けられ、合計二十一名にのぼる人気スターたちが全米を巡業してまわるという大がかりな催しであった。錚々たる顔ぶれが、そこに名を連ねた。ジョーン・ベネット、ジョーン・ブロンデル、シャルル・ボワイエ、ジェイムズ・キャグニー、クローデット・コルベール、ビング・クロスビー、オリヴィア・デ・ハヴィランド、ケイリー・グラント、ローレル&ハーディ、グルーチョ・マルクス、マール・オヴェロン、エリノア・パウエル、スペンサー・トレイシー……。彼らは特別列車に乗ってワシントンD.C.を出発し、二週間にわたって、歌や寸劇やダンスやオペラのアリアに至るまでの演しものがぎっしりと詰めこまれた三時間のヴァラエティを全米各都市で公演してまわった。

当時のハリウッドは、この他にも全面的な戦争協力態勢を敷いていた。監督やカメラマンたちはスクリューボール・コメディの名匠フランク・キャプラを長とする「シグナル・コウ〔Signal Corps〕」に多数所属して戦争プロパガンダ・フィルムを積極的に制作し、俳優たちもタイロン・パワーは海兵隊一等兵、アラン・ラッドは陸軍飛行隊一等兵、ロナルド・レーガンは陸軍中尉というように志願入隊した。入隊しなかった人々も、ＵＳＯ〔United Service Organization〕を通して戦時公債や募金活動のための興行に続々と参加した。ブロードウェイの作曲家アーヴィング・バーリンによる『これが軍隊だ《ディス・イズ・ジ・アーミー》』や、ジェイムズ・キャグニー主演の『ヤンキー・ドゥードゥル・ダンディ』といった大掛かりなプロパガンダ・ミュージカルがブロードウェイで大ヒットをとばし、映画化されて全米で上映されていた。

　ボブ・ホープはそうしたなかでもひときわ目立つ存在だった。全部で六十五回のショウを挙行した「ハリウッド・ヴィクトリー・キャラヴァン」が終わったのちも、彼は精力的に陸・海軍基地や戦傷者たちが収容されている各地の病院を慰問してまわり、その一方でこの年だけでも *My Favorite Blonde* と『モロッコ珍道中〔*Road to Morocco*〕』の二本に出演。慰問の経験を生かして、ＧＩたちに向かうときは兵隊特有の俗語や喋り方を駆使し、不自由な軍隊生活への不満や愚痴を巧みなジョークにしてみせて、彼らの心を捉えた。

　さらに彼は一九四三年六月から、およそ三カ月にわたるＵＳＯのヨーロッパ・ツアーに出かけていった。イギリスから北アフリカ戦線までその行程は二万マイルに及び、十一週間で実に二百五十回もの公演が打たれたが、何処へ行っても彼は大人気で、その評判がアメリカ本国へも伝えられた。『タイム』誌はこの年の九月二十日号で彼をカヴァー・サブジェクトに採り上げて、兵隊たちの間では彼の存在が一種の伝説《レジェンド》と化し、「まるでテレパシーのように」広まっていると報じた(12)。

当時の彼がGIたちを前に語ったジョークは、他愛もないものに過ぎない。ホープ自身の回想によれば彼の喋りは、カリフォルニアでも北アフリカでも、その土地にちなんだローカル・ジョークを除けば殆ど同じだったという。ショウに対するGIたちの反応や期待感はどの土地でも変わらなかったためである。彼はまずジャック・ペッパーやジェリー・コロンナ、トニー・ロマーノ、フランシス・ラングフォードら一座の面々を舞台に送り、ひとしきり演しものが繰り拡げられ観客がいったん静まったところへ歩み出ていって、こう語りだす。

ハイヤー、お仲間さんたち《フェロー・ツーリスツ》！　そう、僕ぁここに来れてうれしいよ。（観客からのブーイング）――いや、そりゃもちろん俺だって、このショウが終わっちまえばさっさと退散するよ。しかしここはすごい国だな、アフリカか……アラブ人のいるテキサスってとこだね。あれは前に『モロッコ珍道中』に出たときのことだけどさ……こいつはつらかった。なんたって男なら、きっとここにもドロシー・ラムーアみたいなめったにいない好《い》い娘《こ》がいるんじゃないかっておもうもんだろ。ところがあそこの娘たちときた日にゃ、みんな高々と、こう……眼の下までサラゴンとかって衣装で軀をすっぽり包んでんだもんねえ(13)。〔……〕

だが、いかに他愛のないジョークでも、遠い異国での戦争に神経をすり減らし憩いに飢えたGIたちは熱狂的な歓呼の声を挙げ、笑い、拍手した。その様子に注目したのは『タイム』のライターたちばかりではなかった。この当時従軍記者としてヨーロッパに滞在していた小説家ジョン・スタインベックはロンドンの『デイリー・エクスプレス』紙に「ここに男あり〔There is a Man〕」と題するエッセイを寄せた。それは『ニューヨーク・ヘラルド・トリビューン』一九四三年六月二十日付に転載され、さらに世界中の新聞に伝わっていった。

戦争を遂行中の国家に対して、人はいかに奉仕すべきか。その問題を考察する際にボブ・ホープの名はまっさきに採り挙げられるべきであろう。〔……〕彼は兵士たちの心を捉えた。彼が行くところ何処でも、笑いに次ぐ笑いが巻き起こった。〔……〕この出来事は明らかに重要であり、そこに含まれる責任も大きい。何故なら転戦に次ぐ転戦をつづける兵士たちは、新聞で大きく報じられたり関心を寄せられることもないままで戦いに勝たなければならないとされながら、忘れられた存在だ。彼ら自身、自分は忘れられているのだと感じているのだ。しかしホープはこの国に来たという。彼は自分たちのところまで足を運ぶか、否か？　そして或る日、彼らは彼が遂にやって来たのだと知った。いま彼らは、自分が忘れられていたわけではないのだと感じているのである。

かくてこの人物は、或る種の架け橋とでも言うべき存在となった。彼は実に面白おかしく喋り、フランシス・ラングフォードも実に見事に歌った。どのように彼が兵士たちのシンボルとなっているのか、その様を見ているのはまことに興味深いものである。[14]

それはまさに、伝説の誕生と呼ぶにふさわしかった。戦時下の軍隊とは、ふだんは交わるべくもないさまざまな階級や人種の人間たちを戦争という非常事態によって一気に凝縮した集団である。彼らは戦争が終われば英雄として迎えられ、再び市民となって全米に散ってゆく運命にある。したがってそのような集団にシンボルとして迎えられることは、ボブ・ホープの名前をブロードウェイやハリウッドの狭いショウ・ビジネスの世界から解き放ち、アメリカ的神話のなかへと繰り込んでゆくことを意味していたのである。

けれどもホープ自身にとってみれば、それも彼の使命感に対する当然の報酬だった。言い換えれば彼の使命感はそれほど強固な信念に支えられたものだった。戦争の趨勢がほぼ連合国側の勝利に傾きつつあった一九四四年、彼は一冊の著書を刊行した。『私《アイ》は故国を離れない《ネヴァー・レフト・ホーム》』がそのタイトルだった。長期間のヨーロッパ・ツアーのことを考えると、奇妙な題名である。その真意をホープは代筆者《ゴースト・ライター》に向かって、こう説明した――「僕が各地で会った連中は、僕がよく知っていて、ヴォードヴィルをやり、僕自身も住んでいた場所の出身者なんだよ。つまり僕は、昔なじみの間を駆け回ってきたようなものなんだ」。[15]

その言葉は、かつてスタインベックが描いたアメリカン・シンボルとしてのホープのイメージと完全に呼応している。彼にとっては戦争が、何処で、誰のために行なわれたのかは問題ではなかった。世界中の何処であろうとアメリカ人が戦っていればそれはアメリカの戦争であり、だからこそ誇るべき戦争であった。そのことを明らかにすべく、彼はこの本の序文で読者に向けて次のように語りかけている。

私はみなさんの息子やご主人、兄弟、恋人たちと会ってきました。／彼らがどのように働き、愉しみ、戦い、生きてきたかを私は見たのです。なかには亡くなった方もいます。〔……〕／私はアメリカの心と技と、そして悪魔の背骨を打ち砕く力強さを見たのです。／そうした犠牲は、以前の私の暮しではおもいもつかないものでした。みなさんもそうでしょう。だから私は、それをお伝えするために帰ってきたのです。〔……〕

私が見たのはごく一部分に過ぎません。私が見なかった幾多の戦いは神様がご存じです。しかし私も、戦争というのが一体どんなものなのかはつぶさに見てきました。／死はときに、生きつづけるよりも安易なものです。／しかし死というものは、安全な家庭にいる者が求められるものよりはずっと苛酷です。傷つくことのない死はあり得ません。そしてお金を払うことは傷つくことではありません。戦時公債をちょっぴり買ったからといって血が流れるわけではないのです。／しかし私がイギリスやアフリカやシシリーで会った人々はどうでしょう。ドイツの上空で対空砲火のなかを飛んだ人々はどうでしょう。彼らは血を流し、失明したり手足を失ったりしたのです。傷つくより先に、彼らは本物の代価を払ったのです——彼らもまた戦時公債を買った、というわけです。

〔……〕

しかしこの本は、戦争のシリアスな側面を語ったものではありません。それは私の柄《フィールド》じゃありません。私が知っていただきたいのはつまり、アメリカ合衆国の制服に身を包んだみなさんの子供たちに会ったということです。彼らがアメリカ合衆国のために戦う姿を見てきたということなのです。／私にとって、これ以上の真実はありません。(16)

こうして戦争とボブ・ホープは、切っても切り離せない間柄となった。ヨーロッパ戦線で知り合ったドワイト・アイゼンハウアーをはじめ、多くの軍高官が彼の友人となった。ホープの最も好きなゴルフが、その交友に大いに役立っていた。一九四八年四月、戦後の米ソ対立がベルリン封鎖という非常事態を招いたときにもその交友がホープの行動に影響を与えた。封鎖そのものは五月に解除されたが、緊張は依然としてつづいていた。一方ホープ自身は、戦後の新しいメディアであるＴＶをどう活用するか、そのことを慎重に考えていた。彼の率いるホープ・エンタープライズの顧客はパラマウント社をはじめ、ＮＢＣ、テキサコ、ジェネラル・モータースその他多数にのぼっていた。映画出演とラジオ・ショウだけではとうていそのすべての要請には応えきれなかったし、新時代のオーディエンスの嗜好の変化を先取りすることもできなかった。彼はつねに時流を見るに敏《さと》いエンタテイナーだった。そこへ、彼のゴルフ仲間である初代の空軍長官ステュアート・サイミントンから一本の電話が入った。大統領トルーマンが、ドイツに駐留するアメリカ軍兵士のためのクリスマス慰問ショウを引き受けてくれるエンタテイナーを探している、という内容だった。サイミントンはまた、ドイツ各地の空軍基地にいるアメリカ軍パイロットがどれほど苛酷な状況下で任務に当たっているかを注意深く付け加えることも忘れなかった。ホープは即座にこう答えた――「やろうじゃないか、ステュー。但し僕がやりたいのはベルリンからラジオ・ショウを流すって案だ。どうだい？」[17]

それがボブ・ホープ恒例のクリスマス米軍慰問ショウのはじまりとなった。彼はアメリカ本土内の基地を訪問するよりも、むしろ紛争や国際緊張の前哨地となる地域の基地へ赴くことを好んだ。行先はソウル、アラスカ、東京、イギリス、イタリア、ギリシア、タイなど各地に及んだ。そのつど各通信社がショウの模様を伝える記事を世界中に配信した。トルーマンが、アイゼンハウアーが彼の行為を讃え、ホワイトハウスに招いた。一九六三年、このころ既に上院議員となっていたステュアート・サイミントンは「長年にわたる祖国と世界平和への貢献に対して」彼をねぎらうよう議会に提案、上院はわずか五分間の審議ののち満場一致でこれを可決した。その功労章〔Congressional Medal of Honor〕は同年九月、大統領ケネディから直接ホープに手渡された。時価二五〇〇ドル相当の純金のメダルだった。このときのものも含めて彼が政界・軍・芸能界その他から贈られたトロフィー、メダル、表彰状の類は七百を超えている。彼が手にしていないのはノーベル平和賞と、アカデミー賞だけである。

そして一九六四年のクリスマス・イヴ、ボブ・ホープはサイゴン近郊のビエン・ホア空軍基地に降り立った。彼の初めてのヴェトナム・ツアーだった。

4

ホープがヴェトナム訪問の意思を固めたのは一九六二年十二月のことである。この年の彼のクリスマス・ショウは日本、韓国、沖縄、台湾、フィリピン、グアムの米軍基地を歴訪することになっていた。一座の顔ぶれはラナ・ターナー、ジャニス・ペイジ、アニタ・ブライアント、ミス・ワールド世界大会のアメリカ代表アミシー・キャボット、そして古株のジェリー・コロンナとレス・ブラウンである。ホープは彼らを連れて、ヴェトナムへも足を伸ばす予定だった。だが出発直前になって、ホープをエスコートする士官のところへ国防省から中止の知らせが入った。理由は、戦闘状態が予想され「不要なリスク」が生じているというものだった。十二月二十二日、ホープは岩国の米空軍基地でのショウに出演するため、テント張りの楽屋で準備を整えていた。そこへ背の高い、赤いベレーと奇妙な制服を着けたひとりの男が訪ねてきた。

「ミスター・ホープ。お話ししてもよろしいでしょうか」

「君は誰だい？」

「自分はナムからやって来ました。ここへはヒッチハイクで来たんです。賭け《トス》に勝ちましてね。自分が持ってきたのは仲間たちの署名を集めた目録です。自分たちはもう長いこと娯楽興行をやってもらってはいません。もしあなたが自分たちのために演《や》ってくださったらどんなにうれしいか、それを知っていただきたいんです」

そしてその兵士は目録を読み上げ始めた。それは長々とつづいた。彼は座付作者のビル・モートを呼んだ。「おい、信じられるかい？　このたくさんの名前を見てみろよ。ヴェトナムにいる連中なんだ、これが。こいつぁなにかやらなきゃいかんよ」

彼は早速ショウを担当する将校に国防省に連絡をとるよう頼み、ステージへ出ていった。だが、戻ってきた彼を待っていたのはワシントンD.C.のペンタゴンの担当官からの、丁重だがきっぱりとした拒絶の電話だった。件の兵士はそのやりとりをテントの陰でじっと聴いていた。ホープは彼に失望の返答をするしかなかった。彼は去っていった。そのうしろ姿をホープとジャニス・ペイジが見送った。ジャニスはホープの腕を、黙ってぎゅっと握りしめた。兵士はひと言、自分は許可なくヴェトナムから飛んできた、あとで懲戒処分を受ける可能性もあるので名前は伏せておいてほしいと言い残していた(18)――。

以上のエピソードはボブ・ホープの著書『ラスト・クリスマス・ショウ』(一九七四年)に描かれているものである。したがってそこには多少の粉飾や誇張があるものと見做すべきかもしれない。しかし、重要なのはそのことではない。むしろ注目すべきなのは、ホープが自分自身の使命感をこのようなかたちで説明している、という点だろう。そこには、彼が自分の芸やショウ・ビジネス以外のなにものかにアイデンティティを見出そうとしている様子が明瞭に表わされている。もちろん、『私は故国を離れない』以来彼の心中で培われてきた愛国主義のエモーションである。

その二十年間はアメリカの力と富の誇示が世界中に隈なく行き渡った時代であり、ホープがその信念をますます強固に固めていった時代である。いまや彼の自信は揺るぎようのないものになっていた。アメリカは最強・最大の「約束の地」であり、ホープはそれを楽しげに、大らかに、尊大に体現していた。そしておそらくはそのために、彼が戦争を語るその口調は、いつのまにかずいぶんと変貌を遂げていた。もはやアメリカの大義と国民の役割を、声高に、生真面目に、語らなければならない時代は過ぎていた。アメリカが強く正しいことは自明のことだったし、ボブ・ホープが大物中の大物であることも言うまでもない事実だった。彼が一言喋りかけさえすれば、みんなは爆笑する用意を既に整えていた。したがって、例のエピソードから二年後に実現した彼のインドシナ慰問巡業の思い出を綴った『私が愛した五人の女』〔一九六六年〕の序文は、アメリカ人以外の人間には少しわかりづらいジョークをちりばめて書かれている。

この一年間、D&D〔ダブルディ社のこと〕は私に、ヴェトナムについてのこの本を書かせようと躍起になっていた。その間私たちのほうは既に二度めのヴェトナム訪問を終わり、この本ができるとすぐあの米作地帯《ライス・ベルト》への三度めの旅に出ることになるだろう。／私は本当は本なんか書きたくはなかった……んだが、政府は私がこれでひと儲けしているなどと伝え聞いている始末だ。実際のところ私は、もう余計な仕事などする必要がないのである。いまでさえTVからラジオから映画からアルバムから、いろんなところに顔を出しちまって、電波の届かない場所じゃあ串焼き台の上にまで乗っけられそうな按配なのだ。というわけで、この本を書くのもまったくのお仕事だった。私はありとあらゆる場所に書いた。テーブルクロスからナプキンにまで書いた。だから十二章書くのなんて、お茶の子《ア・リトル・スキニー》だった。もっとも洗濯屋に出したら、もうそれっきり戻ってはこなかったんだが。うちのカミさんは原稿を読んで愉しんでた。彼女が言うには、あなたの書くものって〔ジョン・〕オハラみたいね、だと。なに？　僕ぁモーリン〔・オハラ〕が文章を書けるなんて知らなかったぜ。／本書において私は、世界的権威として或る現代的主題に関する論を構築しようとしたのである――なんて、つまりは自分のことを書いたってわけだ。自分で読んでも面白いものが書けたもので、ますます勢いづいてどんどん書いていったと、こういうわけだ。／つまるところ、私は制服組に奉仕する間抜けってとこなのに違いない。まあ、これ以外には、一体どんなふうにして自分が軍隊にやってきたメアリー・ポピンズになったのかを説明する方法がないということなのだ。[19]

　だが、この序文は後半部分に至ると、かつて『私は故国を離れない』で説かれていたのと同じような調子を取り戻す。遠く離れた異国の地でアメリカの若者たちがどう戦っているのか、彼らはいかに勇敢か、そしてその努力がいかに僅かしか伝えられていないか――。「あの遠い地で、雨と泥とうだるような暑さのなかで出会った彼らをおもうとき、私はつくづく尊敬と同情を覚える」と彼は言う。そして、彼の一座に加わった女優たちを「私が愛した五

タン・ソン・ニュット空港に到着したボブ・ホープ一座
(左右頁とも：Bob Hope, *Five Women I Love: Bob Hope's Vietnam Story*, 1966).

上／キャロル・ベイカーとGIたち．下／左からMACV司令官ウェストモーランド，ホープ，グェン・カオ・キ夫妻．

上／ベイカーとホープ．下／ジョーイ・ヘザートンと MP．（同前）

人の女たち」と呼んで彼女たちを讃え、今後も毎年新しい五人の女たちを「愛して」ゆくことになるだろうと書き添えて、アメリカがヴェトナムに関わる限り自分のクリスマス慰問もつづける決意をさりげなく明らかにしている。要するにボブ・ホープの愛国的信念と行動は一貫して変わらないばかりか、むしろ老いてなお活発になっているのである。

　事実、一九六四年のこのインドシナ・ツアーでホープとその一座は精力的に動いた。ホープの脇には例によってジェリー・コロンナが控え、五人の女たち——アニタ・ブライアント、ジャニス・ペイジ、若手女優のジル・セント・ジョン、歌手のアンナ・マリア・マルバゲティ、そして一九六四年度のミス・ワールドに選ばれたオーストラリアのアン・シドニー——は韓国駐留の米軍基地を皮切りにタイの首都バンコクとウドン航空基地、ヴェトナムのビエン・ホア空軍基地など延べ二万三〇〇〇マイルを旅していった。バンドの面々まで含めると一行は総勢七五人にのぼった。何処へ行っても彼らは、米軍当局とアメリカ大使館から最恵待遇を受け、タイでは国王主催のダンス・パーティに国賓待遇で招かれた。このツアーの模様はＮＢＣ-ＴＶとの契約で独占的に放映されたため、ホープは自らを「ＮＢＣの人寄せ屋《ピーコック》」と自称していた。一座のヴェトナム慰問は「大喝采作戦《オペレーション・ビッグ・チア》」と名付けられていた。ヴェトナム公演の最初の地ビエン・ホアで、彼は聴衆に向かってこう語りかけた。

　やあ、軍事顧問のみなさん。……とうとうビエン・ホアに来ちゃったなあ。お、ヴェトナム人がいるぞ——野郎《ダック》だ！——ここはなんと、狙い撃ちにはうってつけだね。……

ヴェトナムっていうと……ほらハントレーとブリンクリー〔NBCのニューズ・キャスター〕がいつも喋ってるとこだな。僕らはこのあとサイゴンに行くんだが、ヘンリー・キャボット・ロッジ〔アメリカ大使〕と同じくらいにはうまくやらなきゃねえ……奴ぁ逃げたろ……敵はごく僅かなんだってことは知ってるが、僕にとっちゃ連中は……うん、ここは臆病者には怖い国だよ。だってどっちへ逃げたらいいかわからんてのは、君らに想像できるかい？　NBC[20]ピーコックって、聞いたことがあるだろ……こいつは極東の腰抜《チキン》けってことなんだよ……。

軍隊慰問ショウにおけるボブ・ホープの喋りの特徴は、アメリカ人だけに通じる微妙なジョークや気分や話題を前面に押し出し、それが何処の国であろうと、アメリカ人だけの身内《イン・カントリー》めいた感覚を巧みに盛り上げるところにある。この“in-country”という言葉を他の単語に置き換えることは難しい。「家庭的《ドメスティック》な」でもなければ、「仲間うち言語的《ジャーゴニスティック》」というのとも違う。それはもっとそこはかとなく、しかし異国にいることを確実につかのま忘れさせてくれるような、微妙な感覚である。別の言い方をすると、何処へ行ってもアメリカ人がアメリカ的記号を通してアメリカ人でありつづけることを確認させてくれるような、或る種の感覚である。ちなみにこの「イン・カントリー」という言葉は、戦後になるとヴェトナムの国土《カントリー》にいたことのある人間――つまりヴェトナム帰還兵――の経験と意識の特殊性を言い表わす常套語に変化してゆくのだが、少なくとも一九六〇年代のインドシナのアメリカ兵たちの間では、ヴェトナムにあってなお故国《カントリー》にいるような感覚のありようを指すものだった。そしてその感覚を、ボブ・ホープは誰よりも良く知り抜いていた。

彼はしばしば自分を軟弱なおどけ者の立場に置き、返す刀で将軍や政治家たちを揶揄した。先の例では、大統領選挙に立候補するために大使を辞任した直後のヘンリー・キャボット・ロッジがその槍玉に挙げられている。それは、兵役義務に縛られておいそれとヴェトナムから身を退くわけにはいかない兵隊たちの秘かな鬱憤を代弁している。だが、彼の喋りはそうした時事的なアイロニーよりももっと深いところで、アメリカのマス・オーディエンスを「イン・カントリー」な気分へ導こうとする。それは言うまでもなく、『私は故国を離れない』という標題にこめられていた意味と相通ずる性質の気分である。つまり彼と彼の客たちはアメリカ以外のことには興味がないことをむしろ誇り、互いに宣言し合い、そして共通の笑いに包まれるのだ。ボブ・ホープはこのようにして、彼自身の「アメリカン・ウェイ・オヴ・ウォー」をインドシナ半島にまで持ち込んでみせたのである。

5

けれども、本当のところ観客の反応はどうだったのだろうか？　ボブ・ホープがめざす笑いの質と観客が求める笑いの質は、ヴェトナム戦争とその時代にあっても本当に一致していたのだろうか？

ホープの伝記作者ウィリアム・フェイスの見方に従うならば、その答えはイエスである。一九六〇年代のホープはこめかみのあたりに白いものも目立つようになり、腹も突き出してはいたけれど、本人はちっとも気にするふうもなく、日焼けした顔で相変らず皮肉なジョークを飛ばしていた。いつも手に持っている一振りのゴルフ・クラブは杖代わり、というよりは小道具のようなもので、それを振りまわしながらステージの上を行きつ戻りつ喋るさまは少しばかり横柄な感じもしたけれど、それはむしろジョークの辛辣さをうまく引き立てていた、という。一座に必ず加えるグラマラスな「セックス・オブジェクトたち」――とフェイスは呼んでいる――は傷ついた兵士たちの荒《すさ》んだ心を「夢でいっぱいに《ファンタサイズ》」した。したがって「時が流れたことを除けば、一九四三年と一九六四年の間には殆どなんらの違いも認められなかった[21]」。

そう、確かに一九四三年と一九六四年の間には違いはなかったかもしれない。その二十年間のアメリカは、つねに、強く、逞しく、些か尊大ではあったけれど陽気な自信にみなぎっていた。だが、一九六四年と一九六八年とでは話は違った。その四年間のあいだにアメリカはすっかり様変わりし、ヴェトナムも様変わりした。政治が変わり、経済生活が変わり、あらゆる価値のシステムが激しく変わった。戦況は、それ以上に変わった。だから、ヴェトナム・ヴェテランのひとりチャールズ・アンダーソンが「一九六八年のヴェトナムのクリスマスは希望《ホープ》に溢れていた――ボブ・ホープがやって来たのだ」と書くとき、そこには単なる皮肉以上のものが含まれていると言わざるを得ないのである。

先にも触れた通りアンダーソンは、この当時ダ・ナンの海兵隊MPだった帰還兵である。そしてこの年ボブ・ホープはタン・ソン・ニュットの空軍基地とダ・ナンの海兵隊基地でクリスマス・ショウを行なった。数千枚の入場券が前線と後方の各部隊に割り当てられた。アンダーソンらMPは公演会場の警備に当たることになっていた。入場券を希望する者の数は多く、隊内にはダフ屋が出まわり、ショウの前日になると一番いい席のチケットには二五ドルもの値が付いていた。「この公演は一応『ボブ・ホープ・クリスマス・スペシャル』だということになっていたが」とアンダーソンは書いている、「多くの兵士たちの見方は些か違っていた」

ボブ・ホープはヴェトナムにいる兵士たちが生まれる何年も前から、アメリカ軍の男女将兵のための慰問をやってきた。だから、いままでは多くの若い観客との間にかなりのジェネレーション・ギャップがあった。要するにミスター・ホープのお笑いは、古くさくなっていたのだ。むしろ兵士たちのお目当ては一緒にやってくる歌手やダンサーのグループ、特にいつも必ず加わっている人気急上昇の魅力的な女性タレントのほうだった。一九六八年の場合は、歌もうたえるすこぶるつきの美人アン・マーグレットだ。そういうわけで若い兵隊たちはみんなこのショウのことを、ホープとかいうコメディアンも混じっている「アン・マーグレット・クリスマス・スペシャル」だとおもっていた。

ショウの当日、アンダーソンたちは朝六時から警備に付いていた。最初に客席に入ったのは海軍病院に入院している負傷兵たちだった。次にダ・ナン駐留の各部隊員たちが糊の利いた洗い立ての制服を着て集まってきた。最後にやってきたのは薄汚れた制服に身を包んだ前線部隊の兵士たちだった。彼らは、先にやってきた連中がきれいな制服を着ておとなしく席に着いているのを鼻先でせせら笑いながら、会場の柵を踏み倒し、客席になだれ込んできた。MPの制止などは無いも同然だった。彼らが持ち込んできたのはアンダーソンがまだ体験したことのない戦場の臭いだった。会場が異様な昂奮に包まれはじめたところへ、小型のヘリが飛んできた。降り立ったホープは例によってゴルフ・クラブを掲げてみせた。

「彼だぜ！」と客席から声が挙がった。／「イエア、だけどアン・マーグレットは何処なんだ？」ともっと多くの声が答えた。／ミスター・ホープはメイン・アトラクションの前にひとくさり喋った。つづいて遂に彼女が姿を現わした。客席から一気に唸り声が上がった。「うぉおおおおお」。一万人以上の唸りだった。「おい、あの脚見てみろよ！……あのケツをよ！　……うへぇ、すげェ。イッちまうぜ、こりゃあ」。アン・マーグレットは黒いタイツで一曲歌い、次に裾の長いガウン、その次はホット・パンツと衣裳を変えていった。そのたびに、フリーダム・ヒルに集まった男どもがどよめきを挙げた。

ここでアンダーソンは「たぶん彼女は」と言葉を継いでいる、「このショウの間に自分が少なくとも一万回は精神的にレイプされたことを悟ったに違いない」。

　ショウに終わりがあることは誰だって知っている。しかしこの群衆は終幕後二度までも、ホープ一座の女性全員によるカーテン・コールを要求した。そしてもう一度、「アンコール！」の声が盛り上がりそうになったところで、かのヴェテラン・コメディアンがサイゴンでも別の客が待っている旨を告げた。最後に彼は、来年のクリスマスまでには全員が帰国できることを希望する、と付け加えた。丘に集まった大勢が、嘲笑的《サードニック》な嗤いでそれに応えた[22]。

　アンダーソンはまた、このショウの翌日に開かれたクリスマス・パーティのことを印象的に記している。このパーティは軍当局が例の「心と信頼の獲得《ウィニング・ザ・ハーツ・アンド・マインズ》」のために、一般のヴェトナム人たちを基地に招待するという催しである。ヴェトナムに限らず、第二次大戦後世界各国に進駐したアメリカ軍は、しばしばこの手の催しを開いて現地との交流を図ろうと試みてきた。加えてヴェトナムの場合には、植民地時代の影響でキリスト教徒が数多い。とすればクリスマスをともに祝うことは「平定化《パシフィケーション》」の絶好の機会ではないか——それが軍当局の目論見である。だがアンダーソンによれば、パーティに集まったヴェトナム人男女の大半はそんな宗教的目的とはまったく無関係だった。要するに彼らは、ふだんはめったにお目にかかることもない高カロリーの贅沢な食べものだけが目的だった。「というわけで、微笑みとクリスマス・キャロルの間に、あちこちで人々は掌《てのひら》からあふれそうな七面鳥の塊だのハム・サンドウィッチだのアイスクリームのカップだのをポケットやシャツの胸に詰めこんでいった。或る女は大隊のカメラマンの眼を避けるように背を向けて、オレンジやケーキをパンティの下やブラジャーの上から押し入れていた。我々アメリカ人にとってはパーティの単なるお飾りに過ぎない物が、ヴェトナム人にとっては生活そのものと直結していたというわけだろうか」

服のなかにいろいろなものを詰めこんだおかげで、人々は異様な恰好になった。それを隠そうとして、歩き方は不自然になった。溶け出したアイスクリームが服の上に滲み出していた。アンダーソンを含む一部のアメリカ兵たちは、その様子に言いようのない同情《シンパシー》を感じていた。他の一部はこの「グロテスクなパレード」に笑い声を挙げた。アンダーソンは言う。

できるだけたくさんの宝もののような食べものを持ち逃げしようとして必死になっていたヴェトナム人たちは、このパーティをわざわざ開いてくれた筈のアメリカ人たちが二種類の正反対の態度を示したわけを理解できなかったことだろう——半分は憐れみに顔をゆがめ、もう半分はゲラゲラ笑っていたのだ。冒瀆をヴェトナムではどう定義するのか私は知らない。だが、私はこうおもう、我々アメリカ人はあのクリスマスの日に、冒瀆とは一体どんなものなのかを完璧に実証してみせたのだ、と。(23)

アンダーソンは、いわば戦争によって異文化の存在を体験的に学んだ人物である。したがって彼の著書『ヴェトナム／もうひとつの戦争』は、そうした異文化観察の彼なりの記録だと呼ぶこともできるだろう。もちろん彼は人類学者でも民族学者でもない。彼が知っているのはヴェトナム社会の全体ではなく、ダ・ナンの海兵隊基地とその周辺、そして六カ月後に前線の実戦部隊に転属されてから経験した一部の戦場だけである。だが彼は、その限られた経験を通して次第に「イン・カントリー」な存在から脱け出していった。以前の暮しでは見えなかったものが、新たに見えるようになっていた。遠い異国に来てもなおアメリカ以外のものに眼と耳を塞いでいることは、彼の場合、もはや不可能に近かった。もっとも、だからといって彼がアメリカを否定したというわけではない。自国を軽々に否定してしまうことは、他国をも容易に否定できることを意味する。そのことを、たぶん彼は半ば先見的に察知していた。と同時に、しかし彼はもはや無条件にアメリカを肯定することもできなくなっていた。つまり彼は、彼なりの流儀で文化の境界領域《マージナル・ゾーン》に踏み込んでしまった人間だった。

おそらくボブ・ホープは、このような人格を持った兵隊が自分のクリスマス・ショウの会場警備に当たっていたことなど知る由もなかったことだろう。彼は積極的に、無条件に、アメリカを肯定し、アメリカの戦争を肯定し、アイゼンハウアーからロナルド・レーガンに至るまでの歴代大統領と深く結びつき、そしてつねに「イン・カントリー」な言葉でだけ語りつづけた。彼がインドシナ半島へしばしば出向いたのは、そこにアメリカの戦争が展開されているということ、それ以外の理由は一切ない。彼のこのようなエモーション——もしくは

〈アメリカ〉への執着心――は、彼がアメリカではなくイギリスに生まれたことと明らかに関連しているようにおもわれる。彼はＷＡＳＰではあっても、アメリカの主流《メイン・ストリーム》ではなかった。彼は二十世紀になってからアメリカへ渡ってきた移民のひとりであり、高等教育の経験を持たず、生まれた家は典型的なワーキング・クラス・ファミリーである。そして彼が彼自身の才能によって大きく成功したハリウッドもまた、明らかにアメリカのメイン・ストリームの世界ではない。つまり彼もまた――アンダーソンとは違った文脈ながら――アメリカ社会の周縁部《マージナル・ゾーン》に生きるアメリカ人なのである。

　このようなホープのバックグラウンドを考慮してみると、彼が何故かくもアメリカの戦争に注意を払い、慰問興行をつづけ、イン・カントリーな言葉によってＧＩたちの心を捉え得たか、その理由もおのずと明らかになる。彼はアメリカ本土から切り離されたＧＩたちの心のなかでどのような感情が生まれ、なにが起こっているかを正確に見抜く才能を持っていた。その才能は殆ど繊細と呼んでも良い感受性の賜物だった。価値の評価を措くならば、彼ほどＧＩに無限のおもいやりを注いだ人物はいなかったとさえ言ってもいいかもしれない。そして彼がかくもシンパシーを以て接しつづけた軍隊という集団こそは、まさに社会の主流の埒外にしか置かれることのない存在なのである。

　一九七二年十二月のクリスマス・ショウは、したがって彼と彼の愛した軍隊にとって常より以上に複雑な意味のこもる興行となった。つねづね彼はこの旅を「最後のクリスマス・ショウ」と呼んでいた。同じ月にニクソンは北爆を再開していたが、それが締結を目前にした和平条約の最後の交渉を有利に運ぶための一種のはったり《ブラフ》であることは誰の眼にも明らかだったからである。

彼の海外慰問ツアーがこれで最後だということは合衆国ばかりでなく世界中に伝わっていた。訪問先の韓国、日本、南ヴェトナムの各国政府は長年にわたる彼の行為を讃え、まるで競うように感謝のトロフィーや表彰状を贈った。ただ一国、タイ政府だけが感謝の公式表明をしなかった。理由は、ホープの放ったジョークがタイ人への蔑視を含んでいたことにタイの世論が猛反撥したことにあった。彼の伝記作者はこれを「不幸な誤解」と呼んでいるが、それまでにもこの種のジョークを長年飛ばしつづけてきたホープにしてみれば、非難されるのは甚だ心外、といったところだったに違いない。第一彼にしてみれば、そもそもアメリカ以外の国のことなどには興味も関心もあるわけがないのである。

このときのツアーには一座の長年のメンバーであるレス・ブラウンをはじめコメディアンのレッド・フォックス、ダンサーのローラ・ファラーナ、フィラデルフィア・ラムズのクォーターバックとして人気のあったローマン・ガブリエル、例によって大勢の「セックス・オブジェクト」たち、そしてホープの妻ドロレスまでもが同行していた。ショウはいつもの通り賑やかで、しかもこのときはひどく感傷的だった。ドロレスがフィナーレに登場して「ホワイト・クリスマス」を歌いはじめると、観客は一斉に唱和した。歌詞の最後の文句「そしてあなたたちみんなのクリスマスが家庭で祝われますように」に差しかかると、会場のあちこちでうつむいた兵士たちの顔に涙が伝うのが見られた。「そのとき私は、彼らのほうから眼をそむけた。みんなも互いの顔を見ないようにした。何故なら、突き上げる涙が私たちすべての頬を濡らしていたからである」と、或る芸能記者は感傷的な記事を書き送った。[24]

ボブ・ホープの関心も、まさにここにあった。彼は長年にわたるアメリカの戦争との関わりを通して、ヴェトナムにおけるアメリカの運命とこの戦争に加わったアメリカの兵士たちの運命に人一倍敏感にならざるを得ない人物だった。アメリカが敗けた、とは誰も口にしなかった。だが、アメリカが勝てなかったのは誰の眼にも明らかだった。そして勝てなかった人間をどう迎えたらいいのか、アメリカ社会はその経験も方法も知らなかった。ホープはまさにこの一点に多大な関心とおもいやりを示し、それ以外のことには眼もくれなかった。そのことは、この戦争がまぎれもなくアメリカの戦争だったことを示している。一九七四年、ダブルデイ社から刊行された彼の八冊目の著書『ザ・ラスト・クリスマス・ショウ』のなかで、ホープは次のように語っている。

〔最後のクリスマス・ショウという〕あの言葉が私の心にどんな感情をもたらしているか、想像していただきたい。一番強い感情はやはり感謝――戦争が落着いて私が旅をする必要がなくなったということに対する感謝と、私を求めてくれるみなさんの声に私の力がどうにか及ぶことができるようになったということに対する感謝、である。……私はこの最後のクリスマス・ショウをそれまでのどれよりも大事なことだと感じていた。何故なら私たちの兵士たちは故郷に帰ることについて複雑な感情を強く覚えていたからである。彼らは新聞で反戦運動のことを読まされ、家族からの手紙で一体自分たちがどう扱われているのかを知っていた。そのため多くの者は、自分たちが正しい方向へ遣《つか》わされていたのかどうか、自分たちが本当に祖国のために戦っていたのかどうか、自分たちがやってきたことが正しかったのかどうか、迷い始めていた。そして故国で行なわれている政治的な戦いが、ヴェトナムで戦っている自分たちを支援してくれるのに必要な国家の力と団結を阻害したのではないのかと疑い始めていた。だからこそ私には、この若者《キッド》たちがいままで以上にクリスマス・ショウを必要としていることが明らかだったのである。(25)

確かにこの点においては、ボブ・ホープは正しかった。アメリカの国策の命ずるままに軍隊に入り、インドシナへ送られ、「天使たちの丘」やハンバーガー・ヒルやメコン・デルタの泥沼のなかへ分け入っていったキッドたちは、なにがいけないのかわからないまま、社会からの激しい非難と蔑視の矢面に立たされた。何故いけないのかは、社会の側にもわかっていたわけではない。しかし問題は因果関係ではなかった。アメリカが敗けた——少なくとも勝てなかった——ことだけが問題だった。けれども、誰が彼らを敗かしたのかはよくわかっていなかった。非通常戦争《アンコンヴェンショナル・ウォー》の結果は、きわめてコンヴェンショナルで単純な基準で評価された。そして天使たちは堕天使になってしまった。

Ⅲ　表現と象徴

Representations and Symbols

8　心のなかの死んだ場所

Dead Spaces in Their Hearts

1

一九七〇年三月、ミズーリ州セントルイスで開かれた退役軍人局《ヴェテランズ・アドミニストレーション》「精神衛生・行動科学」共同研究会の席上で発表されたM・D・スタントンの報告は、次のように述べている。

　アメリカ本国へ帰る時、その飛行機の中は馬鹿騒ぎの冗談や大きな笑い声や解放感に満ちた歓声であふれていると誰でも想像するだろう。しかし、この想像はまったくまとはずれのことが多かった。兵士たちはこれから先何が起こるかという不安で喜ぶどころではない。意識のあるレベルでは社会の中で昔のようにやっていけるかどうか訝っている。また彼が愛していた人々に対して以前と同じような気持をもつことができるかどうか、またそれらの人たちが自分のことをどういうふうに感じるだろうかということに不安を感じる。〔……〕急に大きな音がした、たとえば、自動車がバックファイアした音をきいていきなり地面に伏せてしまうということさえある。社会の人々と交わることから完全に引っこんでいたいと思ったり隠遁していたいと思うのは復員兵にとっては珍しいことではない。〔……〕彼は一方ではアメリカ本土の生活から離れて生きてきたし、また一方では自分自身の体験を語ったり書いたりすることにも困難を感じる。またある面では彼は成長し、利口になったとも感じ、また何にも無くなって当り前だと考えることもできるようになる。(1)

ヴェトナム戦争の例に限らず、戦争あるいは戦闘行為に従事した者たちが蒙る心理的外傷体験は、通常、「抑圧変調〔stress disorders〕」と総称される。これは戦闘中に起こるものと、戦争後の社会適応の過程のなかで発するものとに大別される。ヴェトナム戦争における前者の代表はいわゆる「破砕《フラッギング》」、つまり上官の背後や野営テントに手榴弾を投げ込んで爆殺してしまう異常行動である。そして後者の代表となるのが睡眠中に見る戦場の悪夢であり、さらには日常生活のなかで自動車のバックファイア音やなんらかのきっかけで突然の錯乱と幻視に襲われてしまう症状だ。これは「フラッシュバック」と呼ばれる。

「フラッシュバック」が広く一般に知られるようになった理由のひとつには、ヴェトナム帰還兵にまつわる犯罪報道と、ヴェトナム戦争を描いた映画の印象が挙げられる。一九八一年に退役軍人局が発表した或る調査ではインドシナ半島での激しい戦闘を目撃・体験した者(2)の二四パーセントがのちに犯罪歴を持つに至ったという結果が出ているが、ジャーナリズムはしばしば彼らの犯罪報道に際してヴェトナムへの従軍歴があることを強調し、事件の動機や背景として犯人の心理的フラッシュバック症状を挙げた。その記事の大見出しにしばしば使われたのは“Viet-Vet”や“Nam-Vet”〔どちらもヴェトナム・ヴェテランの略称形〕という、視覚的にも聴覚的にも奇妙なだけに効果的な略語だった。こうしてフラッシュバックという言葉は、事件の兇悪さと深刻な絶望感を煽り、ヴェトナム戦争と狂気の分かち難い結びつきをほのめかすにうってつけの常套句となっていった。

本来この言葉は、小説や映画において人物の過去の記憶を印象的に再現するために、断片的な情景描写を断続的に挿入する手法を意味する。その記憶はたいてい忌わしいものであり、しばしば無意識の裡に隠されていると設定される。殊に映画ではモンタージュのひとつである切り返し《カットバック》の極端な応用技法として人物の心理の切迫感と画面の緊張感を手早く表現できるために、一九六〇年代半ば以降のいわゆるニューシネマで多用された。その効果はきわめてあざとく、単調ではあるが瞬間的な驚きは強い。

したがってヴェトナム戦争を主題とした多くの映画が、人物の心理的なフラッシュバック症状を映像的なフラッシュバック技法で繰返し描くようになったことは当然のことだったとも言えるだろう。加えて一九七〇年代に入ったころから、大都市のアンダーグラウンド・カルチュアの源泉であるディスコティークではストロボ・ライトが使われはじめ、擬似的なフラッシュバック体験がコマーシャルに供給されるようになっていた。フラッシュバックはつまり、ヴェトナム戦争とその時代における社会全体のヴィジュアルな想像力のかたち——その病いの兆し――だったのである。

一方、フラッギングに代表される極端な戦闘ストレス症状は、軍隊という厳しい規律集団のなかで反抗が日常化しはじめたことを意味していた。戦闘ストレスの性質を分析したハリー・R・コーモスは「上官襲撃という軍隊の最高のタブー」の記録を入手することはきわめて難しいと断りながら、「反抗、あるいは、あからさまな命令拒否は、ベトナムではじめて起こったもので、以前にはなかった症状の一つである」と説いている。彼によれば命令拒否や上官襲撃は、その部隊が余りにも長期間にわたって戦場に置かれつづけた場合や、戦闘欲や名誉欲に駆られる上官が部下の反対を押し切って野心的な攻撃を強行した場合に起こった。(3)

だが、普通いかなる戦争においても、戦闘に意欲的でない指揮官は指揮官として不適格だと見做されがちなものである。たとえ個人的な名誉欲が動機にならなくとも、リスクを負わないことは能力の欠如や怯懦の証しとなる。夙《つと》にクラウゼヴィッツが「戦争は他の手段を以てする政治の継続である」という大戦略の知見を説いているとはいえ、前線の軍隊とはつまるところ、より効率的に殺傷を遂行するための集団なのである。したがって軍隊では、なによりもまず兵士たちに殺す技術と意欲を習熟させようとする。志願兵も徴集兵もまずは一堂に集められ、部隊別に編成され、頭を刈られ制服を与えられ、下士官の号令の下で機敏に戦闘態勢をとることを義務付けられる。命令は単純なほうがいい。「走れ！」「撃て！」「伏せ！」「突撃！」――最後にただ一言、「殺せ《キル》！」だけが残る。キル！　キル！　キル！　キル！　上官が繰り出す怒号にやがて兵卒たちが唱和し、自ら喚きはじめる。事実、ヴェトナム戦争の中期に徴兵された或る黒人の狙撃手は、「訓練のことをおもい返してみると彼ら〔歩兵訓練校の教官〕が我々に求めた言葉はただひとつ、殺せ、だった」と述べている。「『キル！キル！』『銃剣の心とはなんだ？』『殺すこと《トゥ・キル》であります！』まったくろくでもない経験だった」(4)——。だが、そうした血腥い感情も軍隊では当り前のものとされる。それを支えるのは名誉欲といった社会的野心とは少しく異なる、或る特殊な情動である。すなわち、よりヒロイックで殆ど宗教的でさえあるような情動。

宗教社会学の面からヴェトナム戦争を論じたウォルター・H・キャプスはアメリカ人にとってのこの情動を「男くさい部分《マチョ・ポーション》」と呼び、フットボールに代表されるアメリカン・スポーツを支えるアメリカ文化の競争原理と同じものがヴェトナム戦争に加わった兵士たちにも共有されていたと指摘している。彼によれば、ヴェトナム戦争におけるこの情動はしばしば従軍牧師によって保証され、高められたという。彼らは部隊が任地に発つ前日に必ず兵士たちの安全と戦闘の勝利を祈った。或る牧師は「おお神様、この危うい時にあなたとともにダイナミックに生き抜く術《すべ》をお教えください、私たちがあなたの敵との戦いにより良くお仕えできるようお力をお与えください」と祈った。キャプスはこうした従軍牧師たちの説教を「戦争と宗教を結びつけてしまう西洋的な性向」の現われだと言い、ゴ・ディン・ジェム政権の民衆弾圧体制に抗議して焼身自殺をした仏教僧の自己犠牲の精神とはおよそ対照的なものだと述べている(5)。

従軍牧師がヴェトナムの戦場でどのような役割を果していたかについては、多くの精神医学者も注目を払っている。そのひとりロバート・J・リフトンは「従軍牧師はいわば『私たちの祈りに加わっていればどんな罪だって許されます。そうすればあなたがたはどんな軍務にも没頭できます』といっているようなものだった」と言う。

〔……〕兵士たちにとって親しい戦友の死は最も強烈な体験であるのだが、その埋葬の時に従軍牧師が「もっと敵を殺戮せよ」と激励したとある兵士は述べている。〔……〕慈父のように慕われていた下士官が地雷にふれ無残な死をとげた直後、ミライの大虐殺が発生したことは、一般的には知られていない。その葬儀は従軍牧師と部隊指揮官の手によって行なわれたが、〝村中の者を皆殺しにせよ〟と指揮官が命令し、鼓舞するのを従軍牧師は精神的に支持した。どの葬儀でも、死者を賞讃し、その参列者に死者のやり残した仕事を継続するよう牧師たちは求めた。〔……〕生存者の任務とは復讐ということだけでなく、死んだ仲間が完遂できなかった仕事をやり遂げるということである。ベトナムでは敵陣がありながら、同時にはっきり敵と識別できる敵がいないという特有な状況があり、そのために虐殺を生存者の使命であるかのように合理化してしまうことがよく行なわれたのである。(6)

兵士たちはおそらく、牧師たちの説く神の存在を頭から信じ、すがりきっていたわけではなかったろう。マイケル・ハーは牧師たちの説く使命感を「聖なる戦争《ホーリー・ウォー》」、鼻面を伸ばした

説教中の従軍牧師(Tim Page, *NAM*, 1995).

聖戦《ジハード》」と皮肉に呼んでいるが、(7)兵士たちが求めていたのはいわば、子供に向けた銃の引金を絞るときの、最後の心理的な跳躍力だったのである。しかしこのような心理的文脈は、ただでさえ孤立状態の兵士たちを、さらに彼らの故国から遠ざけてしまう一因となっていた。彼らは上官と従軍牧師によって精神的にバックアップされるかたちで、アメリカ社会が自分たちに期待しているであろう行為を遂行し、村を焼き払い、爆撃を行ない、ときにはCAP活動に精力を傾けもした。だが帰還した彼らを待っていたのは「異常者」「人殺し」という冷たい社会の眼だった。

この問題に関連して社会学者シーモア・リヴェントマンは、そもそもアメリカ社会は戦場から帰還した兵士に対して「何か不愉快さ」を抱いてしまう慣習を持っているのだと指摘している。それはアメリカ建国以来の伝統というべきもので、事実ジョージ・ワシントンは独立革命戦争に勝利して故郷に帰還する兵士たちが「泥まみれになった酔いどれ」の大群となって平和な田園の暮しを乱すことを危惧したし、第二次大戦終了まぎわの或る学者は、もしも帰還兵が戦後の一般市民社会にうまく適応できなければ「潜在的な革命分子」となる可能性がある、と警告した。[8] したがってアメリカ社会が講じたのは、帰還兵たちのすみやかな市民生活への再適応をうながすための援助金や保障制度の制定であった。いわゆる「GIビル〔G. I. Bill of Rights〕」が、その代表だ。

GIビルは、一九四四年の第七十八議会で承認された民法第三四六条・復員再適応法〔Servicemen's Readjustment Law〕の通称である。その内容は上級教育や職業訓練のための奨学金の給付、ローンの保証、失業手当、職業斡旋の四種類に分かれる。この制度によって第二次大戦後のアメリカでは飛躍的に大学進学率が上昇し、一戸建ての住宅を所有する人々が増大した。戦後アメリカのミドル・クラス時代の始まりだった。この制度自体は一九五七年には失効しているが、朝鮮戦争の帰還兵に対しても、一九五二年の第八十二議会における民法第五五〇条によってほぼ同じ内容の援助制度が実施された。それらの措置は、兵役というかたちで国家への忠誠を表現したすべてのアメリカ人に、アメリカン・ウェイ・オヴ・ライフとミドル・クラスの夢を約束するための国家的事業の役割を果すものであった。なお、このときのGIビル――通称「コリアンGIビル」――では、大学や職業訓練校に進学しようとする帰還兵に対して、扶養家族のない者には月額一一〇ドル、家族ひとりの者には一三五ドル、ふたり以上の家族のいる者には一六〇ドルが支払われている〔以上の金額はいずれも全日制《フル・タイム》の場合で、夜間制その他については異なった基準金額が給付された〕。

ヴェトナム戦争に際しても、このような制度が施行されなかったわけではない。だが、その給付額は第二次大戦や朝鮮戦争時のものと比べると——少なくとも物価上昇率を勘案するならば——おそろしく少なかった。ヴェトナム撤退当時の一九七二年の給付額は、扶養家族のいない者で年額一九八〇ドルに過ぎず、その制度さえ一九七六年には撤廃されている(9)。

しかし、ヴェトナム・ヴェテランの立場からすると余りに冷たいこうした措置にも、理由がないわけではなかった。リヴェントマンは、かつてフランクリン・D・ローズヴェルトが一九三三年のアメリカ在郷軍人会の演説で述べた「在郷軍人が制服を着ていたという理由だけで、その後も他の市民よりも良い特別待遇を受けなければならぬという理由はまったく無い」という言葉を引いて、こう説明している——「社会においては戦争のルールよりも市民のルールが常に優先されるということが問題であり、そのために兵隊たちが戦時中には活発な機能を果たすことは認められているにしても、平和時は明確な——あるいは永続的な役割はもっていないわけである。だから復員兵に対し代償的一時金を支払うことに合意する一方、アメリカ人は個人の利益や業績に重きを置く民主主義の競争社会の中のやり方にも執着している。一般的な政策として差別的取り扱いはタブーである。〔……〕戦争復員兵の取り扱いにおいて、アメリカ人の中には伝統的な寛大さや同情はあるものの、高度な競争社会においては強く自己改造を求められるものであるから、両者は中和してしまうのである(10)」。

2

ヴェトナム・ヴェテランの多くにとって最も痛かったのは、このような競争原理が支配する社会が、一方で帰還兵たちのことを「間違った戦争と間違った場所、間違ったときに自らの生命を危険にさらした間抜けども《サッカー》だ」と見做すようになっていたことであろう。新聞はつぎつぎと帰還兵たちの犯罪をスキャンダラスに報道し、映画やTVドラマはフラッシュバックする恐怖のヴィジョンを溢れさせ、そのいずれのイメージにも該当しないおとなしいヴェテランたちには「間抜け」のレッテルがべたりと貼り付けられる。救いようのない話だ。

けれども、振り返ってみれば明らかなように、戦争に伴う心理的な抑圧変調《ストレス・ディスオーダーズ》はヴェトナム戦争にのみ起こった現象もしくは症状ではない。話を二十世紀におけるアメリカの戦争に限ってみても、既に第一次大戦の時点でこの症状の存在が指摘されている。要は、それを受け止める社会の側の評価の問題なのである。

チャールズ・R・フィグレーが述べているように第一次大戦以前の段階ではこれらの変調は「単に弱さか軍紀の乱れか、またはその両方のためとされ」、一歩進んだ見方でも、砲弾の爆発のショックがその兵士の脳に物理的な損傷を与えた結果だとしか認識されてはいなかった。だが、第一次大戦が終わってみると、変調を訴える兵隊たちの数はおもいがけず多数にのぼった。不眠や悪夢から発作的な兇暴行為まで、その症状は多岐にわたった。それでもこの当時、障害の基本的要因は病前性格や人格欠陥にあって、それが戦闘をきっかけに表面化したに過ぎないという見方が有力だった。それが変化しはじめたのは、第二次大戦中のことである。この戦争で精神神経科に入院する歩兵の年間入院率は全体で二〇パーセント、ヨーロッパ戦線の戦闘部隊では二五パーセントにのぼり、太平洋戦線ではさらに高率が示された。それらは第一次大戦の三倍にも及ぶ発生率だった。フィグレーはこの東南アジアから太平洋域にかけての地域の特異さ――「暑さ、乏しいレクリエーション、過度の身体的荷重、熱帯病、孤独、単調、その他の苦痛」――がストレスを増加していたと述べている。言うまでもなく、こうした条件は、ヴェトナム戦争の戦闘地域にも顕著に共通していた(11)。

しかし、評価の基準は複雑で精緻になり周囲の理解も進んだとしても、戦場での対応にはさしての変化はなかった。一九七一年から翌年にかけて『ニューヨーク・タイムズ』特派員としてヴェトナム戦争を取材したグロリア・エマスンは、チュ・ライのアメリカル師団司令部で彼女が見た或る兵士と軍医のやりとりを記録している。その軍医は陸軍大尉の階級にあったが、まだ若く、戦闘経験のない精神科医だった。診療時間はひとり当たり一〇分から一五分程度で、やってくる兵隊たちはみな、本当は死に直面する恐怖におびえていながらもそれを軍医の前で口にすることを躊躇《ためら》い、ただ単に、ちょっと具合が悪いんです、と述べていたという。

その若いブロンドの小隊長も、戦闘中にひどくめまいがして気絶しそうになり、下士官に連れてきてもらったのだとだけ語った。軍医は、気圧が高くて頭がぼんやりするときは紙袋に頭を突っ込んで深呼吸してみるといいんだ、と答えた。

その兵士は硬い表情で軍医を見凝め、次に私の顔をじっと見てから再び軍医のほうに視線を移した。

「ドク、俺たちはひどい状態だったんです」と彼は言った。

「ああ知ってるよ。しかしそうとでもしなきゃどうにもならんだろう?」と軍医は言った。そして彼はその小隊長に深呼吸の仕方を教えた――吐いて吐いて《パフ・パフ・アウト》、吸って吸って《パフ・パフ・イン》――それだけだった。

頭のうしろの毛が逆立っているブロンドの若者は、ひどく青い顔をしていた。彼はうまく喋れず、その言葉を待って、私たち三人のいるこの小さな部屋に沈黙が流れた。彼のトラブルは要するに、一番の親友が死んだこと、それなのについさっきまで二度もその友人が横に立って笑いかけ、自分をじっと見凝めている姿を見てしまったということだった。軍医は、まる一昼夜もベッドに横になってれば落着いて眠れるようになるさ、と請合った。

「両親に電話したいんですが」と若者が言った。軍医は良いとも駄目だとも答えなかった。この精神科医が許可したのはただひとつだけ、しばらくの間ベッドに行ってもよろしい、但し軍が彼に復帰させるまでの間だけだということだった。こうして若者は、再び戦列に戻らねばならないことになったのだった。[12]

軍が兵士の心理状態を測るときの基準は、第二次大戦中から一貫して、軍務に支障をきたさない状態で戦闘部隊に復帰できるかどうか、という点にあった。さらに、軍当局が隊内の精神疾患の発生率を発表するときの統計法は、民間の精神科医たちの常識とは大きく喰い違っていた。第二次大戦における兵士たちの精神疾患を調べた先駆者A・J・グラスは一九四七年の『合衆国陸軍医局報告』において「部隊の中で精神疾患が多発するとそれは士気が低下しているためか、あるいは統率力の欠陥のためとみなされてしまうので、精神疾患のかわりにもっとあたりさわりのない器質疾患の診断名をつかう必要が個人的にも部隊としても出てきた」ことを述べている。そして、このグラス報告を引いたハリー・R・コーモスは「士気の維持のために軍隊の統計を歪めるということは伝統的にあったことである」と断言している(13)。

士気を高めるための数字は、しかしこのような消極的なやり方でだけ使われたわけではない。むしろヴェトナム戦争では、敵味方の損耗度を比べるいわゆる殺傷比率《キル・レイシオ》を初めとするさまざまな統計的数字が公式・非公式にわたって積極的に使用されていた。たとえば、従来までの戦争のように地図の上ではっきりと制圧地域を「面」として記すことのできないこの戦争でMACVが採用したのは、敵兵——といっても解放戦線のゲリラ兵と民間人の区別は殆どつかなかったのだが——の屍体数を数えて戦果の証しとする「屍体勘定《ボディ・カウント》」である。一方、兵士たちのほうはこの「三百六十五日間の戦争」で減ってゆく残り日数を何度も何度も指折り数えながら、ひたすら頭を低くし、戦争をやり過ごそうとしていた。勝利を収めることだけが戦争の終わりを意味した第二次大戦とは違って、この戦争ではアメリカが勝とうが負けようが、一年間の任期期限が来さえすれば兵士たち自身にとっての戦争は終わってしまうのである。

しかし、すべての兵士たちが全員ただ頭を低くして背を丸めていたわけでは、もちろんない。コンバット・スーツに身を包み、ライフルを構え、GIコルトと軍用ナイフを腰に帯び、手榴弾を胸に吊ることで血気を沸《たぎ》らせる兵士たちもけっして少なくはなかった。ただ、そうした者たちにとって困るのは、この戦争が戦闘状態とそうでない状態を明確に分けることのできない中途半端な緊張の連続と退屈に明け暮れがちだったことである。彼らはアドレナリンの昂揚感と眼に見える戦いの証しを求めていたのだ。そのためいくつかの前線部隊では、ときおり、分隊ごとの戦果を競う「競技会《コンテスト》」を実施して士気の煽揚に努めたという。たとえばグロリア・エマソンは次のような事例を紹介している。これは一九六九年の陸軍第二五師団内で行なわれた「コンテスト」で、この師団は「最強軍団《ベスト・オヴ・ザ・パック》」を自称していた。直接の主催者はここに所属する第一大隊第二七中隊、通称「ウルフハウンド」である。この中隊は転戦先の各地でしばしば所属小隊同士が競う「コンテスト」を行ない、ダウ・ティエンでは勝ち残った砲撃小隊に、ク・チではライフル小隊に、それぞれ二日間と三日間の外出許可が賞品として与えられた。さらに彼らには特別なマークを付けたカモフラージュ用のジャングル・ハットを着用する許可も与えられた。それらの「コンテスト」は、以下のような詳細なポイント制で争われていた。

ポイント	内容
5	一作戦で一日につき二五ポイント以上を稼いだ個人に
10	ボディ・カウントと見做し得るもの一件につき
10	米一〇〇ポンド〔四〇キロ弱〕を捕獲するごとに
15	塩一〇〇ポンドを捕獲するごとに
20	迫撃砲の砲弾一発ごとに
50	火器一基を捕獲するごとに
100	重火器一基を捕獲するごとに
100	敵兵のボディ・カウント一体につき
200	敵通信器一台を捕獲するごとに
500	CMMI〔偵察任務〕の完全達成ごとに
1000	捕虜一名につき

逆に、味方の損害については減点制も採られていた。

−50	負傷者一名につき

−500――――戦死者一名につき〔この場合は小隊全体にペナルティが科され、外出許可を獲得するチャンスが激減した〕[14]

ここでは戦争は、死の影を帯びた遊戯だった。そうであれば、愉しんだ者のほうが快適だった。殺すことの倫理性は問題ではなかった。第一、新兵たちは基礎訓練のなかで「ヴェトナム人」という言葉を使ってはならないと――非公式にではあるが――教育されていた。その代りに下士官たちが憶えさせたのは、“gook”“dink”“slope”といったあからさまな侮蔑語だった。「ほとんどの復員兵は、除隊になるまでは彼らの東洋人に対する憎悪は当り前だと思っている。〔……〕普通の戦争の生存者なら野蛮行為への傾向は比較的制限され、あるいは禁じられる傾向が保たれることもできたのである。しかし、対ゲリラ戦では事情が違う。そこでは暴力、衝動発散の限界というものは特に無いから、そのコントロールも難しい。逆に同情や共感は禁止され、時にはまったく抑圧されてしまう」と、チャイム・F・シャータンは述べている[15]。

けれども、そうしたなかでも自分と自分の味方の死だけは別であった。再びエマソンによれば、ヴェトナムでは誰も「死ぬ」とか「死」といった単語を使わなかった。負傷するのは「ヒットされる」だった。「死《デス》」は「マックス〔Max〕」だった。おそらく「あってはならない最大《マキシマム》の出来事」[16]の意なのだろう。「兵隊たちの言葉は、毎年新兵がやってくるたびに少しずつ変化していった」と彼女は言う。それは明らかに、ヴェトナムに駐留するアメリカ軍兵たちにのみ通用するイン・カントリーな感情や情動の表われだった。

彼らはけっして他者の存在を考慮しなかった、というか、してはならないものとされていた。戦う相手のことはもちろん論外だったが、味方のことを考えるのもしばしばしてはいけないことになった。戦友の死が心理的なダメージをもたらす、という理由だけではない。各部隊の兵員は個人単位で「三百六十五日間の戦争」の任期終了が異なっていたから、激戦地のなかで昨日まで一緒に戦った者が今日にはひとりだけ帰国の途に就いて去ってしまうこともしばしば起きた。残された者はそこで、戦場の絆なんてものが結局はひどく脆いものに過ぎないことを悟らねばならなかった。或る帰還兵はこう言った、「ベトナムでは、他人を信頼するのは高くつくのさ、ヒューマンにふるまったら、たちまちやっつけられてしまうからな」。別の帰還兵はこう言った、「感受性なんてものはどこかで燃えつきちまったさ。心臓だってどこかへいっちゃったんだよ」。シャータンはこうした考え方を指して、ヴェトナム・ヴェテランが外界との接触を避けるために心のなかに築いた「デッド・スペース」だと呼んでいる――「この平和の代価は、一時的感情の疎外であり、それは、親密な人間関係の形成に強い障害となる。友人たちには復員兵たちが、仲間とはなれてとまり木の端から無表情にはるか下を見つめているガーゴイル〔魔物をかたどったゴシック建築の排水筒〕のように見える。もし話が戦争のことになると彼らは、ただちに自分たちの『心の塹壕』に入りこんでしまう。そして女友だちでさえあの人たちはまったく近よりにくいという」[17]。

しかし、いったん「心の塹壕」のなかに入った彼らは、もちろん無表情ではあり得なかった。彼らは外界にさらしている貌とは別のもうひとつの貌を持ち、その貌でこの「死《デッド・》の場所《スペース》」のなかを生きつづけていたのだ。

3

一九六六年七月、ヴェトナム駐留の海兵隊基地から本国に帰還したフィリップ・カプートは、ROTC将校身分の規定に従ってその後十カ月をノース・カロライナの歩兵訓練中隊教官として過ごし、一九六六年五月除隊した。そのまま軍に留まって兵隊用語でいう職業軍人《ライファー》の途を選ぶこともできたが、彼はそうしなかった。「減刑を宣告された男と同じくらい、私は幸せな気分だった」と彼は言う。「だが一年も経つと、私は戦争にノスタルジーを感じはじめていた」

カプートは、本書第2章で述べた通り、けっしてとりたてて好戦的な男ではない。子供のころからアメリカ的な男らしさの神話に憧れていたとはいうものの、それも常識の埒外に及ぶほどのものではない。加えて除隊後の彼は、当時の反戦運動の一翼に連なるような考え方を持つに至っていた。けれども彼の心中では奇妙なノスタルジーが場所を塞ぎはじめていた。彼はそれを「アンビヴァレントなリアリティ」と呼んでいる。

私が知る他のヴェテランたちも同じ情動を感じていることを打ち明けた。なににも増して私たちはヴェトナムに対して奇妙な親近感《アタッチメント》を感じ、さらにおかしなことにはそこに戻りたいと望むようにさえなっていた。戦争は依然としてつづいていたが、戻りたいというこの欲望は義務とか名誉とか犠牲といったような、年寄りが若い者を死に追いやってしまうときの神話的観念の類いから出たものではなかった。それは言うならば、いかに深く私たちが変貌させられてしまったのか、あのモンスーンのつらさや偵察行動の消耗感やホットな着陸地点に降り立ったとたんに狙撃されるかもしれないという不安を分かち合ったことのない他の人々から自分たちがどれほど隔ったところへ来てしまったのか、そういうことの証しのようなものだった。普段の暮しのなかでそういう感情を味わうことは殆どなかった。私たちは民間人に戻っていたのに、そこで聞かされる言葉の数々はまるでよその世界《エイリアン》のもののようだった。それになじむことなんて到底できなかった。私たちはいまだに戦い、戦友たちが死んでいったあっちの世界のほうに属していたのだ。

反戦運動を通して出会った人々の言葉も、彼の胸には届かなかった。反戦の大義と戦争へのノスタルジーの間でカプートはもがいていた。彼は最も活発な活動家のひとりになっていたが、両者が一致することはあり得なかった。戦場の記憶はアブストラクトな次元ではなく、きわめてエモーショナルで肉感的な次元で彼を捉えていた。雷の鳴る音を聞けば砲声がおもい出された。雨が降れば雨季のインドシナでずぶ濡れになっていた感覚が蘇った。森を歩けば待ち伏せ《アンブッシュ》やブービー・トラップやトリップ・ワイヤーを警戒しながら歩く本能が疼き始めた。不快な記憶は、同時に魔力的だった。ひどい記憶は奇妙な昂奮を醸し出した。殆ど気狂いじみた記憶が、いたたまれなさ《エイリアネーション》に悩む心に優しかった。

私はまた、歩兵大隊という場所で感じられる緊密な生命感についても触れねばならないだろうとおもう。そこにはどんな恋人たちとも同じくらい、いやそれ以上に深い男同士のつながりがある。男と女の愛情が求めるような相互作用や愛の誓いや果てしのない安心感の確認などは、そこでは必要ない。それは結婚とは違って、言葉によって壊れることなどない、そして倦怠だの離婚だのといったものでも破れることのあり得ない絆である。その絆は死以外のなにものも崩すことなどできやしない。それどころか、それはときに死にさえも打ち勝ってしまうのだ。私の戦友のふたりは、戦場で他の兵隊を救おうとして死んだ。そういった献身・単純さ・非利己性そして互いをつなぐセンティメントは、化物じみた特異性のほうが眼を惹きがちな戦場とは裏腹の人間味に溢れていた。しかもそれは、戦争というものがもしもあれほど野蛮なものでなかったとしたら生まれ得なかったろうとおもえるような優しさだったのである。(18)

カプートが述べているように、こうした感情は多くのヴェトナム・ヴェテランたちに共通するものだった。たとえば『チャーリー・カンパニー』には、陸軍第一歩兵師団第二大隊C

中隊《カンパニー》でグレッグ・スキールズと同僚だった黒人兵オメガ・ハリスをめぐる次のようなエピソードが描かれている。

オメガ・ハリスはいつもパーティが大好きだった。だがその日、本国に戻ってまだ六日目の彼を迎えて家族や友人が開いてくれたパーティは殆ど神の試練というにふさわしかった。ヴェトナムで過した一年が俺とあんたたちを分けちまったんだよ、と彼は部屋を見回しながら心のなかで呟いた。その一年は彼の内部をすっかり変えていた。それはここにいる誰も知らない独特の変化だった。そしてこの一年が彼の人づき合いをもすっかり変えていた。ここにいる誰もが知る由もない或る種の典型に彼はすっぽりと包み込まれていたのだ。ひとりの男が居合わせた女の子に、どうやって三、四人の蛮人《グーク》と渡り合って奴らの首をへし折ったかを得意気に吹聴していた。聞き咎めたハリスは話の腰を折ってしまった――そんなに近くまで敵を引き寄せちまったらお前はもう半分死んだも同じなんだよ、と。別の気取り屋が、こっちはハリスの子供のころからのダチ《バディ》だったのだが、ハリスに向ってお前の代りに別の野郎が死んでくれて嬉しいぜ、と言った。ハリスは逆上した。「おい、てめえ、ちょっと待て」と怒鳴った。「お前と俺は一緒に育った。お前のことはよく知ってる。だけどな、言わしてもらうぜ――俺がヴェトナムで一緒だった連中は俺にとっちゃお前以上なんだ。あの無視されちまった連中とお前と、もし俺がどっちを選ぶかっていえばな、お前が出てくんだよ」

彼はまだ知らなかったのだが、このとき彼は最初の前哨戦を戦っていたのである。すなわち、のちに彼がおもい知ることになる「社会に対する俺の個人的な戦争」[19]――彼とその戦友たちに対して当然払われてしかるべき尊敬を獲得するための戦争、である。

ここに現われているハリスの苛立ちの底を流れているのは、フィリップ・カプートが感じた疎外感や社会に対する不適応感と基本的には同じ種類のものに他ならない。但し違っているのは、カプートがその疎外感を反戦運動に参加することで埋めようと試みたのに対して、ハリスの場合はもっとストレートな権利意識――帰還兵に対する敬意を要求する意識――が前面に現われていることだ。このことは、ハリスが一九六〇年代の公民権運動と黒人解放の動きを一方で体験したアメリカ黒人だというバックグラウンドにも関係しているかもしれない。事実、カプートがJ・F・ケネディの「たいまつは受け継がれた」という就任演説にヒロイックな使命感を刺戟されたミドル・クラスの白人青年だったのに対して、オメガ・ハリスは同じ世代ながら、むしろマーティン・ルーサー・キングJr.の「私には夢がある《アイ・ハヴ・ア・ドリーム》」演説《スピーチ》に強い感銘を受けたひとりだった。

「私には夢がある。あるゆる奴隷の子孫たちと、そしてあらゆる奴隷主の子孫たちとが、ともに兄弟としてヴァージニアの赤い丘の上のテーブルに就く日が来るのだと……」というこの歴史的なスピーチが、一〇万とも二〇万ともいわれる群衆を相手に、ワシントンD.C.のリンカーン・メモリアルを背にして語られたのは、一九六三年八月二十八日のことである。

ゆったりとした広い肩、黒い牧師服に包まれた堂々たる体軀、自信と知性に充ちた面差し、そして独特の優しいカリスマを帯びたキングは、やや早口の高い声で何度も何度も、「私には夢がある」と語りかけた。そのレトリックとしてのリフレインの迫力が、すべてのアメリカ黒人と、少なくとも一部のアメリカ白人の胸を打った。ハリスもそのひとりだった。とはいえ彼は、キングが語る夢の到来を無条件に信じていたわけではない。不可能な夢さ、と彼は内心感じていた。俺は二百年も生きるわけじゃないんだから。

ヴェトナムでのハリスは模範的な兵士だった。ブロンズ・スターとパープル・ハートのメダルが彼の胸に輝いた。だが、帰国した彼を待っていたのはよそよそしい社会の視線だった。もっとも、彼は他の多くのヴェテランたちのようにそこで動揺したり、失業に悩まされたわけではない。彼は自らをプロの軍人だと考えていたし、実際職業軍人《ライファー》である。のちに語った彼の言葉によると「俺の仕事の一部はプロの殺し屋であること」だったから、戦争に対する倫理的な疑問に悩まされることもなかった。一度だけ軍を辞めて郵便局に再就職しようかと考えたこともあるが、それはヴェトナム任務のあとでドイツ駐留を命じられたためだ。何故なら、ヴェトナムで「本物《リアル・シング》」を経験したばかりの彼にとって「NATOのウォー・ゲーム」は到底好きになれそうもなかったからだった。

これは明らかに職業軍人、それもハリスのように二等兵を振り出しに、一貫して実戦部隊のなかで自らのキャリアを築いてきた叩き上げの下士官たちにしばしば顕著な意識である。したがって彼が要求するヴェトナム帰還兵の社会的権利のなかには、些か理不尽なものもないわけではない。たとえば、彼がヴェトナムから帰国して間もないころ彼の妻が急病になり、すぐに病院に運んだものの、救急病室が空いていないという事務的な冷たい返事しか返ってこなかったという。彼は健康保険証を呈示し、さらに自分がヴェトナムから戻ってまだ一カ月にもならない身だと告げたが、同じだった。「当病院は軍属への特別待遇を行なっておりません」澄ました感じのその返事が、ハリスを激怒させた。

「こっちを向け！」と彼は怒鳴った。「俺はお前さんがこうやって仕事してられるよう、命を賭けて弾の下を一年もかいくぐってきたんだ。それなのに、ここじゃ俺のカミさんの面倒を見られないってのか？　お前がそこに坐ってへらず口たたいてる間に、もしカミさんの容態がひどくなったとしたら、てめえ、ぶっ飛ばしてやるからな」

警官が呼ばれた。ハリスは同じことを繰返し、事務員に悪態をついた。警官は、「ま、あんたを咎めるのはやめとくよ」とだけ言って立ち去った。それ以上でもそれ以下でもなかった。結局ひとりの女医が、ハリスが落着くなら奥さんを看てあげましょうと取りなした。彼女の病気は扁桃腺炎をこじらせたものだった。薬を受けとって、ハリスは妻と家に帰った。

「このエピソードは」と『チャーリー・カンパニー』の著者たちは書いている、「ハリスの心に割り切れないものを残した。俺はひたすらおとなしくしてなきゃならんってわけか、と彼はおもった。俺の胸のわだかまりを挑撥するようなことをされても、じっと自分を抑えろってわけだ」

ハリスの場合、他の多くの帰還兵とは違って少なくとも或る種の信念を持っていたことが多少の救いになっていたと言うべきかもしれない。彼は精神科医も必要としなかったし、妻やふたりの息子ともうまく行っていた。要するに彼が堪えられないのは、社会が尊重し誇るべき軍人に対する社会の態度だった。それを説明するに当たって彼は、黒人が差別されてきたのと同じ状態がヴェトナム・ヴェテランにも起こったのだ、と述べている。

しかし、『チャーリー・カンパニー』の記述で見る限り、彼の自意識は黒人であるよりも先にアメリカの職業軍人であり、かつヴェトナム帰還兵であるというその一点に中心化されている。つまり端的に換言するならば、ここでのハリスが仮に黒人でなかったとしても、読者が受ける印象には殆ど違いがないのである。そのためハリスの例は、ヴェトナム戦争における黒人帰還兵に固有の立場を代表するものにはなり得ない。そのうえ彼は、あくまでも叩き上げの職業軍人である以上、戦うことを自らの当然の使命だと考えている。したがって彼の場合には、カプートが語るような戦争の愉悦をめぐる深刻な自意識の葛藤とも、実は無縁なのである。このことは、他の黒人帰還兵たちの回想を参照比較してみるといっそう明瞭になる。たとえば、ハリスとほぼ同じ時期にヴェトナムの戦場を経験したひとりの降下部隊員《パラトゥルーパー》の回想を見てみよう。

彼——アーサー・E・ウッドレーJr.——は一九六八年十一月から翌年十二月まで、陸軍第一七三エアボーン師団第七五レインジャー部隊に所属してヴェトナムを戦った。当時彼は十八歳だった。「俺は世間知らずだった《チェリー・ボーイ》」という彼が語るのは、この戦争がいかに多くのチェリー・ボーイズの心に悪夢を注ぎ込むことになったか、その悲惨な経緯である。(20)

4

　彼は、バルティモアのロウアー・イーストサイドに生まれた。そこは「底辺《ボトム》」と呼ばれる最貧困区域で、近所に住むのはプエルトリコ人、インド人、イタリア人、そして黒人ばかりだった。しかし彼は生まれつき肌の色が薄く、そのため貧しい黒人コミュニティのなかでは歓迎されざる存在だった、という。彼を受け容れてくれたのはむしろ、プエルトリコ系や白人労働者《レッドネック》家庭の子供たちのほうだった。このような事情も手伝って、彼は高校を卒業するとすぐ陸軍に志願した。彼の父も叩き上げの職業軍人だった。しかし彼は、職業としての軍人を志望したわけではない。彼には大学に進学する途も開かれていた。ダンバー・ヒル・ハイスクールのフットボール・チームではディフェンシヴ・エンドをこなし、メリーランド州内の高校レスリング界ではヘヴィー級の上位五位以内にはランクされる実力を持っていたから、望めば奨学金を受給することもできた。けれども彼は「貧困に殺気立つ世界《ハードコア・ネイバーフッド》」に育った者として、最もタフなコンバット・トレーニングを志願してやろうと決心したのだ」。

　彼はパラシュート訓練を受け、レインジャー・スクールに学び、特殊部隊で徹底した殺人技術を叩き込まれた。人が嫌がる雑用も積極的にこなした。「ヨーロッパ系の連中や肌の色の薄い《ライトスキンド》ブラザーたちが簡単な雑用に逃げたがるのを尻目に、俺は兵舎や軍隊食堂の床下掃除といった汚ない仕事をやり、肌の色の濃い《ダークスキンド》ブラザーたちの仲間入りをしたような気分になっていた」

　彼がヴェトナムで最初に配属された第五特殊部隊は全員でおよそ二〇〇名、そのうち三〇名が黒人だった。ラテン・アメリカ系は四〇名で、イタリア系が若干名、さらにアメリカ国籍を取得するために軍を志願したドイツ人たちも少数いた。前線偵察任務を経て、彼は特別編成の第一野戦部隊に配属された。より危険な任務が、彼には心から愉しかった。

　隊内にひとりの白人がいた。アーカンソーの出身で、クー・クラックス・クランのメンバーだった。けれどもその実、この男は黒人と身近に接した経験を持たなかった。要するに知らない世界に対する恐怖感と先入見とが単純な人種差別《レイシズム》に結び付いただけのことだった。その点、人種の入り混った都会の貧困地域で育ったアーサー・ウッドレー――通称ジーン――には、この男がうろ憶えの他人の言葉で主張する人種差別的言辞の背後に、ひとりのチェリー・ボーイの姿があることを敏感に察知することができた。そんな程度の偏見は、一度でも一緒に弾の下をかいくぐり、生死を分かち合いさえすればたちまち消え失せるだろうことがわかり切っていた。事実、この「アーカンソー」とジーンは一番の親友になった。

　或る日、ふたりを含む六名の分隊が偵察地で迫撃砲の急襲を受けた。ふたりの隊員が胸に破片を受け、まっさかさまに河に転げ落ちた。ひとりはアーカンソーだった。ジーンは狂ったように叫びながら彼を救い上げた。救援ヘリが呼ばれたが、事実上の戦闘は終わっていた。アーカンソーは息をしていなかった。ジーンは必死になって心臓を押した。他のみんなが「奴はもう死んでるぜ」というのを押し切った。「違う！　こいつはこんなことで死ぬ奴じゃない」あらん限りの力で胸を押し、蘇生を試みた。アーカンソーは遂に息を吹き返した。もうひとりも助かった。その後わかったのは、攻撃が友軍の誤爆だということだった。「それが俺を心底怒らせた。その後ずっと俺は怒りつづけていた。そして俺はおかしな振舞いをするようになった。俺は獣になりはじめていた」

次の転機は一九六九年二月の第二週にやってきた。このときも六人編成の偵察チームで、彼が指揮を採ることになっていた。任務は三日前に墜落した友軍ヘリを探し、生存者を救出することだった。

墜落地点は森のなかで、空中からの視察は不可能だった。一行は北へ向かい、ヘリの残骸を発見した。機体は爆発していなかったが、弾の穴だらけであらゆる武器が剝ぎとられていた。あたりに人影はなかった。ジーンとそのチームは付近を捜索した。そして、地面に磔《はりつけ》にされているひとりのGIを発見した。彼の手足はそれぞれ四本の杭に縛りつけられ、さらに首に巻かれた皮紐で頭が固定されていた。拷問を受けた痕跡が歴然としていた。顔面にひどい傷跡があり、裸の胸から腰にかけて皮膚が剝がされ、内臓が露出していた。けれど、驚いたことにそれでもこのGIはまだ生きていた。つまり拷問を受けたまま、止《とど》めを刺されることなく放置されていたのだった。そして三日経ってもなお、彼は奇蹟的に生きていた。

〔……〕俺たちはどうしたらいいのかわからなかった。動かすこともできなかったのだ。方法はなかった。ストレッチャーもない。俺たちの人数も六人だけだ。そもそも俺たちは生存者などいないと諦めていたのだ。彼を杭から解き放ってやることさえためらわれた。何故なら蛆や蝿が剝き出しの肉をぼろぼろに喰い荒らしていたからだ。

ジーンはこのあと、生ける屍のおぞましい惨状を苦しげな口調でしばらく語っている。野鼠にも喰い荒らされたらしかった。水を飲ませるのも既に無理だったし、モルヒネはなかった。そのGI自身、もう自分が死ぬことはわかっていた。苦しい、と彼はジーンたちに呻いた。頼む、俺を殺してくれ、俺を殺してから奴らに復讐してくれ。

発見から三〇分が経とうとしていた。全員が迷っていた。無線で司令部を呼び出し、すべてを報告した。彼が自分を殺してくれと哀願していることも付け加えた。司令部の返事は、すべての判断をジーンに委ねる、というものだった。それでもジーンは迷っていた。アメリカ人を殺す、それも友軍の兵士を殺すことなど無論初めてのことだった。二〇分は躊躇《ため》らった、と彼は言う。その間ずっと嗚咽と哀願がつづいていた。ジーンはチームのメンバーに、退《さが》っているように頼んだ。

俺は自分のM‐16を彼の頭に当てた。彼のこめかみにだ。

「本当にやってほしいんだな?」と俺は言った。

彼は言った、「殺してくれよ、相棒。恩に着るぜ」

俺は考えるのを止めた。引金を引いた。彼の苦しみを消してやった。

チームが戻ってきても、俺はなにも言わなかった。

俺たちは彼を埋めた。彼を埋めてやった。深く深く埋めた。

そして俺は泣いた。

戻った俺にはこの世の地獄のすべてが降りかかってきたような気がした。俺自身も地獄の入口を開けてしまったのだ。


以来彼はチェリー・ボーイではなくなった。初めはくわしく状況を聞き出そうとした者たちも、やがてなにも言わなくなった。軍事法廷からの召喚は結局なかった。その後彼は奇矯な振舞いに走るようになった。彼は、かつてマイケル・ハーも引用したことのある文句――ヴェトナムのGIたちの間に流布していた有名な文句――「そうとも、俺はこの死の谷を歩いたってちっとも怖かない。何故なら俺こそがこの谷でも最低のマザーファッカーだからだ」を引用して、「俺はそうなり始めていたのかもしれない」と語っている。新兵《チェリー・ボーイ》たちが着任すると、上官は最初の実戦行動をジーンに任せるようになった。彼は他のGIと同じお仕着せのジャングル・ユニフォームを着なくなった。ダーク・グリーンの腰布を巻き、同じ色のバンダナを頭に締め、ホー・チ・ミン・サンダルを履いて弾薬と手榴弾を帯びた。その恰好で戦場へ出て行った。他のGIたちは彼を「サイクロップス」と呼ぶようになった。ギリシア神話に登場するひとつ眼の巨人キュクロープスのことだ。しかしヴェトナム人は別の呼び名で呼んだ。「モンタニャード」、つまりヴェトナム高地の山岳民のことである。

ヴェトナムのジャングルのなかでも、その恰好は異様だった。相手と遭遇したとき、まっさきに眼につくようにしたのだと彼は説明している。そうすれば、少なくとも自分が他の戦友の屍体を目撃しなきゃならない機会は減るからね。

異様なのは恰好だけではなかった。彼は、殺した相手の指や耳を切り取って紐で繋げ、首に掛けた。彼の言うところによれば、戦場に転がるアメリカ兵の屍体はしばしば拷問の跡があり、なかには去勢され、自分の男根を笹の葉と一緒に口に突っ込まれている屍体もあったという。したがって彼が相手の指や耳を切ったのは「コミュニストたちと我々の間のウォー・ゲーム」のトロフィーだったのだ、と。彼は非番で町なかに出るときさえ、その「コレクション」を付けていた。何処へ行っても、酒も麻薬も女も無料《ただ》になった。彼が怖れるものはなにもなかった。ヘリから跳び降りて落し穴に嵌《はま》り、竹槍を踏み抜いてもそのまま三日間堪えつづけた。彼は生きたまま、恐怖の伝説になった。

彼がこのあと語るのは、これまで以上に悲惨な酸鼻の記憶である。彼は捕虜を殺し、民間人を殺し、動くものはすべて殺した。若いヴェトナムの娘たちをレイプし、殺した。他のGIたちがコカ・コーラの瓶やM－16の銃身で娘たちを犯し、引金を引くのを黙って見ていた。上官さえ彼を恐怖の眼で眺めた。それらの出来事を語る彼の口調には、明らかに自虐の感覚が隠されている。そのため彼の回想のなかでは、自分がなにをやったかが克明に語られる一方で、何故それをやったかは殆ど説明されない。俺はけだもの《アニマル》だった、という言葉だけが何度も繰返される。

八十九日間の前線任務から離れたときも、彼はまだ十八歳だった。ヴェトナム駐留の任務から解放されて本国に戻った一九六九年の暮には、十九歳になっていた。一年ぶりにバルティモアに戻った彼は別人に変貌し、母親でさえもがしばらく見分けられず、怖ろしげに眺める有様だった。そのころ新聞ではミ・ライ地区の虐殺事件が大々的に報道されていた。ヴェトナムに行った者はみんなクレイジーだと、誰もがおもうようになっていた。事実、ミ・ライの部隊と同じようなことをやったGIは、ジーンを含めて他にも大勢いたから、誰もが次に告発されるのは自分の番だと怖れた。

志願兵としての任期三年間が終わったジーンは、一九七一年一月に除隊した。五箇のブロンズ・スター勲章を得ての名誉の除隊だった。だが、社会に彼の仕事はなかった。彼はライフルと拳銃を買ってブラック・パンサーに入党した。「何故ならそこが戦争に近い《ウォーライク》グループだったからだ」政治的な理由は殆どなかった。彼はいつでもヴェトナムの記憶のなかに生きていた。しかしパンサーの日常はむしろ、ミルクの無料配給など地道なコミュニティ活動のほうにあった。フラッシュバック症状は彼にも起こったが、打ち明けようにも話す相手がいなかった。女友達を含めて誰も、そんな話は聞きたがらなかった。父は先任軍曹として二度のヴェトナム経験を持っていたが、ふたりの間ではけっしてヴェトナムの話は出なかった。父は結局、その後アルコール中毒による機能障害で死んだ。子供のときからの友人たちも、みんな彼を避けた。この回想を語った時点で、彼はいまも失業状態だと述べている。貧しい黒人の子供たちをケアする「人間奉仕の仕事《ヒューマン・サーヴィス・ジョブ》」をしたいとは言うものの、そのための具体的な活動はなにもしていない。希望はあるが、夢はない。あるのはただ悪夢、あのとき拷問に遭った友軍の兵士を射殺した忌わしい夢だけだ。回想の最後に至って、彼は突如、「俺はまだ泣いている《アイ・スティル・クライ》」という言葉を何度も繰返している。

この二十年間、俺は悪夢を見つづけてきた。これから二十年経っても、きっと同じだ。忘れたくない、忘れちゃいけない、そうおもうんだ。俺がこうやって国に帰り、ここに坐って喋っているのも、彼が俺のために死んだからだ。そして俺は彼のために生きている。

俺はまだ悪夢を見ている。まだ泣いている。

悪夢のなかには俺がいる。自分が縛りつけられているのを俺は見ている。縛られて、俺は誰かにこの苦しみから解放してくれと頼んでいる。

銃を当てている奴の顔は見えない。引金を引いてくれと俺は頼む。何度も何度も、俺は頼んでいる。

奴は引金を引こうとはしない。

そこで眼が醒める。

いつも、そうなんだ。

5

アーサー・ウッドレーJr.の以上の回想は、一九八四年に刊行されたウォレス・テリーの『血《ブラッズ》』に収録されている。他に収められている一九名の回想も、すべて黒人のヴェトナム・ヴェテランたちのものばかりである。著者のテリーはニューヨーク市に生まれ、インディアナポリスで育ち、ブラウン、シカゴ、ハーヴァード各大学で学び、牧師の資格を得た。ジャーナリスティックな活動を始めたのは一九六〇年代、『ワシントン・ポスト』と『タイム』に公民権運動に関する記事を寄せたことがきっかけだった。以後彼は一九六七年から六九年まで『タイム』の特派員としてヴェトナムに飛び、テト攻勢やア・シャウ・ヴァレー、ハンバーガー・ヒルなどの激戦区からの報道を行なった。そうしたキャリアのなかで彼は自らと同じ黒人たちの戦争経験に注目するようになり、*Guess Who's Coming Home* をはじめとする黒人兵士たちのノンフィクション・ドキュメントを刊行、その一方では海兵隊当局の依頼で黒人海兵隊員たちのドキュメンタリー・フィルムの制作にも携った。『ブラッズ』は、そうした彼の七冊目の著書に当たる。

彼によればヴェトナム戦争はその初期と後期とでまったく様相の異なった戦争だった。戦況や世論の対応といった政治的側面においてではない。彼のテーマである人種的側面においての話である。「ペンタゴンは黒人兵たちの勇敢さと奮戦ぶりを讃えた。相対的に見て黒人兵の死亡率は他の人種のアメリカ兵たちよりもずっと高率だったのである。戦闘の初期、黒人は戦死者の二三パーセントまでを占めていた。ヴェトナムでのアンクル・サムはまことに公平なる雇い主だったというわけだ。〔……〕私が『タイム』に記事を書いた一九六七年五月、出会った黒人兵の多くはこの戦争のために力を尽していた。彼らはアメリカが民主主義を奉ずる南ヴェトナム政権の主権を守り、東南アジアへの共産主義の浸透を喰い止めているのだと信じていたからである(21)」

『タイム』に載った彼の記事は好評を博し、リンドン・ジョンソンはテリーをホワイトハウスに招いてくわしく話を聞いた。だが、その後二年間のうちに状況は激変した。戦場における黒人兵の死亡率は一四パーセントまで低下した――ちなみに合衆国全体に占める黒人の人口率は約一一パーセントである――が、アメリカのヴェトナム政策に対する世論の支持率も大きく低下した。さらにこのころから、テリーの言葉を借りれば「新種のブラック・ソルジャー」が登場するようになった。まず、黒人兵のなかでは志願兵の数が徴兵で採られた者の数を上回った。これは軍が他のいかなる機関や企業よりも広い範囲で人種や学歴を問わない雇用の機会を開いていたためだが、同時に「軍服を着ることが黒人の男らしさ《ブラック・マンフッド》を試す絶好の機会」だと考える若い黒人たちが増えたことをも意味していた。彼らの多くは、公民権運動に積極的に参加したり、ニューヨークのハーレムやロサンジェルスのワッツなどの都市黒人コミュニティに渦巻いた暴動に加わった戦闘的な青年たちだった。「彼らはみな、黒人の誇りと目的に新しい感覚を持っていた。彼らは勲章の授与や昇進、任務の割当てなど戦場で直面するさまざまな不公平に対しては大声で抗議した。彼らはまた白人の同僚たちが人種差別的なことを口にしたり、クロス・バーニング（十字架を焼くＫＫＫなどのレイシズム結社の示威行動）をしたり、南部連合の旗を掲げたりするようなことを見逃さなかった。彼らは同じ隊内の他の黒人たちにも戦場のブラック・ブラザーとしての団結を呼びかけ、助け合うことを説いた。『ブラッズ』とはそうした彼らの自称だった。アメリカのヴェトナム介入の最後の年には、黒人兵も白人兵も、常識的にはもはや勝ち目のない戦争で生き残るために戦うこととなった。そして、しばしば彼らは、互いに争った。南北戦争以後これほどまでにアメリカを苦く分断したこの戦争は二重の戦場《ダブル・バトルグラウンド》となり、アメリカ兵とアメリカ兵とを戦わせるに至ったのだ。[22]私が一九六七年には見出すことのできた塹壕《フォックスホール》のなかの兄弟愛《ブラザーフッド》の精神は、もはや跡形もなかった」

　こうしたテリーの観察は、いくつかの注目すべき示唆を含んでいる。その第一は、ヴェトナム戦争という合衆国史上最長の戦争が、前線においてもまた大きな世代交代の劇を伴っていたことである。言うまでもなくこれは黒人兵の場合にだけ限った話ではない。戦争の初期に徴兵されたり志願したりした兵士たちの多くは、人種を問わず基本的に、アメリカの戦争の大義を信じていた。その使命感を説いたのがＪＦＫであったりマーティン・ルーサー・キングJr.であったりしたという違いはあるにせよ、ヴェトナムに赴いた青年たちの前には明らかに、アメリカン・ウェイ・オヴ・ライフとアメリカン・ドリームのヴィジョンが横たわっていた。したがって、だからこそ敢えてそれに異を唱えて徴兵カードを焼き捨てるといった行為さえ、アンチ・ヒロイズムという名の英雄的な——そしてファッショナブルな——行為になり得たのである。

しかし戦争の後期になると、状況は一変した。そのころようやく徴兵対象年齢の十八歳に達した青年たちにとって、戦争のイメージにはもはや栄光の影はなかった。徴兵カードを焼くことも、既にありきたりの行為になっていた。ミドル・クラスの白人青年たちはひたすら合法的な徴兵逃れをめざし、深いシニシズムが社会を広く覆っていた。けれどもそのようななかで、若く貧しい黒人たちは別だった。これが、テリーの指摘に見える第二の特徴だ。

彼らにとってのヒーローはキングのような非暴力平和主義者ではなく、マルカムXであり、ボビー・シールであり、チェ・ゲバラだった。過剰な攻撃性が彼らの自意識に貼り付いていた。『ブラッズ』に収められたさまざまな黒人帰還兵たちの語るセルフ・ヒストリーは、その推移をよく伝えている。たとえば一九六五年から一年間ダ・ナンの海兵隊基地を拠点に狙撃手をしていた一等兵レジナード・エドワーズは新兵キャンプで上官に面と向って悪態をつき営倉入りに処せられてはいるが、その動機は体重わずか一一七ポンド〔約五〇キロ〕という海兵隊にはおよそ不向きの痩軀から来る訓練のつらさと上官の人種迫害のためであり、彼自身はあくまでアメリカの大義への信頼を抱いていると述べている。したがって、軍曹にまで昇進しながらも結局は不名誉除隊になって失業に苦しむ彼の体験はどこまでも悲しげな調子を漂わせることになる。彼は除隊後ブラック・パンサーに入党し、一時はワシントンD.C.支部のリーダー格にまでなっているが、政治的にはさほどラディカルではなく、むしろ時代や社会のなかでつねに或る種の居心地の悪さを感じ、自分の居場所を必死に探してきたような人物である。だが、一九六八年から海軍のカム・ラン湾任務に従事したレーダー手の場合は対照的だ。

彼ドワイト・A・ブラウンはのっけに、「俺は戦争の醜悪な面なんて見なかった。俺はあの戦争を愉しんだんだ。何故って俺がいたのはカム・ラン湾だったからだ。カム・ラン湾はパラダイスだったぜ、あんた《マン》」と切り出している(23)。

陸軍は、まあ悪くない。空軍ならもっといい。でも一番グレートなのは海軍だった。海軍の俺たちには暑さも寒さも無関係、すべてエア・コンディションが行き届いてた。海軍のメシはいつでもグレートだったが、俺たちの場合はもうひとつおまけが付いていた。料理をやるのは全部ヴェトナム人の仕事で、黒人はそれを監督してればよかった。まるで王様みたいな食生活だった。ロブスター、ステーキ、なんでもあった。きっと俺は四〇ポンドは肥ったに違いない。

彼はこの「王様みたいな」海軍生活を殆ど手放しで讃えている。着るものも、TVや冷蔵庫つきの兵舎も、女たちも、そして手軽に手に入るマリワナも、すべてが彼のお気に入りだった。したがって彼の「唯一のシリアス・ファイティング」は、隊内の人種対立だけだった。彼らは兵舎を南部連邦旗で飾りたてようとする白人兵たちと対立し、しばしば殴り合った。

五〇〇人の隊員のうち黒人はわずか三八名に過ぎなかったが、彼らは負けなかった。彼らは基地のなかに黒人だけのクラブをつくり、白人の立ち入りを禁止した。黒人と白人がともにひとつのアメリカ社会のなかで融和し、手を執り合うことを説いたキングの理想は彼らの攻撃的な自意識を満足させるものではなかった。

もちろんこのエドワーズとブラウンのふたりの大きな違いは、彼らの個人的な性格の違いに起因しているに過ぎないと見ることもできる。また、彼らがそれぞれ所属したのが海兵隊と海軍だったということも大きく影響しているに違いない。この両者は基本的には同一グループに属する〔海兵隊は命令系統上海軍長官の下に位置する〕ものの、海兵隊がつねに上陸・地上掃蕩戦の尖兵に立たされるのに対し、海軍は——少なくともヴェトナムにおいては——大規模な洋上交戦を経験することもなく、河川哨戒任務を含めてもせいぜい魚雷艇程度の大きさの相手を想定していれば良かった。対潜水艦作戦は無論必要なかった。空母の搭乗員ならば北爆に出撃する戦闘機の行動に神経を尖らせねばならなかったが、ブラウンが参加した「マーケットタイム作戦」は北ヴェトナムに対する洋上からの威嚇作戦である。けれども、『ブラッズ』の読者にとって、そうしたさまざまな差異以上に印象強いのは、後者が明らかに、テリーのいう「新種のブラック・ソルジャー」を代表していることなのだ。そしてこの新種のなかには、ブラウンのように攻撃的で野心的な指向を持つ青年ばかりではなく、もうひとつ別のタイプの黒人兵たちが含まれていた。それは、これまでに挙げてきた黒人兵たちが全員ワーキング・クラスの出身者であるのに対して、ミドル・クラスの、しかも徴兵拒否を志向した或る黒人青年のケースに象徴的に現われている。

6

一九七〇年の二月から十二月まで、プレイ・クとアン・ケの歩兵師団とキャンプ・イーグルのエアボーン師団に所属した四等特技兵《スペック4》ロバート・E・ホルコムの回想は、「FBIは僕を必死になって捜索していた」というショッキングな切り出しから始まっている。一九六九年七月のことである[24]。

当時彼はテネシー州立大学の学生だった。彼は自らの出自や家庭環境については殆どなにも語っていないが、チェ・ゲバラのゲリラ戦要諦を読み、毛沢東語録を読み、カミュやサルトルを愛読する青年だった。この点で彼は明らかに、一九六〇年代末における典型的なアメリカの大学生だったと言って良い。彼がキングの「私には夢がある」演説とそれにつづくワシントン・デモ行進のニュースを聞いたのは中学生のときであり、以後彼はいろいろな場所に鉛筆でラテン語の“Nunc Est Tempus〔いまこそ時だ〕”という文句を書きつけたという。そうした小さなエピソードのひとつひとつが、彼がミドル・クラスの子供であることと、当時のミドル・クラスの子供たちにとってどんな行為がファッショナブルなものだったかを、良く伝えている。

事実彼は、その後大学のなかでマイノリティ解放と反戦を主張する青年に成長した。当時アメリカ国内でも多数出版されていたヴェトナム戦争に対する反戦的書物を次つぎと読破した彼は、この戦争がアメリカの新植民地主義による搾取を目的としたものだと考え、そのような戦争を支持することはあり得ないと考えていた。その信念の深さにおいて、彼は自分が良心的兵役拒否者たり得る資格を十二分に有していると見做していた。けれども彼は――ミドル・クラスの青年がしばしばそうであるように――「ファナティックな宗教性を持たなかった」。

徴兵カードが舞い込んだとき、彼がまっさきにおもいうかべたのは、海外逃亡だった。何処へ逃げるか彼は迷った。

カナダに閉じ込められることには興味がなかった。キューバもそうだった。そこは純粋の社会主義で統治され、僕が慣れ親しんでいた自由は許されなかった。アフリカに行くことも考えられなかった。僕には故国にいるときと同じ富と秩序《オーソリティ》の恩恵に浴することが先決だった。要するに僕は資本主義と民主主義国家の思想から結局は離れられなかったのだ。僕はヨーロッパかアフリカに行くことになるだろうと考えていた。

けれども彼にはパスポートは下りなかった。当時の彼はテネシーを離れ、ニューヨークでアート・スクールに通っていたが、出入国管理局は兵役義務を終えていない彼に権利を与えようとはしなかった。とすれば国内逃亡の途しか残されていなかったが、ソーシャル・セキユリティ・ナンバーを持たない彼に生計をたてる方法はなかった。家族は彼が兵役を忌避することに反対し、陸軍に入隊することを説いた。街頭で絵を売る程度では、暮せなかった。そのころニューヨークに住む伯父が、ＦＢＩのエージェントがお前を探していると電話をしてきた。パスポートを申請したことが、彼の逃亡計画を露顕させたのである。

彼は指名手配される身になっていた。遂に逃げ切れず、ＦＢＩに自ら出頭した。拘禁され、ＦＢＩの申し出を受けた。ブラック・パンサーや学生非暴力調整委員会に偽装参加して内部密告をする「情報提供者」の役目だった。彼の密告で大物が逮捕されると、一〇〇〇ドルから三〇〇〇ドルを支払い、かつ住む場所と身柄の安全を保証する、という内容だった。彼はどのくらいの期間それをやればいいのか、自分で身を守るために武器を携帯してもよいかを尋ねた。期間は未定、武器の所持は不許可だった。結局彼は州裁判所に行き、ＦＢＩへの内通よりは入隊を選ぶと申し出た。これを契機に、彼は当時同棲していた或る女性との関係を解消した。陸軍は、彼を他の徴兵者たちと同様に扱った。彼は自分の前歴から軍に軟禁状態にされることを怖れていたが、そうした処遇は一切なかった。軍隊は一般社会のルールとはまったく別の制度を持つ組織集団だった。

一九七〇年一月、彼はカム・ラン湾に上陸した。ヴェトナムでの彼はごく普通の兵士だった。カンボディアからクィ・ニョンに至るルート19のパトロールが主な任務であり、この一帯で解放戦線に対する大規模なサーチ・アンド・デストロイが実施された。ヴェトナム娘に対するＧＩの暴行や粗暴で絶望的な振舞いは、もう珍しくもない時代になっていた。

〔……〕カメラを抱えて死んだ敵兵の屍体に走り寄ってゆく兵隊は、ヴェトナムでは珍しくなかった。国にいるときと同じように、サイレンが鳴るとみんな、誰が怪我し、撃たれ、あるいは捕まったかを見に野次馬に行くのだ。ヴェトナムでの僕はそんなことはできなかった。写真を撮り、それを家に送るなんて考えられもしなかった。写真を撮って、これが死んだ蛮人《グーク》です、これが死んだ土人《ディンク》ですなどと言って寄こすのだ。僕にはとても信じられなかった。

彼はヴェトナム人と仲良くなることを考えた。PXに勤めていた若いヴェトナム娘と知り合い、愛し合うようになった。その経緯は、かつてダ・ナンのMP大隊に駐留したチャールズ・アンダーソンが通訳のヴェトナム女性に恋した体験ととても良く似ている。彼はミドル・クラスの出身者として、他の多くの黒人兵たちよりもはるかに、アンダーソンのようなミドル・クラスの白人青年に近しかった。たとえば、ヴェトナム・ツアーの最後に近づくと隊内にはとげとげしく険悪で殺気立った空気がみなぎるようになった、と彼は言う。しかしその原因を彼は麻薬《ドープ》で説明しており、ドワイト・ブラウンが語っているような激しい人種対立に理由を求めてはいない。ロバート・ホルコムが語る人種関係は、もっとずっと穏やかである。

少数の黒人兵はちょっとした自由のある地位に就くこともできたし、本当は信じてもいないこの戦争のなかでも、まあ暮しを良くすることもできた。しかし多くの黒人兵は違っていた。特別な技術がなかったからだ。だから大抵の仕事は最も危険度が高く、辛く、でなければ不快なものばかりだった。おそらく白人兵はもっといいポジションにいたのだろう。ヒスパニック系やユダヤ系の兵隊たちも些かつらい任務を割当てられることが多かった。しかしそれもブラッズほどひどくはなかった。

ホルコムのヴェトナム戦争観は、たとえばドワイト・ブラウンのような若く攻撃的な「新種のブラック・ソルジャー」のそれとは、明らかに異なっている。ホルコムもブラウンも年齢の上では殆ど差がないから、両者の見解の相違の理由は、やはり前者がミドル・クラス、後者がロウアー・クラスという社会環境の違いに求められるのがまずは自然だろう。けれども、そこで結論を下してしまっては、まるで通俗的なソーシャル・ダーウィニズムのような暴論に堕してしまう誹《そし》りも免れ得まい。戦争は、政治であれ経済であれ文化的側面であれ、スタティックな図式論では捉え切れない出来事なのである。事実、三三名のヴェトナム・ヴェテランのオーラル・ヒストリーを集めたアルバート・サントリ編『我々の持てしすべて』に「ブラックGI」と題して回想を語っている陸軍第一騎兵師団の狙撃手ロバート・ロウルズは、ワーキング・クラスの出身であり、かつヴェトナム経験の時期もブラウンとホルコムのヴェトナム・ツアーのちょうどまんなかの時期に当たる一九六九年初頭から七〇年初頭なのだが、彼の回想にも白人兵への露骨な敵意は見当たらない。

黒人たちはよく靴紐を手首に巻きつけて、仲間たちの集まる場所でいつもパワー・サイン〔握り拳を空に向かって突き上げる示威行動。一九六八年のメキシコ・オリンピック二〇〇メートル陸上の表彰式で一位と三位になったふたりのアメリカ黒人選手がこのサインを行なったことで世界中に知られるようになった〕を出していた。確か六種類か七種類のサインのやり方があった筈だ。当時ヒューイ・ニュートンやその手の人々がやっていたやり方だ。けれどブッシュのなかにいる連中、殊に地上兵にとっては、ね。そう、僕の一番仲良しだったひとりも白人だった。彼と僕の間にはレイシズムなんてなかった。それに近いようなことも、だ。その手のことは大抵、後方で起こった。ブッシュのなかではみんな同じだった。ブッシュのなかにはレイシズムなんてありゃしない。一緒に眠り、一緒にメシを食い、一緒に戦った。他になにがあるというんだ?(25)

一方、フィリップ・カプートはここに見える前線の兵士たちに特有の感情とほぼ同じものを挙げて、先に引いた『戦場の噂』の一節につづく箇所で次のように書いている。

ヴェトナムの戦場は或る世代のアメリカ兵たちがつらさと危険と恐怖を分かち合うこと、ともに死に直面することによって互いに溶け合う試煉の場となったのである。戦争のむごたらしさ、我々の戦場暮しの低劣さ、そしてボディ・カウントに関わることで蒙った不名誉といったものが我々を互いに強く結びつけた。それは、我々がせめて生を肯定し、多少は人間らしくあるのだという証拠を見出さんがために求めた同志愛、とでもいったものだったのだ。(26)

ここで重要なのは、カプートが「戦場《バトル・フィールド》」としか言っていないのに対して、ロウルズが「前線《ブッシュ》」と「後方《リア》」を慎重に分けて語っていることだ。さらにロウルズは「地上兵《グランツ》」にとっては」とも言い添えている。したがってそこからは、ふたつの論点が派生して出てくる。第一は、白人であるカプートの眼には見えなかった微妙な差異が黒人のロウルズには明瞭に意識されていた、ということである。

カプートの記述だけを見れば、戦場の同志愛《コモレードシップ》という絆は、まるで永遠につづく純粋な感情のようにも受けとれる。もちろん、カプート自身は必ずしもそう断言しているわけではなく、むしろ帰還兵たちが社会のなかでマイノリティの立場に追いこまれ、居心地の悪さを感じさせられるようになればなるほど、過去の一瞬に結んだ絆が危うい魅力を湛えたイリュージョンとなっておもい出されてくるという微妙な状態を強調しようとしているのだが、それが魅力的に説明されればされるほど、読者が抱く第一印象は永遠につづく戦場の絆という受け止め方のほうへ傾斜してしまう。けれども、このおもい込みの前に不意に立ち塞がるのが、殆ど本能的な冷静さを伴ったロウルズの観察なのだ。

ロウルズは、同志愛の存在は信じていても、その永続性は信じていない。時が過ぎ、状況が変われば純粋な同志愛などというものは——その純粋さの故に——脆くも崩れ去ってしまう。そのことを彼は半ば無意識裡に見抜いている。ロウルズの回想がきわめて直截で、感傷性が薄く、即物的でさえあるのはこのためである。彼は或る白人兵のことに触れ、彼らふたりが本当に仲の良い友人同士だったと語り、国に帰ってからも一緒に暮して家族《ファミリー》をつくろうと約束し合うほどの仲だったと話している。だが、その兵士は結局、ロウルズの兄弟《ブラザー》となることなく戦死した。もしも彼が死ななかったとしたら、という仮定は無論ここでも意味がない。むしろ事の本質は、戦友の死という事実があるからこそロウルズの心のなかにも戦場の絆が——まさに不変のままつづくものとして——しっかりと封印され、「デッドスペース」をつくっているということなのである。

7

カプートの語る「デッドスペース」とロウルズの語るそれとは、一見きわめて似通っていながらも、その周囲を包む認識のあり方はひどく異なっている。言うまでもなくそれは、カプートの場合に社会から疎外されるヴェトナム帰還兵という一種類の断絶＝屈折しか背負わずに済んでいるのに対して、ロウルズがもうひとつ、アメリカ社会における黒人としての疎外条件を負ってしまっていることから来ている。ロウルズの例ばかりではない。また、ヴェトナム戦争でだけの話でもない。アメリカ軍における黒人兵の歴史は、一般社会におけるそれと同様、きわめて苛酷な条件の下でかたちづくられてきている。

もっとも、正確に言うならば軍は、一般社会よりも遙かに広い範囲で黒人たちを雇用してきたため、相対的にきわめて特殊な人種構成を持つ組織集団でありつづけてきたと言って良い。したがって、黒人兵たちの職能も多岐に及んだ。たとえば大規模な航空戦が事前に予想された第二次大戦では陸軍航空軍が黒人パイロットの養成を企画し、そのバックアップによって大戦中にアラバマ州にある古くからの黒人大学タスキギー・カレッジ〔一八八一年創立〕に黒人だけの飛行訓練学校が設置されたといった前例もある。しかしこの訓練校の教官はすべて白人であり、ここで養成されて士官の階級を得た黒人パイロットたちも、白人の士官クラブへの立入りは一切許されなかった。地上戦闘員たちの待遇は、無論、それ以下だった。

第二次大戦におけるアメリカ軍兵士たちの行動心理をテーマにくわしい調査・分析をおこなった社会学者サミュエル・A・ストウファーは一九四九年に『ジ・アメリカン・ソルジャー——軍隊生活への適応』と題する大冊の共同研究書を刊行し、そのなかに特に「ニグロ・ソルジャーズ」という一章を設けて次のように述べている。

アメリカは人種関係のフィールドに中間的妥協策を持ち込んだことで知られている。軍隊が組織されたとき、ニグロたちは必要とされ、排除されることはなかったものの、完全に統合されアクセプトされたわけでもなかった。この妥協策にはふたつの側面があった。すなわち〔……〕そのひとつはアメリカ的思想信条に同化させる方向へと彼らを導いてゆこうとするホワイト・アメリカの道義心の結果だったという面である。しかし他方それは、さまざまな地方が政治勢力の地歩を築いてゆくなかで、自覚的なマイノリティが強引に領分を確保した結果でもあったのである。こうして緊張がわだかまった——白人側はもっと大きな「要求」が出てくるのを危惧し、ニグロ側はゴールまでもう一歩だと感じた。

その結果、妥協策はどちらの側からも中途半端なものと見做されることになってしまった。

軍はすべての、もしくは殆どの人種的差別を廃止すべきだという人々にとって、このような軍の方針と試みは保守的で効果がないものに映った。しかし現状がこれ以上変わるのを惧れる人々は、軍がニグロのマン・パワーをもっと有効に使おうとするあまり、危険で不必要な機会を開いたのだと考えた(27)。

実際、軍の関心は人種差別撤廃といった道義的な問題ではなく、もっぱらマン・パワーの効率的な活用にのみ注がれていた。そのため過渡的な妥協策は依然として過渡的なままに留めおかれ、黒人に対する徴兵人数の拡大といった制度の細部が次つぎに変わっていった。一方、第一次大戦から第二次大戦への時代のなかで、黒人社会全体の経済的・教育的環境は

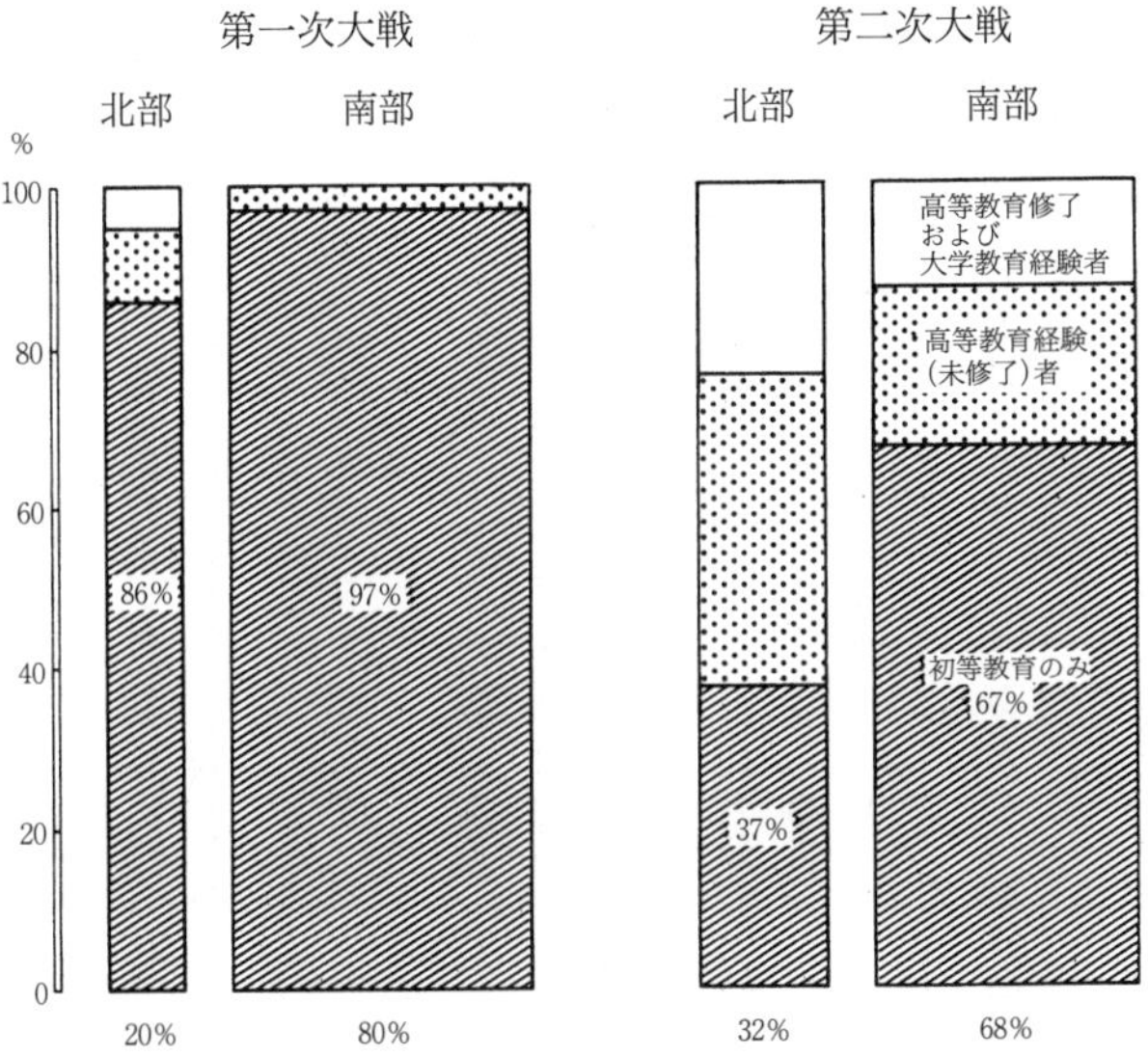

両大戦下の米陸軍における黒人兵の教育水準の比較(Samuel A. Stouffer, et. al., *The American Soldier: Adjustment During Army Life*, 1949, p. 490).

徐々に向上していった。ストウファーらは両大戦における黒人兵を北部出身者と南部出身者に分け、彼らの教育程度を調べているが、それによると第一次大戦では南部出身者が全体の八〇パーセントを占め、しかもその九七パーセントまでが初等教育だけしか受けていなかったが、第二次大戦では南部出身者が六八パーセントに低下したうえ、初等教育のみの終了者も六七パーセントに減り、代って一〇パーセント程度の高校・大学卒業者が出現しているといった推移が見られる

〔前頁の表参照〕。

このような劇的な変化は、ヴェトナム戦争当時とその後の時代においても現われている。たとえばそれは、軍部内で高い階級を持つ黒人兵士が激増したところに端的に見てとれる。まず、ヴェトナム戦争たけなわの一九六七年の終わりの時点で、四軍全体の将軍や提督は合計一三四六名にのぼったが、そのうち黒人は陸軍と空軍の将軍がひとりずついるに過ぎず、さらに佐官級に下っても海兵隊には黒人の大佐がひとりもいなかった。また地上部隊の大隊長計三八〇名のうち、黒人はわずか二名に過ぎなかった(28)。

しかしその後、黒人の高級軍人の数は激増した。一九八二年二月二十六日にワシントンD.C.で開かれた「国防軍式典〔the National Guard Armory〕」で表彰された黒人の将軍・提督は、現役・予備役・退役を合わせて七六名。言うまでもなく彼らの大半は、ヴェトナム戦争を経験し、その後昇進した高官たちである。また、一九八六年五月の時点でアメリカ全軍の現役部隊員計二一〇万名のうち、黒人はほぼ五分の一に当たる四〇万名にのぼる。そのため各軍における黒人、特に志願兵の比率もきわめて高く、一九八五年秋の時点での調査によると海軍では一三パーセント、空軍では一七パーセント、海兵隊では二〇パーセント、そして陸軍では実に三〇パーセントにまで及んでいる(29)。先にも述べたように合衆国全体の人口に占める黒人人口の占有率は一一パーセントだから、軍に進出する黒人がいかに多いかが即座に実感され得ることだろう。

けれども、これほどの高率を誇りながらも黒人兵たちの意識には依然として人種関係に関するシヴィアなおもいが横たわっている。たとえば、軍における黒人兵たちの「サクセス・ストーリー」を論じたチャールズ・C・モスコスは、その記事のなかで陸軍の先任軍曹《サージャント・メジャー》ハロルド・スミスに次のように語らせている。彼は一九五六年に志願入隊したという古参《ヴェテラン》である。

長く軍にいればいるほど、巧妙に隠されたレイシズムの存在に気づく筈だ。そりゃあ私は軍に相当世話になった。〔しかし〕私が志願したのは最後の唯一の選択だったんだ。私はミドル・クラスじゃないし、もちろんアッパー・クラスじゃない。それどころかワーキング・クラスにさえ入れなかったんだ。〔……〕私はヴェトナムに三回出征した。その合間に学士号も取れたし、いまは修士課程の途中に来ている。しかし、だ。その間に蒙ったいろんな人種的トラブルのことは忘れやしない。私は長いこと人種関係も黒人の歴史もいいほうに行くと考えてきたが、いまじゃ俺たちは瞞されてたんだとおもうね。黒人兵は軍の制度をどうやって利用していけばいいか、その方法を必要としてるんだ。それは我々の秘密で、白人には教えてやらないよ。〔……〕なぜ私がこんなに長く軍にいるのかって？　私はね、若い黒人兵たちに白人世界で生きていく方法を伝授してやりたいんだよ。もしも君が昇進を期待するのなら、それを自分で獲得することを学ばなきゃいけない。陸軍に適応してかなきゃいけないが、それだけじゃ変化は起きやしないんだってね。単純な話さ。(30)

ここに見られるのは或る種の打算だが、けっして矮小な野心ではない。卑屈な僻みっぽさでもない。むしろこれは、アメリカ的な上昇志向が職業軍人の黒人の場合にどのように固有のかたちで現われるものなのかを示す例と呼ぶべきものだろう。言い換えれば、ロウルズが砲弾の飛び交う前線で生まれる人種を越えた同志愛を語ったのだとすると、スミスは平時の後方――軍隊の日常生活《オーディナリー・ライフ》――において人種の利益を守るための同志愛の必要性を主張しているのである。

けれども、裏返して言えばこのことは、スミスが語る同志愛が、ロウルズの場合のように心のなかの「デッドスペース」に封じ込まれているものではない、ということをも意味している。その点でロウルズの回想は、やはり、カプートの回想ときわめて近い。彼らはともに、熱帯雨の灰色の空の下で腰まで泥水に漬かった経験を共有した者だけが持つことのできる、一瞬の、夢のような悪夢のような絆の純粋さを哀しく物語っている。白人と黒人それぞれに固有の認識の違いはあるにしても、彼らがその記憶を「デッドスペース」に封じ込めるやり方は酷似している。

彼らは酬われざる人々であった。戦場で強いられたのは泥濘のなかの狂気と奇妙に間の抜けた緊張と、死を弄ぶ怖るべき頽廃の感覚であり、かろうじて帰還した故国は歓呼の声もない寒々とした巨大な疎外社会だった。戦場にいた彼らは、故郷にいる妻からしばしば「ディア・ジョン・レター」と呼ばれる手紙を受け取った。「親愛《ディア》なるジョン……」で始まるその手紙に同封されていたのは、一通の離婚届だった。彼らは明らかに、このヒーローのいない戦争における主役だった。命じられた通りに戦うことは恥辱の証しとなり、徴兵忌避者として逃亡に踏み切ることもファッショナブルな一時の抵抗に過ぎなかった。どの面から見てもヴェトナム戦争は、アメリカにとって確かに未曽有の経験だった。

しかし例外が――たぶんひとつだけ――あった。ロウルズの回想をもう一度振り返ってみれば、そのことは明らかだろう。彼はあの戦場における一瞬の同志愛が「地上兵《グランツ》」に特有なものだと慎重に言い添えている。これが、先に述べた第二の論点だ。そこにはこの戦争における唯一のヒーローたちの存在が、はっきりと示唆されている。彼らは地上兵ではなかった。泥沼のなかで心をさまよわせなければならない存在ではなかった。彼らは遙か空の高みから戦場を眺めおろす特権を握る人々、すなわちパイロットたちであった。

9 鳥の眼に映る戦争 War with Birds-eye

1

ジャーナリストのトム・ウルフはアメリカの宇宙開発初期の社会と人間たちを描いた『ザ・ライト・スタッフ』〔一九七九年〕のなかで、軍のテスト・パイロットたちは「飛んだら飲み、飲んだら車をとばし」、「気違いじみた滅茶苦茶な競争もしたことのないパイロットなんか一文の値打ちもねえな」とうそぶくような連中だった、と皮肉をこめて書いている。(1) このような描き方にウルフ一流の些か底意地の悪い誇張が混っているのはおそらく間違いないだろう。が、むしろここには、空を飛ぶということに対する人間の憧れや昂奮が、パイロットたちへの若干の嫉妬を伴って逆説的に語られていると言ったほうが良さそうだ。

けれども同時に、ここにはヴェトナム戦争とその時代の視覚的なイメージが間接的に示唆されていることも見逃せない。「正しい資質《ザ・ライト・スタッフ》」というシニカルな言葉は「誤った戦争《ザ・ロング・ウォー》」という反戦デモ隊のプラカードの文句をおもい出させ、「気違いじみた滅茶苦茶な競争」はロックとドラッグ・カルチュアの異様な色彩に充ちた陶酔をほのめかし、「飛んだら飲み、飲んだら車を飛ば」すジェット・パイロットたちの姿は、ヴェトナム戦争に際して夥しい数のニューズリールが見せつけてきたB－52やF－4ファントムの姿のフラッシュバックと重なって、読者の脳裏に迫ってくる。しかもそこに、倫理的な判断や絶望の色は薄い。何故なら『ザ・ライト・スタッフ』で直接的に描かれるのは一九五〇年代後半から六〇年代初頭にかけての――つまりヴェトナム戦争が大規模拡大される以前の――強いアメリカ社会の、些か滑稽だが壮大な道化劇《ファース》だからであり、そこで華々しく展開されるのはジェット・パイロットたちの強烈な自負心の物語だからである。したがって読者は、ヴェトナム戦争を連想する場合でさえ、パイロットという高度に専門化されたプロフェッショナルたちのエリート性に改めて注目し、彼らを、泥まみれの不名誉な非通常戦争のイメージからいったん切り離して考え及ぶことになる。

　事実、ヴェトナム航空戦は、その全体においても細部においても、地上戦の悲惨な様相とはおよそ趣きを異にしている。たとえば、陸軍や海兵隊が「肉挽き器作戦《オペレーション・マッシャー》」や「索敵《サーチ・アンド・》・殲滅《デストロイ》」といった気の滅入るような陰惨な名前の任務に従事していたころ、空軍のパイロットや海軍の航空士《エヴィエイター》が携わったのは、「燃える投げ矢作戦《オペレーション・フレーミング・ダート》」であり「轟く雷鳴作戦《オペレーション・ローリング・サンダー》」であった。地上兵たちがゲリラ兵とも民間人ともつかない屍体の山を「屍体勘定《ボディ・カウント》」と婉曲に言い換えていたころ、血の臭いを嗅ぐことのない戦闘機乗りたちは「撃墜率《キル・レイシオ》」という直截な呼び名で戦果を測っていた。

　アメリカの各軍は現在に至るまでヴェトナム戦争に関するさまざまの分析書や戦史書を公

刊しているが、なかでもとりわけ空軍は、殆ど通俗読みものに近いような内容の戦史を「USAFモノグラフ」として多数出版している。そのなかで最も眼を惹くのが、「空のヒーロー」たちの殊勲談だ。そこには、泥にまみれ地の底を這いずりまわることなく、この戦争を鳥瞰した者たちの自意識のありようが明瞭に刻み込まれている。では、その両者のちょうど中間の高度にいた人々、つまりヘリコプターの搭乗員たちの意識はどうだろう？　彼らは肉眼で人間の姿を確認できる高さで、側面ドア部分に据え付けたマシンガンを連射した。倒れる人間の姿は、すぐに視界から消えた。そのため彼らの罪悪感は地上兵《グランツ》に比べるときわめて薄かった。たとえば、ヘリの離陸時に少年を射殺してしまった或るドア・ガナーはそのときの心境を次のように述べている。

> それが起きた時、私の心の中に起こったことは……お前もわかってくれると思うのだが……。それは戦慄と苦悩であった。でも次の瞬間、私は自分を取戻しているのを感じた。〔……〕吾を忘れるか冷静を保つかそれはほんの僅かの違いにすぎなかった。そして私は、私の殻を引きはがそうとしている自分にはっと気付いた。そして、私は……私は……。
>
> その直後、私は気を取り直して、(2)スタートしたのだった。たった今の自分をあざ笑い、そのことについて冗談をとばしながら……。

彼の言う「私の殻」はそのまま「デッド・スペース」と言い換えることができる。つまり、ここにいる自分は本来の自分とは違う他人なのだという心理的な合理化によってつくられた一種の鎧である。彼よりも低高度で等身大の人間の姿を見なければならない地上兵の鎧はさらに二重、三重にも厚くなり、一方、遙か高みで過ごす飛行機乗りたちに鎧はいらなかった。

とはいえ、戦争の現実場面に関して言えば、航空兵のほうが地上兵よりも危険度が低かったわけではない。ヴェトナム戦争当時アメリカの戦闘機乗りたちの間には、一機でもミグを撃墜すれば「ミグ・キラー」、五機以上の撃墜戦果を挙げた者には「エース」という非公式ながら栄誉のある称号が与えられる習わしがあったが、一九六五年から六八年までの「ローリング・サンダー作戦」中に遂にエースは生まれず、一九七二年に再開された第二次北爆「ラインバッカー作戦」になってようやく、空母コンステレーションに乗り組んでいたランディ・カニンガムとウィリアム・ドリスコル両海軍大尉がエースの資格を得ている。ドリスコルはカニンガムが操縦するF－4Jファントムの後部座席に乗るレーダー要撃士官（WSO：Weapon System Officer）だが、七二年春以降、複座機の乗員は一機撃墜するとそれぞれが一機分の戦果を得たとされる制度変更が行なわれ――六八年まではこの割り振り算定方式はなかった――、このおかげで同時にふたりのエースが誕生したのである。[3]

この算定方式の変更は、ヴェトナム戦争においてミグを撃墜するのがいかに困難だったかを間接的に物語っている。より直接的な証左となるのは撃墜率《キル・レイシオ》で、北ヴェトナム側の戦闘経験が比較的少なかった一九六六年六月以前はミグ対米軍機のキル・レイシオが三対一で米軍側の優勢であったのに対し、六八年六月までには〇・八五対一へと逆転している。ちなみに朝鮮戦争当時のキル・レイシオは一〇対一もしくは一二対一と報告されている。また戦闘爆撃機に乗るパイロットたちを悩ませたのは北ヴェトナム側の対空火砲網〔AAA：Anti-Aircraft Artillery〕で、その装備は一二・七ミリ四連装、一四・五ミリ二連装といった小口径のものから三七ミリ、五七ミリ、八五ミリ、一〇〇ミリと多種類に及び、特に五七ミリ以上のものはレーダー管制されていたため、一九六五年中のアメリカ空軍の損耗機の八〇パーセントはこの大口径ＡＡＡの砲火によるものだった。

六六年から六八年までのキル・レイシオの低下は、また、大規模な北爆を中心とするヴェトナム航空戦においてアメリカがパイロットの人数不足と経験不足に深刻に悩まされていたことをも裏づけている。先に挙げた撃墜率は一九七三年に空軍が発表した「レッド・バロン航空戦闘研究報告」に基くものだが、同じ報告によると、六六年六月以前の戦闘機乗りの半数以上が総飛行時間二〇〇〇時間以上、現搭乗機に限定しただけでも平均五一〇時間という中堅キャリア層で占められていたのに比べて、六八年六月までには現搭乗機の飛行時間は平均二四〇時間に低下していた(4)。

加えて、ヴェトナム戦争中には朝鮮戦争のころから戦闘機に乗ってきた古参のパイロットたちが続々と退役しはじめ、六四年七月から三年間でその数は一万三〇〇〇人にものぼった。さらに撃墜率の大幅な低下の背景には、議会が、空軍にＩＣＢＭ部隊を新設する代りにパイロット養成数を一九五七年の五七二六名から一九六〇年の一三〇〇名へと大きく減らす決議

を下したことが重要な一因として挙げられる。(5)

2

けれども、こうした激しい損耗の事実を記しながらも、空軍当局が刊行した戦史書の類いには〈鳥の眼〉で戦場を眺め下した者たちに特有の誇らしげな自意識が、ときにはぶっきらぼうな平板さ、ときには通俗的な過剰修飾で微に入り細に入り描かれている。そのひとつ「USAF東南アジア・モノグラフ・シリーズ」の第一巻第一部の序文は「これは人間と機械が綾をなし、味方と敵で演出する戦争の物語である」というモニュメンタルな調子の一文から始まっている、「北ベトナムの空で演じられた攻防の相克のドラマ。この舞台背景にある二つの橋——これこそ荘厳なるポール・ドーマー橋と悪名高きタン・ホア橋である。／この橋は戦争物にうってつけの脚本となる。紺青の空高く流れる無言の航跡雲、対空砲火の高鳴る唸り、エンジンの金属音、雷鳴のような爆弾の響き。筋は次第に盛り上りクライマックスに達し、さっとおさまる。そして別の日に衣装を変えて再び始まる。新しい役者を揃えて再演される恒例の演目。この物語はそういった性質のものである」云々——。

一方、同じ本の第二部の序文は「この記事は、北ベトナムにおける米軍の航空優勢に関する物語である」という率直な書き出しで始まっている、「この物語は一九六四年における米軍の最初の航空攻撃に始まり、八年間にわたって〝漸進主義〟と言われたようにエア・パワーの適用を段階的に拡大し、一九七二年十二月、ラインバッカーⅡとして知られた見事な航空作戦で終る」。「多くの勇敢な乗員が北ベトナム上空での戦闘に生命を賭けた。目標達成のために多年に及ぶ訓練、計画、過酷な任務に身を挺した人はさらに多い。そこには勝利と、当然のことながら無残な敗北があった。政治、外交的配慮がエア・パワーの適用に制約を課したことがその敗北の一つの要因であった。一部の将兵は、この政治的制約が、純軍事的意味で、その戦争に勝利を得ることを妨害していると考えた。／このような枠組の中で、空軍は航空優勢を維持するため長期間にわたり懸命な努力を続けた」云々――[6]。

一見きわめて対照的な文章だが、ともに端的に軍人の審美観やパイロットの自意識のありようを反映している点では、コインの表裏ほどの違いと言えよう。いずれもがヒロイックで、モニュメンタルで、表面的な形容詞は違っていてもその底では同じ価値を共有している。彼らはものの一分もせずに何千マイルもの高度に達する能力を持つ超音速戦闘機に乗り、計器類にとり囲まれた窮屈なコックピットで自分たちだけの世界と戦場を築き上げた。彼らは地上兵たちが越えることを禁じられた北緯十七度線を軽くひとまたぎし、北爆行動を「ダウンタウンに出かける《ゴーイング・ダウンタウン》」と呼びならわして愉しみさえした。トム・ウルフが皮肉をこめて「正しい資質《ザ・ライト・スタッフ》」と呼んだのは、つまり、このように閉鎖的・限定的な自己実現の世界の価値観だったのである。そしてこの慣習こそが、ヒーローのいないヴェトナム戦争にあってなお、軍用パイロットたちを唯一の英雄として遇しようとする風潮を生んだのだと言って良い。

この問題を取り上げて、マイケル・アーレンは早くも一九六八年の初めの時点で、鋭い批判をしている。[7]

彼が例示しているのは一九六七年の冬にCBSが放映した「ヴェトナムの視点——北の空の戦い」という番組である。アーレンによればCBSの「リポーター」——と彼はわざわざ括弧付きで書いている——は、まず、空軍基地に積み上げられた爆弾やミサイルの列を背にしてパイロットたちがいかに「軍事的・技術的に『たのもしさ《タフ・マインドネス》』」を持っているかを再三強調し、戦争を早期終結させるために北爆を行なうのだという政府の主張をしかつめらしく視聴者に説明した。つづいて出撃前のパイロットたちのブリーフィングの様子が映し出され、地上から発射されるSAMの回避法を部下に教えるフライト・リーダーが登場し、さらに、離陸する爆撃機や機上からの空の眺め、そして「遙か下界で音もなく、遠く、森の深緑のなかで炸裂する白と赤と青の閃光(ポップ・ポップ・ポップ・ポップ!)だのといった〔……〕お祭り大好《アイ・ラヴ》き人間《パレード・スタッフ》のお好み」がつぎつぎと映し出される。くだんの「リポーター」がマイクロフォンを突きつける相手はいずれも「見るからに勇敢そう〔undoubtedly brave〕」な空軍士官たちで、彼らの会話はたとえば次のようなものだった。

リポーター　「さて、大佐、いかがでした?」

大佐　「本当にグッド・ミッションでした。天気はグッド。我々は目標にグッド・ボムを投下し、四番機が道路を完全《エクセレント》に分断しました。あの爆撃も見事でした」

リポーター　「で、その後道路は?」

大佐「我々の目標は道路と輸送車駐車場《トラック・パーク》で、我々の機はトラック・パークに爆弾を全部投下し、四番機はトラック・パークにプラスして道路を叩いたわけです」

リポーター「(その場を締めくくりながら)彼らの闘志はみなぎっています——仕事を成し遂げたのだという誇りと信念。良い日でした。撃墜された機は一機もなく、全員が帰還したのです」

インタヴューというには余りにお粗末な、会話の辻褄さえ合わない代物だが、アーレンはこれがメジャーのTVネットワークの報道の内実なのだという。そしてきわめて辛辣な調子で——なにしろこの記事のタイトルは「爆弾が落ちてゆく、ポップ・ポップ・ポップ!〔"The Bombs Below Go Pop-Pop-Pop"〕」なのだ——くわしく番組の進行過程を紹介してゆく。それによるとこの一時間番組は、五三分が過ぎたところで突如あわただしく北爆反対の意見があることを殆ど視聴者の印象に残らないようなやり方で付け加えたが、それもコマーシャルに間を分断されて、実質的に五分間程度のシークェンスに過ぎなかったという。締め括りに姿を現したのはくだんの「リポーター」で、彼は「戦争ではいつも民間人が殺されるものです」と述べながら、北爆は「部分的に」成功したに留まったと付け加え、番組は終わった。アーレンは殆ど怒りを込めて、次のように書いている。

一九六七年の真冬、国内を覆う病と国際関係の不安にさいなまれながらわが国は北ヴエトナムに対するエア・キャンペーンを実行しつづけている。しかしそのようなときに、メジャーのテレヴィジョン・ネットワークが北爆をシリアスに検証するのだと称しながら、その実ひどい子供っぽさと無知と救いようのない臆病根性《チキン》でこの話題を扱っているのは、とても信じられない話である。そのひとつが、最近CBSが放映した「ヴェトナムの視点——北の空の戦い」だ。私が「臆病根性《チキン》」などという言葉をあえて使うのは、CBSが(そのへんにいるガキどもじゃあるまいし)知ったかぶりの態度で関わるべきではないことに首を突っこんだからなのだ。北爆反対を唱えるならそれを知的に論じるべきだし、たとえ北爆賛成を言うとしても、やはり知的であらねばならない。そしてもしジャーナリストとして全体状況とふたつの意見に言及するつもりであれば——なかなか難しいこととはいえ——正直に慎重にトライする姿勢を見せなくてはいけない。ところがCBSのとった態度は、そのいずれでもなかった。CBSはこの重要にして注目度の高い政治的・感情的争点のひとつを取り上げ、ジャーナリスティックな「客観性」とやらの言い訳を使って五〇分間にわたってえんえん政府のプロパガンダを流した挙句、最後の五分間でちらっと「反対」を仄めかす、というやり方に出たのである。

けれども、アーレンのような見方を公然と表明するジャーナリストや批評家は、少なくとも一九六八年のテト攻勢の衝撃が世論の風向きを大きく変えるまでは、けっして多数派ではなかった。アメリカ国家が戦争を遂行している以上、アメリカ社会もアメリカン・ジャーナリズムも、勝利の知らせと眼に見える英雄の存在を必要としていた。軍用パイロットたちは、そのときのうってつけのプロフェッショナルたちだった。彼らがいやでも地上の悲惨と直面しなければならないときも、その悲惨は地上兵たちのそれとは少しく違っていた。乗機が被弾し、機体が火を噴くと、彼らはコックピットの射出レヴァーを引いてパラシュートで地上に舞い降り、そしてしばしば捕虜となった。北ヴェトナム領域で捕えられた者たちが収容される牢獄を、彼らは「ハノイ・ヒルトン」と呼んでいた。

3

アメリカの軍用パイロットのなかで最初の戦時捕虜〔POW：Prisoner of War〕として公式に記録されているのは、海軍のエヴェレット・アルヴァレッツ大尉である。撃墜されたのは一九六四年八月五日、トンキン湾事件への報復のためUSSコンステレーションおよびタイコンデロガの両空母の艦載機が北ヴェトナムの魚雷艇基地の爆撃に踏み切ったときのA－4スカイホーク搭乗員だった。当時二十六歳だった彼は、これ以後八年半にわたって「ハノイ・ヒルトン」での抑留生活を余儀なくされることになった。(8)

だが、このときの作戦行動は一般に北爆の開始とは見做されていない。正規の作戦名を持つ大規模かつ継続的な北爆は、一九六五年二月七日、解放戦線によるプレイ・ク基地へのゲリラ攻撃への報復のため大統領ジョンソンがDMZ〔非武装地帯〕のやや北方にある北ヴェトナムのドン・ホイ基地を直接叩く許可を米海軍航空隊に与えた「フレーミング・ダート作戦」が最初だとされている。(9) このときトンキン湾上に投入されたのはUSSコーラル・シー、ハンコック、レインジャー三隻の攻撃空母で、このうち前二隻から発進した計四十九機がドン・ホイの施設の大半を破壊したものの、レインジャーから発った三十四機は天候不良のため内陸部攻撃を断念し、またコーラル・シー所属のスカイホークが一機撃墜された。このとき航空士《エヴィエイター》をつとめていたE・A・ディクソン大尉は、結局生死不明のまま軍用パイロットで最初のMIA〔Missing in Action　戦闘中行方不明〕と認定されている。(10)

これに対して解放戦線は、二月十日、クィ・ニョンの古いホテルに設けられた米軍宿舎を攻撃、二三名のアメリカ兵死者のほか多数の負傷者を出す損害を与えた。このためアメリカ太平洋艦隊司令官グラント・シャープ大将は再び報復を指示し、翌二月十一日に計九十九機による「フレーミング・ダートII作戦」が開始された。こうした経緯を見てもわかる通り、初期の北爆はあくまでも報復を目的としたものである。しかし、攻撃されてから報復を行なうといったやり方では、対応はつねに後手に回ってしまうことになる。そのため報復という限定的な名分を捨てて開始されたのが、「フレーミング・ダート作戦」直後から三年間にわたってつづくことになる「ローリング・サンダー作戦」だった。この作戦計画がけっして急ごしらえのものでなかったことは、「フレーミング・ダートII」実施のわずか二日後に「ローリング・サンダー」への大統領許可が与えられたことからも一目瞭然だろう。

継続的な北爆を主張する声は、トンキン湾事件直後から米軍内部はもちろん、政府部内でも急速に高まりつつあった。その主張はトンキン湾からほぼ四カ月後の六四年十二月二十六日から翌年一月にかけてのビン・ジアでの戦いで解放戦線が圧倒的な勝利を収めたことによって、一気に表面化した。サイゴンから約六〇キロの地点にあるビン・ジアは、当時MACVの宿舎があり、またアメリカ第七艦隊の寄港地でもあった。ということはそれだけ守りの堅固な基地だとおもわれていたわけなのだが、解放戦線はここを攻撃目標として結成以来最も長期間の戦闘行動を展開して、遂にビン・ジアを陥すのに成功した。場所が場所だけに米政府の不安感は急激に高まり、軍部内での強硬論をいっそう煽り立てることとなった。「ローリング・サンダー作戦」はこうした経緯のなかで早くから計画・上申され、大統領の裁定を待つばかりになっていたのである。

米軍部内の強硬論を最もよく示す例としては、「ローリング・サンダー作戦」当時のアメリカ太平洋空軍司令官ハンター・ハリス大将が政府に申し送っていた、北ヴェトナム人民軍防空部隊基地の直接爆撃の許可要請を挙げることができる。ハリスの計画はハノイ北方にあるフク・イエン飛行場に対してB－52戦略爆撃機三十機で夜間攻撃をかけ、「ローリング・サンダー作戦」を阻止しようとするミグ部隊を一気に叩こうというものだった。[11] 結局この要請は政府上層部から却下され、実際にB－52が北爆に投入されるのはヴェトナム戦争末期の一九七二年に再開された「ラインバッカーII作戦」においてのことになるのだが、このハリスの計画は、世論に対する配慮や政治判断とは無関係にひたすら独走しようとする軍人の発想をよく窺わせる〔先に引いたUSAF公刊戦史の「一部の将兵は、この政治判断が、純軍事的意味で、その戦争に勝利を得ることを妨害していると考えた」という指摘は、このような軍人の発想とまっすぐ繋っている」。

一方、ハリスが直接攻撃しようとした北ヴェトナムの航空兵力は、どの程度のものだったか？　その実態を知るとき、私たちは二度驚かされる。一度目は初期の呆気にとられるようなお粗末さにであり、二度目はそのきわめて短期間における急速な充実ぶりにである。

まずトンキン湾事件以前、すなわち一九六四年半ばまでに北ヴェトナムが保有していたのは練習機三十機、輸送機五十機、軽ヘリコプター四機のみであり、防空戦闘機に至っては一機もなかった。ところがトンキン湾の二日後の八月七日、フク・イェン飛行場に中国から提供されたとおぼしいミグ15とミグ17が出現しているのが確認された。さらに翌六五年の八月半ばまでにはソヴィエトから提供されたと見られるミグ15・17が合計七十機を数えるに至り、その年の十二月にはミグ・シリーズ最初の超音速機であるミグ21が姿を現わすことになる。(12)

こうした拡充は、明らかに米軍の北爆展開に対抗した結果だった。対するアメリカ側も、亜音速旧式のミグ15に撃墜されることはさすがに一度もなかったものの、同じく亜音速ながら大きく戦闘能力を向上させたミグ17と、アメリカの最優秀機に匹敵するミグ21には最後まで悩まされることになる。

こうして急激に熾烈な様相を深めた空の戦争では、空中戦や対空砲火網攻撃の結果、撃墜され捕虜になる者が飛躍的に増大した。一九七三年春、アメリカと北ヴェトナムの和平協定締結に伴って米国に送還されたアメリカ人は計五九一名。そのうち二五名は民間人だが、あとはすべて軍人で、空軍三二五名、海軍一三八名、陸軍七七名、海兵隊二六名にのぼっている(13)。空軍につづいて海軍が多いのは、もちろん海軍の航空士《エヴィエイター》が多数含まれているためである。一方、空・海軍と並んで独自に航空部隊を有する海兵隊の捕虜が四軍中最少であるのは、彼らの作戦任務が北爆ではなくもっぱら南ヴェトナム領内での海兵隊地上部隊の空からの支援爆撃――すなわち南爆にあったためだと考えられる。なお、一九七三年以前に釈放されたり逃亡に成功して帰還した者を含めると、インドシナでの戦争から帰った捕虜は軍人・民間人を合わせて計七六六名にのぼり、朝鮮戦争の七一四〇名、第二次大戦の一三万二〇一名に比べてきわめて少ない〔一九七六年十二月末日現在(14)〕。またインドシナ半島での戦役に従事しながらいまだに戦死も帰還も確認されず、消息不明者〔the unacounted-for〕となっている者の数は合計二二七三名で、これも朝鮮戦争の約八一七〇名、第二次大戦の約七万八七五〇名と比べると格段に少ない〔一九九一年十二月現在(15)〕。

4

ヴェトナム戦争の捕虜たちの体験を調べたサンディエゴ「戦争捕虜研究センター」のエドナ・J・ハンターは、ヴェトナムでの捕虜はそれ以前の戦争の捕虜と比べるとエリートが多く、「大多数は将校で、年齢も高く、教育程度も一般に高かった」と報告している(16)。この違いは、ヴェトナムでの捕虜の多くが軍用パイロットだったことから来ている。彼らは士官学校か、でなければ高校卒業後、各軍の飛行訓練校を出ており、その時点で自動的に士官となったため、平均年齢が十九歳というヴェトナム戦争における徴兵入隊の地上兵たちと比べると年齢は圧倒的に高かった。そのうえ、地上軍では階級が上がるごとに一般に前線任務は少なくなったのに対して、軍用パイロットたちの場合は朝鮮戦争を経験したことさえあるような古参《ヴェテラン》たちが積極的に前線の戦闘任務に就いていた。総じて軍のパイロットたちは――「ミグ・キラー」や「エース」の伝統に見られるように――どれほど実戦で戦い、手柄を挙げたかを競い合う傾向にある。彼らの意識が全軍兵士のなかでもずば抜けて異彩を放っているのは、これらの背景とも深く関わっている。そればかりではない。特に、いわばパイロットたちを頂点として編成されているような組織である空軍は、海軍や海兵隊がパイロットという呼称を使わず航空士《エヴィエイター》と呼び、彼らをあくまで組織のひとつのポジションとしてしか遇していないのに比べて、かなり違った自意識を抱いている。事実、ハンターが所属した「戦争捕虜研究センター」は陸軍・海軍・海兵隊が協力して一九七二年に設立した機関であり、空軍は設立への関与を拒んだという経緯がある。したがって以下に参照するハンター報告は、すべて、空軍を除く各軍の捕虜たちの体験をもとに分析されたものである。(17)

彼女の報告は最初に、捕虜たちが他のヴェトナム・ヴェテランとは非常に異った戦争体験をもっていることを強調している――「捕虜の戦いは毎日生き残るための闘争であるだけでなく、心理的威圧、身体的苦痛、倦怠、屈辱、絶望、そしてしばしば深刻な抑うつ感等に対する闘いでもある。帰国した時のアメリカ大衆の受けとめ方も一般の復員兵と違っていたし、帰国後何年間も彼らは違った目で見られていた。家族や職場、社会に溶け込んで行くプロセスも普通のベトナム復員兵が経験するのと違うであろうことも予想されないことではなかった」。

違いは、捕虜同士の間にもあった。北ヴェトナム人民軍に捕えられたか、それとも解放戦線だったかによって、収容場所も待遇も明らかに異なった。たとえば一九七三年春に帰還した陸・海・海兵三軍の捕虜計二四一名のうち、海軍の全員(一三八名)と海兵隊エヴィエイターの一〇名は最初から最後までを北ヴェトナムで過しているが、陸軍の全員(七七名)と海兵隊の一六名は南ヴェトナムで捕えられ、その後八〇パーセントの者が北へ送られた。全体に多かった疾病は寄生虫症で、南にいた者は他に栄養失調、マラリア、皮膚病などふたつ以上の病を負っていたが、北での捕虜たちには外傷が多く見受けられた。エヴィエイターの場合、撃墜時や脱出・降下時に怪我し、多くが整形外科的なものだったからだとハンターは指摘している。逆に南で捕虜になった者の外傷は被弾やヘリの墜落が原因だった。さらに彼女は、末梢神経外傷は北で多かった、という——「北では威圧のために、ロープで吊したりしたためである。北ベトナムで捕虜に加えられた肉体的、心理的重圧を考えると、彼らが、ひどい精神病にならなかったのが不思議なくらいである」。

彼女の報告に従えば、南と北では収容施設そのものに関する限り、圧倒的に北のコンディションのほうが良かったことになる。南での抑留施設は竹の檻が多く、捕虜たちは一日中そのなかに閉じ込められ、作業や檻の掃除、洗濯以外のときは鎖でつながれていることもしばしばだった。けれども、捕虜の取り扱いになると、事情は逆転した。南では拷問や残虐行為の類いは北に比べて少なかったのに対し、北では戦犯裁判の名の下で、普通の尋問で情報が得られなければロープや枷や拷問用具が使用された、という。

「最初の数年間、ベトナムはアメリカ人捕虜を宣伝目的に利用していたことは明らかである。宣伝テープ、記者会見、アメリカの戦争介入を非難する手紙をパイロット仲間や国会議員に送ること、軍隊規律規定に反する行動を起こすことなどが強要された」

南での捕虜が全体的な物資不足からしばしば作業を命じられ、働かなければ食べものさえなかったことが多かったのに対して、北での捕虜には作業や運動は許されず、終日独房暮しを余儀なくされた。したがって彼らは壁に押し付けたコップで声を送るなど、独房間のコミュニケーションを図る方法をさまざまに開発していた。一九六五年末に撃墜され、七年間を北の収容所で過した海軍大佐ハワード・E・ラトリッジも、その回想録のなかで「捕虜同士のコミュニケーションはきわめて効果的だった」と語っている。

捕虜暮しの長い年月で我々はありとあらゆるものを使ってコミュニケートすることを学んだ。理想的なる環境——まったくあれは、めったにあるものじゃない——の下では、我々捕虜同士がほんのちょっとでも顔を合わせる機会など持てなかった。したがって前に説明したように隣り同士の場合はブリキのコップを使って壁を叩いたり、それを壁に当ててコード・メッセージを喋ったりした。距離が近いときは指を鳴らし、遠くなると拳や肘で床を叩いた。音ならなんでも使った――咳、鼻を鳴らす音、唾を吐く音、さらにうがいの音もシンプル・コミュニケーションに使われた。特に効果的なのは収容所の掃除に駆り出されたとき、ほうきの動かし方で収容所全体にシグナル・メッセージを送ることだった。もしも他の独房の前を通るようなことがあれば、ホー・チ・ミン・サンダルをわざと引きずって暗号を送った。ほうきで自分の〝独房《ハニー・バケット》〟[18]を掃除するときは、見張りの看守が絶対に気づかないようにバケツでメッセージを送った。

彼は七年間の捕虜暮しをハノイにあるホア・ロ監獄で過した。フランス植民地時代に建てられた巨大な石造りの建物で、高さ五、六メートルの壁が周囲をぐるりと取り囲んでいた。そこが通称「ハノイ・ヒルトン」だった。アメリカの捕虜たちは、そのなかの各区域をさまざまな名前で呼んでいた。連行された捕虜たちが裸で放り込まれ尋問されるのは「新参者村《ニュー・ガイ・ヴィレッジ》」、次に監禁される二メートル足らず四方の独房は「ハートブレイク・ホテル」、そしてハノイ・ヒルトンのなかにつくられた新しい独房棟は「ラス・ヴェガス」と呼ばれていた。北側の壁は「サンダーバード」で、北東の角は「ミント」、東の壁に沿って並ぶふたつの独房棟はそれぞれ「砂漠の宿《デザート・イン》」と「スターダスト」だった。さらにハノイには他にも収容所があり、ダウンタウンの南西部にあるほうは「動物園《ズー》」、ハノイ中心部の国防省の裏手にあるほうは、かつてサンフランシスコにあった有名な連邦刑務所の名前をとって「アルカトラズ」である。「ズー」はフランス植民地時代の娯楽施設だったところで、もとは

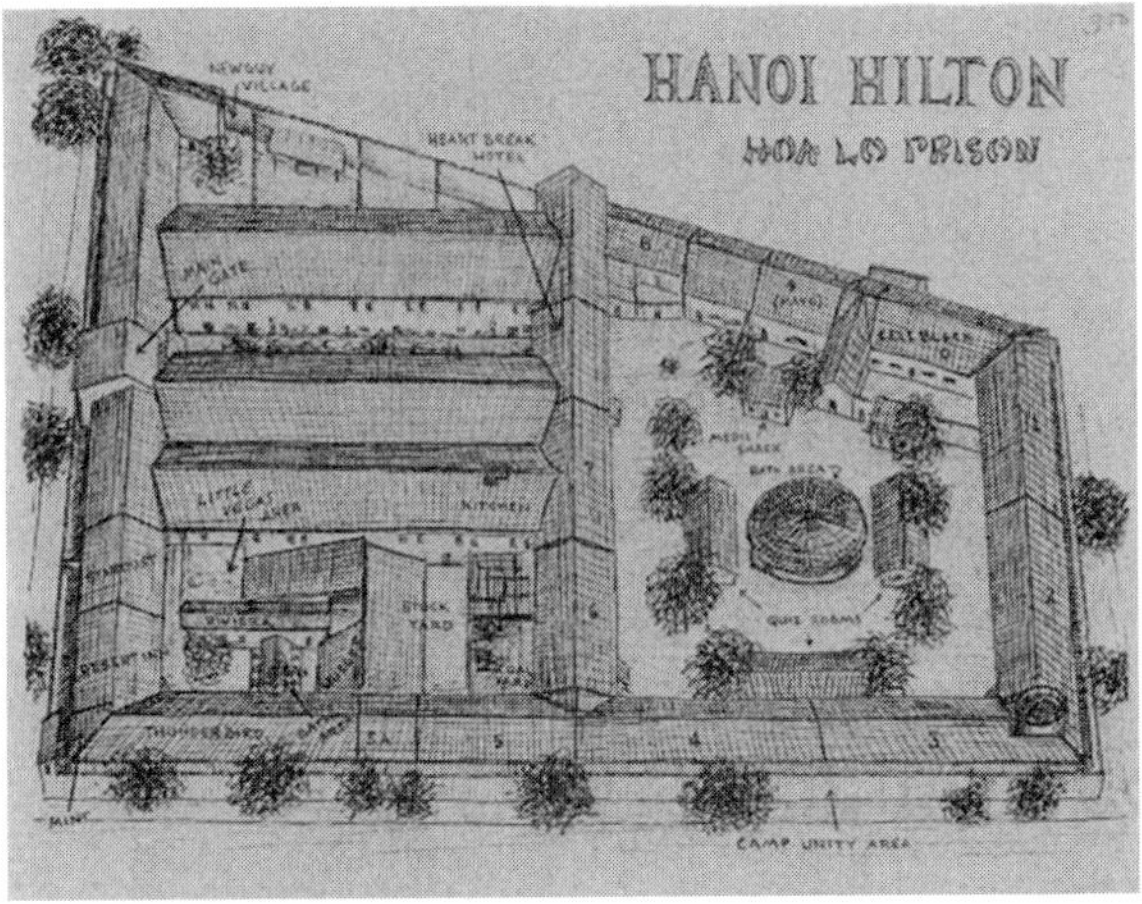

ホア・ロ監獄，通称「ハノイ・ヒルトン」(Howard and Phyllis Rutledge, *In the Presence of Mine Enemies*, 1973).

運動場やプール、劇場、レストラン、宿泊施設などがあったが、いまやすべての建物は小さな独房で仕切られ、プールには看守たちの食用の魚が飼われていた[19]。

ハンターは「捕虜の生きざまは孤独で、単調で、信じられないほど退屈であった」と報告している。したがって、先に挙げたようなさまざまな手段によるコミュニケーションが彼らにとってなにより重要なものとなった。「帰国したたいていの者は、独房監禁中でさえ、その生活に耐えさせた唯一のものとして、このコミュニケーションの能力を挙げている。彼らは部屋と部屋の間で通信することができただけでなく、建物間、敷地間、キャンプ間でもコミュニケートすることができた。新しく捕虜になった者からの新しいニュースとか、上官の方針とか、キャンプ内の人間に関する情報とか、その他映画の筋、外国語のレッスン、詩、祈禱、聖書の一節などを彼らは伝えあった。また、一人でものを考えるということももう一つ重要な要素であった。ある人々は、捕虜生活は自分たちの価値を反省し、整理し直し、自分自身をより良く知るための良い機会でもあったと述べている[20]」

彼らのコミュニケーションの緊密さや心理的な安定度は、ジュネーヴ条約にさえ守られていない戦犯扱いの捕虜のものとしては、驚くほど充実している。その大きな理由のひとつは彼らが殆ど全員パイロットで、しかも将校だったことにある。階級は一番下でも中尉で、最も多いのが大尉から大佐、一番上でも准将だった。そのため彼らは、通常の部隊で起こりがちな兵卒と士官の心理的対立から予め免れていたし、またパイロットやエヴィエイターに特有のヒロイックなエリート気質による精神的共通性を事前の段階で持っていたのである。たとえば、一九六七年六月から七三年三月まで「ハノイ・ヒルトン」に抑留された海軍准将ウイリアム・ローレンスは、「エヴィエイターというのは一種永遠のオプティミストなのだ」と述べている。

一九六七年の時点で私は既に十五年間の経験を持っていた。たくさんの友人が殺されたり、テスト・パイロットとして事故に遭うのを見てきた。しかし、だからといって神経質になるわけではない。むしろ逆に——と私はおもうんだが——我々エヴィエイターは、自分の場合はなにが起こっても最悪の事態を回避できるんだという楽天性と自信を持っているものなのだ。それは、幼稚《ナイーヴ》なのとは違う。個人的な家庭事情とか家族への保証については私だっていろんなことがあったし、そういうすべてのサヴァイヴァル・トレーニングをくぐり抜けていろんなことを学んだんだ。もちろん誰だって、自分は不慮の事態に十分備えがあるんだとおもってることだろう。しかしそのためには本質的にオプティミストじゃなきゃいけない。私はそうおもうね。(21)

5

捕虜になったパイロットやエヴィエイターたちは苛酷な肉体的・心理的プレッシャーを経験しなければならなかったが、その基本的な意志は生き延びることに対するポジティヴな方向へと――「本質的なオプティミズム」に支えられて――まっすぐ伸びていた。それは「三百六十五日間の戦争」を泥まみれの戦場で過し、後ろ向きの心持ちで生き延びることに縋りつかざるを得なかった地上兵たちとは完全な対照を成している。

もちろん、地上兵たちのなかにもポジティヴな意志や安定度の高い認識がまったく存在しなかったわけではない。その好例がグリーン・ベレーである。精神医学者デイヴィッド・M・マンテルによると、彼が被験者に使った二六名のグリーン・ベレーたちは「ベトナム体験に対して拒絶反応をまったく示さなかった」という。「インタビューや広範なアンケートでも彼らの間には罪悪感や苦痛の反応の徴候はなかった。彼らにＭＭＰＩ〔ミネソタ大学作成による五五〇項目の質問形式心理テスト〕を施行してみても、抑うつ、不安、神経過敏、恐怖、劣等感を意味するものは認められなかった」[22]

このことは、グリーン・ベレー隊員の自意識が軍用パイロットたちのエリート意識やプロフェッショナリティへの自己信頼とほぼ同種のものであることを語っている。したがって、見方を変えれば、捕虜体験を持たない戦闘機乗りたちに同じようなテストを施してみても、ほぼ同じ結果が出ただろうことが——説得力ある推論として——考えられる。捕虜体験を経ながらもなお、抜群の楽天性と安定性を相対的に示す数々のパイロットやエヴィエイターたちの回想が、そのことを有力に裏づけてくれるのである。

とはいえ、捕虜になった戦闘機乗りたちの間にも不調和の芽は存在していた。それは——ここでもやはり——黒人と白人の対立ないし相互不信である。たとえばウォレス・テリーの『ブラッズ』に登場する唯一のパイロット、フレッド・Ｖ・チェリー空軍大佐は一九六五年十月から七三年二月まで「ハノイ・ヒルトン」や「ズー」での抑留体験を持っている——アメリカ人としては四三人目、黒人としては初めての北での捕虜である——が、捕虜生活の初めのころ、或る白人の海軍エヴィエイターと同じ房に収容されたことを語っている。[23]独房を基本原則とする「ハノイ・ヒルトン」や「ズー」では珍しい措置だが、チェリーとこの海軍中尉はともに南部の出身で、そのことを知った看守がわざと黒人—白人の対立を情報入手のためにも利用したのだとチェリーは言う。事実、撃墜されて間もないふたりの仲は良くなかった。チェリーはこの中尉がフランスふうの顔立ちをしていることから親ハノイのフランス人スパイではないかと疑い、中尉は中尉で海軍には殆ど黒人パイロットがおらず、空軍の事情にも不案内だったことから、チェリーに猜疑心を抱いていた。同じ戦闘機乗りでも所属軍が違えば経験も認識も違ってくることが、この一事からも良く窺える。しかしふたりの相互不信はその後の抑留生活のなかで少しずつ解消されてゆき、各自が拷問に遭ったことで助け合いも必要となり、数カ月後チェリーが三時間にわたる厳しい尋問を受けて房に戻ると、中尉は涙を流して無事を喜ぶほどになっていった。「私たちは抱き合って、とめどもなく泣いた」とチェリーは言う。それから四日後、看守がやって来て中尉に長袖の囚人服を着て荷物をまとめるように命じた。

私の眼から涙がどっと溢れ出した。彼に何事も起こらないことをひたすら祈った。私たちは泣いた。
そして彼は連行されていった。わずか二分間の出来事だった。
私の生涯でその晩ほど絶望的だったことはない。私の全生涯でこのときほど、誰かを失うのを憎んだことはない。私たちは本当の親友になっていた。彼は私の人生の頼みの綱だったのだ。

チェリーの回想はもうひとりの黒人パイロット、ダニエル・〈チャッピー〉・ジェイムズJr.

空軍大佐のことをおもい出させる。彼の場合はチェリーのように捕虜体験を持っているわけではないが、その勇猛さでヴェトナム航空戦におけるおそらく最も有名な黒人パイロットである。彼のヒーロー物語の第一の特徴を成すのは、まず、彼が一九六六年末から副官をつとめたタイのウボン基地駐留の第八戦術戦闘航空団〔8TFW：The 8th Tactical Fighter Wing〕が「狼の群れ《ウルフ・パック》」と異名をとる最精鋭部隊だったことにある。この8TFWは、一九六七年の一月に入るとすぐ、「投げ縄作戦《オペレーション・ボーロウ》」という一種の囮《おとり》作戦を発動させ、全隊で一任務に合計七機のミグを撃墜するという戦果を上げてその勇名を轟かせた。(24) 団司令は立派なカイゼル髭を生やしたロビン・オールズ大佐で、朝鮮戦争でもミグを撃墜したキャリアを持つという四十四歳の「腕利きの空の勇者《スーパー・スティックス》」である。

この8TFWは殆ど全員が、オールズの好みに倣ってリボルヴァーのマグナム拳銃を腰に吊しており、チャッピー・ジェイムズもそれに従っていた。そのうえ彼は、自分の白いヘルメットに跳躍する黒い豹の絵を描いており、空軍当局はしばしばこのヘルメットを抱えたチャッピー・ジェイムズの写真やオールズとジェイムズが並んだ写真を広報用に提供していた。それは、当時武装暴力革命を提唱して最もラディカルな――そしてファッショナブルな――結社だと見られていたブラック・パンサーを明らかに想起させるとともに、人種を問わぬ「空のヒーロー」たちが命を賭けて祖国のために戦っているのだというプロパガンダが空軍当局の手で意図的に行なわれていたことを示している。それはしかし、ジェイムズ自身にとっても好ましからざることではなかった。彼自身、のちにはっきりと「私は三つの戦争で戦

上／黒豹を描き込んだヘルメットを持って記念撮影されたダニエル・〈チャッピー〉・ジェイムズ Jr. 空軍大佐(U. S. Air Force).
下／ペンタゴンの壁に描かれたフレッド・チェリー空軍大佐(Wallace Terry, *Bloods*, 1984).

上／ロビン・オールズ大佐とチャッピー・ジェイムズ大佐．チャッピーは8 TFW の副司令官をつとめていた．下／タイ・ウボン基地に拠る8 TFW の団司令オールズ大佐(U.S. Air Force)．

ってきたが、国を守るためには何度戦ったって多過ぎるということはないだろう。私はアメリカを愛している。だから彼女が弱り、病んでいるときには手を差しのべなければいけないのだ」と言い切っている。[25]

彼らの発言が戦時の前戦部隊〔または捕虜収容所〕での経験に基いたものである点を考慮する必要があるとはいえ、鳥の眼で戦場を眺め下した人々のヴェトナム体験のなかでは、人種関係さえもが、地上兵に比べると遙かに緊張度の低いものだったとおもわれる。

6

ヴェトナム・ヴェテランたちの精神医学的症状群をくわしく分析したロバート・F・パンツァレラらは、帰還兵たちの心理的ヴェトナム体験を次のように列記している。それらは聞くだけでも絶望的な心理的分裂の数々である。すなわち、「ベトナムでの残虐行為に対する罪悪感、伝来の道徳の限界を越えたベトナムでの非行〔特に性、薬物、暴力に関して〕、仲間を見捨てたという罪悪感、生き残ったという罪悪感、激怒、兵士を戦場へ送った国家に裏切られたという感情、自分自身や社会に対する不和、無関心、抑うつ感情、不安、強迫的におそってくるいまわしい記憶、悪夢、不眠、知覚過敏、拒否と抑制という自我防衛機構の広範な応用、錯乱、虚無、イデオロギーの幻滅、コントロール不可能な敵意、気まぐれな乱暴、フラッシュバック体験、薬物中毒、失業、人生目標の喪失、市民生活に戻った時のショック、戦争の興奮後の市民の平凡な生活への適応不能」などなど[26]――。

しかし、捕虜たちが抑留中に蒙らなければならなかった心理的ストレス症状は、おそらくこれほど多岐にわたってはおらず、また深刻なものでもない。殊に、捕虜の状態から生きて戻った人々の場合には、先に挙げたエヴィエイターが語るように、基本的な部分でオプティミスティックな性向を示している。エドナ・ハンターも、南ヴェトナムで捕虜となった経験を持つ或る研究者の報告を引いて「生存者は積極的に行動し、清潔を保ち、ユーモアのセンスを保持し、よく働き、そしてその環境にうまく対処した。それに反し死亡した者は捕虜生活の環境を拒否し、または抵抗した。自己をさげすみ、キャンプ生活で助け合うことを拒んだ者は通常、抑うつ的になり、引きこもり、[27]絶望的となり、そのあげく汗まみれの強制労働に駆り出され」て生命を縮めた、と述べている。

むしろ生き残った者たちの心を重くしたのは、長期間の捕虜生活のあとで故国に帰ったとしても果して再適応できるだろうか、という不安だった。彼らはアメリカの状況について殆ど知る機会を持たず、将来の職業や家族の行く末を懸念した。ところが、彼らは帰国したとたん、おもってもみなかったような大歓迎を受けた。ハンターも言うように、彼らはヴェトナム戦争における「唯一の英雄」だった。長い長い戦争が終わったという解放感が、捕虜たちの帰国を伝えるジャーナリズムの論調をいっそう明るくした。軍もまた、彼らをこぞって迎えた。現役として軍に復職することは無論、任務を自由に選択する権利すら与えられ、さらに一部の者には昇進や部隊の指揮権などが与えられた。英雄となった彼らの声を社会は聞きたがり、市民グループや教会やボーイスカウトなどさまざまな団体が彼らに講演会を依頼した。(28) それらは大半のヴェトナム・ヴェテランが望んでもけっして得ることのできない手厚い待遇だった。

しかし、このような待遇が、かえって捕虜たちの戦後再適応を疎外していた。何故なら彼らが心から求めていたのはプライヴェートな静寂や家族との静かな再会の時間だったにもかかわらず、「英雄」の一日の殆どすべては注目度の高いパブリックな時間となってしまったからである。それればかりではない。時間が経つにつれて、再会を喜んだ家族との関係が実はかなりのギャップを孕んだものだという問題が徐々に露わになってきたのである。

先にも述べたように、ヴェトナムで捕虜となった者の多くは一九七三年の春になるまで殆ど釈放されることはなかったから、彼らと家族の間はしばしば数年間も断絶状態に置かれていたことになる。そしてその間、アメリカ社会の文化的環境は激変した。

暴力に対する感覚、セックスに対する倫理的判断を含め、一九六〇年代半ばから一九七〇年代前半にかけてのアメリカでは、あらゆる価値の枠組みが大きく変動していた。しかし捕虜たちはその間じゅうタイム・カプセルのなかに入っていたようなものだった。(29) そのため、帰国した彼らがたとえば妻と映画を観に行くと、まずその映画のなかで描かれた性的表現に強い衝撃を受け、次に傍らの妻が平然とそれを眺めているさまに再度ショックを受けるといった事態が続出した。

彼と彼女とでは、家庭のありように対する考え方も大きく喰い違っていた。フェミニズム運動の影響ばかりではなく、捕虜たちの妻の多くは夫や父のいない家庭を維持しなければならないという現実に直面していた。ハンターは、そのプロセスを次のように記述している——「男たちが捕虜生活に順応してゆくプロセスと同様に、妻たちも初めは夫の不幸な出来事を知って心理的に茫然とする。ショックの時期が過ぎると、夫が捕虜生活中怪我をしないか、まだ生きているか等、捕虜生活の状況についてできるだけ知ろうと努力する。あらゆる手をつくしても、これ以上わからないとなると、妻たちは抑うつ期に入って行く。それは夫のそれと同じである。しかし妻たちの場合は夫たちと違ってその後、突然彼女が以前には知らなかった自由と新しい責任を発見する。さらに時間が経過すると、彼女たちは新たに発見した独立性を見事にこなすことを学び、かつ年月の経過とともに妻たちはますますその独立性を失いたがらなくなる(30)」。

このハンター報告によると、妻たちが経験する抑うつ状態は長くても二、三年で終わり、「足踏みしていることをやめ、生きるために前進しようと決意」したという。二、三年という時間は、この場合けっして長いものではない。「ローリング・サンダー作戦」の末期に北ヴェトナムで捕虜になったパイロットやエヴィエイターたちの抑留期間は、少なくとも五年間、初期ならば七、八年にも及んだからである。しかももうひとつ厄介なことには、捕虜たちがいやでも互いの結束を強めて生き残らなければならなかったのに対して、捕虜たちの妻の場合には、互いが生きるために次第に分裂していかざるを得ないという逆の現象が起こり始めていた。

一九七二年に制作されたアメリカのTV映画『雨の日にふたたび』(マーク・ロブソン監督)がこのあたりの事情をよく伝えている。舞台はフロリダのチェスター空軍基地を中心としており、その付近に住むPOWパイロットの妻たちのさまざまなケースが描かれる。観客の立場に一番近いのは主人公のサンディで、或る日空軍中尉の夫が北ヴェトナム上空でMIAになったことを知らされる。死んだのか捕虜になったのかはわからない。ショックと動揺が彼女を襲う。夫の給与は全額支給されるが、基地の将校宿舎は出なければならない。大学在学中に夫と偶然知り合って結婚し、中退した彼女には特別な職業技術もない。しかも夫は新婚二週間でヴェトナムへ発って、その後一年が過ぎている。要するに、若く、結婚生活も短かく、夫なしの家庭生活が考えられないのが彼女のケースだ。

第二のケースはサンディを精神的に助けるメアリー・ケイで、夫が四年前から捕虜になっていることは確定しており、三人の子供と学校教師の職も持っている。つまり彼女の場合は「自由と新しい責任」を既に発見し、そのことによって戦争への疑いも抱きはじめているという年長者のケースである。但し彼女には、二度目のヴェトナム行きを志願した夫と別れぎわに大喧嘩をし、見送りにも行かないまま彼がPOWになってしまったという悔いが強く残っている。

そして第三のケースが、メアリー・ケイと事あるごとに対立するシャロンである。彼女は父も空軍退役将校で、自分が空軍士官の妻であることを誇っている。そのためメアリー・ケイが上院小委員会の公聴会の席上で捕虜の妻たちが招かれたとき反戦的な考え方を口にしたことに激しく苛立っている。そして遂にこのふたりは軍が主催した妻たちの集会で激論を交すことになる。メアリー・ケイが訴えるのはたとえ夫が戻ってきたとしても生活の保証がないことへの不安であり、戦争をつづける政府への疑問である。それを聞いたシャロンは「もうたくさんよ！」と怒鳴る。「私はギッブス将軍とお話ししたり、ロイド大佐や高官の方をたくさん知っているわ。政府をもっと信頼すべきよ。大統領が信用できないとでもいうの？」そこでメアリー・ケイが問い返すのである――「一体、どの大統領？　大統領は、もう、三人も替わったのよ？」。

『雨の日にふたたび』が描くのは、こうした妻たちの政治的対立ばかりではない。主にサンディをめぐって語られるのは、夫が戦死したかどうかも確定できない不安と復学した大学での新しい目的のある暮しのなかで未知の世界の男と愛し合うようになってしまったディレンマであり、またシャロンの場合にしても、一応ＭＩＡと認定されてはいるものの、夫の同僚から「お気の毒ですが、あのときの撃墜状態では大尉が脱出できる時間もなかった筈です」と打ち明けられ、軍人の妻として生きてゆく自信と愛国心を動揺させられてしまうというシチュエーションが一方に展開されている。

監督は、かつて朝鮮戦争で戦った海軍の「ジェット・ファイター」たちを讃える『トコリの橋』〔一九五五年〕を撮ったマーク・ロブソンだが、ここでは終始、暗く雨がちな場面とストーリーを強調して、ハリウッド映画の伝統というよりは一九七〇年代に顕著になった社会的主題を前面に押し立てるテレフィーチュア〔ＴＶ用長篇映画〕の手法と態度にもっぱら与《くみ》して

「あふれでる歓喜」と題された捕虜帰国の有名な報道写真．1973年，カリフォルニア州トラヴィス空軍基地に帰着したロバート・L・スターム中佐と出迎えの家族(Slava “Sal” Veder/AP)．

いる。原題は『リンボー〔*Limbo*〕』。もちろん『ランボー』ではない。銃後《ホーム・フロント》という名の「宙吊り地獄《リンボー》」の意である。〔なお資料によっては原題が『昨日に縛られて〔*Chained to Yesterday*〕』になっているものもある。おそらくテレフィーチュアのため放映した国のTV局によって題名が変えられたものとおもわれる[31]〕

結局この映画はサンディの夫だけが無事に釈放され、強い雨の降る空軍基地でタラップを降りてきた夫にサンディが手を差しのべる逆光のストップ・モーションで終わり、果してこのあとふたりがどのように家庭を再建してゆくのか、その「地獄《リンボー》」については暗示だけに留めているのだが、前出のエドナ・J・ハンターは「長い夫の不在のあと、その妻たちの多くは夫の帰国を前にして激しいアンビヴァレンスと罪の意識を感じる。一つの家庭をもう一度作るということは真にストレスの多いことであった」と正確に指摘している。[32]

事実、それはストレスの多い問題だった。捕虜になる前に結婚していた陸軍、海軍、海兵隊の軍人たちは帰国後一年以内に三〇パーセントが離婚することになった。この数字は今日のアメリカの一般離婚率と比べてそれほど大きなものではなく、また彼らの多くは結婚期間が短かかったか、または以前の結婚生活に問題があったのだというが、通常、軍人の離婚率は一般に比べて遙かに少ないため、捕虜の家庭とそうでない軍人の家庭を比べると前者の離婚率は実に二倍から三倍も多いことになる。[33]

彼らの家庭不和の一因は、また、子供たちとの関係にもあった。成長期の子供にとって五年から七年も父親がいないということの影響がどれほど大きいかは想像に難くない。彼らはしばしば、戻ってきた父親を他人のように眺め、父たちは子供たちの変貌、殊に一九六〇年代後期から七〇年代初頭にかけてのアメリカ社会の価値観で育った彼らの振舞いに違和感を感じた。けれども、もしも妻との関係がうまく行っていれば、子供との問題は相対的にせよ軽いトラブルに留まった筈だろう。やはり事の中心は夫婦関係だった。事実、「エヴィエイターのオプティミズム」を自信を以て語った海軍准将ウィリアム・D・ローレンスも、捕虜になる前には十五年間の結婚生活を持ち、子供も三人いたにもかかわらず、帰国直後、離婚に踏み切っている。

捕虜の離婚数は高い。そう、他の捕虜たちの参考に私のケースを語るならば、彼女は私が戻ってくる前に事実上離婚を済ませていたようなものなんだ。ただ、私にとって多少とも救いだったのは、友人たちの多くが私が戻ってくるまで離婚に反対してくれてたことだ。

私がそのことを知ったのは、ヴェトナムから戻る途中フィリピンのクラーク空軍基地に移ったときだった。すぐに納得するのは難しかった。わかるだろう？　帰れば妻や家族が待っているものとばかり予想してたんだから……ショックだった。私は妻が、踏み留まれなかった世界にまだ留まっているものだとおもっていたんだ。しかし結局、そうなった。彼女はたぶん……たぶん或る意味で犠牲者なんだとおもうよ。(34)

離婚を含めて自らのヴェトナム体験を語るローレンスの口調は冷静だ。そして、あくまでオプティミスティックだ。

捕虜体験で私が得た最大のもののひとつといえば、ポジティヴなものの見方だね。確かにいろんな変化や増大する責任と直面しなければならなかったけれど、一貫してポジティヴなやり方で対応してきたと自信を持って言うことができるよ。私は自分が状況をうまく制御できないんじゃないかという疑いを持つことはなかったし、帰国してからの暮しも、上り調子でポジティヴで、愉しく、忙しく、変化に富んでいた。たぶん私はあの経験のなかでも救いようのない傷を負わずに済んだぶんだけラッキーなんだろうね。帰ってから十八カ月後には再婚することもできた。彼女はスーパー・ウーマンさ。いまの結婚生活は本当に素晴しいし、そして結局すべてはうまく行ってるんだよ。

ローレンスはこう言い切って、その回想を締め括っている。おそらく彼は——本人が言う通り——その生来の楽天性と陽気さ、ポジティヴな世界観に恵まれた最もラッキーな人物であるのに違いない。その点で彼は、鳥の眼で戦場を眺める空の兵士としても、そして捕虜としても、まことに「正しき資質《ザ・ライト・スタッフ》」に恵まれているのに違いない。しかし、この明朗なオプティミズムが率直に語られ、社会がそれを認めることができるようになるまでの時間がけっして短かいものではなかったことも、また、間違いない。すなわち、ローレンスのこの回想を収めたアルバート・サントリの編書『我々の持てしすべて』が刊行されたのは一九八一年のことなのである。

Ⅳ 象徴とメタファー

Symbols and Metaphors

10　記念碑　The Memorial

1

アメリカ合衆国はヴェトナム戦争に負けたのだろうか、それとも負けなかったのだろうか？　一見簡単そうでいながら実はこれほど答えにくい難問も、おそらく稀なことだろう。アメリカ国内ではこれまでヴェトナム戦争に関する夥しい数の研究書や解説書、評論の類いが公刊されているが、この問いに直接解答を下したものは、まず見当らない。もちろん、「ヴェトナム戦争という苦い経験」とか、「暗い」「屈辱的な」「不名誉な」記憶、といった表現は多々ある。また、「敗北」や「失敗」を意味する“defeat”や“lose”“fail”といった単語も頻繁に使われてはいる。さらに「誤まった戦争」(“the wrong war”)という言い方はヴェトナム戦争を批判的・否定的に見る評価のなかでおそらく最も頻繁に口にされてきたものだ。しかし、それらは殆どの場合、「アメリカの特殊戦争戦略は破綻した」とか「戦争のヴェトナム化《ヴェトナミゼーション》に失敗した」、あるいは「政府の戦争政策は誤まっていた」といった限定的な文脈で使われているに過ぎない。きわめて少数の例外のひとつとして、一九八四年に『ロング・タイム・パッシング』と題するヴェトナム帰還兵についての優れたルポルタージュを上梓したジャーナリストのマイラ・マクファースンは「確かにそれは私たち〔アメリカ〕が負けた最初の戦争であり、あれほどの敗北から立ち直るのはいかなる国家も容易ではない」と書いている(1)〔傍点引用者〕のだが、この場合にも彼女の関心は戦後におけるヴェトナム帰還兵たちの体験と記憶と再適応の問題にあって、アメリカが何故、いかにして負けたのかという議論を真正面から検討しているわけでない。しかも重要なことに、彼女のような書き手による著作においてさえもが、アメリカは誰に負けたのかをはっきり口にすることが慎重に回避されているのだ。

この理由にはふたつの面が考えられる。ひとつは、ヴェトナム戦争が宣戦布告行為を経ない――つまり「紛争」なのか「内戦」なのか「戦争」なのか判然としない――出来事だった以上、「アメリカはヴェトナム戦争に負けた」と断言することは国際政治学的ないしは外交史的に見て不正確だということである。しかしこの表現を避けているのは政治学者ばかりではなく、社会学者やジャーナリスト、批評家たちも同様なのだ。したがってそのことから、ここにはもっと大きな文化的背景、つまりアメリカは負けたと断言することを避けようとする意識的・無意識的な社会風潮や文化的傾向がアメリカ人たちのまわりを包んでいるのだとも推察される。端的に言えば、彼らは負けを認めたくないのではないか、ということである。たとえば外交史家ジョージ・ヘリングは「この戦争の直後には、アメリカ国民は意識的・集団的な健忘症を経験した」と述べ、コラムニストのジョーゼフ・C・ハーシュが一九七五年のサイゴン陥落後に書いた一節を引用している――「今日では、この戦争は全然なかったかのようだ。アメリカ人はどうにかこうにか、それを思い出さぬようにしている。彼等はそれについて語らない。彼等はその結果について語らない」[2]。

けれども、彼らがいかに語らず、敗北を認めないとしても、少なくともひとつは確かなことがある。すなわち、アメリカはヴェトナムで勝てなかった、ということだ。実際、アメリカにおけるヴェトナム戦争論で最も眼に付くのが、この種の否定語法である。彼らはしばしばネガティヴな言いまわしを巧妙に積み重ね、最後に、ヴェトナムにおけるアメリカの「悲劇〔tragedy〕」という、印象は強いが意味内容は曖昧な言葉で締め括るのだ。それは、ヘリングの言い方を借りれば「成功に馴れた国民にとって〔の〕屈辱的な、深いフラストレーション」[3]から来るせめてもの抵抗といった観を呈している。

しかし、ヴェトナム戦争後のアメリカ社会の動向を見てゆく上で最も注意しなければならないのは、このような言い換えがつづけられるなかで戦争経験が徐々に実体のないものと化し、やがては殆ど詭弁に近い論法で戦争を再評価しようとする動きさえもが出てきたことにある。その典型的な例が、合衆国史上初めて下院司法委員会からの弾劾を受ける直前まで行くという不名誉を演じて遂に辞職に追い込まれた第三十八代大統領の後年の著書のなかに現われている。彼は言う――「一九七三年一月二十七日、ウィリアム・ロジャーズ国務長官がパリ和平協定に調印した時、我々はヴェトナム戦争に勝利を収めたのであった。南ヴェトナム国民は、自国の政治的な未来を自ら決定する権利を有しなければならないという戦争の政治的目標を、我々は達成したのである」[4]。

この一節はリチャード・ニクソンの『ノー・モア・ヴェトナムズ』の第四章の冒頭に記されている。その章のタイトルは「いかにして我々は戦いに勝ったか」、この著書が刊行されたのは一九八五年のことである。

2

ヴェトナム戦争後のアメリカ社会における戦争評価の潮流は、大きく四つの時期に分かれて変化してきた。第一は一九七三年初頭から一九七〇年代後半まで、第二は七〇年代末から八〇年代初頭にかけて、第三は一九八二年ごろから八六年ごろまで、そして第四はそれ以降。

この区分をめぐって議論があるとすれば、それは「戦後」の始まりを果して一九七三年初頭にして良いものかどうか、という点だろう。このときはアメリカ合衆国と北ヴェトナム代表部がようやく和平協定の調印に漕ぎつけて三月二十九日にヴェトナム駐留のアメリカ地上軍が総撤退を完了しただけであり、戦争そのものが終わりを告げたのは、それからさらに二年後の七五年四月三十日にサイゴンが陥落して全権を握るヅォン・ヴァン・ミンが無条件降服を声明したときだからである。だが、事をアメリカ社会における戦争評価に限ってみるならば、七三年の総撤退が少なくとも終わりの始まりとして国民心意に働きかけたのは間違いない。事実、ケネディが設立し、インドシナ半島におけるアメリカの軍事行動の現地主体となってきたMACV〔在ヴェトナム軍事援助司令部〕はこの地上軍引き揚げの完了と同時に解散され、同日付けで大統領ニクソンは「ヴェトナム戦争の終結」を得意満面に宣言した。したがって政治学の枠内だけでいえば、確かに一九七三年を「終り」の年だとすることも可能だし、なによりもジャーナリズムが、これを以てこの長い戦争は終わったと派手に書き立てたのだった。だからこそアメリカ社会全体も、和平協定に従って釈放された捕虜たちを唯一の「英雄」として熱狂的に迎えることができたのである。このため、ヘリングをはじめとする政治学者や政治ジャーナリストたちによるいくつかの主だったヴェトナム戦争通史も七三年でいったん筆を措き、以後二年間のことは結論のなかで併せて触れるに留めている。

しかし、終わりの始まりは、ヴェトナム帰還兵たちにとっては状況がさらに悪化したことを意味してもいた。社会は捕虜を暖かく迎えはしたけれど、他の多くの帰還兵を無視する態度には変化はなかった。それどころか、戦争が終わったとすることで帰還兵たちの存在を顧慮する義務からも解放されたかのように感じ始めていた。彼らのほうは無論、社会に忘れさせまいとした。だが趨勢は如何ともし難かった。

特に打撃を蒙ったのは、いわゆる反戦帰還兵たちである。一九六〇年代の末から七〇年代の初めにかけて国内で厭戦の気分が強まるとともに、彼らは精力的な活動を展開していた。反戦集会には必ず彼らの一部が姿を現わし、集まった群衆を前にして政府を指弾し、スピーチの最後には大抵戦傷章《パープル・ハート》や名誉戦章《メダル・オヴ・オナー》、銀星章《シルヴァー・スター》といった勲章を投げ棄てるなどして喝采を浴びていた。けれどもそれも回数が度重なれば、反戦集会という名のお祭りのアトラクシヨンのひとつに過ぎなくなってゆく。しかも、ただでさえヴェトナム帰還兵への冷遇が強いなかで反戦活動というラディカルな行動に出たことは、彼らの経済生活をいっそう困難にした。要するに彼らはトム・ヘイドンやジェーン・フォンダのようなファッショナブル・ラディカルズの社会的／反社会的名声を高めるためのお飾り《フリンジ》になってしまったようなものであり、その結果、戦争が終わってしまえば「俺たちはもはや戦争反対論者ではなく単なるヒッピーに過ぎなくなっちまった」という嘆きがあちこちで聞かれるようになった。(5)

一方、アメリカのヴェトナム介入は依然つづいていた。アメリカ軍の基地施設はそのまま南ヴェトナム政府軍に移管され、また軍事顧問団はおよそ九〇〇〇人の文官たちと交替したが、その文官の多くは急遽米軍を退役して新たにヴェトナム政府に雇われるという名目上の手つづきを経た者だった。(6)それればかりか海軍と空軍は従来通りトンキン湾、タイ、グアムに展開して、クメール・ルージュに対するカンボディア爆撃と北ヴェトナム上空への偵察飛行を続行していた。「名誉ある和平」と「戦争のヴェトナム化」を説く大統領ニクソンも、ウォーターゲイトの発覚で立場を危うくされながらも南ヴェトナムへの経済援助をあくまで主張し、北ヴェトナムの出方次第では北爆の再開もあり得るのだという恫喝を仄めかした。しかしアメリカ軍による直接支援を失った南ヴェトナム政府軍はこのころ総崩れ状態を呈し始め、一九七三年には六八年のテト攻勢時に次ぐ戦死者二万五四七三名を記録したうえ、七四年には最初の八カ月だけで戦死者一万九三七五名、(7)脱走者もこの年には過去最高の二四万名に達する(8)という弱体をさらけ出している。これは明らかに「ヴェトナム化」政策が破綻したことを意味していた。アメリカ社会もこのような報道に接するたびに、終わった筈の戦争を忘れられないというディレンマに陥り、苛立ちを隠そうとしてことさら無関心を装い、その結果ヴェトナム・ヴェテランに対する偏見や冷遇をますます強めた。そして一九七五年、プノンペンとサイゴンが相次いで陥落したことによってこの傾向は決定的になり、アメリカ社会はヘリングの言う「意識的、集団的な健忘症」へと逃避・自閉したのである。

だが、忘れたい傷ほどその痛みは残る。眼をそむけたい事物にこそ、人々の本心は否応なく惹き寄せられてしまう。いわば、認めたくない欲求である。それが頂点に達したのが第二の時期、すなわち一九七〇年代後半だった。

この時期、映画界ではマーティン・スコシージの『タクシー・ドライヴァー』（七六年）、ジョン・フリンの『ローリング・サンダー』（七七年）、カレル・ライスの『ドッグ・ソルジャー』（七八年）、マイケル・チミノの『ディア・ハンター』（七八年）、ハル・アシュビーの『帰郷』（七八年）、フランシス・コッポラの『地獄の黙示録』（七九年）などが次々に公開され、社会的な大論議を巻き起こしていった。同じころ出版界では元MACV司令官ウェストモーランドの『或る兵士の報告《ア・ソルジャー・リポート》』（七六年）、フィリップ・カプートの『戦争の噂』（七七年）、マイケル・ハーの『ディスパッチズ』（七八年）、ティム・オブライエンの『カチアートを追跡して』（七八年）などの回想録やノンフィクション、小説が刊行され、政治史の分野でもギュンター・リーウィの『アメリカ・イン・ヴェトナム』（七八年）、アール・C・レイヴネルの『ネヴァー・アゲイン』（七八年）、ヘリングの『アメリカの最も長い戦争』（七九年）などが登場した。こうした動向は戦争直後の「健忘症」状態とは完全に対照的な様相を呈しているが、その底流のひとつに――とりわけ書物よりも観客動員力と社会的影響力が大きい映画のなかに――忘れたい傷をわざと掻きむしろうとするような一種自虐的な衝動が潜んでいたことは見逃せない。つまりこの時期は、マイケル・ハーが十年前に目撃した暴力と恐怖の幻覚的ヴィジョンを今度は社会全体が強引に見せつけられる段階だったのであり、ここにおいて「戦争の場所はアジアの国土からアメリカ人の自意識のなかへと殆ど完全に転移《トランスファー》させられた(9)」のである。

　とはいえ、この同じ時期にカプートやオブライエンのように、自分の過去を冷静に振り返ろうとする真摯な作業を示した人々が現われたことも忘れるわけにはいかない。彼らの場合、戦争をＴＶや新聞報道経由でしか知らない多くの映画監督たちとは正反対に、かつて自分が前線の兵士として直接混乱と暴力にさらされた記憶があるぶんだけ、より知的な視点で経験の意味を探ろうとする姿勢を持ち得たのだと言っていいだろう。そしてこの流れが、帰還兵たちの戦争体験と戦後適応の問題を追ったジャーナリスト、グロリア・エマスンの『勝者たちと敗者たち』〔七六年〕や心理学者チャールズ・フィグレーらの『ベトナム戦争神経症』〔七八年〕などの作業と呼応しつつ、一九八〇年代に入って、アルバート・サントリの『我々の持てしすべて』〔八一年〕やマーク・ベイカーの『ＮＡＭ』〔八一年〕、ウォレス・テリーの『血《ブラッズ》』〔八四年〕、キム・ウィレンソンの『悪しき戦争《ザ・バッド・ウォー》』〔八七年〕といったヴェトナム・ヴェテランたち自身の「語る歴史《オーラル・ヒストリーズ》」を生み出す背景につながってゆくのである。そうした傾向の優れた頂点として、先出のマイラ・マクファースン『ロング・タイム・パッシング』〔八四年〕もまた、このなかに位置づけることができよう。

けれども、戦争評価の第三の段階は一見自然な高まりを見せてきたかのようなこれらの出版動向からのみもたらされたわけではない。むしろそこに最も大きく寄与したのは帰還兵たち自身による強力な社会的復権運動だった。彼らは、七〇年代末の論議のありよう――特に『ディア・ハンター』や『帰郷』や『地獄の黙示録』に対する評価の分裂――からひとつの教訓を得ていた。すなわち、理屈《ロジック》ではなく感情《エモーション》に訴えること、それもなるべく控えめで穏やかでなおかつヒューマニスティックな出来事《イヴェント》として運動の目標をアピールしてゆくこと、である。

3

そのイヴェントは、ジャン・スクラグズという名のひとりのヴェトナム・ヴェテランが一九七九年に、当時大反響を巻き起こしていた『ディア・ハンター』を観たことから始まった、という。(10) スクラグズは一九六九年に十九歳で徴兵され、例によって一年間のヴェトナム・ツアーを経験していた。

『ディア・ハンター』を観た日の夜、彼は妻に或る思いつきを話し、つづいて帰還兵たちの集まりで自分の考えを打ち明けた。ヴェトナム戦争で死んだ連中のために記念碑《モニュメント》を建てたらどうかとおもうんだ。政府が無視しつづけるつもりなら、他人《ひと》を当てにしたって仕方ない。だから、俺たち自身でそれをやろう。ともかく肝心なのは、碑のどこかに戦死者全員の氏名を永久的に記すことと、政府からの援助なんか一切期待せずに一般から募金して建設資金をつくること、このふたつの原則を守ることだ。どうだろう、君たち？

だが、それを聞いた他のヴェテランたちの反応は概して冷淡だった。気持はわかるけどな、そりゃ考えなし《ナイーヴ》ってものだぜ、この国はそんなことに手を貸したりなんかしやしないよ――。

それでもスクラグズは諦めなかった。新聞社やTV局に手紙を出して記者会見を開き、この運動は戦争に対する評価とか政治性の違いを超えた趣旨に基いており、だからこそ広く社会に賛同を求めていきたいのだという旨を縷々説明した。そのやり方は、あらゆる意味でアメリカ的な市民運動のやり方を忠実に踏襲していた。社会的な大義を前面に押し出すこと、それをアメリカの草の根《グラス・ルーツ》に向けて語りかけること、その手段としてジャーナリズムへのアピールを欠かさないこと、やがて運動そのものを議会や国家も無視できないひとつの大きなアメリカの声にまとめ上げていくこと。そして結果は――あらゆる市民運動の最初がそうであるように――まず資金難に直面した。戦死した父のために一〇ドルを送ってきた少女もいたし、戦死した兵士の名前で送られてきた小切手もあった。が、それでも集まったのは合計一四四ドル五〇セントに過ぎない、とCBSイヴニング・ニューズは報じた。それを或るコメディアンが全米ネットワークの番組でジョークの種にして、からかった。「それはグッド・ジョークで、観客は大笑いした」と、のちにスクラグズの本をまとめたライターのジョエル・スワドロゥは書いている。

けれども、なかには笑わなかった者もいた。特にロバート・ドゥーベックとジョン・ウィーラーのふたりは、スクラグズの運動そのものに注目した。彼ら自身、ヴェトナム・ヴェテランだった。そして重要なことに、彼らは中央政界につながるワシントンの法律家だった。ここでスクラグズのおもいつきは、にわかにパブリックな現実味を帯びはじめる。彼らはスクラグズに助力を申し出て、ウィーラーを理事長に非営利団体「ヴェトナム帰還兵《ヴェテランズ・》記念碑基金《メモリアル・ファンド》（ＶＶＭＦ）」を設立。一九八〇年に用地を確保、八一年にデザインの決定と募金活動を終了、八二年に記念碑を建設・完成、合わせてこの年暮れの「復員軍人の日」で除幕式を開く、というタイム・テーブルが描かれたのである。

ジャーナリズムの注目度は一挙に高まった。スクラグズは『ワシントン・ポスト』から寄稿を求められ、ドゥーベックとウィーラーは上院議員のチャールズ・マクマシアスJr.に働きかけて国立公園管理局との交渉に乗り出していった。記念碑をつくるなら首都ワシントン、それもナショナル・パークのあるような一等地に限る、それだけの価値がこの碑にはある筈だというのがＶＶＭＦの主張だった。その主張は、上院議員の権威を後ろ楯に得たことで絶大な説得力を増していた。即座に、リンカーン記念碑のすぐ右隣りを用地として払い下げる案が公園管理局から出された。これ以上は望めないパーフェクトな場所だった。

資金面についてもさまざまな画策が進められた。ＶＶＭＦのなかにスポンサリングのための委員会《コミッティ》が設けられ、当時の大統領夫人ロザリン・カーターや前大統領ジェラルド・フォード、上院議員ジョージ・マクガヴァンら錚々たる大物が名を連ねた。もうひとり、ヴェトナム戦争を語る上では忘れられない人物も加わった。元ＭＡＣＶ司令官ウィリアム・ウェストモーランドである。そしてもうひとり、この委員会が発行した募金アピールの文書に署名したのがボブ・ホープだった。

資金は、千ドル単位で急速に集まっていった。全米から次々と賛同の手紙が寄せられた。しかし、一方では反撥の声も急激に高まった。「あなたたちは駄々をこねる赤ん坊のようなものだとおもいます」という手紙もあったし、或る官庁――おそらくは国防省だろう――の会議でたまたまＶＶＭＦの話題が出たとき、出席していた軍人のひとりは「どうして負けた奴らのために記念碑なんかつくらなきゃいけないのかね？」と言い放った。

もっと強い批判を浴びせたのが反戦勢力だった。「うす汚い戦争の記憶」を記念碑などというかたちで永久化するのは誤りだというのが、その主張だった。或る記者はスクラグズに電話をかけて寄こし、反戦論の立場からあれこれと質問をした最後に、「要するにあんたたちは利己主義者《エゴメニアクス》なんだよ」と言い切った。「アメリカはヴェトナム・ヴェテランのことは忘れ去っていたのかもしれないが、あの史上最長の戦争のことまで忘れていたわけではなかったのだ」とスワドロウは書いている――「十年間にわたってＴＶの映像が瀰漫《びまん》させたフラストレーションや名指し《フィンガー・ポインティング》の非難や矛盾した出来事の数々が、国民の心に深い傷跡を刻んでいたのである」。

ウィーラーは仲間たちに、慎重に振舞うよう警告した。挑撥に乗ってはいけない。政治的な立場も、ヴェトナム戦争に対する評価も、個人的な意見を一切表立たせてはいけない。我々の目的は単に記念碑を建てればいいということじゃない、「我々は既にアメリカの心《ナショナル・ハート》の一面を支える身元引受人《トラスティ》になったんだ」。

こうしてＶＶＭＦの運動は、きわめて短期間のうちに広い関心を集め、社会の潮流を左右するだけの大きな影響力を蓄えていった。リンカーン記念碑の右隣りという国有の一等地を払い下げるには議会での裁決が必要だったが、上院は殆ど異論なくＶＶＭＦを支持した。これから用地を探したり、国庫から余分の歳出をする必要がない、となればここまで盛り上がった運動に反対する理由はなかった。この結果を受けてＶＶＭＦは、全員で一〇〇名の上院議員のうち九五名までを共同スポンサーにすることに成功した。十分過ぎるほどの数だった。だが、このときまでに議会や官庁への働きかけや上院小委員会での意見陳述でＶＶＭＦきってのロビイストの実力を身に付けていたスクラグズは、さらに驚くべき手腕を発揮する。彼は、上院の全会一致という実績を求めていたのだ。そこで彼は残りの五名のオフィスに走り、こう説得した。「九九人の方が、共同スポンサーになってくださったんです」

一時間のうちに、一〇〇名全員が署名した。そして一九八〇年七月一日、大統領ジミー・カーターが払い下げの許可書に正式に署名した。もはやＶＶＭＦは一国の国家と社会をリードする重要な存在だった。もちろんその背景には、ＶＶＭＦの成長とともに盛り上がった国民全体の感情の高まりが横たわっていた。この点について、当時の『ニューズウィーク』編集長で自身もヴェトナム帰還兵であるウィリアム・ブロイルズJr.は自分の雑誌で次のように書いている。

戦争の記憶は歴史の大きな要素である。南北戦争の記憶は一九七六年にジミー・カーターが〔初の南部出身者として〕大統領に選ばれるまで、アメリカに大きな影を投げかけていた。第一次大戦はヨーロッパを麻痺《パラライズ》させ、アメリカを幻滅させ、ヒトラーの登場を招いた。第二次大戦は世界を破壊しつくす核のホロコーストを生み出した。ヴェトナムは私たちを分裂させ、いまだに苦しめ、その傷は帰還兵やその家族の心のみならず、すべての人々の破れた自信のなかに棲みついている。それは私たちが克服すべき亡霊であり、癒《いや》されるべき傷なのである[11]。

この指摘は、明らかにスクラグズの主張と重なり合っている。ヴェトナムは政治的な党派性を超えた「すべての人々」の問題であり、「癒されるべき傷」なのだという論法の典型がこれであり、ＶＶＭＦに力を与えたのもこの論法である。こうして先に触れたマクファースンの「ベトナムに対するアメリカの傷が癒え始めた」という言葉が流れ出る素地が着々と整えられていった。

しかしあらゆる社会運動というものは、影響力が増大し組織が巨大化するにつれて必ず小さな破れめを覗かせる。それはＶＶＭＦの場合も同じだった。特に、集団内部の政治的派閥といった次元での争いではないだけに厄介な問題だった。「傷の癒し」のシンボルとしてモニュメントをつくること、それはもちろんOKだ。だが、それがシンボルだとすると、一体どんなかたちをしているべきなのか、どのようなデザインならば傷は癒されるのか、という問題である。

4

ここで少し先まわりをして、VVMFの活動が成就した日の出来事を見ておくことにしよう。そのイヴェントは一九八二年十一月の第二週、すなわちいわゆる復員軍人の日の週末《ヴェテランズ・デイ・ウィークエンド》にやってきた。

「復員軍人の日」はもともと第一次大戦の休戦協定が結ばれた一九一八年十一月十一日を記念した休戦記念日《アーミスティック・デイ》に始まり、アメリカでは一九五四年になってヴェテランズ・デイと改称された祝日である。毎年この日の前になると、第一次大戦は無論、第二次大戦や朝鮮戦争の帰還兵たちが昔の軍服と勲章に身を包み、さらには独立革命戦争や南北戦争当時の軍服を特別誂えした一団まで加わって、華やかなマーチング・パレードを繰り拡げる。とりわけ首都ワシントンでは、国立大聖堂《ナショナル・カテドラル》とアーリントン墓地で戦没者の慰霊セレモニーが開かれるせいもあって、街じゅうのホテルは老兵たちの宿泊と戦友会の予約で一杯になる。要するにこの数日間は、人々がアメリカのすべての戦争の苦労と勝利を懐しみ、合衆国の力《パワー》のシンボルたるアメリカン・イーグルに改めて祝杯を上げるお祭りの週末なのだ。

けれども、ヴェトナム・ヴェテランにしてみれば、この日ほど呪わしい週末もない。理由はもちろん、言うまでもあるまい。そのため彼らは各地にある在郷軍人会への加入も殆ど認められず、したがってパレードに参加する資格もないまま、飾り立てた老人たちの華やかなパレードを舗道の木陰からそっと見送った。それが、毎年のことだった。

しかし、一九八二年の十一月だけはそうではなかった。この週末にはワシントンの中心街でヴェトナム・ヴェテランたちの記念パレードが大々的に行なわれ、ナショナル・カテドラルでもヴェトナム戦死者のための公式慰霊祭が初めて開かれ、そしてなによりもワシントンの一角に完成したばかりの巨大な記念碑が披露されたのである。

この週末が常とは違ってどれほど大きな社会的意味を持っていたかは、地元紙に当たる『ワシントン・ポスト』が十一月九日から十五日まで殆ど一週間にわたって、紙面で大きく報道しつづけたことを見ても明らかだろう。同紙はまず、十一月九日の「スタイル」欄〔アート、TV、コミックス欄〕のトップで“Home, with Honor”という大きな見出しの記事を掲げた。つづいて翌日の第一面トップには、横一杯に細長くスペースをとって、「ヴェトナム——私たちが勝てず、理解しなかった戦争〔Vietnam : War We Never Won or Understood〕」という印象的な見出しを付けている。一面での面積は小さいが、紙面効果の上では最上級の扱いに近い。さらにこの記事は、アメリカの新聞レイアウトの通例に従って後のページへ飛んでつづき、この日〔水曜日〕から日曜日までつづくヴェテランズ・デイの行事日程をくわしく紹介している。それによると、まず十一月十日には大聖堂でヴェトナム戦死者のためにキャンドル・ライトを灯す慰霊祭が始まり金曜まで消されることなくつづけられる。また、ワシントンの北側の一角にあるコンスティテューション・ホールではヴェテランたちのための慰問会が行なわれ、俳優ジェイムズ・ステュアートや歌手ウェイン・ニュートンらが出演する。翌十一日からはデュポン・プラザ・ホテルでヴェトナム戦争についての研究会が開催される一方、アーリントン墓地でヴェトナム帰還兵が殆ど加入していない“Veterans of Foreign-Wars”(VFW:海外派兵帰還者協会)のセレモニーが開かれる。午後になるとヴェトナム記念碑への献花が行なわれ、またワシントンじゅうの大きなホテルで戦友会《ユニット・リユニオン》への参加申し込みの受け付けが始まる。

以上からもわかる通り、この年のこの週末は、老兵たちが例年のように集まり騒ぐお祭り気分と、彼らとは一線を劃して行なわれるヴェトナム帰還兵のための行事のシリアスな雰囲気が奇妙に混在していた。それは翌十二日金曜日になるとさらにはっきりし、昼間は「枯葉剤作戦《エージェント・オレンジ》」や戦争神経症に関しての公開展示会や討論会がさまざまなヴェトナム帰還兵組織の主宰で開かれる一方、夕方からはいくつかの大きなホテルの宴会場で老兵たちの大パーティが催される。そのなかにひとつだけ、キャピタル・ヒルトン・ホテルではアメリカ《アメリカン・》在郷《リージョン》軍人会主宰で「ヴェトナム時代の音楽付き」の「オープン・ハウス」が開かれる、というのが眼を惹く。そして十三日土曜日の朝十時からヴェトナム帰還兵のパレードが始まり、一時間半かけて記念碑まで行進したあと、その前で正式の献花式が開かれる。これが週末の最大の行事であり、翌十四日日曜日には大聖堂の慰霊式で厳粛に締め括られる。

この一週間にわたる『ワシントン・ポスト』の報道は、一言でいえば計画的な連続報道《キャンペーン》に他ならない。では、その目的はなにかというと、ヴェトナム帰還兵たちの名誉を静かに力強く称《たた》え、彼らはようやく社会と和解したのだという印象を読者の脳裏に刻むこと、である。事実、同紙の連日の見出しや記事の本文中には「和解〔reconciliation〕」や「再会〔reunion〕」という言葉が頻出し、記事の内容も同工異曲の話題をくどいほど繰返している。たとえば、十一月十日一面トップ記事の始まりは、こうである。

今日からアメリカのあらゆる世代はワシントン・モールの森へとつづく場所の上に建つ黒い御影石《みかげいし》の記念碑の前にやって来て、死者の名前の列の一番最初にあるデイル・ビュイスとチャスター・オヴナードの名前を見ることになるだろう。

一九五七年七月八日の夕方、彼らはジャンヌ・クラインの映画『引き裂かれたドレス』を観るために、サイゴンの北二〇マイルのところにある小さな軍隊食堂《メス・ホール》に坐っていた。

ビュイスはカリフォルニア州インペリアル・ビーチ出身の陸軍少佐で、軍事顧問として東南アジアのあの細長い国にやってきてわずか二日めだった。オヴナードはテキサス州コパレス・コーヴ出身の特務曹長《マスター・サージャント》で、滞在期間はもっと長かった。その日、彼は妻に宛てて現地での暮しぶりを手紙に書いたばかりだった。

灯りが消えると物陰から数人の農民ゲリラたちがメス・ホールの窓から忍びこみ、攻撃を開始した。ビュイスとオヴナードは床に倒れて、死んだ。彼らは、その後ヴェトナムにおけるアメリカの戦争となった出来事の最初の犠牲者であった。〔……〕

一方、翌日の第一面では、別の記者が次のように書き出している。

彼はボーイ・スカウトで、リトル・リーガーで、ハイスクールでは成績Bを取る暇もないほど元気のいいフットボールの代表選手だった。彼はジョン・ウェインの映画が好きだった。学校ではごく普通の子で、家庭ではこよなく愛されていた。彼の母は、うちの息子はカリフォルニア州サン・バーナーディノで一番ハンサムだとおもっていた。

ロバート・ジョン・ローザーはヴェトナムには行きたくなかった。が、徴兵に直面したため、それが義務なんだと考えたのである。但し歩兵にはなりたくなかったし、飛ぶことが好きだったから、陸軍のヘリコプター部隊に志願して準尉になることができた。

彼がヴェトナムに着任して九十日後、テト攻勢が起こった。第一七五戦闘航空隊のR・J・ローザー準尉は、ヴェトナムのメコン・デルタでの夜間照明任務のためヒューイ・ヘリの上から指揮を取っていた。〔……〕一九六八年五月十七日、やっと二十二歳になって三週間後にボビー・ローザーは殺された。〔……〕

一見して、ふたつの記事の類似は明らかだろう。どちらも小さな町で生まれ育ったごく普通のアメリカ人を取り上げ、その善良さをさりげなく強調し、一個の〈物語〉を悲劇的に演出しようとしている。では、同じ十一月十一日付の『ニューヨーク・タイムズ』の報道はどうだろうか。こちらも第一面トップには「ワシントン、ヴェトナム戦没者を讃える〔Washington Honored Vietnam Vets〕」という見出しが飾られている。紙面のまんなかには、びっしりと名前の刻まれた黒い壁の前で肩を組んでうなだれるブルー・ジーンズ姿の三人の帰還兵の背中の写真が据えられている。


ワシントン発十一月十日——今夕、レーガン大統領はヴェトナム戦没者の名前が読み上げられているナショナル・カテドラルに立ち寄った。

大統領の一行が夕暮のなかをカテドラルのある首都北西部へと急いでいたころ、トム・トゥーヘイは同じ首都の別の一画で、でき上がったばかりの記念碑にそっと歩み寄り、死者の名を刻んだその壁の一点に触れながら、声を強めて「或る善良なる中尉」のことを語った。

「これです」とミスター・トゥーヘイは、リチャード・H・ホーシュの名前を指でなでながら言った。「本当に良い中尉でした。彼がショットガンで撃たれて倒れ、次いで四人の仲間が爆発で吹き飛ばされるところを私は目撃しました。彼は、他の誰よりも良い中尉だったのです」〔……〕

「良きアメリカ人」のことを強調している点では、『タイムズ』も『ポスト』と同じように見える。だが、『タイムズ』の場合、誰もがこの記事の最初の一節とその上の写真が違った内容のものであることにすぐ気づく筈だ。センティメンタルな調子の記事の文章も、こちらはどことなくぎこちない。

そのぎこちなさは、土曜日に行なわれた記念パレードを報じる十四日付の『タイムズ』になると、さらに露骨に現われる。

パレードに参加したのは、主催者発表によると約一万五〇〇〇人。折からの晴天に恵まれたこの日、迷彩服に身を包んだ帰還兵たちは隊列を組んで星条旗を掲げ、「誇らしげに」ホワイトハウスの前を通過していった。なかには松葉杖を突いたり車椅子に乗った姿も多く見受けられた。仲間に手を取られて歩く盲目の帰還兵や、羽根飾りの付いた帽子をかぶるアメリカ・インディアンのヴェテランたちもいた。それは「カタルシス」の光景だった、と『タイムズ』の別の記者は言う。だが、パレードが目的地に着くと、参加者たちの間で微妙に違ったさまざまな反応が現われ始めた。

碑の前に一本の赤い薔薇を捧げて泣き崩れる若い帰還兵がいた。白い菊の花輪を置いて手を取り合い、すすり泣く老夫婦もいた。添えられたカードには「帰らざる海兵隊のわが子へ父母より」と書かれていた。しかし、そうした情景を伝える一方で、『タイムズ』は次のような一節を——やや唐突に——挿み込んでいる。

ヴェトナム戦没者記念碑全景(U. S. Park Police)

「俺たちは彫像と国旗掲揚台も必要としているんだ。あの記念碑のちょうど真上に、だ」と車椅子の上からパレードを見つめていた下半身麻痺の帰還兵ドナルド・シャーマンは言う。「俺たちが命を賭けた国旗はないっていうのか?」

同じ日付の『ポスト』は『タイムズ』以上に大きな紙面を割きながらも、このような声の存在には殆ど触れていない。むしろ『ポスト』は、記念碑の前にぎっしりと集まったヴェトナム帰還兵たちに向かって、アメリカ在郷軍人会のリボンを付けVFWの帽子をかぶったひとりの老人が「何度も親指を立て」てみせた光景や、戦時中にはほんの子供に過ぎなかった若者たちが口々に感動を述べた声のほうを熱心に紹介している。『ポスト』がこの記念碑とパレードをめぐる或る種のぎこちなさに言及したのは後述する通りほんの一箇所だけで、それもきわめて婉曲な言いまわしに過ぎない。しかし、だからといって『タイムズ』が指摘したことを『ポスト』が見落としたわけではない。それどころか『ポスト』は、問題の所在を熟知しながらもなお巧みに回避しつつ「和解」や「再会」を強調し、この記念碑の存在を肯定する論調を守ったのだと見たほうがいいだろう。そこが、彼らの「キャンペーン」の真の狙いの宿るところなのである。

帰還兵たちの間に微妙に異なった反応を呼びおこした記念碑は、巨大な黒い御影石《グラナイト》の壁である。巨大なといってもこの壁は、中空に聳え立つような高い建築物ではない。高さは最高でもおよそ三メートル。しかもそれは地面を掘り下げてできたものだから、深さと呼ぶべきかもしれない。碑はこの三メートルの高さ／深さを頂点として、両翼にそれぞれ七五メートルの長さの壁面をＶ字型に拡げた恰好をしている。壁の上辺は平らな芝生の大地になっているため、上から見ると低い崖のようでもある。そしてこの壁面に、計五万七九三九名のヴェトナム戦死者と戦闘中行方不明者の名前がびっしりと刻み込まれている。したがってここを訪れる人々は、Ｖ字の外側に立つと屈みこんで脚許を覗き込む姿勢をとらねばならず、Ｖ字の内側へまわりこむことによってようやく、なだらかな坂を下りながら黒い壁面を少しずつ見上げてゆくことになる。つまりこの碑はいわば地面にめり込んだ巨大な壁であり、およそ金字塔的《モニュメンタル》でない記念碑《モニュメント》なのである。

そのデザインが、一方では専門家たちから高く評価されながらも、『タイムズ』が採り上げたドナルド・シャーマンのような一部の帰還兵たちからは激しく反撥された。シャーマンの反撥は、批判勢力のなかでもむしろおとなしいほうに属していた。実際、記念碑が完成する遙か以前からＶＶＭＦ内部では殆ど罵倒に近いほどの非難が、このデザインには寄せられていた。それは全体から見ると一部のものに過ぎないとも言えたが、しかし黙殺できるほど穏健な少数ではなかった。それらの経緯は、これもまさに「もうひとつの戦争」と呼ぶべき様相を呈している。

5

VVMFの上層部は早くから、記念碑のデザインは一般公募制で選ぶことを決定していた。条件は、戦死者・行方不明者全員の氏名が永久に記される工夫をしてあることと、設計者が十八歳以上のアメリカ国民であることのふたつだけだった。したがってヴェトナム帰還兵である必要はなく、もちろん人種や教育程度などは一切問わない。ヴェトナム・メモリアルを合衆国国民全体の経験のシンボルにしようとするスクラグズやウィーラー、ドゥーベックらの意図は、ここにも明らかに反映されている。ドゥーベックは言う――「〔ヴェトナム戦争の時代には〕徴兵制が不公平だったために、危険な任務の矛先は若くて社会的・経済的にも特権を持たない人々に向けられがちでした。〔しかし〕この記念碑は戦争についての政治的主張を表わそうというものではありません。そういう問題を超えているのです。このメモリアルの創造が癒しの過程《ヒーリング・プロセス》の第一歩となること、それが願いなのです」。

ここで、まず疑問の声が上がった。その一例が、『ワシントン・ポスト』のサイゴン支局長だったピーター・ブレイストラップの意見である。彼は一体どんな記念碑ならばヴェトナム戦争で生じたアメリカ社会の分裂を埋めることができるのかについて、きわめて辛辣な言い方をした――「なにを、どうしたいというのであろうか？　ヒッピーが海兵隊員を吊し上げている姿でも見せようというのか？」。

VVMFは、もちろん、こうした揶揄的挑撥には乗らなかった。彼らにとってはすべてのスケジュールをタイム・テーブル通りに進めてゆくことのほうが先決だった。焦ったり、迷ったりしてはならない。早過ぎても遅過ぎてもいけない。実際、事はその通りに進み、一九八一年三月三十一日の締切りまでに計一四二一通の応募作品が集まった。なかには、見るからにへんてこりんなデザインもあった。たとえば、空中静止《ホヴァリング》したヘリコプターの像とかリンカーン記念碑のミニアチュア版とか、ピース・サインや軍用ヘルメットのかたちをしたガジェットもどきのものもあった。

四月二十七日から四日間、デザインを選ぶ会議が非公開で開かれた。初日の時点で一一八九通が落選し、三日めまでに残ったのは三九通だった。そのうちで審査員の注目を最も集めたのが、エントリー・ナンバー一〇二六だった。或る審査員は「脳裏から離れない《ホーンティング・ミー》」と評した。他の審査員たちも、評価を書きこむカードにそれぞれ記した。曰く、「余すところなく力強い」、「混乱した時代はシンプルな解決を求めている」、「すべてが躍動的」、「比類のない場所になるだろう」、「死を振り返り、生の未来を見つめている」、「万感がこもっている点で顕著」、「孤独と変化が表現されている」、「愛されやすい」……。

最終審査で決定されたのは、結局このナンバー一〇二六だった。それは大地に大きく横たわったようなV字型の抽象造形だった。審査員たちに余計な先入見を与えないよう設計者の氏名はすべて決定まで伏せられていたが、誰もが内心きっと名のある建築家の作品に違いないと考えていた。だが、予想は完全に外れた。設計者はマヤ・イン・リンという名の中国系の女性、しかもイェール大学建築学科に在学中の二十歳の学部学生だったのである。もちろん審査は公正なものだったから、結果は即座に公表された。

初め、ジャーナリズムの反応は熱狂的な讃辞に溢れていた。このデザインは従来のいかなるデザインよりも印象強く、ヴェトナムの経験で分裂し切ったアメリカの心を的確に捉えている——そんな評価がハイ・カルチュア好みの大新聞の大勢を占めた。特にこの記念碑の話題は新聞の社会面にも政治面にも美術・学芸面にも向いていたから、ニューズ・ヴァリューもきわめて高いと言って良かった。政府のファイン・アート委員会や他の機関もデザインを高く評価した。そうした反応が波状効果のように伝えられて、募金の額もこれまで以上に撥ね上がった。他のヴェトナム帰還兵団体やさまざまなグループが組織的な募金活動に乗り出し、或るラジオ局が企画したチャリティ・キャンペーン番組では金曜の午後三時から日曜の午後六時までの計五一時間で実に二五万ドルが集まったという。

ところが、数カ月経って最初の熱狂が一段落着いたころ、突然のように批判の声が表面化し始めた。特に、十月十三日にひとりのヴェトナム帰還兵がファイン・アート委員会のある建物の前で街頭演説を始め、マヤ・リンのデザインを「恥辱の黒い亀裂《ブラック・ガッシュ・オヴ・シェイム》」だと罵ったことを各紙が一斉に取り上げた。ちょうど記念碑のニューズ・ヴァリューは下降していたころだったから、この出来事は恰好のスキャンダラスな話題だった。そしてジャーナリズムは、今度はこぞって反対論を掘り出しにかかった。曰く、ヒロイックでない、愛国的でない、暗さが漂っている、死の気配に充ちている……。それに、なによりデザインが抽象《アブストラクト》であることが一見難解ふうという印象を与えたことも事実である。つまり反対論者たちが想定したのは、たとえば第二次大戦末期の硫黄島の激戦で擂鉢山《すりばちやま》と呼ばれた丘の上に星条旗を立てた海兵隊員のブロンズ像のような、あるいは独立革命戦争当時のアメリカ義勇兵像のような、具象的な親しみやすさ＝通俗性《ポピュラリティ》のあるデザインだったということになる。だが、それだけの理由ならばもっと早くから反対論が表面化し、活発な議論が交されても良かった筈なのにとおもわれる。しかし実際には反対論はどことなく明朗でない部分でくすぶりつづけ、絶讃の波がいったん収まったところで突如噴出したのだった。

　そうした背景に、デザイナーがアジア系の女性であることへの反感が潜んでいたのかどうかは定かでない。デザイナーが誰であったとしても、それがファイン・アート的な抽象造型である限り、反論には変わりがなかったかもしれない。そして逆に、デザイナーが彼女でなかったとしたら、再審査をすべきだというほど強硬な反対意見は出なかったかもしれない。しかしそれらの仮説はすべて「かもしれない」の域を出ない。確かなのはただひとつ、少なくともパブリックな場所で人種偏見《レイシズム》や女性差別《セクシズム》を仄めかすほどの愚か者は誰もいなかったということである。

　批判の声は、日増しに昂まっていった。やがてそれはＶＶＭＦ上層部が無視できなくなるところまで巨大化した。そしてＶＶＭＦは遂に、異例の審査やり直しに踏み切ることとなった。もちろんその背後には、放っておけばとり返しのつかない政治的トラブルも起こりかねないというスクラグズらの判断も働いていた。が、それ以上に決定的だったのはレーガン政権の内務長官ジェイムズ・ワットから、もし再審査が行なわれなければメモリアル建設の最終許可が下りなくなる可能性もある、という旨の手紙が届いたことだった。

ここに来てスクラグズは激しく動揺した。かつてないほどのプレッシャーと混乱を、彼は感じていた。なにがいけなかったのだろう？　彼自身も組織全体もこれまで政治的な判断はすべて回避してきたし、デザインに暴力的な雰囲気がないという点でも、問題は一切ない筈だった。それに既に六五万人以上の人々の計五〇〇万ドルの募金結果が、マヤ・リンのデザインを支持したことを意味していた。しかし事がここまで来た以上、再審査は避けられなかった。改めて一四二一通の応募作品がすべて審査された。結果は同じだった。どう見てもマヤ・リンの案が群を抜いて優れていた。だが、それでも感情的な反対論は収まらなかった。

彼女のプランの基本的精神は、ワシントンD.C.にあるすべての記念碑のうちでも最もジョージ・ワシントン記念塔のそれに近いようにおもわれる。力強くシンプルなものを好み、必要以上にヒロイックなものやモニュメンタルなものを好まなかった合衆国初代大統領の審美観を汲んで一八八四年に建立されたワシントン・メモリアルのデザインは、当時としてはきわめて大胆な抽象性に充ちていたと言って良いものである。一方が雲を衝くほど大胆に、一直線に空に向かって聳えているのに対して、もう一方は地を這うように低く、大胆というよりは慎重に存在を主張しているという違いはあるにしても、簡潔さといい難解過ぎることのない抽象性といい両者の美意識は根本の部分で酷似している。マヤ・リン——彼女は南ヴェトナム政権が崩壊した時点でわずか十三歳の少女だった——は、自分の発想とその後の経緯を次のように語っている。

私はあの記念碑を、イェールの三年生の葬儀建築セミナーでデザインしたんです。私たちのクラスはセミナーの直前に、デザイン公募会《オープン・コンペティション》のことを読んでいました。戦争記念碑とは何なのか、その目的や責任はどういうものなのか、私たちはいろいろ疑問を持っていました。従来の戦争記念碑の大半は、勝利者とか出来事とか政治とかの主張のプロパガンダにはなってますけど、そこで戦って死んだ人たちのことには何も触れてないでしょう。私は、記念碑というのは戦争の現実から眼をそむけてはいけないし、死んだ人たちのことを忘れてもいけないとおもっていました。だから、力強くてしかも落着いた感情を表現するには、死んだ人たちの名前を前面に押し出すべきだと考えたわけです。みんながこれまで見てきたようなスタティックなオブジェではなくて、ちょうど旅をするみたいに小径を歩きながら各人が自分なりの考え方に辿り着けるような何かをつくりたいってね。ただ、その時点ではどういう形《フォーム》にするかまではおもいつけませんでしたから、自分で現地に行ってみることにしたんです。

彼女は、感謝祭の休暇でオハイオの実家に帰る途中、同級生たちと連れ立ってD.C.を訪れた。リンカーン・メモリアルを左に控え、遠くにワシントン・メモリアルを望見する建設用地は木立に囲まれた美しい公園だった。フリスビーでのどかに遊ぶ人々の姿が眼に付いた。

彼女は、草の茂るこの自然をなるべく壊さず、重苦しさを与えず、しかも静けさと太陽と木立の影を生かしたデザインを考えた。最初に思いついたのは、一枚の長い壁だった。が、それではいくらなんでも単純過ぎた。といって、装飾的にすることも考えられなかった。その結果、「内省的《リフレクティヴ》で平和的《ピースフル》な」黒い御影石を使ったＶ字型のデザインが誕生した。

指導教授はむしろ力強さが過ぎてるようにもおもうけどねと批評しながら、ともかく応募してみるように勧めた。彼女は自分のプランをパーフェクトだとは思っていたものの、まさかそれが優勝するとは考えもしなかった、と言う。

その後私は〔完成した記念碑を〕訪れて、友達のお父さんの名前を探しました。見つけて、指でそこに触ってみながら、私は泣いてしまいました。そのとき私はもう、一介の訪問者として反応していたんです。

再審査が終わったのちも、反対論は止まなかった。ＶＶＭＦの集会では、激しい感情論が飛び交った。デザイン自体は認めてもいい、しかし国旗と具象的な彫像を付け加えるべきだ――反対論者たちはこの線で意見を一本化し、強硬に主張を展開しつづけていた。推進論者たちは妥協せざるを得なかった。新たに彫像のデザインが求められ、公募のときに高い得点を得ていた三十八歳の彫刻家フレデリック・ハートの作品が採択されることになった。野戦服に身を包んだ三人のＧＩの立像である。デザイナーのハートはヴェトナム・ジェネレーションに属してはいたが、軍隊の経験はなかった。彼は、あのころ僕も反戦運動に「いかれた〔had been gassed〕」ことがあったっけ、と語った。

この妥協案の結果を見て、一九八二年三月十五日、ワット内務長官は記念碑建設を正式に認可した。直ちに工事が開始されたが、彫像のほうは十一月のヴェテランズ・デイまでには間に合わないことが明白だった。こうしてあのパレードの日のぎこちなさは準備されたのである。

ヴェテランズ・デイの週末に、ほぼ一週間にわたって報道キャンペーンを張った『ワシントン・ポスト』は——先にも述べたように——このぎこちなさについては殆ど言及していない。ただ一箇所だけ、パレードのことを翌日報じた十一月十四日の記事のなかにあった次のような一節は、おそらく少数の注意深い読者の眼を強く惹いた筈である。

〔……〕この記念碑をデザインして公募審査に優勝し、その結果大論争を巻き起こすこととなったマヤ・リンは、昨日朝のパレードでは閲兵台の上から行進を見送った。論争は結局、彫像とアメリカ国旗を加えることで決着を見た。台に立った彼女は手に小さなアメリカ国旗を持ち、行き過ぎる帰還兵たちにときどき微笑を送っていた。そのあと彼女は除幕式にも参加したが、それは公式プログラムの一部としてではなかった。

上／設計案を披露するジャン・スクラグズとマヤ・リン．下／フレデリック・ハートによる兵士像．
(The Vietnam Veterans Memorial Fund)

6

ハートのデザインによる三人の兵士像が新たに加えられ、正式に除幕されたのは、それから二年後の一九八四年十一月十一日のことだった。半ばは偶然の結果だったとはいえ、記念碑の完成と彫像のそれとの間に二年間という時間差が生じたのは興味深いことに違いないだろう。何故ならその間にアメリカ社会のヴェトナム戦争評価は、また新しい段階に入ったからである。

まず、人々がヴェトナム帰還兵を見る眼は――スクラグズが切望していた通りに――明らかに変わった。たとえばそれは、兇悪犯罪とヴェトナム帰還兵をまるで自動連想のように結びつける風潮を或る程度まで抑止することになった。TVのアクション・ムーヴィーでは帰還兵＝犯罪者という紋切り型の設定が崩れ、『マグナムP.I.』（日本では『私立探偵マグナム』と題して短期放映された）のトム・セレックのようなマチョ・ヒーローのほうにヴェトナム帰りという設定が割り振られ始めた。そしてこの流れから、『ランボー』（テッド・コチェフ監督　八二年）や『ランボー2』（ジョージ・コスマトス監督　八四年）、『地獄の七人』（コチェフ監督　八四年）、『若き勇者たち』（ジョン・ミリアス監督　八四年）のような暴力性とルサンチマンに溢れた映画が生まれた。その出所《でどころ》をひとことで言えば、勝てなかった戦争に勝ちたかった恨み、である。これはマヤ・リンのデザインした記念碑に無理やり三人の兵士像を追加させた一部の帰還兵たちの主張の底にある感情と同質のものに他ならない。

スワドロゥによれば、三人の兵士像はヴェテランたちにとって「本物そっくりだった」という――「ブーニー・ハット、表情、戦闘服、ヘルメット、ブーツのなかに仕込んだ認識票《ドッグ・タッグ》〔屍体がバラバラになったときのためにヴェトナムのGIたちは首と足首にひとつずつ認識票を付けていた〕、武器の構え方。彫像の男たちは力強く、しかも傷つきやすかった《ヴァルネラブル》。戦争に関わりながら、迷っていた。ウィーラーは記者たちに向かって、ヴェトナム戦死者の子供たちが像を見ながらこう言った話を披露した、『これが僕のお父さんなんだ。僕は生きてるお父さんを知らない。でもお父さんはあんな服を着て、あんな鉄砲を持ってたんだね。それに若かったんだね。僕、それでお父さんのことが良くわかったよ』」。

だが、ヴェトナム帰還兵を再評価する流れから生まれたのは、こうした「リアリティ」の重視だけではなかった。たとえば、かつて『M★A★S★H』〔七〇年〕で朝鮮戦争を表面的な素材に使いつつヴェトナムでの奇妙な曖昧さを巧みに示唆した映画作家ロバート・アルトマンは、新作の『ストリーマーズ』〔八三年〕でも一九六〇年代後半のアメリカ国内の陸軍歩兵基地を舞台にしながらヴェトナム戦争のバックグラウンドを巧妙に描き出した。また、たとえばウォルター・キャプスは宗教社会学の観点からヴェトナム戦争を論じた一九八二年の自著を率直に『終わらざる戦争』と名付け、帰還兵たちの自己告白に耳を傾けることがアメリカ社会全体の「癒しの過程」に大きな影響を与え始めていると指摘し、その影響力は今後もさらに増大するだろうと予想した(12)。政治的な観点では一九七二年から七五年まで二度に分けて『バルティモア・サン』のインドシナ特派員をつとめたアーノルド・R・アイザックスが『名誉もなく』〔八三年〕を著《あら》わし、七三年の和平条約締結によってアメリカの戦争が終ったかのようにおもいこんでいた合衆国民に、実はその後もアメリカの戦争は続いていたのだということを改めておもい出させた。彼の立場は、七二年から七五年までのアメリカのインドシナ政策が「きわめて冷酷でシニカルで誤っており、もっと親身に寄り添うこともできた筈である。が、同時に私はあの当時の合衆国にはあの悪しき選択〔choises of evils〕以上の途をとる余地も残されてはいなかったとおもう[13]」という序文の言葉に集約されている。これを言い換えれば、ヴェトナム戦争最末期のアメリカはとうとう悪魔〔the Evil〕にまで身を落とさざるを得なくなっていたのだ、ということになるだろうか。

もちろんアイザックス自身はここまで主観的な断定を下しているわけではない。だが、一九七〇年代に入ったころのアメリカがかつてのようにラオス、カンボディア、南ヴェトナムをアメリカとの同盟関係で維持してゆくといった発想に興味を持たなくなっていたことは明白だ。これを踏まえてアイザックスは言う、「合衆国のリーダーシップにとって根本的に重要だったのは、ラオス人やカンボディア人はおろかヴェトナム人の運命でさえなく、果して世界中——特にソヴィエト——がアメリカの能力と意志についてどんな印象を持つだろうかということなのであった[14]」。

そう、アメリカはもはや他人のことなど構ってはいられないところまで追いつめられていたのである。そしてそのことを主観論でも感情論でもなく過去の事実として遂に公言できるまでになったことが「その十年ののち《ザ・ディケイド・アフター》」の一方の意義だったのだ。

再点検〔reexamination〕が、そのときのいわば合言葉だった。同じように、回復〔recovery〕、再会〔reunion〕、和解〔reconciliation〕といった単語があちこちで頻出した。回想や回顧を意味する言葉〔remembering, recalling, recollecting〕は無論だった。言うならばそれは「再」潮流《リ・ムーヴメント》とでもいうべき時代の趨勢である。但しこれらの単語、とりわけ「再点検《リイグザミン》」の含む意味と価値観は文脈次第でいかようにも変わる。なかにはわざとこの言葉を避けて、「新しい見方《ニュー・ルック》」という、かつて第二次大戦後の好戦的な時代に外交問題からファッション業界まで幅広く使われた昔懐しい言葉を持ち出してくる者もいた。それが、新保守主義者のひとりノーマン・ポドレーツである。

ポドレーツはもともとリベラル派のユダヤ系知識人として知られた言論人である。彼が編集長をつとめる雑誌『コメンタリー』も創刊当時は中立からリベラルを代表する言論誌だった。だが、ヴェトナム戦争を契機に彼は急速に右傾化し、『コメンタリー』も七〇年代の末にはギュンター・リューイやピーター・バーガー、チャールズ・ホーナーといった保守および新保守の政治学者や外交史家たちがヴェトナム戦争を再点検する恰好の舞台に変貌していた。ポドレーツ自身もそうした動きに積極的に参加し、一九八二年に『我々は何故ヴェトナムにいたのか』を刊行――このタイトルはノーマン・メイラーの有名なエッセイ「我々は何故ヴェトナムにいるのか」のもじりである――、そのなかで戦時中にヴェトナム帰還兵たちの反戦団体ＶＶＡＷ〔Vietnam Veterans Against War〕の告発によって始まった戦争犯罪追及を

「左翼のマッカーシーイズム」だと断言するなどリベラルとラディカルへの徹底的な批判を行なった。当然リベラルはこの本を酷評したが、ポドレーツは翌八三年にペーパーバック化された際にわざわざ一章を書き加え、「『ヴェトナムの教訓《レッスン》』に対する新しい見方《ニュー・ルック》こそが合衆国の政治を健康にするために不可欠なのだ」と挑撥的に反論したのである。[15]

もちろんこの言い方の半分は「ヴェトナムの教訓」という言葉を政府批判の常套句に使ってきたリベラルへの当てこすり、あとの半分は政府のインドシナ政策を「誤った方向へ導いた」報道界への批判である。或る意味でこの本の眼目は、後者の点にあると言ってもいいだろう。ポドレーツは言う——

「プレスもまた——共産主義から南ヴェトナムを守るという目的を支持した新聞や雑誌まで含めて——戦争拡大に次々と懸念を示し、北爆がアメリカの戦略の通常策《レギュラー・フィギュア》に組み込まれると特にその傾向を強めた」、「〔テト〕攻勢のときのプレスとTVの報道が殆ど世界中に与えた印象は、アメリカと南ヴェトナムは大損害を蒙った、というものだった。／〔しかし〕これはあらゆる意味で誤った記事と誤った写真が与えた誤った印象だったのであり、なかには明らかなでっち上げ《フォールスフッド》さえ見られたのである」、「〔一九七二年にニクソンが北爆を再開したとき〕ヒロシマのことが引き合いに出され、『絨緞爆撃』への非難が現われ、厖大な数の民間人死者が出たという報道がなされた。しかし、たとえ爆弾の量は第二次大戦時の最大規模のものと同じだったとしても民間人の死者は信じられないくらい少数に留まったというのが真相であって、いわんや無差別爆弾などではけっしてなかったのだ」[16]等々——〔傍点は原文イタリック〕。

これらの引用からも察せられる通り、ポドレーツの狙いはあの当時の反戦論、厭戦論、慎重論、平和主義、政策批判の殆どすべてをまるごと難詰し尽すことにある。つまり彼の見方に従えば、アメリカの戦争政策と遂行の努力は当時の知識人や言論機関の手で完全に足を引っぱられて破綻したのだ、ということになる。保守派でさえ、この点では同罪とされる。そしてこのような――一見論証的だが実は予断と曲解にあふれた――図式が昔からアメリカ社会に根強い反知性主義と相まって、勝てた筈の戦争に執着するアメリカの草の根《グラス・ルーツ》の人々のルサンチマンを煽り立てる。このへんが、ポドレーツをして新保守主義の旗手のひとりにさせている由縁なのである。

7

新保守主義は一九八〇年代のアメリカにおける無視できない政治的・経済的・社会的・文化的潮流である。ポドレーツが『コメンタリー』の路線変更をしたのと同様、ジョーゼフ・エプスタインも『ジ・アメリカン・スカラー』の論調を部分的に保守化させ、かつて最尖鋭の左翼言論誌として永久革命論を提唱した『パーティザン・レヴュー』さえもが八〇年代には――特にニカラグアのサンディニスタ政権への支持・不支持をめぐって――左翼に懐疑的な姿勢を見せた。また、一九四〇年代の終わりに社会学者デイヴィッド・リースマンに協力して『孤独な群衆』〔五〇年〕を完成させ、六〇年代には黒人公民権運動を強力に支持したネイサン・グレイザーもポドレーツと並ぶ新保守主義の大物に変貌し、特に黒人層と激しく対立するようになった。民主党の上院議員ダニエル・P・モイニハンや元国連大使ジーン・カークパトリックも同様だ。旧左翼のアーヴィング・クリストルや美術評論家ヒルトン・クレイマーらも、六〇年代には自らが攻撃した筈の上流文化《ハイ・カルチュア》の支持者へと転向した。こうした問題に触れてカリフォルニア大学アーヴァイン校の政治学者ジョン・P・ディギンズは「新保守主義は、六〇年代と七〇年代に国内問題ではやり過ぎを示し、外交問題では稚拙な幻想《ナイーヴ・イリュージョン》に執着したことへの直接的な反動である」と指摘している。

「新保守主義の知識人たちは、六〇年代のラディカルたちがアメリカの経済的・政治的諸制度を狙い撃ちにした結果が権威の危機と古い価値観に基く信念の弱体化を招いたのだと考えている。しかしかつてラディカルたちが政府を攻撃していたころ、彼ら自身も、貧困層やマイノリティの置かれている環境を改善するリフォーム・プログラムを盛んに要求していたのである。そして新保守主義者たちはそうした要求が政府を『負担過剰の犠牲者』にし、要求すれば何でも政治システムから引き出す権利があるのだとおもいこむ人々を増やしてしまったのだ、という」。「今日の新保守主義知識人たちはアメリカの文化的・政治的状況に新しく起こった現象を支持するのをエンジョイしている――いわゆるシンク・タンクである。〔……〕政策顧問として新保守主義者たちは、自分たちが政府をポピュリストの圧力から守り、権威という観念や家族観・宗教観の価値を再興させているのだと考えている。それを取り巻いているのは総じて人々が物事を期待するということをしなくなった現在の状況であり、新

保守主義者たちの見え透いた権益集団としての政治性である」(17)

但し、ディギンズはこれに続けて新保守主義は必ずしも現代アメリカの主流的立場《ドミナント・ポジション》を占めているわけではなく、大学キャンパスでもあまり人気がないと指摘してもいる。確かにそうだろう。彼らが六〇年代には社会を掻き乱す側にまわり八〇年代になると反対勢力に走るといった不安定性で動いてきた以上、要するに風向き次第でどうにでも転び得る「見え透いた〔blatant〕」徒党集団でしかないことは明白だからだ。けれども裏返して言えば、だからこそ彼らはヴェトナム戦争後十年を前にしてアメリカ社会に「再」潮流《リ・ムーヴメント》の兆しが見えたとき、その機会を逃さず「失地回復《レコンキスタ》」のためのプロパガンダを展開し、事実それが一部の帰還兵や民衆のルサンチマンをものの見事に煽り立てたのである。

殊にその傾向が誰の眼からも歴然としたものになったのは、一九八三年のことだった。

その年の夏の終り、アメリカの各都市の大きな書店の店頭に一冊の大部の書物がいっせいに並べられ、客たちの眼を惹いた。ショウ・ウィンドウに派手なディスプレイを施した店もあったし、特別製の書架を用意した店もあった。ちょうど労働祝日《レイバー・デイ》〔九月の第一月曜日〕を過ぎたころで、まだ街路は十分過ぎるほど暑かった。それでもその本は一週間足らずのうちにすべて売れていった。註の類いまで含めると七五〇ページというハードカヴァーの厚さ・重さも、およそ売行きの妨げにはならなかった。ほぼ同じころに刊行された、大部という点でもさほどひけをとらないアーノルド・アイザックスの『名誉もなく』がどちらかと言えば控えめに飾られ、控えめに売れていったのとは対照的に見えた。それがスタンリー・カーノウの

『ヴェトナム　或る歴史《ア・ヒストリー》』だった。

ヴェトナム戦争をめぐって現在までに刊行された最も浩瀚な通史であるこの本には、もうひとつの特徴があった。それはこの本が、合計九時間四五分に及ぶ長大なＴＶドキュメンタリー・フィルムと連動するテクストとして書かれた本でもあるということだ。『ヴェトナム　ＴＶによる或る歴史《ア・テレヴィジョン・ヒストリー》』と題されたこの番組は一回およそ五五分、週一回放映、計十三週間の予定でこの年の十月第一週からアメリカＰＢＳ・ＴＶ〔Public Broadcasting Service〕を通して流されることになっていた。制作はボストンのＷＧＢＨで、資金面その他でイギリスのＣＩＴ〔Central Independent Television〕とフランスのアンテナ－２〔Antenne-2〕が協力していた。放映前にはＴＶガイド雑誌をはじめとするさまざまなプレスが「この秋最大の話題」とこぞって紹介した。もっともこの番組は放映当初こそかなりの話題を集めたとはいえ、なにぶんにも長期間のプログラムである上に、十一月下旬の第九回めごろになるとＡＢＣ・ＴＶネットワークが放映した『ザ・デイ・アフター』の高視聴率に圧倒されて「ほとんど注目を魅かなくなっていた[18]」という〔日本では一九八五年の四月から六月にかけてＮＨＫ教育ＴＶで短縮版が放映され、八六年にも再放送された〕のだが、その後時間が経つほどに『ザ・デイ・アフター』が忘れられたも同然の存在になっているのに対して、ＰＢＳとカーノウによるヴェトナム・ヒストリーが依然として生きつづけ、以後のヴェトナム戦争論の必携資料となっていることは間違いない。そのことを正確に裏付ける書評が『ワシントン・ポスト』日曜版書評欄のトップに掲載されたのは、ＰＢＳのドキュメンタリー・シリーズの放映直前のことである。評者はハリー・G・サマーズJr.。朝鮮戦争とヴェトナム戦争を歩兵部隊で戦い、その後は陸軍大学《アーミー・ウォー・カレッジ》で教官をつとめながら『戦略論――ヴェトナム戦争の検証と分析』〔*On Strategy: A Critical Analysis of the Vietnam War*〕というウェストポイントで教科書にも採用された著作も著わした現役の陸軍大佐である。

「ヴェトナム――夢破れた戦争」(19)というタイトルを掲げたその長文の書評は、いきなり次のような問題提起から始まっている。

　ヴェトナム論をめぐるなんともおかしなことのひとつは、戦争の間じゅうに現われた最も煽情的で念の入った「イエロー・ジャーナリズム」が、報道界《メディア》よりもむしろ学界《アカデミア》のほうから来たということである。当時ジャーナリストたちのほうはアメリカの大学キャンパスや知識人の集団のなかで吹き荒《すさ》んだ暴力的な気分なぞに捉われることなく、生身の体験と観察に即しつつ、できるだけ偏見に与《くみ》しないようにきわめて客観的な立場で仕事をしていたのである。この客観性は最新刊の二冊のヴェトナム論にも受け継がれている――元『タイム・ライフ』および『ワシントン・ポスト』の戦争特派員スタンリー・カーノウの『ヴェトナム　或る歴史』と、元『バルティモア・サン』の戦争特派員アーノルド・アイザックスの『名誉もなく』である。

巧みな、というよりはどこかしら挑撥的な導入だ。論争的《ポレミック》だというのではない。話の中心はあくまでもカーノウとアイザックスの著作である。だが、それを言うためにわざわざ「学界」や「知識人」と「イエロー・ジャーナリズム」を一本の線で結んで持ち出すところには、或る種の戦略が感じられる。その印象はアイザックスの本をそつなく讃めながらあっさりと紹介した前半を経て、一転して熱っぽく、カーノウの本に焦点を絞って絶讃を重ねる後半まで読み進むうちにますます強まってゆく。そこで批判されるのは、今度は官僚たちである。サマーズはマクナマラ国防長官の下の官僚たちが一九六六年の夏、軍事戦略策定のために各分野の学者四十七名を集めたというカーノウの記述を引いて言う。

要するに国防省の役人たちは戦うこと《ウォー・ファイティング》ではなく「見せかけの意思表示《シグナリング》」とイメージのほうを心配していたのだ。言うならば家を建てるために、大工や電気工や鉛管工ではなくインテリア装飾家だの景観デザイナーだのを集めたようなものだったのである。こんなアプローチでは、最終的に失敗するのも当り前だったろう(現にそうなったのだ)。

さて、サマーズが次にやっつけるのは反戦運動家たちである。但しこのときも彼は巧妙に引用を展開してゆくから、一見すると果して批判しているのはカーノウなのか、それともサマーズ本人なのか見分けがつかなくなってしまう。特に、一九七二年の冬にハノイを直接叩くべくニクソン政権が命じたいわゆる「クリスマス爆撃」が非人道的な「絨緞爆撃《カーペット・ボミング》」だと非難されたことについて、彼はどこか誇らしげな調子で、「本物の絨緞爆撃とは『一晩で八万四〇〇〇人の死者を出した』一九四五年三月の東京大空襲のようなものを指すのである」と言う〔傍点は原文イタリック〕。論法そのものはノーマン・ポドレーツなどともまったく同じでとりたてて目新しくはないのだが、軍事を知らないシロウトにはどうも困ったものだね、とでも言いたげな軍人独特の揶揄の響きがここには籠っている。そして最後にサマーズが攻撃するのが、TVメディアだ。

彼はまず、カーノウの本がPBSのシリーズと連携した著作であることを再度強調した上で、しかし後者の出来については懸念があることを述べている。もっとも、この書評が掲載されたのは放映開始のちょうど一週間前だからサマーズももちろん番組をまだ観てはいない。したがって彼の懸念は個人的な感想というよりも、予め視聴者＝読者に釘を差す役割を果している。彼は「本はいい！『映画』はくだらない！」と決めつけるのは「フェアではないだろう」と断りながらも、カーノウの本を「かくも注目すべきものにしている素晴しいバランスと客観性」はPBSのフィルムには「見出しにくいに違いない」と言う。何故なら映像は常に「フィルムの長さが足りないというだけの理由で」本のようにきちんと事件の背景や文脈などを説明しようともせず、たとえばサイゴン政府の警察長官が逮捕した解放戦線のゲリラ兵をその場で射殺するといった「ショッキングで忌わしい」光景をいきなり映し出すだろうから、と。

この光景は一九六八年のテト攻勢のとき実際に起こった事件のひとつとして、いまでも良く知られている。その場にはTVニュースのクルゥたちの他にたまたまAP通信の写真家エディ・アダムズが居合わせ、射殺の瞬間を連続撮影した。その写真が世界中に大反響を呼び、一九六九年のピュリツァー賞報道写真部門を初めとするさまざまな報道写真賞が合計七賞も文句なくアダムズに授与された、という後日談も付いた。実際この写真の衝撃は強く、当時の反戦運動を勢いづけたばかりか西側を含めた世界中の戦争批判がアメリカと南ヴェトナムに集中して、遂にジョンソン政権とウェストモーランド軍部が退陣に追いこまれる重要なきっかけとなったのだった。

だが、カーノウによれば、このとき射殺された解放戦線兵は、逮捕の直前に警官数人とそのうちひとりの家族までをも殺していたのだという。したがってサマーズは「〔射殺という〕行為に弁解の余地はないものの、こういう背景《コンテクスト》があったのだということを〔カーノウの本は〕きちんと書いている。しかしこんな背景は映像にはならない。何故ならば、ヴェトコンの殺戮部隊《デス・スクアッド》に同行したTVカメラマンなどいはしないからである」と縷々熱弁をふるうのである――。〔サマーズの懸念は現実には半分だけ的中し、半分は外れた。というのも、この場面をつぶさに撮影した二〇秒余りの映像は、第七回「テト攻勢」の冒頭、LBJの側近のひとりだったハリー・マクファースンが当時アメリカの高官たちのもとに届いた戦況報告とTVニュースで観た惨状の印象が余りに喰い違っていたのに狼狽したと語る声にかぶせて映し出されたからである。けれども結果的に視聴者が抱いた感想は、アメリカ政府筋の情報はまるで誤りだったらしい、というものだったから、おそらくサマーズは自宅の居間でTVを観ながら苦虫を嚙みつぶしていたことだろう〕

かくて陸軍大佐ハリー・G・サマーズJr.は、こう結論する。

合衆国と南ヴェトナムの行動をドキュメントしたフィルムは――好むと好まざるとに関らず――厖大なかからほんの数マイル分だけが使われるのに対して、北ヴェトナムのプロパガンダ機関によるフィルムは〔珍しいからという理由で〕すべて使われるのである。そこにはあのリーフェンシュタールもどきの映像しかなくても、だ。こういった報道の不公平《ミスマッチ》が〔……〕露骨に現われた例が、数年前のあの恥ずべきフィルム『ハーツ・アンド・マインズ』である。その後カナダ放送が制作した『一万日間の戦争』でも同じやり方が踏襲されていた。が、バランスを保とうとする姿勢が相当にあったことは認めていいだろう。そしておそらくPBSは、もっと良くなっているに違いない。しかし、である。そのときも是非、このスタンリー・カーノウの素晴しい書物『ヴェトナム　或る歴史』を手許に置いて、十三回のドキュメンタリーの手引《スコア》としていただきたいものである。

サマーズの書評において最も注目すべき点は、彼がTVメディアに対して露骨な不信感を抱き、かつそれを読者＝視聴者が抱くように強く薦めているということである。この感覚はマイケル・アーレンの『居間の戦争《ザ・リヴィングルーム・ウォー》』で初めて呈示されたもので、その後一九七七年に刊行されたピーター・ブレイストラップの『大いなる流れ《ビッグ・ストーリー》』によってヴェトナム戦争観を決定づけるきわめて重要な一要素として確立された。

ブレイストラップは、既に触れたように、テト攻勢前後の『ワシントン・ポスト』サイゴン支局長である。その彼による『ビッグ・ストーリー』には次のような長いサブタイトルが付いている――「いかにしてアメリカのプレスとTVは一九六八年テトにおけるヴェトナムとワシントンの危機を報道し、論評したか」。主題はもちろん、これで明白だろう。ブレイストラップはカーノウの本にも迫るほどのこの大著を一冊まるごと使って、テト攻勢のときいかに誤報が流れ、それがアメリカ国民と政府を動揺させ、ひいては政府の戦争政策そのものに重大な影響を与えてしまったことをつぶさに具体例を挙げつつ徹底的に検証した。その作業は当然大物ジャーナリストによるジャーナリズム全体への厳しい自己批判の趣きを呈しているのだが、しかしもうひとつ、新聞人としての彼がTVメディアに対して激しい反感を抱いてこの本を書いたらしいことは見逃せない。事実彼は随所で、TVが「スポット・ニューズ」なる名目でいかに事実のつまみ喰い《スポッティング》をしていたかを容赦なく暴き、序文のなかでもはっきりと「TV記者よりも『活字人間《ワード・マン》』のほうがずっと長い私の経歴からしても、私がTVのテクニックや論評に対して余り寛容でないことは疑いない」と書いている。[20] そしてこの姿勢から理路整然と展開されたTV界の「偏向報道」批判が、やがて、一方ではマクジョージ・バンディらリベラル派の元閣僚たちによる自己弁護に、もう一方ではポドレーツら保守派の知識人たちやサマーズら軍人たちによるリベラル批判・ジャーナリズム批判に転用されてきたのである。

殊に新保守主義者たちはあらゆる手段と機会を通して、従来リベラルが戦争および政府批判に使った常套句をそっくりそのまま口にして意味内容だけをすり替えた。「ヴェトナムの教訓」ばかりではない。たとえばヴェトナム戦争はしばしば「特異《ユニーク》」であり「非因襲的《アンコンヴェンショナル》」であり「非通常的《アンポピュラー》」な戦争だと言われた。初めそれらは、成功と勝利にのみ馴れた国民を戒め、アメリカ的常識は世界全体の常識ではないのだということを説くための形容詞だった。それが今度は、「特異《ユニーク》」だからこそあんなことはもう二度と起こりようがない、という意味に変質した。あるいは、させられた。イレギュラーな球を二度も捕りそこねるような野手はプロではない、といった類いの単純明快な比喩がプロフェッショナル神話に弱いアメリカの国民心意を効果的に刺戟した〔この比喩は一九八五年夏の或るTV討論番組で語られたものである。そのときスタジオの観客は、大いに沸いた〕。

このような論法は、しかし必ずしも新保守主義者たちが独創したものではない。実際、「リベラル派の多くの者にとっては、ベトナムは極めて例外的な事件であり、将来に役立つような教訓は何ら引き出しえないのであった」とヘリングは指摘している。「ベトナムは『ユニーク』であり、したがって、アメリカは『ベトナムの二の舞を避けようとするあまり、我国の外交政策及び国防政策の再構築を中心課題とするようなことがあって』はならない、とマクジョージ・バンディは述べている」(21)。このバンディの主張にはヴェトナムの「ユニーク」さを強調することによって、リベラルの政府もまた不可避的に失敗せざるを得なかったのだとする姿勢が窺える。つまるところアメリカのヴェトナム評価は、左右両派ともに同じ論点をめぐって自己流の論理を展開し、そのあげく一種の堂々めぐりに陥ってしまったのだと言えるだろう。そしてこのようなよじれは一九八七年ごろから以降のヴェトナム戦争評価の第四段階にも引き継がれ、やがては一九九一年のいわゆる湾岸戦争《ガルフ・ウォー》とそれ以後の状況にまで影響を与えることになるのである。

8

そうして問題は、このような堂々めぐりの難問が政治的論争の領域ばかりではなく個々のアメリカ人たちの日常的意識のなかにも影を落していたことだった。

ワシントンに建った記念碑はヴェトナム帰還兵のみならずアメリカ社会全体の「再」潮流《リ・ムーヴメント》を象徴した点でまさに記憶されるべき記念碑《メモリアル・モニュメント》となり得たが、こうして眼に見え、手で触れることもできる実在物が出現したということは、新たにもうひとつ、眼に見えない屈折感を露わにさせる契機となった。それを裏づけるのが、一九八三年の『エスクァイア』に掲載されたクリストファー・バックレイのエッセイである。(22)

このエッセイのタイトルは「ヴェトナムの罪悪感〔Viet Guilt〕」という。バックレイによればこの「罪悪感」は、いわゆるヴェトナム・ジェネレーションである彼と彼の同世代人たちの一部に共通している。但し、彼らは全員ヴェトナムへ行ったことはない。それどころか、兵隊だったこともない。全員があの時代のアメリカン・ボーイズであったにもかかわらず、なんらかの理由や手段で兵役に就かなかった面々なのだ。

バックレイ自身の場合で言えば、彼は十九歳で徴兵検査を受けた。そのとき彼は、子供のころからの主治医による一枚の診断書を持っていた。十六歳のころからひどい喘息を患っているという内容だった。検査に当たった軍医に尋ねられると、彼はわざとぜいぜい声をつくってみせた。しばらく間があって、その場で徴兵免除が申し渡された。彼は必死で自分を抑えながらその場を立ち去り、一マイルぶんを我慢しつづけた。大学の門を入ると、向うからルームメイトたちがやってくるのが見えた。遂に彼は我慢できなくなり、全速力で駆け出して叫んだ、「やった！　俺、落っこったぜ！」——。

それから十二年後の十一月の或る日、僕はワシントンD.C.でヴェトナム・ヴェテランズ・メモリアルの除幕式を見物していた。僕が立っている人混みの端にひとりの海兵隊員がいた。四十歳ぐらいで、背筋をぴしりと伸ばし、皺ひとつない礼装用の制服を着ていた。不意に彼は列から離れて、少し急ぎ足に歩み去ると、サングラスを取り白い手袋をした指を鼻の付け根に当てて、肩を震わせ始めた。

彼の姿を見ながら、僕は自分が邪魔者《イントルーダー》だという気がしていた。お前なんかに用はないと言われているみたいだった。僕はその場を立ち去った。

このあとバックレイは旧友や同世代で戦争に行かなかった人々と会い、彼らの書いたものを読み、あるいは手紙を交して、そこに共通する「罪」もしくは「罪悪感」の存在を明らかにしてゆく。或る者はバックレイと同じように故意の兵役逃れをしていた。彼は、親の社会的地位や経済力や自らの学歴といった特権《バックグラウンド》を持つ中流・上流家庭の息子たちが労働者家庭の息子たちを戦場に追いやったことにうしろめたさを感じていた。或る者は自ら志願したにもかかわらず身体検査で撥ねられていた。彼は、兄がヴェトナムで死んでいるぶんだけ充たされない気持を抱いていた。或る者にはたまたま召集令状が来なかったが、知合いの或る有名な小説家が本当はヴェトナムへ行ったこともないのに、酔うと必ず「自分がヴェトナムで戦闘機乗りをしていたころ」の話をするんだ、と手紙に書いてきた。そして、その気持はよくわかる、とも。また或る者は自分が反戦運動にさほど熱心に関わらなかったことを後悔していると語った。何故なら「あれだって僕の戦争になった筈だからね」。

これらの声を受けつつ、エッセイのおしまいのほうでバックレイは言う。

それが罪であるにせよ不快なことであるにせよ、僕にとって確かなのは、いつの日か自分が息子を持ってその子に僕がヴェトナム戦争のころどうしていたかを訊かれたとしたら、痔の検査だけで終わってしまった僕の戦争体験のことを話してやるだろうということだ。君のおじいちゃんのとは違うんだよ、と。

もちろん、さまざまな手段で徴兵逃れをやった人々の多くは僕と同じ感じ方をしているわけではない。彼らの理由付けや自己正当化をけなすいわれも僕にはない。

だが僕は或る一部の人々がいろんな言い方であの感じを表現しようとしつづけてきたことを知っている。それはときどき不意に意識の表面に立ち現われ、まだ終わってはいないのだと囁きかける……。

ここで重要なのはバックレイと彼の同世代人たちの「罪悪感」の発生源が、うしろめたさを伴った疎外感とでも言うべき二重の影を負っていることである。うしろめたさのほうは、ヴェトナム戦争当時の彼らが――ちょうど三人の兵士像の作者ハートがそうであるように――ファッショナブルな反戦運動に「いかれ」ながら、その実、アメリカの富裕な中産階級としてのプレステージを利用したことから来ている。この感情をいわゆるヤッピーのエゴイズムの反映と見ることも可能だが〔なにしろ彼のエッセイの発表舞台は『エスクァイア』というスノビスト・マガジンなのである〕、むしろそこには本質的に根差すべき場所を持たないアメリカのジェンティールな知識階級青年特有の悩みが仄見えることのほうに注目しておきたいとおもう。

一方、疎外感のほうはさらに図式的に説明することができる。すなわち彼らは、まず、父から子へ、子から孫へと語り継ぐべき〈アメリカの勇者〉としての自己史を持たない。第二に彼らは、ヴェトナム評価をめぐる社会の「再」潮流《リ・ムーヴメント》の枠内では多くの女性たちとともに少数者の立場に置かれてしまったのだ、というふうにである。〔この「少数者《マイノリティ》」という言葉には当然但し書きが必要だ。何故ならバックレイ自身も言及しているように徴兵ないしは志願を経た上で実際にヴェトナム・ツアーに狩り出された者は当時の徴兵年齢男子のなかでも統計上僅か六パーセントに過ぎず、数だけを言えばバックレイらのほうが多数者《マジョリティ》であるのは間違いない事実だからである。しかし、にもかかわらず彼らは、社会がヴェトナム帰還兵たちの過去《ヒストリー》に熱狂的に眼を奪われるにつれて、自分たちが唯一好意的に語られることのない存在であることに否応なく気づかざるを得なかった。彼らにしてみれば、同じように語られることの少ない女性たちでさえ、そもそも徴兵という危機からは守られていた上に、従軍看護婦や兵士の妻といった一部の女性たちにも——あくまで添えもの《アディショナリー》的にであるにせよ——社会から好意を寄せられるという点で、自分たちのような文化的少数者とは違っていた。したがって、〈ヤッピーのエゴイズム〉はここでようやく劃然としてくるのである。なにしろ『エスクァイア』は「最上の男《マン・アット・ヒズ・ベスト》」なる謳い文句を掲げつづけている雑誌なのだ！」

しかし、〈アメリカの勇者〉としての戦争体験をめぐって長年悩みつづけてきたのは、実はヴェトナム帰還兵たちのほうであった。彼らは「ユニーク」で「イレギュラー」で「不名誉な」戦争の戦士たちだった。そのイメージが例の「再《リ・ムーヴメント》」潮流のなかでどのように変化していったかが、ウォレス・テリーの『血《ブラッズ》』に登場する帰還兵ロバート・ホルコムの戦後史に明瞭に見てとれる〔彼の戦前—戦中に関しては既に第8章で言及した〕。ホルコムの場合、その変化は予期しなかった息子の出現に始まる[23]。

先にも述べたように彼は徴兵忌避を企てていたミドル・クラスの黒人青年で、同棲の経験はあるものの子供を持った覚えはない。同棲相手の女性とも、入隊が決まったときに別れたきりで以後は一度も会ってはいない。だが彼女はホルコムと別れたあと男の子を出産していたのだった。そのことを彼が知ったのは一九八一年のことである。きっかけは、彼女のほうから電話をかけてきたことだった。彼女にはそのとき既にフィアンセがいたから、復縁を求める話ではなかった。ただ息子を父親に会わせておきたいだけなのよ、と彼女は言った。息子は十一歳になっていた。

ホルコムはニューヨークから母子の住むワシントンD.C.へ行き、クリスチャンと名付けられていた息子に会った。クリスチャンはホルコムと一緒にホテルに泊まりたがった。母親と彼女のフィアンセは父子を残して帰った。初対面の父と息子はその夜遅くまでお喋りをした。クリスチャンが言った。「ママはどうもはっきりしないいんだけどさ。僕、お父さんは戦争で死んだんだとおもってたんだよ。だってお父さん、一度も僕に会いに来なかったでしょ。でもね、いま僕の友達はみんな僕のことをすごく羨しがってるんだよ。だってお父さんが生きてて、それもヴェトナムで戦ったソルジャーなんだもんね」

ホルコムも驚いたことに、クリスチャンは学校で、アメリカはヴェトナム戦争に勝ったのだと教わっていたのである。彼はしかし息子に、本当はそうじゃなかったんだよとは言えなかった。

彼が言った、「ねえ、戦争で勲章もらったの?」。

その話はしたくなかった。が、私は、彼のプライドを傷つけたくもなかった。私はそのとき、自分が結局は戦争に行って国のために尽したことをうれしくおもっていた。たとえ私の本心から出た行為ではなかったとしても、である。とはいえ私は勲章のことまで喜んだわけではない。あんなものに意味なんかありはしない。私はあの勲章の数々が一体どんな行為の結果だったのか、おもい出したくもなかった。だから私はすべて焼き捨てるつもりだったのである。けれど、クリスチャンが勲章のことを訊いたとき、以前母にこれを蔵《しま》っといてくれといって勲章を預けていたのを喜んだ。そして私はそれらを全部、息子にやった。

この出来事があった次の年、ホルコムはヴェトナムを訪れた。ヴェトナム政府が公式に、かつて自国を蹂躙したアメリカの帰還兵たちのグループを招待したのである。帰還兵組織「ヴェトナム・ヴェテランズ・オヴ・アメリカ」の代表はこの招待を受け、黒人の元兵士も加わっていたほうが良いだろうと判断してホルコムにも声をかけてきたのだった。

一行はタイを経由して、古いソヴィエト製のプロペラ機でハノイ入りした。出迎えたハノイの高官は挨拶のなかで、アメリカの帰還兵もまた「戦争の犠牲者だった」のだと語った。ヴェトナムでのホルコムは、慎しみ深く、そして友好的にヴェトナム人たちと接した。彼らもまた、そうだった。ホルコムは巷に見かける自動車や飛行機や軍事物資がすべてソヴィエト製であることに気づき、かつて解放戦線の協力者だったという通訳が自分は米軍の北爆のために学校を爆破されて卒業できなかったと語るのに「狼狽させられ」た。ハノイの街頭では、一目で明らかにアメリカ人との混血だとわかる若者から、会ったこともないアメリカ人の父親への手紙と自分たちの写真を手渡してほしいといきなり手渡される経験もした。

ホルコムがヴェトナムを発つ日、件《くだん》の通訳は彼にカメラのフィルムを譲ってもらえないかと頼んだ。これから結婚する予定なので、その記念写真を撮りたいのだという。通訳は一般市民よりも遙かに恵まれた経済状態にあるもののフィルムは殆ど手に入らないからだとホルコムは語っている。もちろん彼は、残りのフィルムをすべてプレゼントした。その通訳は喜んで、「ボブ、もしあなたがまたヴェトナムに来ることがあれば、今度は私があなたの絵を売って金持にしてあげるよ」と言った。

私は言った。「ダク・ルゥ、そんなこと考えてるなんて誰にも言うなよ」

「え？　どういう意味？」

「そいつは自由経済《フリー・エンタープライズ》だからだよ」

今度は彼が本当にうろたえる番だった。

彼は言った、「アイム・ソーリー。どうか誰にもこのことは言わないで」

私は微笑した。

そして彼は私に、さよならのキスをした。

ホルコムはこのあと、ハノイ空港の売店で息子へのおみやげを買った。水牛の角から手彫りでつくった小さなヴェトナムの舟の模型だった。

それはヴェトナムにも昔、もっといい時代ともっといい伝統があったことを示していた。ヘリコプターや、B‐52の爆撃孔《クレーター》や、枯葉剤作戦《エージェント・オレンジ》や、AK‐47ライフルや、そういったものが出てくる前の話だ。

帰国してから私は彼におみやげを渡して、次に私がヴェトナムへ行くことがあれば一緒に来るかいと尋ねた。

「うん」とクリスチャンは答えた、「でもさ、パパ、僕はあそこで何をすればいいの？」

ホルコムの回想は、その思慮深さといい感情の振幅といい体験の内実といい、あらゆる点でバックレイのそれを凌駕している。見方を変えれば、このようなセルフ・ヒストリーこそがバックレイの本当に欲しいものなのだと言えるかもしれない。

ホルコムがヴェトナムを訪れた時期は、ヴェトナム政府が帰還兵のほかにかつての特派員たちをも積極的に招待し、あるいは彼らの取材申し込みを受け入れ始めたのとほぼ一致している。その結果、「再訪〔revisit〕」やヴェトナムへの「帰還〔return〕」という言葉がしばしば新聞や雑誌の見出しを飾り、ここでも「再」潮流《リ・ムーヴメント》が昂揚した。だがホルコムの回想は、ジャーナリストたちの記事のどれと比べても遜色がない。むしろ凌いでいる。けれども、このように語り得るということ自体が、実は、戦争の記憶がホルコムのなかで――そしてアメリカのなかで――終わった歴史のほうへ繰り込まれ始めていることを示している。

完結させられた歴史は、もう、滅多なことでは動かない。そして時間が経つにつれて、ますます「ユニーク」なひとつの出来事としての安定性を獲得してゆく。その意味ではマヤ・リンがデザインしたアブストラクトの記念碑もフレデリック・ハートがデザインした「リアル」な兵士像も、同じ働きに寄与している。殊にふたつの記念碑は、ヴェトナム・ヴェテランに対する社会的認知を迫るべく市民運動のかたちをとって展開されてきたヴェテランたち自身の行動の結果なのだから、当然といえば当然のことでもあろう。そしてホルコムの内省的な回想が公けの場に登場し得たのも、やはりヴェテランたちの社会的行動が世間の潮流を動かしたその反映のひとつに他ならない。言い換えれば、記念碑も帰還兵たちの語りかける歴史《オーラル・ヒストリーズ》も、結局は外在的なところに契機を持つシンボルなのだ。

だが、多数のヴェトナム・ヴェテランたちのうちの最も控えめな一群は、ＶＶＭＦのような非政治的な社会運動ともＶＶＡＷや「冬の兵士たち《ウィンター・ソルジャーズ》」のような反戦的な社会運動とも違った場所で、違った手段による自己回復のシンボルを築こうとしていた。それがヴェトナム戦争文学である。彼らは外在的＝社会的な契機ではなく、あくまでも内在的＝個人的な領域に踏みとどまって、そこで契機をつかもうとした。但しこれが実際にはひどく困難な作業となったのは、ヴェトナム帰還兵出身の代表的な小説家として知られるティム・オブライエンが言ったように「戦争は兵士の数だけ存在する」からであり、殊にそれを内面化し表現してゆく上では小説という伝統的で有効な形式があるという以上のことはなにもわからないためだった。つまり、もしもヴェトナム戦争が南北戦争やふたつの世界大戦などとはまったく違った「ユニーク」な経験だったとすれば、それを物語化し、単なる特異性《ユニークネス》を突破した普遍的な想像力の領域にまで辿り着くための方法もまた新たに開発されなければならなかったのである。

11 想像力 I

The Imaginations I

1

ヴェトナムとインドシナ半島の争乱を素材にした小説そのものはきわめて早い時期に登場している。対象をアメリカ小説に限らなければ、おそらく最も広く知られているのはグレアム・グリーンの『おとなしいアメリカ人』(一九五五年)であろう。それ以前にはアンドレ・マルローが『王道』(一九三〇年)を書いている。但しマルローのこの作品ではヴェトナム、ラオス、カンボディア三国に分かれる前の旧仏インドシナ植民地を舞台として、そこを民族調査に訪れるフランス人青年が見る〈神を殺し去った西洋〉にとっての〈エグゾティックな東洋〉が描かれているのに対して、グリーンはこれと同じエグゾティシズムを配しながらもそこを主題にすることを巧みに回避し、サイゴンの中心部カティナ通り(トゥ・ドゥ・ストリート)に住む初老のイギリス人ジャーナリストの眼を通して、若いアメリカ人の無垢《イノセンス》に対する皮肉と苛立ちと微かな——本当に微かな——羨望を語ってゆく途を選んだ。それらの感情は、この小説における最も有名な一言に凝縮されている。すなわち、「無垢《イノセンス》とは狂気の一種なのである」。

当然のようにこのグリーンの態度は、一九五〇年代の力強いアメリカ人たちの間に猛烈な反撥を呼び起こした[1]。彼らはグリーンに——そして旧大陸ヨーロッパに——対抗するアメリカ的美徳としての穢れなさ《イノセンス》を改めて讃える一方で、我々のイノセンスは幼稚っぽさ《ナイーヴネス》ではないのだと主張した。それはさらに、アメリカもまた西洋文明に連なる国としてナイーヴでプリミティヴな東洋を蹂躙しているのではないかという不安へと転化していった。そこで現われたのが、アメリカ人によるインドシナ小説のおそらく最初の作品であるウィリアム・J・レデラーとユージン・バーディックの『醜いアメリカ人』〔一九五八年〕である。

この小説は、しかし、現実のヴェトナムないしインドシナを舞台としたものではない。その代わりに「サルカーン〔Sarkhan〕」というビルマとタイに隣接する東南アジアの架空の国が設定され、そこに駐在するルイス・シアーズというアメリカ大使が主人公となって登場する。だが彼はあくまでも仮の中心人物で、他にもOSSのエージェントやソヴィエトの外交官、明らかにアンナン皇帝バオ・ダイをモデルにしたサルカーンのプリンス・ニョン、カンボディア人とヨーロッパ人の混血の女性ジャーナリストなどさまざまな人物が現われ、さらに物語の途中でシアーズは退いて、新たにギルバート・マクホワイトというサルカーン駐在米大使が登場する。彼の着任は一九五四年で、ほぼ時を同じくしてエドウィン・B・ヒランデールなる米空軍大佐が姿を見せる。スタンリー・カーノウやニール・シーハンも指摘するように、このヒランデールは第二次大戦中にOSS要員としてインドシナ情勢に関わり、その後のアメリカの対東南アジア認識の基礎を形成したエドワード・G・ランズデールをあからさまにモデルとしており、彼やマクホワイトをはじめ多くのキャラクターたちはハノイやプノンペンにもしばしば出かけ、政情不安定なインドシナ一帯で少しずつ確実に、抗し切れない時流に沿って介入の途を辿ってゆく。その間、ここではマルローやグリーンが描いたようなエグゾティシズムの濃密な描写は殆ど現われない。つまりこの作品は――作者たちが巻末の「事実的《ファクチュアル》エピローグ」で書いている通り――「我々アメリカ人がアジアの国々に誤ったかたちの援助を提供している」(2)ことへの警告として書かれた政治的＝非文学的フィクションなのである。

したがってこの作品は、発表当時ジャーナリズムが大きく取り上げ、また一九六三年にはジョージ・イングランド監督、マーロン・ブランド主演で映画化される(なおこのなかでゴ・ディン・ジェムをモデルにしたとおぼしいサルカーンの親米派ナショナリストを演じたのは日本人俳優・岡田英次だった)といったような社会的影響力を持ってはいたものの、アメリカにおけるヴェトナム・ノヴェルズの最初とは言えない。同じことは、ロビン・ムーアが一九六五年に発表した『ザ・グリーン・ベレー』についても言うことができる。このエンタテインメント小説は三年後にジョン・ウェインが主演して大方の失笑を買うことになった同名の映画の原作だが、そこにはきわめてお粗末なプロパガンダ――「特殊部隊員《スペシャル・フォースメン》たちは何が起ころうとも共産主義と戦い、その浸透の標的にされる後進国においてアメリカの友人を育てることだろう」(3)という結語――以上のものは、なにひとつない。

この事情が多少変化しはじめたのは、一九六七年、デイヴィッド・ハルバースタムが初めての小説『ひどく暑い日に〔*On Very Hot Day*〕』を発表したあたりからのことである。改めて言うまでもなく『ニューヨーク・タイムズ』のサイゴン特派員としてAP通信のマルカム・ブラウンらとともにそれまでのヴェトナム報道のあり方を一変させ、ピュリツァー賞国際報道部門を受賞した彼は、この小説のなかで一九六三年当時のアメリカ人軍事顧問を主役にし、三百六十五日間の戦争とアジアの熱帯性モンスーン気候と「マルローの描いたジャングルに直面する最初のアメリカの文学的キャラクター[4]」を造型した。それは、事実とそれに基く観測やコメントを報道する記者であるよりも事実とその周辺にあることを物語るほうに興味と自分の資質を見出したハルバースタムらしい試み――トム・ウルフに倣ってそれをニュージャーナリズムと呼んでも良いが――であると同時に、アメリカ人がアメリカ人自身の課題としてヴェトナム戦争を文学化する必要に迫られつつあったことを示している。そして事実、この新しい傾向はアメリカ社会が一九六八年のテト攻勢を直接・間接に経験することによって一気に表面化していった。殊に顕著なのは、この課題の前ではプロの小説家もジャーナリストも、あるいは書くことを職業としていない多数の人々さえも、与えられた条件にはさほど違いがないということだった。

もちろん、前者の人々のほうが作品を発表する機会に恵まれていたことは確かだが、なにをどのように描けばこの課題に応えたことになるのかが誰にもわからない以上、機会は無制限に開かれていると言って良かった。

その端的な例証としては、ヴェトナム戦争が一九六〇年代の半ばから七〇年代の初頭にかけて長々とつづいていたにもかかわらず、その時代に単行本として刊行されたヴェトナム・ストーリーがフィクション、ノンフィクションを合わせてもきわめて少ないこと、その代りこの時期にさまざまな雑誌に掲載されたヴェトナム・ストーリーはざっと見積もっても五十篇以上にのぼったこと、(5)が挙げられるだろう。その殆どがテト攻勢以後の四年半に集中していることを考えれば、五十篇という数はけっして少なくない。

そしてこの数は、ヴェトナム戦争以後になると年を追って飛躍的に増大してゆくことになる。但しそれらの内容は――言うまでもなく――すべてが文学的高水準に到達し得ているわけではなく、主題や構成や文章のスタイルもきわめて多岐にわたっている。その状態は、ヴェトナム戦争という課題が文学的表現においても実に困難な作業を強いていることの証しに他ならない。

ヴェトナム・ノヴェルズ全体の表現状況についてくわしくコメントした『ニューヨーク・タイムズ・ブック・レヴュー』の書評家ミチコ・カクタニは、「小説家とヴェトナム――戦争はつづく」と題するそのエッセイのなかで一九八四年初頭までにヴェトナム戦争を素材とした小説の数が二百点を越えたというコロラド州立大学の調査報告を紹介し、次のように述べている――「純文学の作家たちにとって戦争はつねに、想像力の最大の試練だと考えられてきた。特にアメリカの作家たちにとってヴェトナムが突きつけてくる挑戦の意味はことのほか大きい。あの戦争は少なくともアメリカの一時代の中心をなす歴史的出来事だったのであり、同じころに起こった六〇年代の国内の混乱が、結局はこの国の現在を招いてきたのである。／しかし、そうした豊かな文学的可能性にもかかわらず、ヴェトナムをフィクショナルに扱うことは妙に難しいことであった。直截なルポルタージュ形式で捉えられるのとは違って、芸術という想像力の作業のなかで容易に変型し得るような体験ではなかったのだ。〔……〕ヴェトナムは、アンドレ・マルローの『人間の条件』のような政治的アンガージュ・ロマンにはなりようがない。それはアメリカ人がもともと非思想的《ノン・アイデオロジカル》であるからだけではなく、この戦争の曖昧さが安易に政治的倫理を描くことを禁じているからである(6)」。

2

ヴェトナム戦争を実際に戦った帰還兵たち、および彼らとともに戦場で弾の下をかいくぐって「ファーストハンドの目撃者」となったジャーナリストたちのなかで最も早い時期に作品を発表したひとりは、トム・メイヤーである。彼は一九六七年ごろから断続的にいくつかのヴェトナム・ショート・ストーリーを発表し、一九七一年にそれらをまとめた短篇集『疲れた鷹〔*The Weary Falcon*〕』を刊行した。したがって彼の執筆時期は『エスクァイア』の特派員ジョン・サックとマイケル・ハーが『M』や『ディスパッチズ』の各章を書き継いでいたころとほぼ重なっており、そこで描かれているのもサックやハーと同様――いや、文章の統辞法に関しては彼ら以上の破格をしばしば駆使しての――ヴェトナムの戦場の奇妙で惨めな混乱だ。登場する海兵隊員たちはチュ・ライでの揚陸行動のときからニューズ・カメラマンたちの眼を意識して『硫黄島の砂』のジョン・ウェインさながらに振舞い、タフネスに自惚《うぬぼ》れ、やがて無視できない心理的危機の崖っぷちに立たされてゆく。

〔……〕その瞬間プリスホルムは夢想に酔い、勝利に酔いつつ、そんな自分自身への途惑いを考えはじめていた。リアリティの手触りが失くなろうとしていた。彼はマイケル・エドウィン・プリスホルム、大学卒、政治学専攻、二年生クラスの前副級長、そしてここにいるのはスウェイド中佐、水、泥、炎熱、小人病《クレチン》のヒンメルマン軍曹、気のふれたレイバ一等兵、イーグル・スカウトに出ようとするハークネス大尉、基礎訓練のときから、入隊のときから、すべてが、このすべてが、非現実的《アンリアル》になり、リアル・ワールドとリアル・ピープルに触れることは、なにも、なくなった。精神的に生き延びる唯一の途は精神《マインド》のスイッチをＯＦＦにする〔turn off his mind〕ことだったのだ。(7)

『疲れた鷹』の一番最後に置かれているストーリーは、「デルタのなかでの誕生〔A Birth in the Delta〕」と表題されている。それはプリスホルム二等兵やレイバ一等兵、ハークネス大尉らが制圧した解放戦線の村での予期せぬ出来事の物語である。制圧といってもその内容は──ヴェトナムでの「索敵・殲滅《サーチ・アンド・デストロイ》」作戦がつねにそうであったように──武装ヘリ《ガンシップ》で村を頭上から銃撃し、木の小屋を焼き払うだけのことだ。そこで彼らは、ひとりの妊婦の屍体が微かに動いているのに気づく。母体が息を引きとってもなお子宮と胎児だけは生き残り、陣痛を起こしはじめたのである。兵士たちは驚き、困惑する。子供を救うことはもちろん正しい行為に違いない。したがってそれは「精神のスイッチをOFFにした」海兵隊員《マリーン・コウ》たちが現実世界の人間に戻るためのチャンスである。だがヴェトナムの戦場は、ハリウッド戦争映画のヒューマニスティックな場面とはわけが違った。衰弱した子宮から嬰児をとり出すには鉗子が必要だったが、大隊本部にそんなものの備えはなかった。加えて「魂のスイッチをONに」すれば、嫌でもこのアンリアルな戦争をリアルな眼で直視しなければならなくなる。そのことを、少なくとも指揮官のハークネスは悟っていた。心理的な混乱と奇妙な怯えと使命感が彼らのなかで交錯し、つい先ほどまでなにかにつけては「ファック」を連発していた唇から、「なんてこった《オー・マイ・ゴッド》」という単語が洩れ始める。メイヤーの叙述もこのあたりでは、簡潔で汎用的な統辞法に従っている。

　赤ん坊の頭が見えた。バーンズは女の腹部を押しつづけた。この収縮力じゃもうだめだと彼はおもった。
　レイバは陶器の甕《かめ》に新しい水が溜めてあるのを見つけ、ヘルメットに汲んできた。衛生兵の作業を立ったまま見下しながら、彼は故郷のニューメキシコ北部の農場でのことをおもい出していた。あのときも牝牛がひどい難産だったのだ。だが、彼の父は金を惜しんで人を雇おうとしなかった。牝牛はどんどん弱っていった。そのままでは母牛の命が危なかった。結局父は母牛を牧場の門柱に繋ぎ、頭だけ出てきた仔牛の首にロープの端を巻きつけ、反対の端を馬のサドルに括り付けて、馬の尻をぴしゃりと引っぱたいたのだった。おかげで仔牛は引きずり出された途端首の骨を折ってしまったけれど、母牛の命だけは取りとめた。あの話はバーンズの参考になりゃしないかな、と彼はおもった。しかし考えてみればもう母親は死んでるんだし、第一ここには馬なんかいやしない。

「切開だ」とバーンズが言った。「切り開いてみよう」

彼はまた立ち上がった。汗が額から滴《したた》り落ちた。ナイフを消毒するには熱湯にくぐらせたほうが良かったが、もうその時間すらなかった。彼はナイフを引き抜いていた。海軍用のKバー・ナイフだ。以前、ある兵隊からラオス産の上質大麻半ポンドと引き換えにせしめたものだった。彼は配給される銃剣があまり好きではなかった。エッジがないのが嫌いなのだ。いい道具が好きな彼は、出かけるときはいつも最上等の装備を身に着けることにしていた。刃先をジッポの炎であぶった。

「それじゃ消毒にならないぜ」とプリスホルムが横から言った。「ライター燃料ってのはグリースなんだから」

「黙ってろ、とんちき」とレイバが言った。

バーンズは額の汗を拭うと、ひざまずき、切開を始めた。「少し水をかけてくれ」とレイバに言った。

「おう、たっぷりあるぜ」

「あんまり血が出ないな」

「もう死んでるからな。血が通ってないんだ」

ハークネスがやってきて、ちょっと覗きこむと、そのまま去っていった。レイバはにやっとした。

だが、バーンズの努力にもかかわらず、ようやく取り出した赤ん坊は既に死んでいた。彼は「ベン・ケイシーがやってたように」赤ん坊の足首を持ってぴしゃぴしゃ叩いてみた。いつのまにか戻ってきたハークネス大尉がもう諦めろと言っても、彼は叩きつづけた。しかし無駄だった。赤ん坊の屍体を母親と並べて毛布をかけた。

隊は再び集合し、ハークネスは夜までに安全な地点へ辿り着けるかどうか危ぶみながら先を急いだ。そのときの彼の心境を、メイヤーは次のように書いている。


この戦争はまったく糞みたいだ、と彼はつくづくおもった。二年前、国境沿いの高地で〔北ヴェトナム軍と〕交戦したころはもっと血なまぐさかったが、少なくとも民間人を巻きこむなんてことはなかったし、今日みたいなことも起こりはしなかった。あれはもっと明瞭で、もっと名誉のある戦争だった。兵隊の戦争、正規軍の通常部隊同士の戦争だ。ブービー・トラップなんかも大してなかったし、こんなに泥だらけになることも、こんなに人間がいることもなかった。ところがここじゃあ面倒なことばっかりだ。敵があの村に戻ってきたときどうなるか、見当もついた。たぶん奴らは間違いなく戻るだろう。そしてあの女と赤ん坊の写真を撮って、反米プロパガンダに使うんだ。ＧＩの犬どもが妊婦を虐殺し、子宮をかっさばいたんだってな。そうなって神経戦を仕掛けられたら、俺の隊は非難の的になって、あそこで本当はなにがあったのか釈明に追われる地獄が待ち構えているんだ。

おそらくは言うまでもないことだろうが、トム・メイヤーの『疲れた鷹』には、どの短篇をとってもおよそ浄化《カタルシス》の名に値する描写や展開はない。あるのはただ行き場を失った兵隊たちのアンリアルな感覚だけであり、おぼろげな不安の靄《もや》に閉じこめられた彼らの横顔だけである。殊にメイヤーの作品では主人公として個人が中心化されていたり一人称のナレーターが別に控えているわけではないぶんだけ、カタルシスも大団円的感情も出てきにくいのである。このことは同じようにヴェトナム戦争のさなかに書き継がれて刊行されたマイケル・ハーの『ディスパッチズ』と比較してみるとよくわかる。つまり、ハーの場合ももっぱら描かれているのはアンリアルで混乱した感情の渦なのだが、少なくともハー自身が「私」という語り手となって全体の叙述を引っ張っているため、少なくとも「私」にとっての戦争の最初と最後——発端と結末——だけは確保されているのである。しかし、メイヤーにはそれがない。仲間の兵隊が重傷を負おうと、救おうとした筈の赤ん坊が死のうと、兵隊たちの日常はずるずるとした果てしのない持続のなかに繰り込まれてゆく。その肌触り《アトモスフィア》を彼はしばしばアイロニカルな伏線で描き出すのだが、その効果は——たとえばジョーゼフ・ヘラーの『キャッチ22』やリチャード・フッカーの『マッシュ』のような——アイロニーや諷刺《サタイア》や道化劇《ファース》の類いとは別の、言いようのない奇妙さ《キュリオシティ》のほうへ辿り着いてゆく。何故ならメイヤーの描くキャラクターたちは、ヘラーやフッカーの主人公たちのように何らかの意図や目的を持って結末を遅延させているわけではないからだ。したがってそこには感情が激発する瞬間さえ、ない。狂気じみた哄笑のもたらす恐怖感もない。彼らは殆ど茫然として「疲れた鷹」の翼の上に乗ったまま、降りることもできず、降りようと努めることさえせず、奇妙な時間と空気のなかに封じ込められているのだ。

おそらくこの奇妙なアトモスフィアは、これらの作品群が戦時中に書き継がれていたという執筆時点の時代背景とも少なからず関係していることだろう。メイヤーが優れていたのは、そこで無理に有り得べくもないトンネルの出口を設定したり、見よう見まねのカタルシスを準備したり、あるいは逆にこの奇妙さをことさら不快な無気力感として描こうとしたりはしなかったことだった。もちろんメイヤーの人物たちは——先に述べたように——「心のスイッチをOFFにして」生きている。しかしそれは彼らが故意にモラトリアム状態を維持しようとしているためではないし、といって彼らが生きる屍になったことを意味しているわけでもない。また彼らは、戦争の魔力にとり憑かれたウォー・クレイジーになってしまったわけでもない。一九七八年になって戦時中に書かれたヴェトナム・ストーリーだけを対象としたアンソロジーを編んだジェローム・クリンコヴィッツとジョン・ソマーのふたりは、メイヤーの『疲れた鷹』が「読者にとって知性的にも感性的にも豊饒な経験のカタログ」の役目を果たす「戦争のパノラマ」になっていると批評しているが、[8] それはメイヤーが前線兵士たちの日常の具体的な細部——野戦用具《フィールド・ギア》や銃器や軍隊内部の官僚性——をしっかりと描き込んでいるためであって、べつに泥絵具をぶちまけたような戦場の酸鼻や鬼面人を驚かす体の恐怖の光景が展開されているわけではないのである。

3

けれどもメイヤーのこのような姿勢も、ヴェトナム戦争中という時代のなかにあっては、予め方法論として整備されていたものではなかった。したがって彼はいわば手探りの状態で短篇をひとつ書き、それをステップにして次の短篇を書き、さらにその作業をつなげてゆき、という慎重な手段を採らざるを得なかった。そのため彼の作品のなかには欠点もなくはない。たとえば「非現実的《アンリアル》」という非描写的な形容詞が殆ど無点検のまま頻出してくるあたりは、どうやら彼が伝統的な〈物語《ナラティヴ》〉の達成をめざそうとしている書き手である以上、少なくとも洗練されたやり方ではない。また彼の作品世界の構造も——短篇連作形式のため比較的目立たなくはなっているのだが——重層的な奥行きを獲得しているとは言い難い。この点ではやはりプロの職業作家たちや、戦争の直接体験を持たないぶんだけ作品の構成方法に敏感にならざるを得ない他の書き手たちのほうが一枚上手だった。

先出のクリンコヴィッツとソマーもこの点に触れながら、ヴェトナム経験のない三人の作家たちの作品――解放戦線の収容所内に舞台を限定したヴィクター・コルパコフの『クァイ・ドンの虜囚たち〔*The Prisoners of Quai Dong*〕』〔一九六七年〕、救出ヘリに乗った「現代のキャプテン・ターザンと看護婦《ナース》ジェーン」による「シュールレアル・ウォー」を描いたウィリアム・イーストレイクの『竹の寝台〔*The Bamboo Bed*〕』〔一九六九年〕、架空の東南アジアの小国を想定してヴェトナムと同様の出来事を一種の「インターナショナル・ファンタジー」として展開させたエイサ・ベイバーの『百万頭の象の国〔*The Land of a Million Elephants*〕』〔一九七〇年〕――を「この戦争に関する最良の三作」だとして挙げている。何故ならこの三人は、想像力を介して「〔事物の〕構造を見抜くフィクショニストの役割」を果しているからである[9]。

　とはいえ、この三者に比べてメイヤーの作品が見劣りがしている、と言うことはできない。要するにコルパコフら三人とメイヤーとはヴェトナムという同じ主題を前にしながらも、まったく文学的な契機の異なる――それ故にアプローチもまったく異なる――書き手なのである。別の言い方をすれば、まだこの戦時中当時には、ヴェトナムの直接経験者と間接経験者の間で共有され得るような方法論も認識も整備されてはいなかったのだ。そしてこのような前提を踏まえた上でならば、前者の人々、すなわち帰還兵や従軍ジャーナリストらの書くヴェトナム・ストーリーのほうが総じて見劣りがする――方法的に余りに因襲的過ぎる――のは確かだったと言うことができる。

　彼らは、ヴェトナムがどういうところで戦争がどういう出来事だったかを詳細に、直接経験者の権利および義務として伝えようとする余り、結局は極端な色彩にいろどられた地獄のパノラマを書き綴ることに終始していた。そしてこの傾向は戦時中のみならず戦後になってもつづいていた。いや、きわめて非理性的な恐怖のヴィジョンをひどく通俗的な手法で描く傾向は、むしろ戦後のほうにより強く現われるようになっていった。それはヴェトナム戦争が結局はアメリカ側の実質的な完敗に終わってしまったという事実に、明らかに根ざしている。

彼らはおそらく他のアメリカ人よりも明瞭に、このまぎれもない事実を悟っていた。しかし敗北を口にするということは直ちに、彼ら自身が自らを社会的な敗者＝失格者におとしめてしまうことを意味した。したがって彼らはこの事実に直接対峙することを避け、より生理的な恐怖感を煽り立てることに専心し、そのなかで自らが失わねばならなかったものをひたすら強調しようとした。それが、〈無垢《イノセンス》〉である。

たとえば、一九六六年から一年間、陸軍の第一騎兵師団に所属したスティーヴン・フィリップ・スミス〔映画『愛と青春の旅だち』の原作者でもある〕の『アメリカン・ボーイズ〔*The American Boys*〕』が刊行されたのはサイゴンが陥落した一九七五年のことであり、スミスとほぼ同じ時期にフリーランスの従軍ジャーナリストとして前線取材に当たったチャールズ・ダーデンの『喇叭《らっぱ》も軍鼓《ぐんこ》もなく〔*No Buggles No Drums*〕』が発売されたのは七六年である。その内容はどちらも、大学をドロップアウトしたヒッピーや、スポーツよりも戦争のほうが遙かにエキサイティングだろうと胸をときめかすカレッジ・フットボウラーや、都会の貧しいイタリア系の若者や、田舎町の純朴な青年や、といったキャラクターたちをずらりと並べて彼らの悲惨と挫折の戦場体験を順を追って描いてゆく、という以上のものではない。そこでは彼らの〈無垢〉が作者の手で本質的に問い直されることはなく、ただただその喪失が悲しまれ、悔やまれ、報われなかった「アメリカの息子たち《アメリカン・ボーイズ》」への哀悼の意が表明される。つまり率直に言って、退屈で、凡庸だ。べつにエキサイティングでないわけではない。それならばドラッグから娼婦、戦争神経症、残虐行為の数々まで、ヴェトナム戦争らしさを示す記号はすべてひと通り揃っている。そして、それだけだ。

　とはいえ、これらと同様の主題と構成が七八年のジェイムズ・ウェブ『砲撃地帯〔*Fields of Fire*〕』になるとおもいきって書き込まれ、文章はひどくシニカルになり、キャラクターのなかには黒人兵も登場し、ハーヴァード出身のミドル・クラスの青年は深刻な自己崩壊を経験させられることになる。また、のちにスタンリー・キューブリックによって『フルメタル・ジャケット』〔一九八三年〕として映画化されるギュスターヴ・ハスフォードの『短期除隊兵〔*The Short-Timers*〕』〔一九七九年〕では、叩き上げの下士官に嬲られた挙句に精神の破綻をきたし、その軍曹を撃ち殺してしまう海兵隊の訓練生や、前線部隊内部でのリーダーシップ争いに明け暮れる兵卒たちの荒んだ感情が描かれ、職業軍人《ライファー》たちの下で戦争マニア症状に陥ってゆく「短期除隊兵《ショート・タイマーズ》」の絶望が執拗に追跡される。さらに、複数の人物の経験を並列させ積み重ねてゆくという構成はジョン・デル・ヴェッキオの『十三番目の谷〔*The 13th Valley*〕』でも使われているのだが、ここでは二週間にわたる一箇小隊の作戦行動を一日刻みで追跡してゆくことによって、ますます凝ったものとなってゆく。そして一九八四年のジャック・フラー『フラグメンツ〔*Fragments*〕』でも、六八年のテトの年に徴兵されたふたりの同期兵をめぐるクロニクル構成のなかで、無垢から穢れへ／豊饒から喪失へという主題が反復される。それらは確かに、同じ経験から出発した多数のライターたちが同じ構成と同じ主題を繰り返し何度も反芻することによって次第に獲得されていったひとつの成果であった。

しかし、それにもかかわらずこれら一連の作品が――スティーヴン・スミスとジャック・フラーを同列に論じるのは些かフラーに気の毒であるとはいえ――総じてあまり高くない水準に留まってしまったことも、事実なのである。その理由はこれらが果して大衆小説《ポピュラー・ノヴェルズ》なのか純文学《シリアス・ノヴェルズ》なのかといった種類の議論のためとは違う。そうではなく、これらの作者たちが描くのが、結局うしろむきの喪失感以上のものではない、ということのためなのだ。

もちろん、彼らの共有する複数人物の並列描写という構成はトム・メイヤーが『疲れた鷹』で使った構成とほぼ同じものである。だが、両者のめざすものは明らかに違う。メイヤーの場合には無垢《イノセンス》に対する感傷的な執着はなく、したがってその喪失への悲哀や詠嘆もないのである。先にメイヤーがカタルシスを求めようとしていないと述べたのは、つまり、このことだ。

先にも少し触れた通り、おそらく両者の違いは彼らの個性の違いであると同時に――あるいは、それ以上に――環境の違いにも起因しているのに違いない。いかに暗く嫌な予感ないしは現状への困惑があったとしても、メイヤーが置かれていたのは戦争が勝敗の答えを弾き出す前の力と威勢の時代だったのに対して、のちの作家たちは、きわめて不明瞭で不明朗な戦後の失意と衰弱のなかでタイプライターを叩く外はなかった。したがってメイヤーとそれ以後の書き手たちの作業は、基本的に同じ素材と方法を使いながらも、文学的な意味での〈幸福な主題〉と〈不幸な主題〉へと対照的に帰着してしまったのである。

メイヤー以後の書き手たちの作品に感じられるのは、明らかに怯えの感覚である。あるいは尻込み《シュリンク》の感覚である。それを振り払おうとして彼らは、しばしば絶望的な暴力性のなかに陥ってしまう。ヴェトナムの、民間人だかゲリラだか区別もつかない老人や少女を殺してしまうのは無論、彼らのキャラクターたちは仲間の兵隊を戦闘のさなかに謀殺してみたり、あげくには屍体の肉を喰ってみたり、およそ異常な行為の「パノラマ」のなかに穽《はま》り込んでしまう。そして或るときふと周囲の凄惨な光景に烈しい悪寒をおぼえ、失われた無垢の価値を後悔とともに思い知って、死んでゆく。死なない場合は、発狂する。あるいは、公然と上官に反抗して投獄されたり部隊から脱走してしまう。そしてそのいずれでもない場合は、感傷や後悔や反抗の意思を振り捨て、理性の眼を閉ざして暴力のなかへと再び舞い戻ってゆく。

殊に眼を惹くのは、主人公や語り手といった主要なキャラクターたちが辿るのが概ねこの最後のケースだということである。もちろん他のケースを取ることもないわけではないのだが、それは大抵脇に近いキャラクターのほうに割り振られ、エピソードのひとつにしか留まってはいない。したがってこのことから、ヴェトナム・ノヴェルズの書き手たちの多くに共通するひとつの志向があることがわかる。すなわち彼らは作者に最も近い立場の人物をあえて暴力のなかに投げ込むことによって、絶望の果てに奇蹟的な浄化《カタルシス》が出現することを――まるで僥倖に恵まれるのを待つように――期待しているのである。

その奥底に見え隠れするのは救済への強い憧れと僅かばかりの打算が入り混った逆説的な自己破壊の衝動に他ならないのだが、野心と呼ぶには切なすぎるその感情の、なんと痛ましくなんと矮小なことだろう。当然のことながら彼らはこの賭けに破れ、キャラクターたちは出口のない粗暴な戦場の只中に置き棄てられてしまった。それは、ヴェトナム戦争をめぐる文学表現そのものが置かれてきた不幸を、そのまま代弁している。

4

それにしても、何故かくも多くのフィクション作家たちが、これほどまでに痛ましい想像力の枯渇ぶりを露呈しなければならなかったのだろうか？　体験がなまなまし過ぎたからだ、とか、冷静になるには時機が早過ぎたのだ、といった説明だけではその理由は納得しにくい。或る体験を書くのに適した文学的時機などというものは本来あるわけがないのだ。したがって、より説得的な解釈としては、彼らがそもそも文学作品を書くための文章力や創作技術に習熟していなかったからだという理由を考えることができる。実際、トム・メイヤーからジャック・フラーに至るまでのヴェトナム・ノヴェリストたちのほぼ半数は、一作だけでそのキャリアを終えてしまっている。クリンコヴィッツとソマーはそうした未熟さが端的に現われた例として、ウィリアム・ペルフレイの『ザ・ビッグV〔The Big V〕』〔一九七二年〕から次のような一節を引いている。

〔……〕私はセミオートマティックで一連射を放った。奴の躰が撥《は》ね上がった。銃身を短かく切ったショットガンで吹きとばされたギャングのように、絶叫と呻き声が、奴の唇の裂けめから洩れる。さもなくば、撃たれて宙に跳んだインディアンが、腕を拡げ、ライフルを落とすところのようだ。〔……〕

まことにお粗末な文章と言うほかはない。映画の観過ぎ、と呼ぶのはむしろ映画に対して失礼というものだろう。クリンコヴィッツらが言う通り、これは「TVでよく見るイメージに対抗しようと目論んだ挙句、陳腐なポップアート的常套句《クリシェ》から逃れることに失敗した」例に他ならない。(10)

これに対して、同じような映像的イメージに触発された職業作家たちはどのような試みと技術を見せていたのだろうか。その良い例をイギリスのSF小説家J・G・バラードが一九六〇年代末から七〇年代初頭にかけて夥しい数で書き継いでいった一連の連作小説に見ることができる。たとえば、のちに長篇『クラッシュ』〔一九七〇年〕の一部にも転用された短篇「死の大学〔*University of Death*〕」〔一九六九年〕の一節はこうだ。

不意にヘリコプターが傾き、慌ててパイロットが機体を戻した。彼らの乗ったヘリは高架の下をくぐるハイウェイのほうへと降下していった。シコルスキーの巨大な回転翼が、舞い降りる大天使のように空を滑ってゆく。高架下のアプローチのあたりで多重衝突が起こっていたのだ。警察が去ったあと、彼らは衝突した車の間を一時間ばかり歩きまわった。噴き上がる蒸気のむこうに、砕けたフロントガラスに凭れかかった屍体が見えた。彼はここに、自分の身代りの死を発見しようとしていたのだ。すなわち、この壊れたフェンダーやラジエーターの瓦礫に凝縮されているヴェトナムやコンゴの惨事の擬態を、である。彼らのヘリが上空で旋回する間も、残骸はまるで空中無敵艦隊の墜落した飛行団のように夕暮に横たわっていた。(11)〔傍線部は原文イタリック〕

ペルフレイもバラードも同じようにTVモニターに映る戦争の複製化されたイメージをもとにしながら、文章の喚起力に格段の開きがある。それは熟練した職業作家と未熟な作家志望者の文章技術の違いから来るだけではなく、そもそも想像力のレヴェルがまるで違っているためだ。

バラードは先の一節を、本文中からの一語を採って、「惨事の擬態」と名付けている〔正確にいえば原文は「擬態化された惨事(Mimetised Disasters)」である〕。この端的な言辞《ターム》、あるいはバラード流にいえば「概念《コンセプト》」は、確かにこの戦争をめぐる想像力の源泉を良く言い当てている。

惨事の擬態。それはマイケル・アーレンが「居間の戦争《ザ・リヴィングルーム・ウォー》」と呼んだ状態の底に潜んでいたものである。あるいはマイケル・ハーが「TVの世界に長らく閉じ込められ過ぎてきた」人間たちにとっての「ヴェトナム・ミステリー・ツアー」と呼んだ光景を司どっていたものでもある。バラードが優れていたのは、そのような事態のありようを正確に見抜き、文字通りスーパー《S》・フィクティシャス《F》な想像力を介してその後にやって来る小説や映画やあらゆるヴェトナム戦争表現のいわば先手を封じてしまったことであった。

しかし封じることとは、言い換えれば軛《くびき》を課すことである。あるいは、呪縛を施すことである。したがってあとからやって来るヴェトナム・ノヴェリストたちはその呪縛から逃れるための巧妙な戦略を考え出さなければならなかったのだが、それは容易な作業ではなかった。しかも彼らが手間取っている間にも、ヴェトナム戦争に対する類型的なパブリック・イメージはいよいよ固まっていった。すなわち、既にジョン・サックを読み、マイケル・ハーを読み、J・G・バラードを読み、その一方では、始終TVモニターから垂れ流されてくる暴力の光景に馴らされてしまっていた社会は、恐怖や絶望や狂気といった常套句的《クリシェ》イメージ以外のものを通してはこの戦争を見ることができず、ヴェトナムなら何が起こったって不思議じゃない、という一種の予断を持つに至っていたのだ。そして多くのフィクション作家たちは独自の文学的戦略を編み出せないまま、この予断に追従してしまったのである。

このことは、しかし、ヴェトナム戦争とその時代に起こったアメリカの文化事象の激動を考えれば無理からぬことと言えなくもない。事実この時代のアメリカにおいては、ヴェトナムで何が起こったって不思議じゃないという予断が、同時に、アメリカで何が起こったって不思議じゃないという意味を内包していた。この状態を、いわゆる〈六〇年代世代〉の初期のひとりである文芸批評家モリス・ディクスタインは、当時のロック・ミュージシャンたちを例に採りながら、まさに「自己破壊的傾向〔self-destructive streak〕」と呼んで次のように説明している。

〔……〕彼らは好んでライオンの口に頭を突っ込み、六〇年代が終わるまでに幾人もが死んでいった。とりわけジャニス・ジョプリンは自分の脆さと紛れもない欠損とを聴衆にさらけ出していた。私は一度、フィルモア・イーストでの彼女が自分を文字通り彼らに捧げてしまったのを見たことがある。彼女はパフォーマンスにのめり込み、完全に吸い尽くされて果ててしまうまで、まるで吸血鬼のような群衆の貪るがままにさせたのである。／こうした儀式の怖るべき性質は、フォークの時代にはまだ漂っていたイノセンスと希望のあとのアメリカの変化を、余りにも直截に反映していた。〔ボブ・〕ディランが〔フォーク・ギターを捨てて〕エレクトリックに走ったのはリンドン・ジョンソンが北爆と南ヴェトナムでの戦争拡大に乗り出していったまさにそのときと、ほぼ同じ時点だった。ディランの音楽のなかで暴力と緊張が増大してゆくさまは、この国に暴力が拡がってゆく様子の投影だったのだ。[12]〔傍点は原文イタリック〕

自己破壊としての暴力。それは、より未知のほうへ、より過激なほうへとサディスティックに自分を押し転がしてゆくことによって最後のカタルシスに辿りつこうとする衝動に他ならない。そしてこれは一九六〇年代後半のロック・ミュージシャンたちからほぼ十年近くも経って、ヴェトナム・ノヴェリストたちが不器用に試み始めた自己表現の方法であった。つまり彼らはいかにも遅きに失した状態から出発をしてしまったのである。

しかもまた彼らはJ・G・バラードのみならず、先行する他の職業作家たちにもこの方法を先取りされてしまっていた。すなわち、自己破壊による自己宣伝の才にかけてはおそらく並ぶ者のないアメリカ文学界の名士ノーマン・メイラーによる自己破壊的作品『夜の軍隊』〔一九六八年〕である。

5

現在に至るまで果してジャーナリズムなのか、それとも文学作品なのか議論の絶えない『夜の軍隊』のなかで、メイラーは、一九六七年にワシントンD.C.で行なわれた大規模な反戦デモに参加した経験を始めから終わりまで詳細に記している。そのなかの一節、デモ隊と警戒に当たった陸軍の兵士たちの対決は次のように説明されている。

この対決は、最初どちらの側も恐怖しながらはじまった、と言うのが安全である。アジアにいるアメリカ軍はこんなに深刻に堕落し、邪悪なのだと考え、そのことを非常に意識していたデモ隊は、ここでどんな残忍行為も起りかねないと覚悟していた（もしくは、全然覚悟していなかった）。一方、軍隊は、最初はヒップスターと呼ばれ、それからビートニク族、ついでヒッピー族と呼ばれたあの大都市アメリカ人の不可思議なグループの、金ずくめの根性、犯罪行為、卑猥、堕落、倒錯変態、麻薬常習、自由放埒な小都市伝説に、何年も耳を傾けてきていた。そしていま、この不可思議なヒッピー族が、アメリカの精神生活への陰険な浸透者──赤！──と結びついていると聞かされた軍隊は、唇に毛深いキスをされるのか、それとも股間へ爆弾を投げつけられるのか、全くわからない。(13)どちら側も、それぞれ自分で頭に描いている悪魔の観念と直面しあっているのである！

ここに描かれている暴力と対決のヴィジョンが、周到な二重構造になっていることに注目しておこう。まずデモ隊は、眼の前にいる軍隊をヴェトナムのアメリカ軍部隊と二重映しに見ている。ということは、デモ隊自身が自分をヴェトナムのゲリラ兵であるかの如くに見做していることを意味する。つまり彼らの脳裏では、インドシナでの戦いが擬似的に再現されているわけである。

一方、軍隊のほうは眼の前にいるのが自分と同じアメリカ人だとはおもえない状態に置かれている。第一、通常の合法的なデモンストレーションならば軍隊が介入してくる筈もなく、自分たちが投入されている以上、相手は内乱や政府転覆をもくろむ侵略者の手先に違いないではないか、というおもいだ。しかも相手は奇怪な服装で変態的行為に耽るヒッピーとかいう連中だ。英語が通じるとしても、価値観が共有できない限りは合衆国国民ではなく、その目論見もペンタゴンの「襲撃」とか「包囲」といった軍事用語で語られているではないか――。というわけで彼らもまた、脳裏には擬似的な内戦を想定していることになる。

しかし、このように読み解いてきたとき、注意深い読者はふと気づく筈である。つまり、デモ隊と陸軍の対決＝擬似的な戦争それ自体が実はノーマン・メイラー自身の手で紡ぎ出された一種のシミュレーションの様相を呈しているのである。

もちろん、素材となったワシントン反戦デモは現実に一九六七年十月二十一日に実行され、多数の学生のほか、メイラーや言語学者ノーム・チョムスキーといった六〇年代の有名なラディカル知識人からも逮捕者を出した一大事件である。けれども、出来事の規模や知名度を除けば、反戦デモ隊と警官隊が争い、ときには軍隊までが鎮圧名目で投入されるといった状態は一九六〇年代後半から七〇年代初頭の年表には目白押しに記されている――つまりさして珍しくもない――ことなのだ。したがって、この日のワシントンD.C.でのトピックひとつを採り上げて、その出来事の前触れから終幕までの経緯や現場のくわしい描写、ジャーナリズムの反応といったものを文字通り戦史のように、しばしば軍事用語を交えながら描いてゆくこと自体が、実はこの出来事を擬似的な戦争メタファーに仕立ててしまおうとするメイラーの意図を端的に物語っている。『夜の軍隊〔*The Armies of the Night*〕』というタイトルでい。
「夜」が定冠詞付き単数、「軍隊」が定冠詞付き複数になっているのも、このために他ならない。

この目論見は、一九六〇年代末のアメリカの文学およびジャーナリズムの世界では画期的なものとして受け止められたようである。刊行の翌年にこの作品がピュリツァー賞文学部門と全米図書賞《ナショナル・ブック・アウォード》というふたつの大きな賞を受賞したことが、その評価の大きさを示している。モリス・ディクスタインも、それからほぼ十年後に、この作品の意義を高く評価している。彼によれば、発表当時のこの作品には強い衝撃力が溢れていた――「その衝撃は、意識変革をめざしたさまざまなグループの登場や個人の告白、あらゆるものについての主観的な時代の証言などを経たいまでは、もはや消えてしまった。しかしメイラーは途を示す手助けをしたのである。人は或る時代のなかで自分を啓発し、きわめて微妙な文化のヴァイブレーションに的確に反応させてゆくこともできるのだということ、小説家はジャーナリストにも歴史家にも見えない次元の主題を提供し得るのだということを示すのに手を貸したのだ」。

そしてこの成果は、一九六八年の大統領選挙前のシカゴでの共和党大会とマイアミでの民主党大会をトピックとした『マイアミとシカゴの包囲』(一九六九年)へとつながってゆく。それは「次第にファンタジーとフィクションへと変身してゆくめざましいジャーナリズム」だとディクスタインは断言する――「果して誰が、あの六〇年代のアメリカン・ライフにおける新しい力をあれ以上に描き得ただろう？　そして誰が、自らの個的体験の深さで時代と切り結び得ただろうか？　彼はけっして自分で冒険をする人間ではなく、ただ溢れんばかりの野心で力をみなぎらせ、書くことの危うさに生きることを学び、六〇年代というものを自分という個の劇のさまざまな場面に封じ込めてみせたのである」[14]。

〈六〇年代世代〉としてのディクスタインが、思慮深く、自己抑制的で、真摯な人物であることは彼の著作を読めば良くわかる。したがって彼のこのメイラー評価に籠《こ》められた思いの深さも、その誠実さを疑うべくもない。だが、そうであればあるだけ、この絶讃の的となったメイラーの文学手法がきわめて単純な二項対立から成り立っていることは奇異なことにもおもわれる。

先にも述べた通り、メイラーの手法の基本は小さな二重構造を随所に敷きつめ、さらにそれ自体をもう一段上の二重構造のなかに組み込み、さらにそれを再び繰返し、といった手つづきを巧妙に踏んで「次第にファンタジーとフィクションへと変身」させてゆくことにある。『夜の軍隊』は二部に分けられ、前者の「小説としての歴史　ペンタゴンの階段」と後者の「歴史としての小説　ペンタゴンの戦い」が対立構図を織り成す。また全篇の主人公は「ノーマン・メイラー」、つまり作者それ自身で、ここでも実在の人物と半ば虚構化された人物が対立構図を成す。さらにデモ隊／軍隊という対立は自由主義／全体主義という対立の見立てであるかのように配置されている。しかもメイラーは、こうした対立構図の手の裡を、無防備な率直さを装った周到さで、「第一篇が小説の見せかけをした、もしくは小説を装った、または小説の現れとしての歴史であり、第二篇は歴史の様式であらわした実際の、もしくは真実の――まさしく！――小説であることは明らかである」とあっさり明かしてしまい、つづいてわざわざ丸括弧付きで「(もちろん著者もふくめてだれもみな、引きつづき第一篇は小説といい、第二篇を歴史と言うだろう——実際的慣用法はこうした気持のいい対置を喜ぶ)」という一文を付け加える。彼が相当な文学的策謀家〔良く言えば戦略家〕であることは、これだけでも、もはや明らかだ。

だが、そのことは反対側から見れば、彼が実はたったひとつの戦略しか持っていない——策謀家にしては余りに善良な——作家だということを証明しているのである。つまり彼は世界を、事物と事物の二項対立でしか捉えることのできない人物なのだ。

おそらくこのことは、彼が『裸者と死者』という戦争文学で出発した小説家であることと少なからず関係しているだろう。そこでは敵と味方という戦争においては当たり前の対立構図から始まって、味方のなかに巣くう敵、ひとりの人間を取り巻く外面と内面、内面のなかに棲みつくふたつの自己といった大小の二項対立構図が、個々の兵士と兵士の所属する部隊と部隊が所属する軍と軍が所属する国家と国家が所属する人類社会全体と……といった果てしのない積み重ねのなかで何度も何度も、呆れるほど執拗に描かれる。この方法の成功が以後の彼を決定した。あるいは、縛り上げた。したがって以後の彼の文学生活の殆どすべては、この厄介な方法を編み出してしまった自分自身との対決に捧げられねばならなくなり、一種の果てしない自己言及に陥っていったのである。(15)

『夜の軍隊』がディクスタインの言うように「衝撃」だったとすれば、それは彼がこのような自己言及の陥穽を陥穽とは感じさせないまま強引かつ周到に極大化し、アメリカ社会そのものが陥った閉塞性として呈示してみせたことにある。それは或る意味で詐術なのだが、善良な読者にはそうは見えない。『夜の軍隊』の一番最後に置かれた短かい、しかし有名な一章がその典型例だ。「メタファーは述べられる〔The Metaphor Delivered〕」と題されたその章は、高らかなマニフェストの色を濃く湛えている。

一方には軍事的ヒーローたち、もう一方には無名の聖者たちに分裂したアメリカのキリスト教の全危機！ ラッパよ、吹き鳴らせ。アメリカの死はスモッグに乗ってやってくる。アメリカ――神は、憐愍としてばかりでなく、力として、すべての人間のうちに現存している、ゆえに、国は人民のものであるという信念から新しい人間が生れた国、なぜなら、人民の意志は――もしもかれらの生命の錠が、回されて開く技術《アート》をあたえられるなら――神の意志であるからである。偉大で、危険な考えだ！ もしも錠が開かなかったら、人民の意志は悪魔の意志であった。いまとなっては、何がどこにあるかを、いったいだれが知ることができるだろうか？ 嘘つきどもたちが錠を支配していた。

われわれの意志を表現するあの国を深く考えよ。それは、かつては比類なくすばらしい美女であったが、いまは癩者の皮膚をした美女アメリカである。あの女は子供を身妊《みごも》っていて――それが正統の子かいなかはだれにもわからない――眼にはけっして見えない壁の土牢の中で窶《やつ》れ衰えている。いま、かの女の恐ろしい陣痛の最初の痙攣がはじまっている――それはつづくだろう。産れる時を告げることができる医師はいない。ただ、いまかの女を襲っているのは、おそらく嘘の陣痛ではないということだけはわかっている、いや、かの女はおそらく出産するだろう。何を？——世界がいまだかつて知らなかった最も恐るべき全体主義であろうか？　それとも、哀れな巨人、責めさいなまれる愛すべき娘のかの女は、勇敢で優しく、技巧にたけてしかも野性な、新しい世界の赤ん坊を産むだろうか？　錠へ駆けつけよ。鎖に縛られた神はのたうち悶えている。錠へ駆けつけよ。われわれをわれわれの呪いから解き放せ。われわれは勇気と、死、そして愛の夢が、眠りを約束するあのミステリーへの途上で終らねばならないからである。(16)

めくるめくような、あるいはけたたましい、ないしはおどろおどろしい、レトリックの羅列。もしもこれがノーマン・メイラーの『夜の軍隊』の一節であることが事前に知らされていなければ、この仰々しさに尾《つ》いてゆくのは到底難しい。したがって、一九七〇年代の後半になって六〇年代文化の再点検が一斉に始まったとき、批評家たちが眼を付けたのも、やはりこの点であった。

たとえば文芸批評家でポストモダニズム文学理論家のウェイン・C・ブースは、一九七八年にシカゴ大学で開かれたシンポジウム「メタファー——概念的飛躍」の席上で、メイラーの文章だということを事前に告げないままこの一節を参考例として朗読しはじめたところ、聴衆から「侮蔑の嘲《わら》い〔laugh in contempt〕」(17)が湧き起こり、朗読を中断しなければならなくなったと書いている。この反応はブースにとって予想外のことだった。何故なら彼はこの一節がメイラーの文章だということは周知の事実だとおもい込んでいたからであり、そのためこの一節がどのような内容と時代背景のコンテクストに沿って書かれたのかも事前の了解事項だと見做していたからである。彼自身も認めているように、コンテクストを無視したメタファー分析は無意味だというかねてからのブースの主張に沿えば、このおもい込みは明らかに彼の不備だった。だが、そのことは見方を変えれば、メイラーのメタファーがどれほど時代的・状況的に限定された性質のものであるかを雄弁に物語っている。彼の作品において時代はつねにメイラーなくしてはあり得ず、メイラーもまたその時代なくしてはあり得ないのである。ブースに言わせると、それが「ナマズのようなメタファー〔catfish metaphor〕」である。

先のシンポジウムのために書かれたペーパーのなかで彼はこの「キャットフィッシュ・メタファー」に関して、十項目にわたる特徴の列挙を中心とした仮説的な説明を行なっているのだが、その要点は次の三つにまとめることができるだろう。第一は、これが神話や伝承に見られるような「超越的《サブライム》メタファー」や言語理論家たち――たとえばポール・リクールのような――が定義・検討を重ねてきた種類のメタファーとは違っていること。このため「キャットフィッシュ・メタファー」は公認された美の形式に付き従うことは殆どなく、主に「逸脱〔deviation〕」のために奉仕する。第二は、これが文章の衝撃力を最大限に引き出すための「武器《ウェポン》としてのメタファー」の極端な現われであり、とにかく「勝つ」ことを目的とし、誰も予想し得なかったような飛躍や言葉の結合をしばしば展開すること。したがってこれは鬼面人を驚かす体のレトリック――「レトリックとしてのメタファー」――なのであり、「ダンスのステップと同じような働きを示す」。そして第三に、このメタファーは修辞上の「シチュエーション」や「コンテクスト」のなかでのみ効力を発揮するものであって、それ自体としては固定された意味をなんら持たないこと。したがってこのメタファーはどのようにもパラフレーズすることが可能で、反語や逆説や皮肉のように見えながらそうではないという事態もしばしば起こり得る。つまり、仰々しく活発で捉えどころのないナマズのような(日本人ならばさしずめ「ウナギのような」と呼ぶところだろう)メタファーがこれなのだ、とブースは説くのである。(18) そしてこの「キャットフィッシュ・メタファー」の典型的な例として彼が挙げたのが、先のメイラーの一節「メタファーは述べられた」であった。

ブースは言う、「忘れてはならないのは、こういったメタファーが我々の時代に強力なパワーを示していたということである。『夜の軍隊』は怒濤のような批評の渦を起こし、『歴史としての小説』『小説としての歴史』というメイラー流の新しい文学的ジャンルなるもの――はまるで不正確なものだったのだが――に世界が胸をどきどきさせたことを憶えている人もいることだろう。当時『ニュー・リパブリック』誌の書評でリチャード・ギルマンはこう書いたものだった、『彼の想像力の荒々しい力、観察の素晴しい賜物、強引さ、それと紙一重の抜け目ない正直さ、豪胆さ、厚かましいほどの自信が新しい切実な課題……歴史と個性《パーソナリティ》が自由と解放の新しい理念を通して対面すること……をしっかりと踏まえて大きく花開こうとしているのである』。／ここでのキー・ワードは個性《パーソナリティ》である。『荒々しい』『素晴しい』『強引』『抜け目ない』『正直』『豪胆』といった言葉の数々が個性を誇示するために並べられている——つまり、これは特別なエトスなのだ、というわけである。メイラーの文章が果して反戦キャンプの面々を勝利させようとしているのか、それとも実はメイラー自身のための『宣伝』なのか読者は見極めるいとまもないまま、『語り手のキャラクター』への絶讃を見せつけられる。本当のところメイラーのこの本で呈示された問題がどれほど多くの賛同を得たのかは、知る由もない。だが、この本がメイラー個人を売り出すのに大きく役立ったのは間違いないのである」〔傍点は原文イタリック〕。(19)

6

ヴェトナム戦争小説の系譜における不幸のひとつは、ノーマン・メイラーのようなヴェテランの戦争小説家が、あとからやって来る若い小説家たちにも共有され得るような方法論を一切呈示しないまま、ひたすら個人の領域でこの時代の核心となる政治的主題を描いてしまったことにある。ディクスタインが言うように六〇年代は「個の劇場——あらゆる頭脳に面と向い合ってくるゲリラ劇場《シアター》の時代〔a period of private theater——guerrilla theater〔……〕with an encounter in every head〕」だったのだ。(20)

彼がここで「ゲリラ・シアター」という言葉を使っていることに注目しておこう〔シアターという単語は軍事用語では「戦域」を指す〕。それは「特殊戦争」とか「対反乱戦略」といった言葉で定義されたヴェトナム戦争という「ゲリラ戦争」のことを直接的に想起させる。ゲリラは正規軍ではない。したがって訓練も戦術も戦略も、基本的には個人個人がそれぞれの発想や能力に応じて開発し、編み上げてゆくしかない。そしてこれと同じことが、ヴェトナム帰りの文学的ゲリラたちの上にも起こったのである。

もちろん、先行する既成作家から方法論を与えられなければ書けないような書き手は、しょせん文学の世界に生きる資格も能力もないのだという見方もある。だが、いかに芸術家であるとはいえ〔あるいはだからこそ?〕まったくの虚空から花を摑み出すなどというのはどだい不可能な業なのだ。いわゆる〈芸術的創造者〉たちは、しばしば、あたかも自分がどの血統にも属さず予め神の恩寵を授かった者であるかのように振舞いたがるのだが、実際にはそんなことはあり得ない。とうの昔に神は殺され、人は人の手で育てられねばならなくなった。文学者もまた然り、創造者ならばなおのこと、である。仮にその彼ないし彼女が芸術的母胎の腹を内側から喰い破ってこの世に出てきたのだとしても同じことなのだ。事実メイラーもそのようにして文学的出発を劃したのである。

とはいえ、無論この時代のアメリカ作家はメイラーひとりだったわけではない。トマス・ピンチョンが、カート・ヴォネガットが、ラルフ・エリスンが、フィリップ・ロスが、アレン・ギンズバーグが、その他多彩さにかけては類を見ないほどの面々が大家であれゲリラであれ顔を揃えていた。彼らのうちの一部はメイラーと同じ種類の人間たちだったが、他の一部は彼よりももっと寛容でもっと控えめな人物だったから、それぞれの個性に見合ったやり方で、あとから来る者たちに途を開いていた。もしくは道標《みちしるべ》を出していた。

しかし、ヴェトナム戦争を契機として出発をしなければならない書き手たちの前には、先人の轍《わだち》がなかった。ヴォネガットが掲げていた道路標識はきわめて示唆に富んでいたけれど、いかんせん彼は戦争小説家ではなかった。あるいは、少なくとも戦場小説家ではなかった。一方、世界をすべて戦場と見做しつづけてきたメイラーは、誰も立ち入ることのできない壮大な仰々しさに充ちた戦場を仮構し、そこでたったひとりのゲリラ戦を展開することしか頭になかった。精力的な野心家である彼が、架空の指揮官を演じ、架空の兵士を演じ、ときには無力な民間人にもなりすまし、有能な従軍ジャーナリストの役までこなすところまで、すべて単独でやり遂げていった。それは文学的精神によって時代と社会をドキュメントする虚構のジャーナリズムとでもいうべき彼の独創的手法に他ならないのだが、世界を事物と事物の敵対関係の場としてだけ捉える以上、最後に待ち受けるのが彼の言う「スキゾフレニア」の自己顕示の途でしかないのも当然のことだったと言わざるを得ないだろう。つまるところ独創性とは、永遠に子孫を持つこともなく、ただ一回限りの「個性《パーソナリティ》」を生き抜くことの謂なのである。

　こうして、初期のヴェトナム・ノヴェリストたちの前にはたったひとつの答が出された。彼らがじかに目撃し体験した非通常戦争が一体どのような戦い《ファイト》と事実《ファクト》とあざむき《フィクティシャスネス》に支配されていたのかをひたすらパラノイアックに描きつづけ、その果てに何が出現してくるかを見究めようとするあの方法である。

しかしそこで見究められ得たのは——先にも述べた通り——恐怖が陳腐化し、暴力が一種の同義反復《トートロジー》に堕してしまうという真に怖れるべき不毛の領土でしかなかった。バラードやメイラーがそれぞれの手法で戦争という惨劇を模倣化・擬態化したその概念設定を、彼らはいかにも陳腐なやり方で文字通り模倣してしまったのである。

この状態は、かつて模倣《ミメーシス》＝擬態を「高級《ハイ》」なものと「低級《ロウ》」なものに分けて論じたノースロップ・フライの指摘をおもい出させる。彼は『批評の解剖』（一九五七年）という「挑戦的《ポレミック》な」理論書のなかで、こう指摘している、「低級な模倣的悲劇《ロウ・ミメティック・トラジディ》においては、哀れみや恐怖は廃棄《パージ》されず、といって快楽へと吸収転化されることもなく、外面上のセンセーションとなって伝えられる」。センセーション、これは紛れもなく初期ヴェトナム小説の特徴である。

ただ、注意しておかねばならないのは、ここでのフライがギリシア神話に描かれる神々の物語をすべての物語の原典であり最高の形態として位置づけながら、以後の物語をすべてその模倣《ミメーシス》だと見做していること、また彼が『アンクル・トムの小屋』とか『デイジー・ミラー』といった「家庭悲話《ドメスティック・トラジディ》」を例に上げて、この「センセーション」が涙を誘うような「ペーソス」と結び付いていると指摘していることだ。これは、基本的には男ばかりの暴力的世界を描く戦争小説の世界とは一見無関係な話におもえる。フライは言う、「ペーソスは主人公《ヒーロー》を或る弱みを持つ孤立した存在として描くものであり、その弱みは我々自身の経験と同じ次元にあるため、同情を誘うのである」(21)。

彼によればこの「ペーソス」は女性や子供や動物や「知性の欠けた人々《ディフェクティヴ・インテリジェンス》」が犠牲者とな

ることで不可避的に強調され、「センセーショナルな涙を誘う」というわけであるから、これを表面的に解釈するなら、弱みどころかむしろ肉体的にも精神的にも強くなることを要求される兵士たちの物語はペーソスにも涙にも、ひいては「低級な模倣的悲劇」にも縁がなさそうだということになる。だが、果してそうだろうか？　ここでは、「シュペングラー派」を自称し、ヨーロッパの古典世界に美の理想を見出して芸術を「高級」「低級」に分けるハイカルチュア古典主義者のフライの価値観とは別に、彼が説く情動の原理がヴェトナム戦争小説にも適用しうるものかどうかに注目してみる必要がある。

　まず、初期のヴェトナム小説の主人公や登場人物の多くは、無垢《イノセント》なアメリカ青年である。彼らは大抵中西部あたりの出身者であったり、いわゆる新移民の息子であったり、黒人やその他の人種的マイノリティに属している。ミドル・クラスの高等教育経験者も多数いるが、それらはしばしば類型化され、教育程度と精神的な無垢《イノセンス》・無知は矛盾していない。そのうえ彼らは軍隊に入ることで社会的なバックグラウンドを剝奪され、兵卒や四等特技兵《スペック4》（伍長と同格）、ないしは将校でもROTC少尉以上の階級であることは滅多にない。したがって当然のように彼らは職業軍人《ライファー》ではなく、そうなる気もない。

　そのうえ彼らはインドシナの気候風土に対しても無力な存在である。もちろん医療・衛生設備は驚くほど充実しているから風土病に罹る危険などには殆ど触れられることもなく、また第二次大戦を描いた小説や映画のキャラクターたちのように負傷した仲間を見殺しにしなければならないといった危機に遭遇することもあまりないのだが、そのぶんだけ暑さと湿気への順応力は低い。戦闘経験も数の上では多くない。そのくせ前線への空中輸送力が発達しているから短期間で激戦に巻きこまれる率はきわめて高くなっており、追いつめられた鼠のような自暴自棄の力がしばしば残虐行為と直結する。しかもそうした命がけの働きをしたからといって、その地点を確実に制圧したとは言えないまま慌しく撤退せざるを得ないから、戦場暮しの目的も、勝って早く戦争を終わらせることではなく「三百六十五日の戦争」が自動的に終わるのを待つ以外にはないことになってしまう。つまり彼らは、徹底的な破壊と暴力のセンセーションのなかに曝《さら》されながら、あくまでもうしろ向き《ネガティヴ》に堪える・待つ・退くといった生き方をつづけるしかない無力な存在として描かれるのである。

この無力さは明らかに従来までの戦争小説／映画のキャラクターたちの心理的葛藤とは違う。というのもここでは無力さが例外的な、したがってそのキャラクターに固有の記号として描かれるのではなく、それどころかまるでヴェトナムで戦う者はみんなこうならざるを得ないのだとでも言いたげな筆致が、無力さをシステマティックに泛び上がらせているからである。つまり彼らにとっての弱さ、無力さはもはや個性ではなく、予め決定された属性になってしまっているのだ。それはフライの言う「家庭悲話」において女性や子供や動物が予め弱き者だと決めつけられ、しかるが故に彼らは「センセーショナルに涙を誘う」のだとされているのとまったく同じ状態である。したがってフライが彼らの作品を読むことがあったとすれば、それは直ちに「低級な模倣的悲劇」以外の何物でもないと断定されたことであろう。もちろんこの「高級《ハイ》」「低級《ロウ》」の分類は、フライによれば「価値の上下という意味合いはまったくない」とされているのだが、それにしても彼が時間を超越した整然たる文学の形態学を組織するのに熱心なあまり、「模倣《ミメーシス》」という〔ルネ・ジラールふうにいえば〕欲望の現象学のなかに明らかに潜在する「高級」と「低級」の関係――つまり芸術における階級関係――の存在にはすっかり眼を閉ざしていることも、私たちには疑うべくもない。そしてヴェトナム・ノヴェリストたち――の少なくとも一部――が対面し、あるいは問題にしようとしてきたのは、選抜徴兵法というまぎれもなく階級差別的な制度によってわけもわからずインドシナに投入された自分たちの経験を、これまでの世代の文学的解釈学では必ずしも括り得ないものとして呈示しようとすることだったのだ。

率直に言ってフライの立てる枠組は、インドシナの風土に対面した自意識の崩壊の変容などを文学形式の器に盛り込む必要のなかった時代までの、近代的普遍主義にのっとった些か横柄な価値観の産物である。したがってもしもそれをヴェトナム戦争小説に正当に適用しようとするのならば、十九世紀に発達した「メロドラマ」と総称されるプチ・ブルジョワ的な文学形式の発生と展開を改めて吟味した上で、まさにプチ・ブルジョワ社会としての第二次大戦後のアメリカにおけるパブリックな想像力のありようと参照させるといった手つづきが必要になるだろう。しかしそれ以前に、悲しむべきことに初期のヴェトナム・ノヴェルズは、このようなフライの立論を凌駕し得るだけの力を到底有してはいない。彼らにしてみれば兵士たちが予め徹底的に無力な存在にならざるを得なかったのがヴェトナム戦争という経験の本質だったのであり、それはまことに同情すべき状態に他ならないのだが、かといってその状態を自虐的にいくら突きつめていったところで、「低級《ロウ》」なレヴェルを脱け出すことなどできはしない。つまりヴェトナム戦争が「アメリカン・ウェイ・オヴ・ウォー」を完全に無効化してしまうような契機をもたらしたのだとすれば、その経験を描く表現物もまたフライ流のジェンティールな価値の枠組を超克できるものでなければならない筈なのである。

政治的闘争としてのヴェトナム戦争は、一般におもわれているのとは違って、前近代《プレ・モダン》と近代《モダン》の戦いではなかった。アメリカが一九三〇年代から五〇年代にかけて冷戦と対決の美学に立つ世界観を固めていったその時代に、ホー・チ・ミンがコミンテルン活動を通して大勢力間のバランス・オヴ・パワーの原理を体で学び、そのすきまを巧妙にかいくぐって独立運動を組織していったという事実が端的に示すように、ヴェトナム戦争とは手つづきの違うふたつの近代化のプロセスに立つアジア世界が、互いに譲れない一線をめぐって争わねばならない出来事であった。そして非ヨーロッパ的西洋としてのアメリカ世界がそこで何かを学び得るとしたら、それはフライが保守するのとは違った美の、文化の——したがってひいては政治の——枠組を構築し得るような稀有な可能性を発見するということにあったのだ。

予め無力であることが、けっしてお粗末な「ペーソス」の源になるわけではないのだということ。弱き者が「センセーショナルに涙を誘う」だけの存在ではないのだということ。したがってヴェトナムの無力な兵士たちを描く表現も「低級《ロウ》」なところに留まってしまうわけではないのだということ。ヴェトナム・ノヴェルズは、その始まりの時点においてまさに予めこの役割を課せられている。そして実際にこのような次元にまで遂に踏み込んだ小説が、現在までに少なくとも二作、書かれている。ティム・オブライエンの『カチアートを追跡して〔*Going After Cacciato*〕』〔一九七八年〕と、スティーヴン・ライトの『緑色の瞑想〔*Meditations In Green*〕』〔一九八三年〕である。

12 想像力 II

The Imaginations II

1

ティム・オブライエンの『カチアートを追跡して』とスティーヴン・ライトの『緑色の瞑想』は、きわめて対照的な結構を持ちながらも、どこかしら奇妙に似通った肌触りを持つふたつの小説である。前者は一九七五年から七八年まで『シェナンドゥ』や『エスクァイア』などさまざまな雑誌で断続的に書き継がれながらそのつどO・ヘンリー賞やベスト・アメリカン・ショート・ストーリーズ、プッシュカート賞を受賞し、一九七八年に単行本としてまとめられたのち翌年の全米図書賞《ナショナル・ブック・アウォード》を受賞した。また作者はその合間に回想録『もし俺が戦場で死んだら』を最初の本として上梓し、その業績が認められて合衆国政府による芸術・文化助成制度〔National Endowment of Humanities〕から一年間奨学金を授けられてもいる。おそらくはこれが精神的な意味でも経済的な意味でも良い効果を上げたのだろう。ヴェトナムから帰還して小説を志した人々の多くが陥る切迫した野心がいったん解放され、『カチアートを追跡して』ではヘラーの『キャッチ22』などとも違った種類のフィクティシャスでファンタスティカルな趣向が独特のエモーションを生むのに成功している。これに対して『緑色の瞑想』は一九八三年にいきなり単行本として発表されると同時に高い評価を受け、版元のスクリブナーズ社が設けているマクスウェル・パーキンズ賞を受賞した。作者スティーヴン・ライトにとってはまったく初めての発表作である。ライトはオブライエンより一年遅く一九六九年に徴兵され、帰国後はアイオワ大学の創作科〔Writer's Workshop〕に学んでファイン・アートの修士号を取得し、やがてそこで教鞭を執る傍ら『緑色の瞑想』の執筆に取りかかっている。

まず、『カチアートを追跡して』は、或る日突然ヴェトナムの戦場から脱走しフランスのパリまで行こうと思い立った兵士カチアートと、彼を追跡する任務を与えられた一箇分隊の面々の奇妙な逃亡／追跡の旅の物語である。

一〇月、その月の終わり近くになって、カチアートが姿を消した。

「奴が行っちまいました」と衛生兵《ドク》ペレットが言った。「離隊というか、脱落というか」

コーソン中尉は聞いてないようだった。中尉にしては齢を喰い過ぎだ。鼻と頬に内出血の痣がある。背中も曲がっている。昔は大尉で少佐に昇進しかけたこともあったのだが、朝鮮とヴェトナムで過ごした一四年間のうんざりするような日々と酒がすべてを駄目にした。いまは赤痢病みの、ただの老いぼれ中尉だ。

中尉は緑色のソックスと緑色のアンダーショーツだけを身に着けて、パゴダのなかに仰向けに寝そべっていた。

「カチアートです」とドクが繰り返した。「あいつが我々を置き去りにしたんです。知らないうちに」

中尉は起き上がろうともしなかった。片手を腹に当て、もう一方の手で眼の上に庇《ひさし》をつくっている。じめついた眼だ。「パリへ行ったんです」ドクが言った。

中尉は唇をちょっと舐め、息を吸い込んだが、胸はぴくりともしなかった。手首も平べったい腹も、まるで死人だ。

「パリです」ドクがまた繰り返した。「奴がポール・バーリンにそう言って、バーリンが私に伝えて、それを私があんたに言う、と。命令系統通りですよ。ちゃんと軍律に沿って……。ま、ともかくカチアートが行っちまったんです。荷物をまとめてさっさと」

中尉が大きく息を吐いた。

青い火薬の粉が薄闇のなかにぱっと散って美しくきらめき、仏像の足許に舞い上がる。

「素晴しい」声がした。誰かが溜息をついた。中尉はまばたきをし、咳込みながらマリファナの喫いさしをオスカー・ジョンソンに回した。ジョンソンがそれを爪先で消した。

「パリィだって？」中尉がゆっくりと呟いた。「麗しのパリィか？」

ドクがうなずいた。「奴がポール・バーリンにそう言って、それを私がお伝えしているわけです。なんとかせにゃなりませんよ、中尉(1)」

ヴェトナムからパリまでは八六〇〇マイル〔約一万四〇〇〇キロ弱〕。無論ヒッチハイカーにふさわしい距離ではない。しかもカチアートは徒歩で行くとバーリンに語ったのだという。突拍子もない話だが、彼は旅立ち、バーリンの分隊はそれを追う。追う側の行動も些かならず奇妙だ。老いぼれ中尉は話の呑みこみがひどく悪く、始終「俺には休息が必要なんだ」と寝てばかりいる。そのくせ後方の中隊司令部からヘリを出そうかと訊かれても、断って無線を切ってしまう。上官がこれなら部下も部下で、ラオスとの国境では前進するか戻るかを多数決の「デモクラシー」で決めようと提案する者も出る始末だ。が、それでも部隊は旅をつづけ、ビルマからインド、パキスタン、アフガニスタン、イラン、ギリシア、さらにルーマニアからオーストリア、ドイツを通過してルクセンブルクから遂にパリまで辿り着いてしまう。おまけに、あろうことかイランでは当時のパーレビ政権下の秘密警察として悪名を馳せたSAVAK《サヴァク》に逮捕され、全員で牢を破って脱獄までするのだ。そうした破天荒な物語の合間にはかつてバーニー・リンやフレンチー・タッカー、シドニー・マーティン中尉らがどんなふうにして死んでいったのか、その挿話が――不自然でない程度に不意に――カット・インされる。さらに、その両者の間をつなぐようにして「哨戒地点《ジ・オブザヴェーション・ポスト》」と題する短かい断章が入ってくる。そこで語られるのはもっぱら、夜間野営の見張り番《オブザヴェーション・ポスト》に就いているときのポール・バーリンの空想だ。

バーリンは、この小説のなかではほぼ主人公に相当するキャラクターだが、かといって物語は彼を中心に展開するわけではない。むしろ事を展開させるのは周囲の人物のほうで、バーリンはいつも最後尾を頼りなげに尾いてゆくに過ぎない。そしてそのぶんだけ彼が登場する場面では奇妙な空想、というよりも妄想が嵩じてゆくのである。初めのころは追跡任務が子供のころ父に連れられて行ったウィスコンシンの森歩きとだぶったり、シルヴァー・スター勲章を貰って父に見せるところを空想したり、あるいはパリで優雅に暮す自分の姿をうっとりおもい描くだけだったものが、次第に克明な細部を伴うようになって現実との境いめを失ってゆく。その夢のなかではデリーの奇妙なホテルで分隊の面々がアメリカ式の「ハンバーガー・ディナー」をつくったり、地下に築かれた巨大な牢獄要塞でたったひとり暮す北ヴェトナムの脱走将校との出会いがあったりする。さらにバーリンの傍らにはラオスで偶然出会った中国人の美少女がいつのまにか寄り添っていたり、追跡されている筈のカチアートが逆にイランの留置所に彼らを救出しに来たりする。そして不意に彼らは、追跡任務に就いていた筈の自分たち自身が戦場逃亡者〔AWOL〕になっていることに気づいてしまう。それはおよそヴェトナムという悲惨な、切迫した戦争のイメージとは不似合いの奇妙極まりない夢幻行である。事実、この物語は次第に、どこまでがポール・バーリンの脳裏に泛ぶファンタジーでどこまでがそうでないのか殆ど判然とはしなくなり、物語のおしまいに至ってどうやら全篇がヴェトナムのクァン・ガイ省で夢見られたバーリンの幻覚譚だったらしいことが明らかにされるのだ。だが、なぜか読者はそこに辿り着くまで、いつのまにかこの旅を不自然なものには思わなくなっている。非現実的《アンリアル》でミステリアスではあっても、不自然《アンナチュラル》ではない、のである。それはおそらく、バーリンとともに読者までがこの幻覚行を支配する空間と時間のなかに耽り込んでしまうからだ。

そうした感覚の出所について、先出のミチコ・カクタニは「ジャーナリストや兵隊たちによればヴェトナムとはルイ・フェルディナン・セリーヌにも比すべき超現実的な場所だったという。——他の戦争とはおよそ違う、連日連夜のシュールレアリスムである」と述べ、オブライエンらと同じくヴェトナム帰還兵として小説『ドッグ・ソルジャーズ』〔一九七五年〕を書いたロバート・ストーンの次のような言葉を紹介している。

〔……〕ヴェトナムにおける倫理的なあやふやさは、みんなの頭をすべて狂わせてしまった。そこではもう、混乱の極致にあるという感覚しかないのだ。ひどい絶望感が襲い、そこでだけ通用する言いまわしとか単語が生み出された。仲間うちだけの、他にはいっさい通じない話し方やユーモアだ。ちょうど別の惑星にいるようなものだとおもってもらえばいいだろう。まさにそれは宇宙的な会話であり、あらゆるものに対する深い深いシニカルな態度だったのだ。(2)

絶望感と非現実感。それは人間を、ここにいる自分は本当の自分ではないのだ、という逃避的な感覚に陥らせる。スティーヴン・ライトの『緑色の瞑想』でよりいっそう強調されるこの感覚は、なによりも主人公ジェイムズ・グリフィンの心のなかに根強く棲みついているものである。彼は戦時中、陸軍の四等特技兵《スペック4》として戦場航空写真の分析任務に当たっていた。このあたりの設定は、徴兵後に陸軍の諜報訓練校《インテリジェンス・スクール》で訓練を受けたという作者自身の体験の反映と見えなくもなく、グリフィンがおよそ士気を欠いた兵隊としてなるべく戦争を他人事としてやり過ごそうとしていたという描き方もどうやらライトの分身めいている。グリフィンの場合は戦場でヘロイン中毒に陥り、帰国後まったくの社会不適応者となって心理療法を受けながらも再びヘロインに耽ってしまう。また一方ではヒューイという名の若い風変りな娘と知り合って「植物瞑想《ボタニカル・メディテーション》」と称する瞑想の世界に入って行きつつ、かつての上官に復讐しようとする戦友とも関わりを持ってゆく。

『緑色の瞑想』は、このグリフィンの戦地での体験と帰国後の行動をそれぞれ小さな断片に描き分け、それを混然と並べた奇妙な物語である。したがって全体はいわば格子《グリッド》状の色ガラスを組み合わせたモザイクのようなものであり、主人公がグリフィンと名指しで登場する場面と「私《アイ》」という語り手になって現われる場面がくるくると入れ替わり、それがさらに合計十五の章に分けられて、本文とは一見無関係の「メディテーション・イン・グリーン」と題する断章が1から15までのナンバーを付けて各章の冒頭に置かれている。本文の始まりの叙述が、この物語全体の印象を奇妙な実験小説のそれにしようとする野心をよく物語っている。

遅く起きて街へ出る、それが私の習慣で夜の名残りがまだ柔らかく頭を支配し、どちらに行こうか迷いながら陽光のなかでぶるぶる震えたまま突っ立ち、光が変わるのを待って私の偵察行動が始まる。私は幽霊だった。私の履歴書はでたらめだ。道順は毎午後おんなじで、昼間の世界の住人たちのなかにどこの誰とも分からぬまま紛れこむこの街の中心部を右横向きに縫ってゆくのだ。

当時私は医者の治療を受けていた。毎日六〇分間ずつのエクササイズだ。が、医者が私を雑音と群衆の波に馴れさせようとして命じたこの日課の散歩は、私が自分でいちいち体裁を気にせずに済むだろうと考える日課とは違っていた。私が求めていたのは活力の輝きであり、血のめぐりであり、一体となった群れと始終触れ合うことであり、悪態であり、押し合いへし合いであり、涙であり、生命感だった。私は買物客にまじって大きなウィンドウのなかの物をもの欲しげに眺めた。そして防弾ガラスの向うに客を待つ笑顔が控えるオフィスへと昇ってゆく直行エレヴェーターに乗った。私は突然舗道の上で政府に災いあれと怒鳴ってみたりもした。街のなかなら知らないものはなかった。

一日の終わりになると、いつも私は公設のトラシュ缶の上で休んだ。同じ缶、同じ場所、同じ姿勢で。私はご近所の備品になったわけだ。いつも見慣れた顔がいた。向うもたぶんこっちのことを知っていたろう。しかし大都会のルールに従って、喋ることも名前を名乗ることもなかった。私は缶の上に乗り、春の牧場の子馬みたいに通りに人の頭が現われては消えるのを眺めていた。歩くたびに頭が上下するコンスタントな動きがなにか非現実的な、たとえば海の波のテンポのなかでゆらゆらするピンク色の海洋生物がゆっくりと揺れているところみたいに見えるようになるまでだ。そうなると心が空白になり、呼吸が深くなり、銀色の泡が私の耳で弾けた。(3)

形容詞句と副詞句がワンセンテンスのなかに次々と侵入し、飛躍した連想が文字通り「現われては消える《ポップ・アップ・アンド・ダウン》」この叙述は、オブライエンの『カチアートを追跡して』の直截で力強い書き出しとは明らかに異なっている。後者については既に本書第2章で紹介した通りだが、もう一度その始まりの部分だけを参照してみたい。

ひどい時代だった。ビリー・ボーイ・ワトキンズが死に、フレンチー・タッカーが死んだ。ビリー・ボーイは戦場の恐怖に堪え切れなかったのだし、フレンチー・タッカーは鼻面を撃ち抜かれたのだ。バーニー・リンとシドニー・マーティン中尉は穴ぐらのなかで死んでいった。ペダーソンが死に、ルディ・チャスラーが死んだ。バフが死んだ。レディ・ミックスが死んだ。みんな、死んでしまった。〔……〕

羅列され、殆ど無機化された死。形容詞も描写らしい描写も最低限に抑えられたこのパッセージは、かつてJ・G・バラードが「死の大学」とほぼ同じころに書いた短篇「アメリカの世代」の冒頭の叙述とよく似ている。それはこうだ。

以下がアメリカの世代である。

サーハン・サーハンがロバート・F・ケネディを撃った。エセル・M・ケネディはジュディス・バーンバウムを撃った。ジュディス・バーンバウムがエリザベス・ボクナックを撃った。エリザベス・ボクナックはアンドリュー・ウィトワーを撃った。アンドリュー・ウィトワーがジョン・バーリンガムを撃った。ジョン・バーリンガムはエドワード・R・ダーリントンを撃った。エドワード・R・ダーリントンが[4]〔……〕。

バラードの叙述はこの調子で蜒々と続き、最後に「ウィリアム・フォービスはイングリット・キャロルを撃った」で終わるまで文字通り累々たる屍体の山を築いてゆく。このときのバラードの意図が果てしない連鎖的羅列によって人間の死を無意味なものと化してしまうことにあるのは明らかだが、それはまた戦時公報の類いで戦死者の名前が事務的に羅列されているさまを自動的に連想させる。さらにはヴェトナム戦争で使用されたあの「屍体勘定《ボディ・カウント》」という不気味な制度をも連想させる。そしてオブライエンはこれらの連想を、必ずしも積極的ではないにせよ利用しつつ、戦争における死という端的な事実をいわば第三者の眼で確認するところから物語を開扉し、バラードほど露骨でないやり方でポール・バーリンの頭のなかで展開される「擬態化された戦争」へと読者を誘導してその経験全体をアイロニカルな逆説として描こうとした、と言うことができる。

ライトが採ったのは、しかし、これとは殆ど対照的な方法だった。彼はいきなり主人公の心理的迷路を呈示し、その一種抽象的な次元まで読者が歩み寄ってくることを要求した。強引と言えば強引なやり方だが、それは先行するさまざまなヴェトナム・ノヴェルズとあの戦争に対して社会が抱くパブリック・イメージを前提としたライトの選択の結果だったと見做すべきだろう。

その点で彼が主人公グリフィンをポール・バーリンと同じ四等特技兵《スペック4》に設定し、ちょうどオブライエンがバーリンの周囲に分隊の面々を配置したようにグリフィンのまわりに陸軍第一〇六九諜報分析班《インテリジェンス・グループ》のキャラクターたちを置いたことは興味深い。というのも、アメリカ陸軍は地上兵力の損耗度を低下させるために積極的に航空偵察による情報収集・分析を行なったため、彼らのような特技兵たちは陸軍に所属しながらも直接の地上交戦には参加せず、前線に出るときもせいぜい偵察ヘリに乗り組んで空から地上の写真を撮るだけで、主任務はもっぱら後方の作戦本部内での作業のほうにあったからである。言い換えれば『緑色の瞑想』のグリフィン――その名前は鷲の頭と獅子の軀を持つ神話上の空飛ぶ獣の意味でもある――と僚友たちは低空域における〈鳥の眼〉からの、それも肉眼ではなく、カメラのレンズを通していったん複製化された戦場だけを眺める傍観者めいた兵隊たちなのだ。その立場がJ・G・バラードのいう「擬態化された惨事」の目撃者たちのそれときわめて似ていることは、言うまでもあるまい。そしてこの傍観者たちの物語の主人公グリフィンは写真に写った〈鳥の眼〉からの戦場を日々眺めつづけ、いわゆる「枯葉剤作戦《エージェント・オレンジ》」によってインドシナの緑の森が次第に無残な枯野へとなり果ててゆくさまを一目瞭然に見渡してきたその経験から、やがて、自分自身の肉体が植物化してしまうという奇怪な幻想にとり憑かれてしまうのである。

2

おそらく周知のことだろうが、ヴェトナム戦争は従来のいかなる戦争にもまして最も大規模かつ深刻な環境破壊が行なわれた戦争である。SIPRI（ストックホルム国際平和研究所）の一九七六年報告によれば、一九六五年から七三年までインドシナ半島でアメリカが使用した非核通常爆弾は空中投下と地上発射を併せて約一四〇〇万トン、その三分の一以上が一九六八年と六九年に集中して使用された。またB－52戦略爆撃機による絨緞爆撃《カーペット・ボミング》を受けたのべ総面積はインドシナ全域の一一パーセント以上、南ヴェトナムに限定すると二六パーセントに相当し、その殆どはサイゴン北方の第三軍管区に集中していた。つまりアメリカ軍は〈見えない敵〉の所在を明確に把むこともできないまま、きわめて短期間で限定された範囲に対する連日の大爆撃をつづけていたことになる。SIPRI報告は言う、「インドシナでは、大規模な砲爆撃によって引きおこされた環境の破壊が、各所でまさにすさまじい様相を呈している。前述のように砲爆撃によるクレーターの散在する地表を空から見て、月面を連想したというのは、軍関係者ばかりか軍と関係ない観察者の目でも同じである。そのような地域を地上から見た場合の印象を軍関係者が次のように伝えている。〝あたりの風景はまるで怒り狂った巨人が激しく暴れまわったあとのようだった。爆弾によって根ごと引き抜かれた樹木が勝手な方向を向き地上に散乱していた。びっしり生えていた下生えも爆弾によってクレーターのできる際に吹きとばされていた〟〔……〕。ある歩兵将校は別の場面を次のように伝えている。〝戦闘爆撃弾と大砲から発射される高性能爆弾が緑のデルタ地帯を打ち砕き、〔大地は〕まるで灰色の雑炊のようになってしまった〟〔……〕」(5)

以上が相対的に見れば恒久的影響度の低い大規模破壊だったとすると、生態系にきわめて深刻な打撃を与えたのが、対植物用化学剤〔枯葉剤〕の撒布による破壊である。一九八一年、ヴェトナム戦争におけるアメリカの化学戦を告発的にルポした『黄色い雨』を刊行したスターリング・シーグレイヴは、「皮肉なことに、ベトナム枯葉作戦〔作戦名は「オペレーション・ランチハンド」〕は、レイチェル・カーソンの『沈黙の春』が刊行された年〔一九六一年〕にはじまった」と書いている。「大地はまるで突進する巨人に踏みつぶされ、隕石が突き当たって平らにされたような光景を呈し、刈り株だけが残った。これが一九六八年夏の枯葉作戦の破壊の跡だった。森林は、のろのろと飛び回るアメリカのC－123型輸送機によってくりかえしオレンジ剤の攻撃を受けた。木と作物もみな化学剤の作用で狂気じみた生育をはじめた。何年もかかる生成期間がわずか数時間に圧縮された結果、すべての植物は疲れきり、一夜にして枯死した。そしてB－52戦略爆撃機がやってきて地上に爆撃のあばたを作り、雨水が溜まった。／一方、オレンジ剤とともにもたらされたダイオキシンは鳥類を殺し、昆虫まで巻き添えにし、大地に浸み込んだ。そして死の一部として永久にとどまり、その上に生育しようとする何物の生命をも絶ち、水を飲む者の生命も絶とうと準備を整えた。世界は、ダイオキシンのなかに、真に恐るべき第三世代の軍用毒物を偶然に見出したのである。その毒物はドイツの古い神経ガスの五十倍の威力をもつものだった」(6)

オレンジ剤をはじめとするアメリカ軍の枯葉剤・除草剤は次の四種類の化学物質をそれぞれ混合したものである。

a　2・4-D(2・4ジクロロフェノキシ酢酸)

b　2・4・5-T(2・4・5トリクロロフェノキシ酢酸　このなかに2・3・7・8-TCDD、通称ダイオキシンが含まれる)

c　ピクロラム(4-アミノ-3・5・6トリクロロピコリン酸)

d　カコジル酸(ジメチル亜砒酸)

このうちaとcを混合したものがホワイト剤、dだけを単剤として使うものがブルー剤、aとbの混合剤がオレンジ剤で、アメリカ政府当局の発表によるとヴェトナム戦争で使われたホワイト剤は二〇〇〇万リットル、ブルー剤が八〇〇万リットル、オレンジ剤が最大量の四四〇〇万リットルにのぼっていた。これらの数字をもとにダイオキシンの総含有量を試算すると少なく見積もっても一七〇キログラム以上にのぼり、さらにダイオキシンは2・4・5-Tを加熱すると新たに合成される作用を持っているため、結果的にはこの推定量を上回る量がインドシナの土壌に撒布されたものとおもわれる。何故ならアメリカ軍は枯葉剤を撒いたあと、しばしば追い討ちをかけるようにナパームなどで森林を焼き打ちしたからである。[7]

これらのデータは一九八三年一月にヴェトナムのホー・チ・ミン市〔旧サイゴン〕で開かれた「戦争における除草剤・枯葉剤――人および自然におよぼすその長期的影響に関する国際シンポジウム」の席上で発表されたものだが、このシンポジウムの環境分科会に出席した日本の本谷勲は「枯れ葉作戦はマングローブ林にとくに集中的に実施され、ベトナム南部の諸河口に発達したマングローブ林の実に四〇パーセントが破壊された」と述べている。「十年ほど前に、撒布後三年目のマングローブ林の写真を見たことがあったが、白い骨のような枯木があるいはつっ立ち、あるいは地に横たわって荒涼たる光景であった。〔……〕八二年にジャパン・プレス社の中村悟郎氏の撮影したカマウ岬のマングローブは、すでに立っている枯木はなく、泥土に白く横たわる幹の残がいのみであった[8]」

また、同じシンポジウムの人間分科会に出席した木田盈四郎によると、「オペレーション・ランチハンド」による化学剤撒布の影響は成人ばかりでなく、殊に新生児の畸型に強く現われていることがさまざまに報告されたという。そのうち世代間の形態的影響の一例は次頁の表の通りに伝えられている〔但し、同じシンポジウムで別のヴェトナム人研究者から次世代影響を否定する調査結果も報告されており、木田は「(影響が)証明できた、とはいえない結論であった」と付言している〕。

スティーヴン・ライトは、こうした化学戦争による現実への影響を具体例を挙げながら

『緑色の瞑想』で描いているというわけではない。彼は科学者でもジャーナリストでもないし、その作品もアメリカ軍の非人道的行為を直截に告発ないしは否定するといった政治性・倫理性を持っているわけではないのである。しかし、だからといって小説家としての彼が適格を欠くわけではないのは言うまでもないことだろう。なによりヴェトナム・ノヴェリスト

オレンジ剤に被爆した後の一代目における
突然変異の作用(Ton Duc Lang 博士)

	被爆群	非被爆群
父の数	1,142	613
子の数	3,147	2,172
奇形児の数	82 (2.6%)	10 (0.46%)
無脳症	6 (1.9‰)	0
小頭症	1 (0.3‰)	0
水頭症	5 (1.6‰)	0
無眼球症・眼球萎縮	2 (0.6‰)	0
先天性白内障	1 (0.3‰)	0
耳介奇形	4 (1.2‰)	0
唇裂・口蓋裂	7 (2.2‰)	2 (0.9‰)
心奇形	9 (2.8‰)	2 (0.9‰)
前腕欠損	1 (0.3‰)	0
外反膝	6 (1.9‰)	0
前腕奇形	2 (0.6‰)	0
多指	5 (1.6‰)	2 (0.9‰)
睾丸転位	4 (1.3‰)	2 (0.9‰)
半陰陽	1 (0.3‰)	0
ダウン症	2 (0.6‰)	0
その他	26 (3.3‰)	2 (0.9‰)

(木田盈四郎「戦争における除草剤・枯草剤;人および自然におよぼすその長期的影響に関する国際シンポジウム報告」, 日本科学者会議編『日本の科学者』1983 年 5 月号所収)

たちは善悪の二項対立に基く倫理的判断を予め放棄しなければならなかった作家たちなのだ。したがって『緑色の瞑想』においてグリフィンが植物的な幻想にめざめ始める最初の契機も、何気ないエピソードを通してもたらされる。

その声がグリフィンの耳許で不意に囁かれたのは、彼がフィルムのひとこまを見ながら二〇分以上ものんびりと時が流れるに任せていたときだった——「葉 除 去《リーフ・アブシジョン》だ」

「はあ?」

それは図像分析班チーフのパッチ大佐だった。彼は言った、「この言葉を定義してみろ」。

「葉 除 去《リーフ・アブシジョン》」とやらが何であれ、グリフィンは知りたくもなかった。横座標《アブシッサ》。等合。数式。

「木の幾何学か何かですか?」。彼はパッチの頭に眼をやらないようにして答えた。初めてその頭を見たとき、なんだか吸いこまれるような——そう、ちょうど濃いブルーの煙が音もなくするすると流れる真鍮のチューブを複雑に組み合わせてつくった巨大なドームのなかを覗き込まされるような気がしたのだ。

「大学の講義を思い出してみろ、グリフィン。ラテン語が原義で、切ること、除くこと、剝ぐことだよ。この場合で言えば、シュロの葉を落とすことだ。ワインヘヴンは六十日で国に帰ることになってるからな。で、君に彼の除草剤研究を引き継いでほしいというわけだ」

「自分の被害査定はどうなります？」。大佐の耳から煙がひとかたまり吹き出た。

「特技功労章を授与することになるだろうな」。パッチの言葉はいかにも口先だけといった感じだった。「知っての通り私は君を信頼しておるからね、この仕事を任せられるのは君だけなんだよ。この研究は最高機密だ。将軍も特に興味を持っておられる。で、私としても頼りがいがあって状況のよくわかる人物が必要だというわけなんだ」。彼は背をまっすぐにして続けた。「この任務には一切問題があってはいかん。君こそわがクラスの最優等生《ザ・ブライテスト・ボーイ》なんだ」

「イエス、サー」パッチは以前にも、オフィスの備品調達係にマクファーランド一等兵を指名したとき、この「最優等生」なる言葉を使ったことがある。

「これは君の軍歴にも素晴しく良いことだよ」。彼はグリフィンの肩に手を置いて言った。「ヴェトナム国内でのR&Rも考慮してあげようじゃないか。君、まだサイゴンには行ったことがないんだろ？　だったらこれをいい機会に来月行かせてあげよう。ウィンクリー参謀が随行者を探しとるんだよ。ほら、彼がひとりで出張するってのがどういうことか知っとるだろ？　いいな？」

「イエス、サー」

「結構、きわめて結構」

「有難いです」とグリフィンはもぐもぐ呟いてから、再びライト・ボックスの上に屈みこんだ。彼は前から植物には興味があったのだ。フィルムに写った爆撃孔《クレーター》が、まるで涙ぐんだ眼みたいに彼を下から照らし上げた。(9)

このエピソードは明らかに、ひどく不気味な精神世界の兆しを告知している。それはいわば、抗しがたい運命的奈落への最初のステップ・ダウンなのだ。そして『緑色の瞑想』は、生態系破壊という一個の人間存在を超えた大きなトピックをあくまでグリフィン個人の心理的・肉体的環境を通して主題化したところに顕著な独自性を持つヴェトナム・ノヴェルなのである。事実、トム・メイヤーやスティーヴン・フィリップ・スミスはおろかティム・オブライエンにさえも、このような主題の拡がりは殆ど見当らない。

けれども、そうしたさまざまな違いにもかかわらずオブライエンとライト、このふたりのヴェトナム・ヴェテランが描く小説世界にはどこかしらきわめて共通したものがあるという印象を拭えない。それはこのふたりがともに、インドシナのモンスーン・ジャングル・ツアーをまったく未知の体験としながら、そこから立ち昇る恐怖や不安や錯乱をもはや抵抗不可能なものとして受け容れてしまっていることから生じている。そこに描かれる人々は、カチアートもポール・バーリンもジェイムズ・グリフィンもすべて、初めから弱々しくうしろむきにシニカルで、疲れている。そして妙に透明、というか、一体彼らがどんな風采で、どんな印象を人に与え、なにを好みなにが嫌いかといった種類の細部と人格の繋りを明示する特徴を予め剝ぎとられている。もちろん彼らは、たとえばコーソン中尉が赤痢病みで酒浸りの老いぼれだとか、カチアートはブラックジャック・チューインガムが好きだとか、ポール・バーリンの同僚のエディ・ラッツッティは歌が得意で、黒人兵のオスカー・ジョンソンはどうやらカッコをつけて生まれを偽っているらしいとか、そういったことが語られてはいる。だが、それらは従来のヴェトナム・ノヴェルズのように無垢なるアメリカン・ボーイズのイメージを作者と人物と読者とが安易に共有するために仕掛けられた趣向ではない。何故なら、それらのエピソードが伝えてくるのは各自の人格《パーソナリティ》の所在ではなく、まことに曖昧模糊とした輪郭《プロファイル》以上のものではないからだ。それればかりかこの人物たちは、そもそも自分が誰で何故そこにいるのかをまるでわかってはいないし、かつわかろうともしていない。

ライトがグリフィンの様子を一言で描写するときにしばしば使う「流れのままに流される〔be drifted〕」という表現が、その状態を良く言い当てている。つまり彼らはすべてに対して無抵抗なのだ。これはトム・メイヤーには多少の萌芽が感じられるものの、スティーヴン・フィリップ・スミスにもジャック・フラーにも、あるいはヴェトナム映画作家としてのフランシス・コッポラにもない態度である。したがって無論、アメリカ人のヴェトナム戦争観を体現するふたつの典型的キャラクターとしてしばしば言及されてきた『地獄の黙示録』のキルゴア大佐にもカーツ大佐にも、ない。キルゴアは、ちょうど写真家ティム・ペイジがそうであったように自ら求めて戦争の愉悦に耽り、他方カーツはジャングルの奥深くに隠棲してしまっているが、それらはいずれも権力と支配意志の順接ないしは逆接でしかない。『ディア・ハンター』のロバート・デ・ニーロやクリストファー・ウォーケンにしても――マイケル・チミノにはコッポラ流の権力の現象学に関心がなかったという点を除けば――事は同じだ。彼らはそれぞれ少しずつ異なったキャラクターと状況の設定下で、闘い、傷つき、叫び、狂う。そこにあるのは恐怖と不安と抵抗と破綻である。ところがオブライエンとライトが造型するキャラクターたちの場合はそうではない。彼らは、もちろん各自なりの思惑もあるし追想に耽ったり事のなりゆきに狼狽したりもするのだが、しかし基本的な部分では自分を停止させてしまったかのように、無抵抗で無関心で無気力で、そしてなにより無力だ。

これはヘミングウェイでもなければアンドレ・マルローでもなく、トルストイやレマルクでもない。ミチコ・カクタニはオブライエンとライトを批評するに当たってセリーヌとガルシア＝マルケスの名前を参照的に挙げているが、たぶんそれでもない。オブライエンとライトの描く人物、殊にその主人公たちはひたすら無の状態を低く低く流れてゆきながら、或るときふと夢から醒めたようにインドシナの水田と棕櫚の林を親しげに見やり、あるいは自らの心が次第に植物化してゆくのを虚ろに眺めている。そうした彼らの物語もおしまいには――まさに〈物語〉としての定めに従って――或る種のカタルシス状態へと辿り着いてゆくのだが、その境地はといえばバーリンにとっては夢見ののちの茫漠感であり、グリフィンにとっては自らが植物世界の住人に遂になりおおせてしまったという余りにもアンリアルな充足感なのである。つまり彼らはここに来てもなお「流れのままに流される」状態のなかに封じ込まれているのだ。

したがってそのときの彼らの眼に映るジャングルの緑とは、たとえばカウンター・カルチユア・ムーヴメントのアジテーターのひとりであったチャールズ・A・ライクの『緑色革命《グリーニング》』が主張する人間たちの愛玩物としての緑色ではなく、ポール・サイモンが「スカボロウ・フエア」に歌った麻のシャツの緑色でもなく、かつてF・S・フィッツジェラルドがギャッビーを帰還させた「新大陸の初々しい緑の胸」の緑色でもない。ということは無論、ウォルト・ホイットマン流の大らかで無垢なるシーワナカ＝ロングアイランドの緑でもない。少しでも近いものを挙げようとすれば、ヘンリー・ソローの『森の生活《ウォールデン》』における超越的瞑想を育《はぐく》んだ緑を呈出することはできるだろう。事実ライトは『緑色の瞑想』の巻頭エピグラフのひとつに『ウォールデン』からの一節を掲げている。だが、結局のところオブライエンやライトが描く人間たちは内省的ですらないのだ。というのが言い過ぎだとすれば、こう言い換えても良い。彼らは内省的な意志の力を放棄したところから出発し、最後までその流れに抗うことなくひたすら遠くへ、誰もが見ることのなかったミステリアスな緑色の涯へと漂い流され、再び戻ってはこない。けれどもそれこそは、すべての無力なる者たちをして無力のままに超越させようとするふたりのヴェトナム帰還兵の文学的意思の表明に他ならないのである。

緑色。若さと慰めと自己回復の場ではなく、自意識を溶解し軀のすべての細胞と漿液を少しずつゆっくりと侵食してゆくような無の場を指し示す色彩としての緑色。その色合いは無論、多くのアメリカの先人たちやカウンター・カルチュア・ジェネレーションによって慈しみの母へと擬人化《ヒューマナイズ》された深い森の緑《ディープ・フォレスト・グリーン》ではない。オブライエンやライトがインドシナの亜熱帯モンスーン気候の下で眼にし、肌を触れ、心をさまよわせたのは深く濃く昏《くら》いアジアの密林の緑《ジャングル・グリーン》だったのであり、それを抗しがたい奇蹟の体験として受け容れるところから、彼らの現在は始まったのである。彼らは、高らかな独立不羈を説きつづける力強いアメリカ的神話の伝統に抗して、自分自身の心と軀に迷彩を施しつつ闇のような緑のなかを漂ってゆかざるを得ない最初のアメリカン・ソルジャーズだったのだ。

13　闇のような緑

Green, like the Darkness

1

アメリカ軍の軍装の歴史の上でひとつはっきりしているのは、迷彩《カムフラージュ》パターンが長らく一種の例外的措置として用いられたに過ぎなかった、ということである。第二次大戦の場合でいえば陸軍の基本的な制服は三種類に分かれ、冬季用のクラスAユニフォームは黄褐色《タン・カラー》のシャツに黒いネクタイ、緑褐色《オリーヴ・ドラブ》のトラウザーズと同色の短かいオーヴァーコート、夏季用はカーキ色のコットン・シャツとトラウザーズに黒いタイになる。またクラスBユニフォームはフォレスト・グリーンかオリーヴ・ドラブのシャツとトラウザーズで、ときにピンク〔褐色がわずかに赤みがかると軍ではそう呼んだ〕の上下、クラスCユニフォームはカーキ・チノのシャツとトラウザーズである。どちらも非戦闘時の外出に際しては黒いタイを締める。以上はあくまでも基本形で、細部は階級によって千差万別となり、また黒いネクタイやタン・カラーのシャツは大戦後期になるとオリーヴ・ドラブのものに変更されていった(1)。この変更の理由は判然としないが、ひとつには同じ種類の染料を濃淡で使い分けることで戦時下生産の効率を上げようとしたこと、もうひとつはヨーロッパ戦線の拡大につれてドイツの暗い森《シュヴァルツヴァルト》に代表される森林色が重視されたことなどが考えられる。いずれにしても前線では、ヨーロッパや北アフリカ、太平洋各域の状況に応じてこの三種類の軍装が適宜改良されつつオリーヴ・ドラブとタン・カラーのどちらかを単色で使用するのが主流だった。

　これに対して茶色の濃淡と緑色をまだらに染め分けたカムフラージュ・プリントの戦闘服は、きわめて限定された地域でごく短期間使用されたに過ぎない。最初は一九四二年のガダルカナルなどの太平洋戦線で上下つなぎ《ワン・ピース》のカムフラージュ作業服《ファティーグ》が使われたものの、この形はかえって動きにくく不評を買って姿を消し、つづいて採用されたツー・ピースのもの——これは裏地がタン・カラーや子鹿色《フォーン》の一色でリヴァーシブルに使えた——も、狙撃手などが静止した待ち伏せのために着るときを除くと動きまわる際に目立ってしまい、歩兵たちに無用のハンディキャップを与えてしまった。そのため一九四四年にはカムフラージュ・ファティーグは全廃されてオリーヴ・ドラブ一色の綾織り《トゥイル》スーツになり、最終的にはグリーンのポプリン生地に替えられている。また、ヨーロッパでも一九四四年のノルマンディ進攻作戦で一部にカムフラージュ・プリントが採用されたが、これもドイツ軍の武装親衛隊《ヴァッフェンSS》のカムフラージュ服と見分けがつかなくなるため早々に使用が中止されている[2]。これらの変更も無論実戦上の試行錯誤の結果だったが、一方ではカムフラージュ・プリントの持つ一種不気味な威嚇性が心理的に忌避された面も否めない。

　こうしたアメリカ軍の軍装の基本型は朝鮮戦争でもほぼそのまま受け継がれ、ヴェトナム戦争に入ってから急速に、素材やデザイン上の細部変更を含む実に多種多様のヴァリエーションが生み出されてゆくことになる。軍事ジャーナリスト、リー・E・ラッセルの言葉を借りると、「ヴェトナム戦争はミリタリー・ユニフォームの点に限ってみても、複雑な出来事《コンプレックス・サブジェクト》だった」のである。(3)

　ヴェトナム戦争当時、世界中に駐留するアメリカ軍の標準的なフィールド・ユニフォームとなったのは品番一〇七のオリーヴ・グリーン〔OG107〕のシャツとトラウザーズで、この素材にはやや光沢のあるコットン・サテン生地が使用されていた。トラウザーズには両横とうしろにふたつずつボタン止めフラップ付きのパッチ・ポケットが付き、シャツの両胸にも長方形のフラップ付きボタン止めポケットが付いている。一九六〇年代の初頭、ケネディ政権の国防長官マクナマラは従来アメリカ四軍のそれぞれで別々に採用されていた軍装を基本的に統一する「汎用化《コモナビリティ》」プログラムを指示し、これによって前記のOG107ファティーグがシャツのごく一部に変更を加えて、陸・空・海兵隊と海軍の上陸造営部隊〔通称「海の蜂《シービーズ》」〕で共有されることとなったわけである。だが、在ヴェトナム米軍では、OG107ファティーグに準じながらもよそでは殆ど使われない独自の仕様が早くから開発されていた。ジャングル・ユーティリティ・ユニフォームと呼ばれたこの仕様は、第二次大戦中にパラシュート部隊のユニフォームをデザインした経験を持ち、のちヴェトナム戦争初期には大統領ケネディに直接働きかけて特殊部隊の緑色《グリーン》ベレーの正式着用許可をかちとったこともあるウィリアム・P・ヤーボロウ中将が個人的に考案したもので、ジャケットの腰にふたつの大きなパッチ・ポケット、胸には斜めに角度を持たせて手を入れやすくしたフラップ付きのパッチ・ポケットが付き、トラウザーズに至っては実に七箇所にポケット——横にふたつ、尻にふたつ、外腿の下のほうにふたつ、さらにその左側のポケット内部にもうひとつ——が付くというものである。一九六五年からヴェトナムで使われはじめたこのユニフォームの生地には最初は一〇〇パーセント・コットン・ポプリン、のちには耐久性を高めるためナイロン繊維を織り加えたリップストップ・コットン・ポプリンを使用、またポケットのフラップも最初は外側に露出していたものを引っ掛けによるトラブルがないよう隠しボタンに変えるなど実戦経験を通した工夫がさまざまに施されてゆくのだが、基本デザインは上記の通り、やや不恰好ではあるけれども徹底してジャングル戦を想定した実用性が当初から考慮されたものだった。

だが、ヴェトナム戦争用ユニフォームの特殊性はこれだけには留まらない。その最も特徴的なものが、カムフラージュ・プリント・ファティーグの大幅な採用である。

ヴェトナム戦争当時のカムフラージュ・パターンには大別して三種類のものがある。第一は「鴨猟用《ダック・ハンター》」、第二が「葉状模様《リーフ・パターン》」、第三が「虎斑《タイガー・ストライプ》」である。ダック・ハンターはその名の通り鴨猟用に開発されたスポーツ衣料のパターンで、白っぽい生成《きな》り地の上にびっしりと濃淡の変化をつけた緑色、茶、黒などの丸みがかった斑紋が浮かんだように刷り込まれている。そのため動きまわればかえって遠目にも目立つだろうとおもわれるが、印象としてはどことなく軽妙で遊戯的な感じが強く、威嚇性は高くない。これに対してリーフ・パターンでは白っぽい部分が一切消し去られ、茶色、淡褐色、濃緑がそれぞれ流れる葉のように重なり合い、なかにはところどころ故意にぼかしたような染め上がりになっているものもある。カムフラージュと言ったときに一般的に連想されるのが、このパターンである。三番目のタイガー・ストライプはこのリーフ・パターンをさらに限定目的のために変更したパターンで、緑色は殆ど灰色に近くなり、茶色の斑紋が浮かぶ上に黒色の尖った紋様が細く流し込まれている。したがって三者のうちでも暗い印象が最も強く、威嚇性というよりはどこかしら狂気じみた静かな兇暴性を帯びていると言ったほうが良さそうだ。これらのパターンの使用〔ないしは着用許可〕は、殊にタイガー・ストライプが東南アジアの地域特性に合わせたものだっただけに、アメリカ四軍それぞれで違っており、また南ヴェトナム政府軍も独自の採用基準を設けていたという。このあたりのことについてラッセルは次のように書いている。「アメリカ陸軍は本来カムフラージュ衣料を必要ないものとして見做していた。但し、ヴェトナム向けに調達されたさまざまなパターンは、陸軍から派遣された軍事顧問たちが進んで着用していた。それらはすべてスポーツ用の市場品か、陸軍が独自に装備研究・開発したものである。／陸軍当局も、正規地上部隊がヴェトナムに着任して以後は捜索任務の重要性からカムフラージュ衣料の必要性を認めることになった。したがって暫定的手段として、アメリカのエリート部隊は地域特性に合わせたカムフラージュ・ユニフォームをヴェトナム現地の衣料商から調達していた。このような事情のためすべて要望通りというわけにはいかなかったが、実際に買い上げられた多くはＡＲＶＮ〔南ヴェトナム政府軍〕のパターンか米陸軍の制服をカムフラージュ向けにコピーしたものだった。大半は『タイガー・ストライプ』パターンである。

／一九六七年になると、陸軍も独自のデザインに基いてコットン製のカムフラージュの男性用上着《コート》とトラウザーズを開発することとなった。リップストップ素材を使った『リーフ』パターンである。スタイリングはヴェトナム用軍装〔OG107ファティーグ〕に準じ、オリーヴ・ドラブ色の『ブーニー・ハット』が付く。これらは広域偵察パトロール隊〔LRRPS〕やスペシャル・フォース（ARPS〔地域偵察パトロール隊〕）、前哨偵察員《パスファインダーズ》、パトロール犬調教員《ドッグ・ハンドラーズ》などといったエリート部隊向けを想定したものだったのだが、初期に短期間支給されたに過ぎない。むしろ後期になると隊員によっては、これよりもタイガー・ストライプのほうが実用的だと考えてそれを着用しつづける者もいた。当時着用されていたタイガー・ストライプは、ヴェトナム製のパターンの他、タイや日本などでつくられたものもあった[4]」

　このように、陸軍当局は総じて迷彩服を斥ける傾向が強かったが、同じアメリカ軍のなかでも海兵隊などはかなり自由に各自の判断と選択による着用を認め、さらにはOG107ユーティリティ〔海兵隊は「ファティーグ」という呼称を使わなかった〕に基く標準仕様のジャングル装備とカムフラージュ衣料の混用《ミックス・アンド・マッチ》をも黙認していた。これは陸軍では完全に禁止されていたことである。また海兵隊は一九六八年には自軍独自の新しいリーフ・パターン・カムフラージュを採用するといったように、迷彩に対してかなり寛容かつ積極的な姿勢を見せている。このような違いは明らかに、正規常備軍としての伝統を重んじる陸軍とアメリカ四軍中最強最精鋭の強襲部隊としての自負を抱く海兵隊の発想の差から来るものだと言うことができよう。もちろん海兵隊もアメリカ独立革命戦争当時の一七七五年に発足したという古い歴史を持ち、自らの伝統を誇る点では陸軍に劣らぬ気概を示している。だが、陸軍が組織全体の秩序と統一をなにより重視するのに対して、海兵隊の場合は当初から独立不羈の剛者《つわもの》同士が「つねに誠実たれ《センパー・ファイデリス》」という標語の下で絆をつちかい合う独特の仲間意識が強い。つまり成員各人をそれぞれ決定能力《デシジョン・メイク》の保有者として遇することこそが海兵隊《マリーン・コウ》としての矜持の源泉となっているわけであり、カムフラージュの着用許可に関してもこれらのことが影響したものと考えられる。なお、海軍の場合はメコン河を初めとするインドシナの河川を航行する哨戒艇任務を担当していたことから、沿岸偵察・攻撃に従事するSEAL部隊員たちは海兵隊と同様に自由にカムフラージュ・ユーティリティを着用していた。特に彼らのなかには海兵隊の一部と同じく、顔にも迷彩模様を自分でペイントして出てゆくのを好む者が少なくなかった。おそらくはこういう状態が一方で認められていたためだろう、海軍の航空部隊も一九六六年に空母搭載のF－4ファントム戦闘爆撃機を緑と茶のまだらに迷彩塗装したことがあるが、これは海軍機としてはきわめて異例のことである。実際、この仕様は空母からの発着艦に神経を使わねばならない海軍機にはあまりメリットはなく、殊に夜間の悪天候下での着艦時の危険性が増大したことから、早々に中止された(5)。

一方、陸軍の場合も、先のラッセルの指摘にもあるように一部の選抜部隊《エリート》ではタイガー・ストライプを含むカムフラージュ・ユニフォームも重用されていたのだが、陸軍全体になると上層部のみならず、前線でも忌避される傾向がきわめて強かったようである。たとえば、ラッセルと同じくヴェトナム戦争における数々の軍装品について調査したフィリップ・キャチャーは第一歩兵師団第一八大隊に所属したテリー・カールソン少佐が「われわれ偵察小隊はGI用カムフラージュ・パターンのジャングル・ファティーグを支給されていたし、『ひさし付き《フラップ》』ハットその他を自前で選んで買うことも認められていた。他の部隊ではオリーヴ・ドラブのジャングル・ファティーグにスティール・ヘルメットしか許されてはいなかった。しかし我々も『タイガー・ストライプ』だけは誰も着なかった！」と強調していることを挙げている。(6) だが、これに対して陸軍部内でも、たとえば第五〇三歩兵連隊第二大隊の指揮官をつとめたアンソニー・B・ハーバート中佐の回想によれば、ハーバート指揮下の中隊指揮官たちはいつもタイガー・ストライプを着用しており、他の師団でも前線の将校たちの多くは同様だったという。ハーバート自身、この点に対して寛容な考え方を持っていた。

私は(師団長のジョン・W)バーンズ将軍が先鞭をつけるべきではないかと思っていたのだが、彼もまたタイガー・スーツは好まなかった。彼自身、着ることはなかったし、他の者もそうするべきだということだった。将軍は偵察員を除く師団の全員に使用制限を命じ、全員がそれに従って通達を出した。但し(ジム)グリムショー大佐と他の数人は別だった。実際、本当のところは誰もそんなことを守りはしなかったのだ。もしそれを着たほうが快適で少しでも戦意を刺戟してくれるとなれば、いけない理由がどこにあるだろう？　着ればいい。当時はみんなそうだったのだ、それが重要なことなのだ。(7)

キャチャーによれば、このような見方はヴェトナム戦争の進行とともに前線指揮官たちの間で少しずつ目立つようになり、外部に向かってもはっきり言明する将校も現われるようになっていった。たとえば一九六八年にウェストポイント陸軍士官学校を卒業した或る大佐さえもが、一九七〇年の『ライフ』の取材に答えて「前線で彼ら〔兵卒たち〕がどんな恰好をするかというのは、私の優先順位のリストでは下のほうの問題に過ぎません」と答えている。
「それは私の妥協案のひとつなのです。任務さえ果すならば、たとえピース・ビーズだのシンボル・マークだのを付けていたところで私は気にしやしない。仮に頭を剃っていたとしても、ね(8)」

なお、こうした喰い違いについては、一九七七年の映画『戦場〔原題は「スパルタンに告げよ」*Go Tell the Spartan*〕』にも同じような例が見られる。テッド・ポスト監督、バート・ランカスター主演で制作されたこの映画は初期のアメリカのヴェトナム介入をランカスター演じる軍事顧問バーカー少佐とその部隊の行動を通して批判的に描き、地味ながら一部で高い評価を得た——事実、戦争映画としては派手な戦闘場面がひどく少ない——作品だが、このなかの一場面でバーカー少佐の前線部隊を訪れた将軍が、ひとりの隊員の軍装を見咎めて「タイガー・ストライプは禁止してある筈だ」と叱言を言う。少佐はこれに「戦場では自由にさせてやりたいんですよ。ねぎらいのためにね」と答える。「ねぎらい？　しかしあの服はフランス式《フレンチ・ウェイ》だろう。フランスがここでどんな目に遭ったか知らんわけじゃあるまい。軽くあしらわれて蹴り出されたんだ。しかしアメリカ陸軍はけっしてそうはならんぞ」「私もそう思います、サー」——この皮肉なやりとりは、すぐあとの場面で将軍がかつては少佐の部下だったことが語られるだけに、前線と後方の指揮官の認識のギャップを示唆していっそう印象的だ〔但し、タイガー・ストライプが「フランス式」だというのは他の資料では未確認のことである〕。

とはいえ、このような見解がけっして陸軍部内での主流を占めたものでないことは、言うまでもない。それはあくまでも異色であり異端なのであって、にもかかわらずこのような例外性が公然と表面化するようになっていたことが、実はヴェトナム戦争の或る本質を示唆していたのである。

2

ヴェトナム戦争とそのイメージが語られるとき——特にアメリカ国内においては——しばしば看過されがちのことなのだが、ヴェトナム戦争とは基本的に四カ国の軍隊が混在する戦争であった。すなわち南ヴェトナム政府軍と北ヴェトナム人民軍、アメリカ軍、そして南ヴェトナム解放民族戦線である。既に述べたように、南ヴェトナム政府軍は第一次インドシナ戦争時代にフランス植民地軍が自軍の損耗を抑えるために傀儡バオ・ダイ政権下に設置させた軍隊であり、北ヴェトナム人民軍は第二次大戦中に抗日ゲリラ戦線としてホー・チ・ミンが組織したいわゆるヴェトミン〔ヴェトナム独立同盟〕の延長上にある。一九六〇年に結成された解放戦線は通常北ヴェトナムの支配下にあった組織のように思われがちだが、あくまでもその成り立ちはヴェトナム人民革命党その他の南ヴェトナム国内における民族独立派の連合であり、解放戦線のゲリラ軍も南ヴェトナム臨時革命政府の軍隊である。だが、この戦争の奇妙なところは、参加軍隊が以上の四カ国だけに留まらなかったという、まるで世界大戦並みの「限定戦争」だったことにある。まずアメリカおよび南ヴェトナムの側には、ジュネーヴ協定遵守のための国際監視軍の名目でカナダ、オーストラリア、ニュージーランド、スペインがそれぞれ小規模ながら部隊を送っていたのに加え、アメリカの要請によってフィリピン、タイ、中華民国、そして韓国が相応の兵力を派遣していた。もちろん事を派兵だけに限らなければ、米軍の後方基地としての役割を果すことで自国の経済成長を爆発的に推進させていた日本の存在を抜かすことはできない。殊にヴェトナム戦争中の一九七一年には沖縄返還協定が締結されることによって、日本列島弧全体が横須賀、佐世保の海軍基地群、岩国を中心とする海兵隊基地群、また嘉手納を極東最大の要衝とする戦略空軍基地群を有する巨大な兵站廠の様相を呈するようになっていた。一方、北ヴェトナム人民軍のほうにはディエン・ビエン・フー要塞の攻略戦以前からソヴィエトと中国が技術・経済・兵器援助のみならず、非公式の軍事顧問として兵員を投入していたと伝えられる。

このように東西両陣営から世界中の軍隊が集合していたヴェトナムの戦場の様相を一望してみると、最大の主役であった筈のアメリカ軍の上にどこかひどく中途半端で曖昧なイメージが被さってくるのが感じられることだろう。実際、この点で見ればヴェトナムにおけるア

いわゆる「自由世界同盟軍」の兵員投入数推移(1964-1970)

上段：兵員数
下段：作戦大隊数

	1964	1965	1966	1967	1968	1969	1970
オーストラリア	200	1,557 1	4,525 2	6,818 2	7,661 3	7,672 3	6,763 3
韓　国	200	20,620 10	45,566 22	47,829 22	50,003 22	48,869 22	48,537 22
タ　イ	0	16 0	244 0	2,205 1	6,005 3	11,568 6	11,586 6
ニュージーランド	30	119	155	534	516	552	441
フィリピン	17	72	2,061	2,020	1,578	189	74
中華民国	20	20	23	31	29	29	31
スペイン	0	0	13	13	12	10	7
総　数	467 0	22,404 11	52,566 24	59,450 25	65,802 28	68,889 31	67,444 31

(Terrence Maitland, Peter McInerney, et. al., *A Contagion of War*, 1983, p. 91)

メリカ軍ほど、その本質においてきわめて曖昧な存在も珍しいのである。

殊に初期のヴェトナム介入の尖兵となった軍事顧問たちは、正規のアメリカ軍人であるにもかかわらず、のちに派遣された正規軍の兵員たちとは違って実戦行動から日常寝食までの殆どを南ヴェトナム政府軍兵とともにする、いわば出向軍人であった。したがって軍服も米軍制式のＯＧ107ファティーグ・タイプだけではなく、同じオリーヴ・ドラブでも微妙に色合いの異なる南ヴェトナム軍の支給品や街なかの闇市場で売られているレプリカ品を入手することさえあり、また当時の記録写真に見られるように赤や栗色《マルーン》の軍用ベレーを被ることも少なくなかった。一九六〇年代、ケネディ政権になって特殊戦争戦略が施行されると陸軍の顧問たちの多くはグリーン・ベレーのメンバーに替わり、軍装にも新たにアメリカ製の緑色ベレーが加わるのだが、だからといってこれで彼らの立場の曖昧さが払拭されたわけではない。何故なら特殊部隊そのものが異端的な組織であることに加え、ベレーはカムフラージュ・ファティーグと並んでアメリカ軍の伝統から最も遠ざけられてきた異色の軍装だからである。

アメリカ軍の歴史上、ベレーが公式の席に登場した最初の出来事は、一九五五年六月二十二日にグリーン・ベレーの前身となる陸軍の第七七特殊部隊〔エアボーン部隊〕のジョーゼフ・Ｐ・クリーランド少将が退役する際の記念閲兵式でのことである。この部隊はもともとイギリス軍海兵コマンド〔British Royal Marine Commandos〕をモデルとして一九五四年に発足したもので、さらに遡れば第二次大戦中のＯＳＳと第一特別任務隊〔First Special Service Force〕にまで行き当たる。ＯＳＳがグリーン・ベレーの情報収集・戦術策定部門の原型とすれば、ＦＳＳＦが特殊な実戦任務担当部門の原型だ。ＦＳＳＦは南仏のアンツィオ攻略時にカナダ軍と米軍の一部で混成されて「悪魔の旅団《デヴィルズ・ブリゲード》」と異名を取った組織であり、ベレーはこのときのカナダ軍の軍装の影響だったからである。このため既に一九五〇年代からフォート・ブラッグの特殊部隊内部ではベレーが非公式に用いられており、クリーランドの退役式はそれを公式化する最初のきっかけだったと言える。実際、このときからおよそ半年後の一九五五年の暮、同部隊は所属する全兵員に向けてベレーの着用を公式に命令した。

　けれどもこの措置が、陸軍上層部の逆鱗に触れた。その怒りがいかに大きかったかは、一週間もしないうちに上層司令部から緑色ベレーの着用を厳禁する旨の命令が下されたことからも明らかだ。[9] もちろん部隊のほうは、これに従わざるを得なかったが、屈辱感は強かった。したがって一九六一年になって同部隊のＷ・Ｐ・ヤーボロウ大佐が大統領ケネディに直訴するかたちで緑色ベレーの着用許可をかちとったことは、ＦＳＳＦの結成当時から特殊部隊に関わってきたヤーボロウが「陸軍当局の根本的な誤解[10]」を匡《ただ》すために部隊の名誉と存亡を賭けて踏み切った画期的な行動だったのであり、だからこそ当局上層部としてもその後長らく遺恨を残すこととなったのである。〔ヴェトナム戦争がアメリカにとって勝てなかった戦争として終わったのち、軍部内でまっさきに挙がったのが、ヴェトナムは特殊部隊に主導権を与えたために失敗《しく》じったのだ、という声であったことはこうした事情と深く関連している。その後、特殊部隊は実戦グループを七箇から三箇にまで暫時削減され、「ひどく影の薄い存在(a very low-profile existence)」になってしまったという。[11] このため一九七九年に駐イラン米大使館の占拠事件が起こった際、大統領ジミー・

カーターは人質奪回のための特殊部隊派遣を命じたものの、陸軍は訓練不足の要員しか投入することができずに作戦を無残な失敗に終わらせてしまう。これを契機として次の大統領ロナルド・レーガンは特殊部隊の増強・再編成を命じ、デルタ・フォースと呼ばれる対テロ部隊をはじめとするさまざまな特殊部隊がフォート・ブラッグを拠点としてエル・サルヴァドルやニカラグアへの介入、グレナダとパナマへの侵攻、および湾岸戦争を頂点とした対イスラム圏工作などの任務に従事している」

けれども、いかに軍上層部が特殊部隊を白眼視し、ベレーやカムフラージュ・ファティーグへの反感を募らせようとも、いったん非通常型の特殊戦争として始まったヴェトナム戦争では、投入される正規軍それ自体も曖昧で中途半端な立場に置かれざるを得なかった。このため陸軍ほど地上部隊の軍装に厳格でない海軍では、SEALや河川警備の軽ヘリコプター攻撃隊員たちに黒いベレーの着用を命じ、一部にはヴェトナム製のタイガー・ストライプのカムフラージュ・ベレーの着用を許可された分隊もある。また陸軍でもLRRPSの兵員のなかには、黒やカムフラージュ・プリントのベレーを被ることを黙認されていた者もいる。これらは明らかにヴェトナムでだけの例外的な措置だが、さらに奇妙で例外的なことはレッド、マルーン、ブラック各色とカムフラージュ・パターンのベレーがすべて、軍用ベレーとしては珍しく右側頭部から左側へと垂れるスタイリングをしていたということである。

軍用ベレーは本来、イギリスでもドイツでも、そしてアメリカのグリーン・ベレーでもすべて左側から右側に垂れるスタイルのものが制式とされている。カナダやオーストラリアや韓国の場合も同様だ。もちろんベレーそのものは左右いずれにもずらすことができるから、

上／南ヴェトナム政府軍降下部隊員．下／フランス植民地軍海兵コマンド部隊の大佐．（左右頁とも：Leroy Thompson, *Uniforms of the Indo-China and Vietnam Wars*, 1984)

上／南ヴェトナム政府軍の指導にあたるマルーン・ベレーの米軍レインジャー部隊員．下／韓国陸軍特殊部隊員．

ベレーのどちらサイドに所属部隊の徽章《インシグニア》を付けるかによって違いが生ずるに過ぎないのだが、こうした細部の持つ意味は一般におもわれているものよりは遙かに大きい。というのも、たとえばフランス軍の場合、右から左へ流して右サイドに徽章を付けるというスタイルのベレーは外人部隊や植民地遠征旅団などに限られ、国内の正規軍がベレーを着用する場合は正反対のスタイルになるといった違いが明確に制度化されているからだ〔ちなみに旧ソ連軍の場合は前からうしろへ流れるスタイルを制式化していた〕。そして南ヴェトナム政府軍の場合は、前述したように本来フランス植民地軍の補助的役割から出発したものであるために、右から左へのベレーを制式化しているわけなのである。したがって、彼らと同じスタイルのベレーを着用していた在ヴェトナム米軍は、い、か、に、しきたりにやかましい軍隊というものの性格にもかかわらず〔あるいはその故に?〕、自ら進んでフランス外人部隊なみの処遇を甘んじて受けていたということになる。もっとも当時の記録写真を見ると、一部には徽章の位置をグリーン・ベレーと同じように左側に付けているLRRPS隊員もいるのだが、それはごく少数に過ぎない。そのうえグリーン・ベレーの場合も、一九六五年から独自にエアボーン作戦に従事する「機動攻撃隊〔Mobile Strike Force〕」を編成した際に頭文字を採って「マイク・フォース」と呼びならわしているのだが、皮肉なことに、この「マイク〔Mike〕」という単語はその後「傭兵」を意味する俗語として流布してゆくことになる。植民地軍、外人部隊、傭兵——。アメリカ軍はヴェトナム戦争という奇妙で曖昧な戦争を展開しつづけるにつれて、遂に自らを〈戦争の犬たち〉のイメージにまで貶めてしまっていたのである。

3

しかし、この一方、ヴェトナムの戦場を通して怖るべき戦闘集団としての存在感を発揮した軍隊がいたことも忘れるわけにはいかない。それが韓国軍である。韓国政府がヴェトナム派兵を行なうまでの経緯を政治学者・丸山泉は次のようにまとめている。

「日本は、一九五二年二月の日米安全保障条約の締結以来、アジアにおけるアメリカの最も信頼のおけるパートナーとして、その地位を確立してきていた。しかし、アメリカの中国封じこめ政策の立場から、また日本自身の経済的立場からも必要とされた日本と韓国との国交正常化は、五二年十月の予備会談以来、難航を続けていた。ところが、六四年十二月、佐藤内閣のもとで第七次日韓会談が開かれると、この問題は急速に妥結の方向へむかい、六五年二月、基本条約の仮調印が行われるまでに至ったのである。こうした事態の急進展は、アメリカからの両国に対する圧力によるものだった。アメリカは、ベトナムで自ら戦争を行うにあたって、日本の協力を絶対的に必要としていた。日本は、アメリカ軍がベトナムに展開される場合、朝鮮戦争時と同じように、総合的な後方基地の役割を果たすと同時に、ベトナムに専心するアメリカの肩代わりで、アジアの親米諸国に経済援助を与えることができる国であった。中国との関係悪化の中で、高度経済成長下にある日本資本主義の発展の道を東南アジアに求めざるをえない日本にとっても、東南アジアを共産主義から防衛するというアメ

上／カムフラージュ・パターンのヘルメットとユニフォームを着けた韓国・タイガー師団．下／グリネード・ランチャーの訓練にあたる米特殊部隊員．(Leroy Thompson, *Uniforms of the Indo-China and Vietnam Wars*, 1984)

リカへの協力は、不可欠のものであり、また協力すること自体が日本経済に大きなプラスに作用するものであった。／こうして、一九六五年一月八日、韓国は工兵隊のベトナム派遣を公表、日本の佐藤首相もベトナム戦争に対して『精神的な支援以上のものを提供する』と述べて、アメリカのベトナム政策に加担する決意を明らかにした[12]」

韓国がヴェトナムに送り込んだのは「猛虎《タイガー》」「白馬《ホワイト・ホース》」の二箇歩兵師団と海兵旅団「青竜《ブルー・ドラゴン》」の合計二万人以上で、一九六八年にはアメリカ軍と南ヴェトナム軍を除く「自由世界軍事援助軍〔Free World Military Assistance Force〕」全体の実に七六パーセントを占める大規模な兵力であった[13]。なかでも六五年九月に最初にヴェトナムへ到着したタイガー師団〔大韓民国軍首都師団〕は勇猛を以て鳴り、「サイゴンでも『タイハン(大韓)メンホ(猛虎)』といえば、泣く子も黙るといわれ、ベトコン側でさえ『よほどの勝ち目がない限り、猛虎師団との正面決戦は避ける』と噂されているほどだった」という[14]。事実、一九六六年一月に展開された「フライング・タイガー作戦」では解放戦線側からの戦死者が一九二名にのぼったのに対して韓国軍の戦死者はわずか一一名、翌一九六七年の年間損耗率も二十対一と圧倒的な優勢を維持していたという[15]。もっともこの当時はウェストモーランド指揮下のＭＡＣＶが「消耗戦略〔strategy of attrition〕」を策定し、殆ど信頼性のない屍体勘定《ボディ・カウント》で戦果を測っていたころだから、韓国軍の損耗率もどこまで現実的なものかは判然としない。だが、それでも韓国軍の強さはとりわけ評判で、戦術もアメリカ軍が最新鋭の科学機器に頼った無謀な作戦展開をつづけていた――たとえば彼らは解放戦線の攻撃時間・場所を「統計的に」予測するＩ

上／哨戒艇に乗り込む迷彩服姿の米海軍SEALs部隊員．下／ARVN海兵師団．（Leroy Thompson, *US Special Forces: 1945 to the Present*, 1984）

ＢＭ一四三〇コンピュータを導入し、前線部隊には人尿の臭いを嗅ぎつける「対人嗅覚装置〔People Sniffer〕」などという珍妙な器材が与えられていた[16]――のに比べると、はるかに注意深い戦術論に沿っていたと指摘されている。また軍装も朝鮮戦争当時のアメリカ軍装を手直しした程度で、兵員の所持するライフルは旧式のＭ‐１／Ｍ‐２カービンでしかなかったが、独特のリーフ・パターン・カムフラージュでヘルメット・カヴァーからフィールド・ユニフォームまで統一し、整然と軍律通りに行動するさまはアメリカ軍指揮官の羨望と絶讃を呼んでいた[17]。それは、戦争の基本がいつの時代にあっても人間と人間の生身の殺し合いによる地上戦にあることを、端的に物語っている。その意味でひとりの在ヴェトナム韓国陸軍将校が或る日本人記者に語ったという次のような言葉は、いかにも示唆的だ――「オマエ、軍隊というものをひとつ教えてやる。戦いに参加すれば、確かに兵隊が殺《や》られていく。軍隊は大切な兵力を失うことになる。しかし、そのうちの何人かは生き残るのだ。一度、戦争の体験をもった兵士は、次に弾が飛んできた時、どうやって戦うか、どうやったら勝てるかを体で覚えていくんだ。こうやって弾の下をくぐった兵士をどれだけ残しているのかが、その軍隊の本当の強さ、弱さを決めるのだ[18]」

　この韓国軍に「勇猛」という形容詞を冠するとすれば、「兇暴」とでも呼ばれそうな状態を見せていたのが南ヴェトナム共和国軍〔ＡＲＶＮ〕だった。ＡＲＶＮの前身となるバオ・ダイ政権下の軍隊が創設されたのは一九四九年。その経緯は既に述べた通りだが、それ以前からフランス植民地軍のなかには多数のヴェトナム人兵士も加わっていた。一九五四年のジュネーヴ条約締結後新たに編成されたARVNは歩兵大隊百五十二箇、エアボーン大隊、王室護衛大隊、高地歩兵大隊、武装騎兵大隊各二箇、砲兵大隊六箇、工兵大隊五箇という規模で、これらは翌年内に一箇当り八一〇〇人の師団四箇と一箇当り五八〇〇人の軽大隊六箇に改編されている。(19) さらに、ゴ・ディン・ジェム政権に対して好意的なケネディ政権が特殊戦争戦略を策定した一九六〇年代初めには、アメリカ特殊部隊の指導を受けたレインジャー部隊や特殊部隊もARVNのなかに創設され、そのなかには歴史的にヴェトナム民族〔アンナン人〕への反感を抱く少数山岳民族のラーデ族だけで編成された特別な部隊も混っていた〔彼らはニャ・チャンの特殊部隊訓練センターであの「マイク・フォース」から直接手ほどきを受けたせいもあって、ARVNのなかでもとりわけ異色の存在で、グリーン・ベレーとともに北ヴェトナムやカンボディアなどでも隠密行動に従事していた。グリーン・ベレーの歴史書も、彼らのことを特に「積極的《ポジティヴ》でハートウォーミング」だった、と親しみをこめて評価している(20)〕。したがってARVNはフランス型の出自と戦術教程の伝統の上にアメリカ型の訓練と編成、装備を接《つ》ぎ木したような変則的な軍隊であり、軍装面もベレーのスタイルなどを除けば完全にアメリカ軍の影響下にあったが、こと迷彩仕様に関しては植民地軍としての本来の性格が反映してリーフ・パターンからタイガー・ストライプまで殆ど無数のヴァリエーションを持つカムフラージュを積極的に使用していた。特に目立ったのは——これは米軍をはじめ他国の軍隊では殆ど見られないことだが——スティール製のヘルメットの表面に直接カムフラージュ・パターンを塗装していたことである。レインジャー部隊の場合はさらに加えて、額の部分に白い星を背にした吼える黒豹の貌の絵を描き込んでいた。この絵柄はレインジャー部隊の徽章で、当時の写真を見ると隊員たちは同じ絵を黄色地の上に縫い込んだワッペンをタイガー・ストライプのカムフラージュ・スーツの左肩に付けていたことがわかる。その姿を一見して受ける印象は、戦闘服としての機能性というよりも、どこか子供じみた攻撃性ないしは威嚇性であり、それを纏った兵士たちの心中に一種カルトめいた兇暴でしかも自己陶酔的な自意識が培われていたであろうことは想像に難くない。

けれども、彼らARVNに対するアメリカ軍の評価は――ラーデ族など少数の例外を除けば――一貫して、統率性に欠け弱体で信頼できない、ということに尽きていた。この評価にも、いわれがないわけではない。事実、ARVNは組織的に解放戦線が仕掛けてくる波状攻撃を受けてしばしば大隊規模で全滅してしまったし、一九六八年までにアメリカが戦争の「ヴエトナム化《ヴェトナミゼーション》」を宣言してARVNへの訓練計画と最新装備投入を拡充したのちも、一九六八年には脱走者の数が史上最高を記録するといったように根本的な問題を依然として抱え込んでいた。この年の終わり、或るアメリカの軍事顧問がARVNのうち二箇師団は「全く劣等」、八箇師団は「能力向上中」、残る一箇師団のみが「優秀」であるに過ぎないと評価したのはこうした事情に基いている(21)。

一方、ARVNの兵士たちもアメリカ軍に対しては、いつも自分たちと直接交わることもなく、ひと戦闘終われば勝手にさっさと後方へ引き揚げた挙句、歓楽街に出かければグリーン・ダラーをばら撒いて高級な酒と娼婦を独占する傲慢な連中だ、といった不信感しか抱けはしない。無論、軍事顧問たちは一般兵とは違って野営のときも箸とニョクマム（魚油をもとにした醤油）で同じ食事をするといった身近な存在だが、彼らにしても、一年間のヴェトナム任務《ツアー》が終わればさっさと故国に引き揚げてしまう。それになによりも、ヴェトナム戦争はＡＲＶＮの兵士たち自身の国での戦争なのだ。そのことが——おそらく間違いなく——彼らの心理を荒廃させた。

政府や軍の高官たちはアメリカからの経済援助を半ば公然と着服し、部隊内でも人事担当の将校に一〇〇米ドル相当の賄賂を贈れば安全な後方勤務への転属がかなうといった汚職が日常化し、そればかりか既に徴兵の時点でも、兵役免除の権利を金で買う習慣が南ヴェトナムの上流層子弟の間には定着していたという。[22] その結果、ＡＲＶＮの兵卒たちの多くは——ちょうどアメリカ兵の多くが社会的なバックグラウンドを持たない青年たちであったように——貧しい農村や都市下層の出身者に偏ることとなり、ここで深い屈折を余儀なくされた彼らの自意識が、タイガー・ストライプの兇暴なイメージを身に纏うことによっていっそうの屈折と残忍性を帯びることとなったのである。

多くの従軍ジャーナリストたちは、ＡＲＶＮの非道は一般民衆の恐怖の的だったと伝えている。また、アメリカ兵たちもＡＲＶＮが「卑怯者の集まり」で、照準も合わせずに民家を片端から砲撃するような前代未聞の「無法集団《バンチ》」だったと語っている。[23] 確かにそれはこの上もなく無謀で非道な振舞いだったことだろう。しかしその光景の底に横たわっているのは、本来が農民であり下層階級出身であるＡＲＶＮ兵たちの、サディズムとマゾヒズムが救いようもなく入り混った悲惨な心理の構図なのだ。

この点で、アメリカ軍だけではなくＡＲＶＮともしばしば行動をともにした経験を持つフリーランスの戦争写真家・石川文洋が「南ベトナム政府軍に従軍していると、兵士たちの多くの親切にあった」と書いているのはきわめて珍しく、かつ重要だ。彼によればＡＲＶＮの兵士たちは「銃弾が飛んでくると安全な場所を探して押しこんでくれ、食事の時間になるとあちこちから食べにこいとさそってくれた。雨が降ると、自分のカッパをぬいでかしてくれることもあった」。だが、彼はすぐにつづけて「そんな彼らが捕虜をつれてくると突然と野獣のように変り残酷非道な拷問をするのをみた」とも言う(24)。

〔……〕私が目撃したものでは、殴る、指を切る、顔に布をかぶせ、鼻や口から水をいれるといった方法をとっていた。死体の首を銃剣で切るのを見た。また肝臓を取出して切りきざみ生のまま食べてしまうのも見た。しかし、拷問をする時に、あまり人目につかないところでやったり、写真を撮ろうとすると手で制したこともあった。ニワトリを盗むところを写真に撮られまいとして、ニワトリをかくしてしまう時もあったが、それは私の見たごく一部で、あとはそれがまるで当然のこととして行われていた。

戦死した解放戦線の死体から肝臓を取出した兵士はゲラゲラと笑っていたばかりでなく、肝臓を切りきざみ、一きれ食べて、私にも食べないかと、さし出した。日本電波ニュースの前プノンペン支局長であった鈴木政一氏の話によると、カンボジア兵士が戦死した解放戦線兵士の肝臓を取出し、昼食時になるとたき火でジリジリと焼いている光景を何度も見たと語ってくれたが、私がベトナムでみた肝臓の切取りは、食べることが目的というよりも、戦争によってマヒされた精神が、より以上の刺激と残酷性を求めた行為のように見えた。が、カンボジアの場合は明らかに食べることが目的であったと鈴木氏は語った。(25)

断っておきたいのは、この記述を引用することで示唆しようとしているのが道義《モラル》の問題ではないということである。石川文洋自身も、この件については「人間の肝臓を食べれば、戦死しないのだというようなことをちょっと聞いたことがある」と控えめに付言するに留めている。実際、そこにあるのはインドシナの戦場でこのような事実が存在したということだけなのであり、仮にそれが人肉嗜食《カニバリスム》の文化的領域に属する事柄だとしたら、それこそ事実以上のものはなにもない〔かつて何人の人類学者たちがそこで誤謬に陥ったことだろう!〕。そして問題を残虐行為の有無に限定したとしても、ARVNやカンボディア政府軍や、あるいはアメリカ軍のみを有責の行為者として名指せば済むといった種類の事柄ではないのだ。肝心なのは、それらのすべてを事実の歴史として含んだヴェトナム戦争という奇妙で曖昧な戦争がインドシナの緑、あの深々と濃密な密林の緑色《ジャングル・グリーン》につつまれたイメージとヴィジョンを私たちの眼前に残したまま揺蕩《たゆた》っているということ、それなのである。

4

フランシス・コッポラの妻エリノアは『地獄の黙示録』のフィリピン・ロケに旅立った夫に随行し、「スキャンダラス」とさえ言われた彼の映画人としての騒々しい日常を率直な筆致で日記に書き留めて一九七九年に公刊している。その最初の記録、すなわち一九七六年三月四日のフィリピン、バレイでの日記は次のように書き出されている。

水牛を見るのも、米の水田やニッパ椰子を見るのも、私たちには初めてのことだった。小さな村のはずれにある橋を渡ると、私たちの乗ったジープは深い森のなかに入っていった。ソフィアが声を挙げた、「ディズニーランドのジャングル・クルーズみたい」。

ソフィアはフランシスとエリノアの娘で、当時四歳。ふたりにはこのほか十二歳と十歳の息子がいた。この日は、以後五カ月間にわたるロケーション撮影のためにコッポラの一家全員がフィリピンに着いて四日目で、目的地はプロダクション・デザイナーのディーン・タヴォラリスが設営する野外セット用の村落だった。

〔……〕ディーンのクルゥたちはジャングルを切り拓き、橋をつくるのに川の上流から丸太を流して、現地雇いの労働者たちに泥煉瓦のつくり方を教えたり、隣り村から竹を運んでおいたりしてから、家を建て、水を汲み上げ、野菜を植えた――これで完璧なヴェトナムの村だ。豚は道端をほじくりかえし、鶏が軒先で地面を啄み、米を入れた籠は村の広場に干してある。窓にはカーテンがはためいて、鍋も次の食事の仕度をしやすいようきちんと積んである。高い椰子の木々を渡る風の音が聞こえる。(26)でも、なにかもうひとつ欠けているみたいだった。そう、ここには誰も住んでいないのだ。

「ディズニーランドのジャングル・クルーズみたい」な緑の情景に歓声を挙げ、フィリピンの奥地の浜辺に無人の「完璧なヴェトナムの村」を易々とつくり上げてみせるアメリカ人たち。彼らはいつも無邪気で、そして奇妙に明るく倒錯している。だが、そうしたアメリカ人たちの眼に映るアジア的光景の傍らに、二十世紀初頭の仏領インドシナ植民地に生まれ育ったひとりのフランス女性の脳裏に残る少女時代の情景を置いてみたら、どうだろう。

〔……〕ヴィンロンとサデックのあいだで、このメコン河支流は、交趾《コーチ》シナ南部の一面の泥と稲田、あの「鳥たちの平野」のなかを流れてゆく。

わたしはバスを降りる。渡し船の手すりに倚る。河を眺める。母からときどき聞かされていたとおりだ。生涯をとおして、これほど美しい河、これほど原始のままの河を二度と見ることはないだろう、――大海原へと下ってゆくメコン河とその支流たち、大海原という空洞へと、下り下ってやがて消えてゆくこの水の領域。見はるかす一面の単調さのなかの、これらの河、その流れは早い、まるで大地が傾いているかのように注ぎこむ。(27)

娘時代の一時期はフランス語よりもヴェトナム語のほうを流暢に喋り、のちにソルボンヌの入学試験を受けたときにはヴェトナム語を選んだというマルグリット・デュラスが生まれたのは、一九一四年のフランス領インドシナ植民地コーチ・シナ〔サイゴンを中心とするヴェトナム南部〕である。当時この植民地は南シナ海に面したヴェトナム全土からラオス、カンボディアまでを併合する広大な領土に及んでいた。西隣のタイは独立王国とはいいながら実質上はパキスタン、インドからビルマにまたがる巨大なイギリス領植民地の影響を蒙っていたし、南シナ海を隔てたフィリピンも米西戦争以来のアメリカの領土だった。すなわち東南アジアの殆どの領域は、二十世紀初頭にはいずれも、欧米列強の支配下に存していた。ヴェトナム戦争以後しばしば忘れられがちのことになってはいるが――忘れてしまうのは、しかし誰だろう？――、アメリカがサイゴンの傀儡政権の脆さに手を焼きながら果てしのないヴェトナム介入に溺れこんでゆく遙か以前、インドシナは歴史上長らく中国の覇権との桎梏をつづけながら文化的には中国に強く影響され、十九世紀後半の清仏戦争後ここに植民地宗主として居坐ったのがフランスだったのである。

実際、それまではむしろ開発の遅れていたヴェトナム南部のサイゴンを典型的なコロニアル・スタイルの都市に仕立てて「東洋のパリ」を自称させたのはフランス人だったし、彼らのヴェトナム中・南部支配のための傀儡であるアンナン皇帝バオ・ダイや彼の対抗者ホー・チ・ミンらに青年時代を過させたのも、宗主国フランスの首都パリだった。このフランスがインドシナから完全に手を退かざるを得なくなるのは、既に述べた通り一九五四年のディエン・ビエン・フー要塞陥落後アメリカと隠密裡に利権の引き継ぎをめぐる葛藤を演じた直後のことだから、つまりデュラスが記憶に留めているようなサイゴンの一九三〇年代はまさにフランスの文化的支配が隅々にまで行き渡っていた時期に他ならないのだ。

デュラスは、父の死後の陰鬱な母とふたりの兄との生活、そしてサイゴン・ショロン地区に根を張る富裕な華僑の息子との交情の日々を綴った『愛人《ラマン》』(一九八四年)で、次のようにも描写している。

風はやみ、樹々の下には、雨につづく超自然的な光がきらめいている。鳥があらんかぎりの力で啼く、気のふれた鳥たちが、冷たい大気でくちばしを研ぎ、あたり一面の大気をほとんどけたたましいばかりに鳴りひびかせる。

大型客船はエンジンを停めて、タグボートに曳かれてサイゴン川を溯り、サイゴンと同緯度のメコン河湾曲部にある港湾施設までくるのだった。この湾曲部、このメコン河支流は「川」と呼ばれる、「サイゴン川」と呼ばれる。寄港期間は一週間だった。船が波止場に着くと、そこにフランスがあった。フランスに食事をしに行く、フランスでダンスをすることができるのだ、それは母には高価にすぎ、それに母にはそんなことは必要のないことだったが、彼となら、ショロンの男となら行けるかもしれなかった。彼はそこに出かけなかった、こんなに年下の白人の娘と一緒にいるところを見られたら、と心配だったからだ、それを口に出して言うことはなかったが、彼女はそうだと知っていた。あのころは、といってもそんなに昔ではなく、たかだか五十年まえなのだが、世界じゅうどこに行くにも船しかなかった。諸大陸の多くの部分に、まだ道がなく、鉄道がなかった。何百キロ、何千キロ平方の土地に、まだ、先史時代の道しかないということがしょっちゅうだった。インドシナとフランスを結んでいたのは、フランス郵船会社の美しい大型客船、この航路に就役する三銃士、ポルトス号、ダルタニヤン号、アラミス号であった。

その旅は二十四日かかった。定期大型客船は、それ自体がすでに都市だった、通りがあり、バー、カフェ、図書室、サロンがあり、人びとが出会い、愛人ができ、結婚式を挙げ、死ぬひともある。行きずりの交際社会がいろいろとつくられた、それは必然の結果で、そのことはみんなが知り、だれも忘れることはなかった、それゆえにそうした交際社会は何とか我慢できるものとなった、いやときには楽しみのため忘れえぬものとなった。女たちが旅をするといったらそれしかなかった。とりわけ女たちの多くにとって、またときにはある男たちにとっても、植民地に赴くための旅といえば、まさしく波瀾にみちみちた大事業として記憶に残るものだったのだ。母親にとって、この旅はいつまでも、わたしたちが幼かったころと並んで、《人生の最良の日々》と名づけるものだったのだ。(28)

だが、インドシナ半島の大規模な政治的腐敗と混乱を通して同じ時代を見るならば、それは明らかに悪しき日々であった。十九世紀ヨーロッパの「蒸気と鋼鉄の文明」は一方に多大な恵みをもたらしつつ、他方ではその恵みの源泉を求めて奔走した。従来の快速帆船はすべて鋼鉄の高速蒸気船にとって代わられ、発達した鉄道技術が西欧列強の資源供給地としての東南アジア全域の密林を拓き、あらゆる経済構造と民族的習俗に重い偏倚《バイアス》を加え、砂糖、棉花、コーヒー、ゴム、麻、ジュート〔黄麻〕、コプラなどの生産・流通を産業化した。なかでも特に重大な利権の素材となったのが、阿片《オピウム》である。インド・ベンガル地方に産出するケシの独占権を握り、中国王政府〔清〕の上流層をはじめとして急速に蔓延しつつあった阿片の吸飲習慣を市場化したイギリスが一八四〇年に中国を相手取って起こした阿片戦争は、植民地経営の上でイギリスに大きく遅れをとっていたフランスに大きな啓示を与え、「過去数十年間アジアで眠り呆けていたフランスのビジネスマンたちは遂にアジア市場の展望にめざめた(29)」のである。

フランスが進出するまでインドシナ半島の東海岸域の中心は、中部アンナンの帝都フエにあった。したがって、イギリスの活動に刺戟されたフランスは艦隊を派遣して一八五一年フエにほど近い港湾地ダ・ナンを攻撃するが、失敗。そのまま艦隊は南下してサイゴンの南に要塞を築き上げ、メコン・デルタ付近を占領した。これがフランスのコーチ・シナ植民領支配の最初の契機である。このためフランス海軍を駆逐できなかったアンナン王朝府はサイゴン周辺三省の割譲と四百万銀フラン相当の長期賠償支払い義務を呑まざるを得なくなり、その財源を確保するために北部に阿片フランチャイズを開設して、中国人商人への賃貸に踏み切ることとなった。一方、フランス側は一八六二年のサイゴン併合後ただちに独自の阿片フランチャイズを設立。これが短期間で莫大な利益を挙げるようになったことから、フランスは一八六三年から九三年までの間にカンボディア、アンナン、トンキン（ハノイを中心とするヴェトナム北部）、ラオスと拡大したインドシナ植民地に阿片の専売公社を開設して、植民地統治上の重要な財源へと仕立て上げている。特に、一八九七年に仏領インドシナ総督に就任したポール・ドウメは阿片事業の近代化を推進することを目的としてサイゴンに阿片精製工場を建設し、これによって労働者層までを需要層にする安価な阿片の小売網が敷かれて、ドウメの在任四年間だけで阿片による収入は植民地総収益の三分の一を占めるまでに成長、植民地総督府の財庫は初めて黒字に転じたという(30)。

少女時代のマルグリット・デュラスを魅了したのは、すなわち、こうした歴史の上に築かれてきた頽廃と快楽の都がアジアの深い緑に抱かれて妖しく寝そべっている姿であった。もの憂い熱気と午後の驟雨、トロピカル・ブルーの海と瀟洒な白亜の街並、大きな棕櫚の葉が軽く風をそよがせ、微かに漂う甘い腐臭のなかをアオザイ姿の細い娘たちが行き交う。総督府付きの現地の高官《マンダリン》たちはパリ仕込みのフランス語を流暢に操り、丸い軍帽《ケピ》をかぶった植民地軍の兵隊がカフェでうたた寝をし、船乗りや商人や阿片窟から出てきたばかりの中国人苦力《クーリー》の人混みを掻き分けて、高等中学校《リセ》に通う白い肌の少女を乗せた華僑のリムジンが進んでゆく……。それは極端な富と貧とが交錯する人種のスープ鍋であり、植民地なるものの典型的な眺めである。

再び、デュラスは言う。

〔……〕サイゴンの街々や、僻地の白人駐留区にいる女たちを、わたしは見つめる。とても美しい、真白な肌の女たちがいる。彼女たちはこの植民地では、とくに僻地に住むとなると、この上なく念を入れて自分の美しさを磨きたてる。彼女たちは何もしていない、ただ自分を大事に取っておくのだ、ヨーロッパのために、愛人たちのために、イタリアで過ごす夏休みのために、三年に一度とれる半年の長い休暇のために、――休暇でヨーロッパに戻ると、やっとはじめて彼女たちは、いまここで起っていること、このじつに特殊な植民地生活のことを、ここの使用人たち、下僕《ボーイ》たちのじつに完璧な奉仕ぶり、生えている植物、ダンスパーティ、僻地勤務の役人たちの住む、迷子になってしまいそうなくらいひろい白塗りのヴィラのことを話題にできるだろう。〔……〕(31)

上／19世紀フランス植民地時代に撮られたヨーロッパ女性とヴェトナム“リキシャ・ドライヴァー”．下／フランス植民地総督アルベール・サローとカイ・ディン皇帝．カイ・ディンはバオ・ダイの父．(Collection of Viollet)

やがて戦乱の兆しがヨーロッパを覆いはじめ、一九四〇年にフランスがドイツに破れると、今度はインドシナに日本軍が進出してくる。彼らはまずナチ・ドイツの傀儡となったヴィシー仏政府と交渉するかたちで進駐を決め、インドシナを「解放」したと主張し、デュラスが通ったリセの建物を接収してそこに南方軍総司令部を設営した。当時、学徒動員の兵卒としてサイゴンに駐留したマルクス経済学者・小林昇は、のちにこう回想している。

〔……〕それは遠い日の日露戦争でいつも第一線の諸軍団のすぐ背後に控えていた満洲軍総司令部などとは別のもので、総軍自体に寝起きする高級将校はいず、兵隊はリセの構内の片隅に暮らしていたけれども、寺内総司令官をはじめとする参謀その他の将校たちは、サイゴン・ショロンのそれぞれの地区の、立派な庭付きの住宅やマンションに当番兵つきで住んでいて、そこからくるまやバスでリセのオフィスに出勤してくるのであった。その「勤務」時間も、朝の九時頃から夕方の五時頃までだったと思う。彼らは一様に明るい自信に満ちた風貌と態度を持っていて、南方の気候に合わせた、とりどりにかなり自由でなかなかシャレた軍装をしており、上等な革カバンを上手に小脇にしてリセの門を出入りした。わたしの属した編成班というところでは、各方面軍の数カ月先きの作戦のための兵力と装備との編成を複雑な書類にまとめ上げるのが仕事だったが、そういう仕事の内容に或る程度タッチさせられる場合にも、戦争というものの現実感がいっこうに伴わなかった。(32)〔……〕

上／即位のためフランスを去る日のバオ・ダイ(Photo World)．下／フランス留学時代のバオ・ダイ．(The Battman Archive)

第二次大戦後になると、そこにはビルマに復帰したイギリス軍が仮進駐し、アメリカ軍からはOSSの要員が派遣された。彼らの仕事は統率性の低いフランス軍をコントロールしながら、一方ではヴェトナム民主共和国の独立を宣言したばかりのホー・チ・ミン勢力を巧妙に懐柔して、アメリカの対東南アジア政策を確定するための途を探すことにあった。初めて本格的にアジアと向き合うことになったアメリカには、情報と時間がなにより必要だったのである。しかし結局アメリカはヨーロッパにおける「対ソ封じ込め」政策の強化と引き換えにインドシナへの全面復帰を強硬に唱えるフランスの主張を容認することとなり、遂に第一次インドシナ戦争が勃発することとなった。

外地に駐留する際のフランス軍のしきたりのひとつが外人部隊の投入であることはよく知られているが、インドシナ植民地軍の場合もそれは例外ではなかった。特に直接交戦となれば尖兵はつねに外人部隊で、このときも一九四五年十月以来インドシナに着任していた海軍エアボーン・コマンド部隊〔Commando Ponchardier〕は同じころに着任したSAS〔Special Air Services〕の一箇大隊を残し、翌年中には外人部隊の第二・第三歩兵連隊および第一三小旅団と交替して本国に引き揚げている。(33) SASが居残ったのは、無論その特殊部隊任務のためである。だが、それにしても奇妙なのは、この当時のフランス外人部隊のなかに多数元ナチ・ドイツ軍の兵士が混じっていたことだ。その実態は判然としていないが、のちにニャ・チャン基地に駐留した或るアメリカ兵はヴェトナム人の通訳からそのことを教わったと回想して

上／ヴィシー政権下のフランス軍を閲兵する日本陸軍・松宮司令官〔左から2人め〕. 下／1941年, サイゴンに入城する日本陸軍の“銀輪部隊”. (Wide World)

いる〔本書第1章参照〕し、グレアム・グリーンの小説『おとなしいアメリカ人』にも在ヴェトナムフランス軍の「兵たちは、大抵ドイツ人だった」という一言が何気なくちらりと挿み込まれている。[34]

ヴェトナム戦争は奇妙な戦争だった、とはこれまでにも繰返し決まり文句のように使ってきた言辞だが、それをまたここでも使わないわけには行かないだろう。皮肉な歴史のなりゆきの断片が幾重にも降り積もり折り重なって植民地世界の空間と時間を形成する、そういう典型がこの南シナ海に張り出した半島に圧縮されて横たわりつづけ、さも当り前であるかのようにヴェトナムの過去と現在をそのつど軽々と左右し、軍や政治や経済社会の構造にバイアスをかけ、この国を自律性のない不安定さのなかに浸しつづけていたのである。そしてそこに、ジエム政権の基盤の脆さが拍車をかけた。

ジエムの欠陥および失敗は、彼が民族主義的自立を唱えていたにもかかわらず国内組織力を欠き、ヴェトナムの南北文化対立を凌駕して民衆の間に溶け込むような努力を怠ったまま、その弱点を埋め合わせるためにアメリカの援助に頼り切ってしまったことにある。彼は——おそらく彼自身のセルフ・イメージとは裏腹に——民族主義者であるというより、民族主義を借用した近代化主義者だった。ハルバースタムのいう「技術的には民族主義者として通用した」人物〔本書第6章参照〕とは、つまりこのことである。その結果彼はますますアメリカの手助けなしには政権を維持できなくなり、多数の南部人官僚とは完全にそりの合わない「よそもの政府《カーペットバッグ・ガヴァンメント》」に留まったまま、まるで傀儡もどきの状態にまで陥ってしまった。但し、その最後の姿は殆ど変わらないにしても、当初から傀儡そのものとして出発したバオ・ダイのような支配者とジェムのような権力者とでは予め秘めていた可能性がまったく違う。ハルバースタムは悪意をこめて「初めからジエムを心から信頼したアメリカ人はほとんどいなかった」と描写するのだが、フランス人のヴェトナム研究者フィリップ・ドゥヴィエは一九六二年の論文のなかで、五〇年代の半ばのジェムが「信用失墜した植民地当局になんらかの形で結びついていた人びとではなしに、愛国心と廉潔を証拠だてる閲歴をもち、計算ずくの私利私欲からではなく深い宗教的信念から発した非妥協的反共主義を抱く人物」だったと指摘している。(35) 殊に彼の反共主義は、一九四五年九月、ヴェトナム民主共和国の独立を宣言したホー・チ・ミンを警戒し、バオ・ダイに対してホーと手を組まぬよう説得するためにサイゴンからフエへ向かっていた際にヴェトミンに捉えられた際の経験で決定的になったものだった。このとき彼は中国国境に近い高原地帯に移送され、重度のマラリアに罹病しながら現地の高地民族の介抱で九死に一生を得ているが、そこで兄のゴ・ディン・コイとその息子がヴェトミンに殺されたことを知り、半年後にハノイで初めてホー・チ・ミンと対面している。それから十五年後、ジェムは、当時タイム・ライフ社の東南アジア特派員だったスタンリー・カーノウに対してこの対面の模様を次のように回想してみせたという。

ジェム　「あんたは私になにをしてほしいんだ?」

ホー　「君が私に望んでいることだよ――独立をかちとるための協力をね。我々は同じものを目指しているんだ。一緒にやろうではないか」

ジェム　「あんたは国を破壊した犯罪人だよ。現に私をこうして囚人扱いしている」

ホー　「不幸な事件についてはお詫びする。抑圧された人民が革命に立ち上がったときには誤り《ミステイク》は避けられないし、悲劇は起こってしまう。しかし私はつねに、人民の幸福《ウェルフェア》がそうした誤ち《エラー》に優先すると信じているんだ。君は我々に不平を言ってきたが、どうか忘れようではないか」

ジェム　「あんたの部下が私の兄を殺したことを忘れろと？」

ホー　「私は知らなかった。君の兄上の死については一切知らなかったんだ。行き過ぎについては私も、君と同じくらい遺憾におもっているのだ。それに、君をここに連れてくるように命じながら、一方でそんなことができたはずはないだろう？　それだけじゃない。私は君に我が政府での要職に就いてほしいとおもってここへ連れてこさせたんだ」

ジェム　「私の兄と甥は殺された何百人ものなかのふたりなんだぞ——裏切られた人間はもっと何百人もいるんだ。それなのに、どうやって私にあんたと一緒にやれなんて言えるんだ？」

ホー　「君は過ぎたことばかり見ている。未来を考えたまえ——人民のための教育とより良い暮しを、だ」

ジェム　「あんたのお喋りには、なんの良心の呵責もないんだな。私は良い国家のために働くが、圧力では絶対に動かんぞ。私は自由な人間だ。これからもずっとそうだ。私の顔をよく見るがいい。私が圧力や死の脅しで動く人間に見えるか？」

ホー　「君は自由だよ《ユー・アー・ア・フリー・マン》」[36]

一九五〇年代のアメリカは、ジェムのこうした人物像に期待をかけた。とりわけ、ケネディ父子らも加わった「ヴェトナム友の会」は議会や政府を動かす強力なヴェトナム・ロビーとなり、一九五七年にジェムがアメリカを公式訪問した際にはメンバーのひとりが「今やアメリカのフロンティアは、北緯十七度線まで拡がった[37]」という露骨な新植民地主義的言辞で歓待した。自らをステーツマンだと見做したいポリティシャンほど、そうした蒙昧に深く穿り込んだ自分に無頓着だった。だが、ジェムがバオ・ダイを追いおとして国家元首となった一九五五年から顧問団として南ヴェトナムの行政・経済改革の指導に当たったミシガン州立大学グループの経済学者ミルトン・C・テイラーは、一九六一年の報告書のなかで次のように苦々しげに書いている。

　過去六年間の悲劇は、アメリカの援助とベトナムの努力が、経済成長という目的よりは、防衛と消費水準の維持とについやされたことだ。……今日のベトナムは、いまだに依存経済の見本であり、国家の歳入は、フランスの植民地であった時と同様に、外部勢力に依存している。六年間にわたる大規模なアメリカの援助の結果、ベトナムは永遠の

乞食になりつつある。……アメリカの援助は、砂上の楼閣をつくったのだ。(38)

ほぼ同じころ、北ヴェトナムは結成されて間もない解放戦線を支援するためのプロパガンダ・フィルム『南ベトナム解放民族戦線』〔解放撮影所、一六ミリ、三〇分、一九六一年〕を制作していた。そこでは「南の英雄的人民」たちの活動がヒロイックな調子で描かれるとともに北での工場生産風景が繰返し映し出され、「北で流される汗の一滴は南で流される血の一滴」というスローガンが唱えられている。実態はどうであれ――スローガンを出すということ自体が実態と理想の格差があることを証している――、そこには南北の文化対立を政治的大義によって埋め合わせようとする強い意志が感じられる。つまりジェムはあらゆる弱点と問題点を個人的な信念とアメリカ人たちの間で獲得した名声だけで克服しようとして自惚れ、腐敗し、独裁に走って自滅した。一方ホーは自惚れを戒め、腐敗と専横の害に敏く、ジェムの失態を逆利用しながら勝利の基礎をつくった。違いはそれだけだ、とも言える。が、なんという大きな違いだろう。

一九五四年、合衆国大統領として初めてジェムへの支持と援助を確約したとき、ドワイト・アイゼンハウアーはジェムに好感を持ってはいなかった。だが彼は、その冷戦主義に基くインドシナ「共産化」阻止のため、訪米したジェムに私用の飛行機コロンバイン号を提供して歓待し、アメリカン・ホスピタリティそのままに振舞った。彼の後を継いだ若きモダニスト、ケネディは南ヴェトナムを「民主主義のショウ・ウィンドウ」と呼んで悦に入り、寄せられ始めた警告と懸念の声をパワー・エリート持ち前の自信で押し切って介入態勢を増強した。莫大な富を夢の新大陸で築いたアイルランド移民の三代目として典型的なプレッピーからニュー・ハーヴァーディアンの道を歩み、東部の若いエリートたちの憧れの身分であるローズ奨学生となってイギリス暮しを経験したJFKには、ノーマン・メイラーが彼を指して言った「スーパーマーケットのスーパーマン」という羨望まじりの皮肉を一緒になって笑ってみせるほどの洒脱さはあったとしても、もうひとりのユダヤ系知識人デイヴィッド・リースマンが〈ベスト&ブライテスト〉ケネディ騎士団《キャメロット》を指していまいましそうに口にした「大西洋しか知らない田舎者ども」という批判など、垢抜けなくてとても耳を傾ける気にはなれなかったのに違いない。それになにしろ、南ヴェトナムは確かに見事な「ショウ・ウィンドウ」だったのだ。たとえそこに陳列されているのが詐欺まがいの値札を下げた虚構と捏造のアメリカン・デモクラシーだったとしても、快活な女蕩しの青年JFKは言い値でそれを買い求め、彼の死後はテキサスからやって来た老いたるLBJが無骨な手つきで弄び、かくて若いアメリカン・ボーイズがアジアの密林の緑に心と軀を染めるべく、ジャングル・クルーズのチケットを手渡されてヴェトナム行き不思議旅行《ヴェトナム・ミステリー・ツアー》へと旅立っていったのである。そして一九七三年、「ヴェトナム化《ヴェトナミゼーション》」の名目で泥沼を泥沼のまま投げ棄てたリチャード・ニクソンは合衆国大統領府のスキャンダラスな人名録に名を連ねて一年後に首都を去り、図らずも翌年の戦争の幕切れに立ち会ったジェラルド・フォードは、つづく年の選挙で初めてアメリカ南部人にその座を明け渡すこととなってゆく——。

「歴史は二度繰返す。一度目は悲劇として、二度目は茶番劇《ファース》として」と言ったのは、たしかヘーゲルを引用したマルクスだった。これをインドシナ半島の歴史に当てはめるなら、ディエン・ビエン・フーの悲劇で終わった第一次インドシナ戦争の次の茶番劇がヴェトナム戦争だということになるのだろうか。けれどヴェトナム戦争は、どこまで行ってもミステリアスでキュアリアスなアメリカの悲劇に終わってしまった。何故だろう？　ひょっとしたらそれは、茶番劇の王様にしてジャングル・クルーズの生みの親であるウォルト・イライアス・ディズニーが一九六六年の暮の日の朝に死んでしまったためなのかもしれない。奇しくもこの王様は、ゴ・ディン・ジェムという名の独裁者と同じ年の生まれだった。おまけにこの王様は、カール・マルクスもグルーチョ・マルクスも大嫌いだったのだ。

エピローグ

Epilogue

「……あの忌わしい戦争は、私に、よそでは見ることもなかっただろう美しい風景を見せてくれたのだ」――

セシル・ビートンの日記、一九七四年三月十三日[1]

映像に記録された過去を見る者は、しばしば、ひどく奇妙な感情に襲われるものである。過ぎ去った時間の流れが生み出してきた〈距離〉。映像という、世界をちょうどガラス玉のなかに封じ込めるかの如き視覚のテクノロジー装置が生み出している〈距離〉。それらふたつの距離によって対象の持つあらゆる災厄と危険から二重に隔離された後世の人間は、その距離を埋めようとしても埋められないもどかしさ――と微妙な愉悦――を感じながら、過去の世界を一箇の視覚的な説話として展観することになる。そのとき観客は自らの内部に生まれる心象《イメジャリー》と眼前に展開する映像《イメージ》とが混然一体となった独自の〈劇場〉を生きている。

実際この〈劇場《シアター》〉という認識の装置ほど――モリス・ディクスタインがいみじくも「ゲリラ・シアター」という言葉で示唆したように――一九六〇年代という時代に起こったあらゆ

る文化的事象を見るときに便利な道具もほかにない。五〇年代が終わるころには事実上の死を迎え始めていたにもかかわらずアンディ・ウォーホルによってまさしく大衆化《ポピュラライズ》されたポップ・カルチュアは、芸術創造の神話に奉仕しようとするアヴァンギャルドを巧みに手なずけて〈マス・カルチュア〉とも〈ポピュラー・カルチュア〉とも異なった「ポップ－イズム」〔POP-ism〕となって、同時代の人々に〈劇場《シアター》〉への参加を呼びかけた。それはまさに文化的なゲリラ戦域《シアター》の拡大と一斉蜂起を呼びかけるアジテーションであると同時に、自分自身の想像力を映像メディアのそれへと直結させ変容させせようとする欲望の顕現だった。戦争さえ、その例外ではなかった。スタンリー・キューブリックが稀代の傑作『博士の異常な愛情』〔一九六三年〕を撮ったのも、それに示唆されたとおぼしいマイケル・アーレンが一九六八年のエッセイを「爆弾が落ちてゆく、ポップ・ポップ・ポップ！」と標題したのも、つまるところはポップ・カルチュアが時代の文化的な主導権を掌握したその下でのことだった。しかもそうしたトレンドは、一方で、戦争という〈眼の惨劇〉を前にしたときにしばしば生ずる誇大妄想《メガロメニア》の歪んだ想像力からも成長素を吸い上げてまことに奇怪な大衆美学を醸成させるに至った。その様子を、たとえば次のように説明してみることも可能だろう。

＊

Ｊ・Ｇ・バラードは短篇「死の大学」のなかでヘリコプターを「機械黙示録のシンボル〔Symbols in a machine apocalypse〕」と呼んでいる。(2) 事実、武装ヘリコプター独特のあの奇妙なフィギュアこそは、ヴェトナム戦争以後の戦争イマジネーションを視覚的に決定づけたシンボリックな存在に他ならない。もっとも、バラードが作品のなかに登場させているのはシコルスキー社の大型ヘリだから、ヴェトナム戦争を通じて最も有名になったベル社のUH－1イロコイス〔通称ヒューイ〕とは違う機種なのだが、そのことはさほどの問題ではあるまい。撃墜されたヘリ。炎上するヘリ。森の上でホヴァリングしながら側面ドアの機銃座で弾丸を降らせるヘリ。サイゴン陥落の日、アメリカ大使館の屋上から飛びたっていったヘリ。同じころ、空母の飛行甲板上からまるで屑鉄のように投棄されていたヘリ。そしてもちろん、大編隊を組んでデルタの上空を駆け抜けてゆく空中騎兵師団のヘリ――。その機影と独特のタービン・エンジンの回転翼爆音は、いまなお私たちの眼と耳の奥にしっかりと棲みついている。

　本来ヘリコプターは脆弱な飛行物である、というか、少なくともかつてはひどく脆弱そうな飛行物だった。殊に、丸い風防ガラスが特徴のベル47型が民間および軍用機の多数を占めていたころ、ヘリがきわめて頼りなげな空の三輪車のように見えていたことは間違いない。だが、ヴェトナム戦争が急速に拡大された一九六〇年代半ば以降、ヘリは強力な、あるいは兇悪な低空からの地上の支配者に見えるようになっていった。飛行機に比べると鋭さを欠いた、どちらかといえば胡乱な恐怖感がそこには漂っている。アルフレッド・ヒチコックの映画『北北西に進路を取れ』〔一九五九年〕で地上のケイリー・グラントを追いかけまわしたのがもしもヘリだったとしたら、そこにはヒチコック流のサスペンスとは違った、どうにも後味の悪いホラーとフィアーが出現したに違いないのだ。

この感覚は、ヘリの上から撮られたニューズリールと飛行機の上からのそれとを比較してみると、より明瞭に理解されることだろう。

空中から眺める戦場の光景がニューズリールの重要なトピックとなったのは第二次大戦でのことである。そのころ、空中からの眺めは時間と感情の持続を表現するレトリックによって映像化され、観客に伝達されていた。とりわけカメラの飛躍的な性能向上はA−4スカイレイダーやP38ライトニングといった急降下爆撃機のパイロン下部にカメラを装着させて自動撮影することを可能にしたため、ニューズ・クルゥたちは競ってそこからの眺めを撮り収め、さまざまな編集技術を開発していった。そのときの代表的な映像レトリックは、まず、まるで縮小地図のような下界の地勢を映し出し、次に攻撃目標上空に達したときの編隊機の慌しい動きを側面から——つまり僚機に積んだ別のカメラを通して——展開し、さらに急降下中の激しいカメラ＝画面のぶれで観客を奈落へ落ちるような昂奮に叩きこみ、しかるのち急上昇ショットから垣間見える大空で一気にカタルシスへと引き上げる——というものである。戦闘機の場合ならば、その合間には敵機との空中戦《ドッグ・ファイト》シーンが挿入される。そこでは機銃弾が絶妙の炎の弧を描いて飛んでゆき、その直後、相手の機影がぱっと炎上するショットが頂点となる。

ところが、こうした叙事的な映像レトリックは、超音速ジェットが時速何千マイルものスピードで空を走ってゆく時代になると、たちまちその力を失ってしまう。何故ならジェットに積んだカメラから捕捉し得るのは殆ど抽象的なほどの一瞬の残影でしかなく、そのため時間と感情の断絶ばかりが前面に躍り出てしまうからだ。しかし、そんな彼らの前にもうひとつの可能性を拓いたのがヘリコプターだった。それは明らかにヴェトナム戦争の「ユニークさ」をシンボライズする存在だった。したがって戦争ニューズリールのレトリックはヘリを中心として改めて開発され直すこととなった。

ここでは、まず、地上から振り仰いだ空中騎兵師団の編隊飛行シーンが捉えられる。そして次に編隊の後方機に同乗したカメラマンの撮る空中からの飛行ショットと地上の光景が現われる。眼下に拡がるのはインドシナの深い森とデルタの沃野、河、水田。

そのとき観客は、かつてフィリップ・カプートが兵員輸送ヘリに乗って下界を眺めていたときの次のような回想をおもい出す――。

フライトは短かく、私たちはほんのちょっとでアンナン地方の上空に差しかかった。以前私たちが読まされたゲリラ戦教程のマニュアルには、現代の文明社会に生きる兵隊たちがジャングルを怖がらないよう元気づけるための文句が記されていたものだ。「ジャングルは敵と同じくらい諸君の友となり得るのである」と。私は眼下に広がる深くて濃い緑を眺めながら、きっとあのマニュアルを書いた連中はジャングルがエヴァグレイズ国立公園みたいなところだとでもおもっていたに違いないと考えた。ヴェトナムのブッシュにはフレンドリーなものなど何ひとつなかった。そこは地球最後の暗黒地帯のひとつで、恐怖を覚えずに済む者がいるとすれば、よほど勇気のある奴かよほど鈍感な奴——両者はしばしば合体するものだが——以外にはあり得なかった。(3)

そしていきなり場面は解放戦線の拠点とおぼしい村や森の上に変わり、ヘリのドア・ガナーが機銃を撃ちまくる様子やロケット・ポッドから発射されたロケット弾が地上に炸裂する光景がつづく——。だが、このときカメラマンたちは困った事態が起こったのに気づいた。何故ならヘリは飛行機よりも遙かに低空域・低速度の乗りものであるため、従来の戦争ヴィジョンでは見えてはならない筈の地上の惨劇——殊に、逃げまどいながら倒れる子供や老人や女たちの姿——までが手にとるように見えてしまったのである。

それまでの戦争ヴィジョンのレトリックは観客に擬似的に戦場を体験させ、その速度と昂揚感によって実質的なプロパガンダの役目を果たすべくつくられてきたものであった。ところがヴェトナムでは、昂揚感の代りに死を突きつけられた人間の歪んだ顔が、速度の代りに彼らをじっと見降す堪えがたい時間の停滞が露わになってしまった。しかも奇妙なことに、時間と感情の持続はヘリでは実現できなかった。空気を叩くローターの単調なリズムがカメラのぶれと同調し、まるでスティル写真を一枚ずつ無理につなぎ合わせたような奇妙な断続感をもたらしてしまったのだ。しかし、それがこの非通常戦争のイメージを視覚化するまさにうってつけのレトリックであることに人々が気づくまで、そう長くはかからなかった。再びJ・G・バラードによれば、ヘリコプター上からの戦争ヴィジョンは「暴力と欲望のベクトル」を表現していたのだ。そしていま、この時代に吐き出された夥しい数の「ヴィジュアル・クリシェ」は戦争をめぐるマス・イマジネーションを完璧なまでに制度化し、『プラトーン』〔オリヴァー・ストーン監督、一九八六年〕のようなパッチワーク化された社会的教訓劇としての戦争映画から反逆と制度破壊の形骸化した神話に縋りつくロック・パフォーマーたちのヴィデオ・クリップに至るまで、いつでも観客を簡便で効果的なジャングル・クルーズへと案内する準備を整えて待機している——。

*

以上に述べたのはあくまでも擬似的なひとつのモデルに過ぎない。しかしそれが裏付けのない空想の産物ではないことは、たとえばPBSドキュメンタリーの第七回「アメリカの撤退」の冒頭場面を見ても明らかだ。わずか一分半のその映像は武装ヘリの出動から航行を経て対地上戦闘行動に至るまでのシチュエーションを描いたもので、画面を押しつつむムードは、タービン始動の唸りといい空気を叩くローターの断続音といい、そこに被ってくるラジオのポピュラー・ソングやクルゥたちの無線音声といい、紛れもなく〈ヴェトナム〉のヴィジョンを忠実に反映している。但し、注意深い観客ならば誰もが、このひとつづきのシチュエーションには本来まったく別の、少なくとも三種類のフィルムが使用されていることに気づく筈である。つまりこの事実の記録《ドキュメンタリー》とは、実のところきわめて有能なエディターの手で仮構された事実の〈モデル〉に他ならないのだ。

けれども、注目すべきなのはそこではない。そうではなく、もはや現代の観客たちはこうした一種のトリックの存在にいちいち驚くほどナイーヴではあり得ないということなのである。彼らは自分が眼にしている映像が〈モデル〉であり、時間的・空間的に遠く隔てられた地点での出来事をより効果的に伝達するための〈認識の最短測地線《ジオデシック》〉であることを知悉している。そして彼らは——我々は——これをむしろ特権として享受するだけの資格が自らに具わっているものと考えている。ブレイストラップのメディア批判もそれに寄生する新保守主義者や軍の高官たちのメディア攻撃も、この前では余り効きめはない。リーフェンシュタールの名前を挙げてナチのプロパガンダを仄めかせば警告が完璧になるだろうというハリー・サマーズ将軍のおもいつきの、なんとナイーヴであることだろう。ひょっとしたら彼はヴェトナム以前の伝統的で因襲的な戦争を懐しんでいるのではあるまいかと——些かシニックな気分で——邪推すらしたくなるほど、その警告は余りにも牧歌的なのだ。

とはいえ、彼が言及している南ヴェトナム警察長官による解放戦線処刑の映像が、これもまた殆ど完全にヴェトナム戦争をめぐる「ヴィジュアル・クリシェ」の如くに扱われていることを考えるならば、ブレイストラップからサマーズまでの政治的なメディア批判とマイケル・アーレンが説くような非政治的メディア批判が実は同じ次元に属する試みであったことも既に明らかだろう。彼らは、歴史上初めてTVを通して殆ど同時中継されたも同然のこの戦争が、「ヴィジュアル・クリシェ」のための巨大な実験劇場と化し、人々をその観客としてしっかりと制度内に組み込んでしまった出来事であることに気づいていた。だからこそブレイストラップはそれが政治的な大衆操作につながることを危惧し、サマーズはただでさえシヴィリアン・コントロールで行動を制約されている軍人がこれ以上大衆社会の豹変しやすい世論に犠牲を強いられないよう牽制し、アーレンはメディア観客の意識が知らない間に激しい変容を余儀なくされていることに不安を抱いたのだった。いや、メディア観客ばかりではない。マイケル・ハーが夙《つと》に書き止めていたように、ヴェトナム戦争では特派員や兵士たちさえもが、眼前の死と惨劇の戦場を自分自身が出演している戦争映画のひとこまのように眺めてしまう「メディア・フリーク」(4)だったのである。

そして挙句には、戦闘神経症状に苦しめられる帰還兵の脳裏でもまた、完璧なまでに映像化された悪夢が去来することとなった。或る心理学者は戦車隊員として部隊のなかでただひとり生き残り、数々の勲章を受けたにもかかわらずひどい情緒障害を起こしたひとりの軍曹のケースを紹介している。それによると、彼はときどき精神科医に対して、もし仮に自分が戦場でやったのと同じ振舞いをデトロイトのハーレムに住む貧しい黒人たちに向かってやったとしたらどうなるだろうと尋ねたという――「彼はその答えを遠いジャングルではなく、彼の故郷のスーパーマーケットの中で見出した。すなわちそこで彼は自分が至近距離から射たれて殺される空想や悪夢を何回も見たのである」(5)。

＊

けれども、現代の戦争イマジネーションの根底で起こっている本当の問題は、これで解決を見たわけではない。というのも、現代のしたたかなメディア観客は自分に与えられた権力と想像力がたとえ制度化され陳腐化された錯覚の産物に過ぎないとしても、いまさらそれを手放すほどナイーヴではないからである。彼らは——我々は——たとえ賢しげな子供が「王様は裸だ！」と叫んだところで、動揺も見せず平然と、裸体をめぐる美的議論のひとくさりでも〔スーザン・ソンタグのように？〕語ってみせることができるだろう。それは彼らを——我々を——包み込んでいる作為と錯覚の迷路《メイズ》が驚異《アメイズ》と愉悦《アミューズ》の遊園地にさえなり得るくらい、精巧かつ周到にでき上がっていることを良く示している。そしていまやTVのようなパブリック・メディアのほうがむしろ積極的に、湾岸戦争を「TVゲーム・ウォー」と呼ぶような文伝の伝道に嬉々としていそしんでいるのだ。

　ヴェトナム戦争とその時代にあってこうした倒錯的な感覚を一身に体現した「クレイジー・チャイルド」ことティム・ペイジは、戦争の魔力にとり憑かれた奇矯な写真家だった。彼は一九六九年に受けた三度目のひどい負傷のせいで以後のほぼ十年間を半身麻痺状態で過さねばならなかったが、一九八〇年にカムバックを果した際、初めての個展の会場で心から愉しそうに「戦争の魅力《グラマー・オヴ・ウォー》」を語って聞かせて会場にいた老婦人や左翼的な聴衆を仰天させたという(6)。しかし、だからといって彼が本当は兵隊になりたかったのかと言えば、そうではない。彼は兵士とメディア観客のまさに中間に立つ媒体《メディア》として戦場を覗き見した傍観者的権力者もしくは権力的傍観者だったのであり、だからこそ彼の撮った写真もいまだにその生命力を保っている。それどころか彼の場合は、戦争中よりもむしろ戦後の時間が長くなればなるほどかえって注目と評判を高めた殆ど唯一のヴェトナム・フォトグラファーだと言ったほうが良い。事実、一九八三年に刊行された彼の初めての写真集『ＮＡＭ』はＵＨ－１ヒューイの編隊飛行を上空から追跡撮影した一葉の見開き写真に始まり、ありとあらゆる戦場の光景を合計九十一点、大半はカラーで収録したものだが、その鮮烈な色彩は――善悪の倫理判断を超えて――美しい。そして、ウィリアム・ショークロスが慎重な言い方で指摘したように「怖るべき恐怖感を伴った憂鬱なる美《メランコリー・ビューティ》」(7)に彩られている。

だが、このような世界がけっして「クレイジー・チャイルド」だけのフリーキーな特異さ《ユニークネス》の徴しではないのは、フィリップ・カプートが「戦場のノスタルジア」という言葉を使って同じような感情をきわめて知的に、穏やかに、そして哀しげに語っていたことをおもい出してみれば了解され得ることだろう。ペイジ自身は気づいていないとしても、カプートはこの感情が、ひとりの人間のなかで抑圧と被抑圧を同時に機能させる審美と倫理の倒錯した迷路へつづく階段であることを良く知っている。知っていながら、しかし彼はそこから脱け出せない。我々もまた脱けられない。何故なら我々はもはや、ヴェトナム戦争がユニークな時代のユニークな経験として葬り去ることのできない出来事だったことを知ってしまったからである。

ちくま学芸文庫版あとがき

「結局この本ができ上がるまでに、最初の準備から数えると過去五年間を要したことになる」――一九八七年、この本の初版を単行本として上梓したとき、ぼくは「あとがき」にそう書いた。今年はそれからさらに六年になる。合計すると全部で十一年。些かためいきの出るようなその年月の間に、世界は大きく変わり、ぼくも少しばかり変わり、ヴェトナム戦争が人々の認識に占める位置もまた複雑に変わった。

その変化を一言でいうとすれば、ヴェトナム戦争は記憶から歴史へと遂に繰り込まれた、ということになるだろうか。実際、一九九〇年代に入ってからのヴェトナム民主共和国の外交姿勢は、カンボディア情勢への新たな対応と「開放《ドイモイ》」政策の進展をふたつの柱とする大きな変化を見せて、あの戦争がすっかり過去のものとなったことを――少なくとも公式的には――印象づけている。とりわけ日本・フランス・中国の三者による急速な対ヴェトナム経済進出は明らかにヴェトナム側の積極的な誘致によるものだけに、そうした印象を今後ますます強めてゆくことに寄与するのは間違いないだろう。

一方、アメリカ合衆国のほうも、レーガン＝ブッシュ政権下の十二年間で冷戦に勝利したという認識に立ってヴェトナム戦争を歴史的に記述し直す試みが多数生まれているし、しかも一九九二年の大統領選挙では「ポスト冷戦」時代のための新しい国家指導者として、ヴェトナム反戦運動歴を持つビル・クリントンを選んでいる。もっともそうしたなかでも、説によっては一〇〇〇名とも二〇〇〇名ともいわれるインドシナ半島からの未帰還兵(いわゆるPOW/MIA)問題が不穏な社会要因となって、なにかの折りには政治問題化しようとする動きを絶えず見せているのだが、それでも日・仏・中に遅れまいとしてヴェトナムへの経済進出を図ろうとするアメリカ財界の要求や世論の大勢を見る限り、アメリカ社会全体はこれからさらにヴェトナム戦争の記憶を遠ざけるほうへと導かれてゆくに違いない。

けれども、この本が問題にし、かつこの先も関わってゆくだろう主題は、そうした政治学者やジャーナリストたちにとっての主な関心とはべつの次元に属している。というのも、この本でいう「記憶」や「歴史」とは、新聞や教科書や統計資料や歴史年表といったもののなかにはまずもって姿を現わさない類いのものだからだ。それは殆どの場合数量化することはできないし、眼にも見えず手に触れることもでき、ず、つまりは実体のないものでしかない。そして、にもかかわらずそれは或る種の直観的実体として、人々の行動や意識や認識のありように大きく、深く、かつ射程の長い影響を与えるのである。

このあたりのことに関連して、現在までのところ最も新しいヴェトナム戦争論のひとつである『ヴェトナム戦争とアメリカ文化』(一九九一年)の編者ジョン・カーロス・ロウとリッツク・バーグは、「ヴェトナム戦争とアメリカの記憶」と題する巻頭論文のなかで「いまから十五年前、アメリカ人はヴェトナムについて誰も語りたがらなかった」と述べている。

一九七六年、アメリカ建国二百周年《バイセンテニアル》に当たるその年、我々はひどくノスタルジックに「独立革命精神」を称えながら、しかもヴェトナムについては殆どまったく触れようとしなかった。アメリカの独立がかつてホー・チ・ミンの学んだ〔世界史上の〕大革命のひとつだったにもかかわらずなおさらに、である。記念の飾りつけだの土産品グッズだのTVのドキュメント・ドラマだの祝典用の流行歌の類い（「バイセンテニアル・ミニッツ」とかその手の曲）に埋もれて、その年におけるヴェトナムは、つい何年か前までの苦い国内争乱やあの戦争での人的損害をおもい出させるというだけでなく、革命期のアメリカをめぐる我々の甘い神話――誰もが政治に参加し、実際的で自信に溢れ、民主的で誠実な、といったあの神話――をにべもなく掻き乱す陰鬱な歴史だったのである。

あの戦争の帰還兵たちに対して我々がかつて投げつけた重い沈黙は、我々が自分自身に対して行なったことへの、この集合的な隠蔽《コレクティヴ・レプレッション》の前触れだったのだ。しかしそうだとすると、今日「ヴェトナム」がアメリカ文化において避けることのできない言葉になっている、ということを一体どう評価したらいいのだろう。合衆国が依然としてヴェトナム共和国との国交を再開せず、それどころか戦後ヴェトナムの社会的・経済的再建を阻止するような経済制裁措置を維持しつづけているにもかかわらず、誰もが「ヴェトナム」という言葉を当たり前のように口にするというこの状況を、我々はどう見たらいいのだろうか？

このように述べた彼らは、TVドラマや映画やヴィデオ・ゲームや漫画に現われるヴェトナム戦争のイメージについて触れながら、現代のアメリカ文化におけるヴェトナムはいわば「商品《コモディティ》」になっているのだ、という。大衆文化ばかりではない。いわゆるハイ・アートの美術展のような催しにおいてさえヴェトナム戦争は「主題《サブジェクト》」になり、コーヒーテーブル・ブックと呼ばれるような郊外住宅に住むミドルクラス向けの美装本の市場においてすら、ヴェトナム戦争に関連した内容のものが以前にもまして需要されている。事実、ぼくが知る限りでも、ワシントンD.C.のヴェトナム・メモリアルを撮った大判の写真集の類いが片手の指では足りないぐらいの点数で出版されている。そしてこのような状況を一瞥した彼らは「こうしたパブリックで、しかもしばしば妙に芝居がかった悲嘆は、実のところ我々がヴェトナムで敗北し、なにかを喪なったことを本当は認めていない、ということを示唆しているのだ」という。

アメリカの理想化《アイディアリズム》された姿は死んだわけではなかったのである。我々はただ、自分自身の戦争で蒙った理想像の傷を「癒す」ことに嬉々としていそしんでいるだけなのだ。

我々はひどく無造作に「政治的統治体〔body politic〕」だの「集合無意識的〔collective

unconscious〕」だの「共同感情〔communal spirit〕」といった概念を〔ヴェトナム戦争論のなかで〕口にするのだが、文化とは「軀《ボディ》」や「心理《サイキ》」ではないことを知らなければならない。神話や理想とは「傷つく」といった比喩にはそぐわないものなのだ。にもかかわらずそのように語られるというのは、あの戦争を通して我々がヴェトナムやカンボディアではなく、まるでこの合衆国が爆撃に晒され、ナパームで空から焼かれ、索敵《サーチ・アンド・》・殲滅作戦《デストロイ》に遭い、枯葉剤で森を組織的に壊滅させられ、「再定住村」計画で追い立てられ……といった蹂躙と外傷に身を刳《えぐ》られたかのような強迫観念《オブセッション》を感じている、ということの証しなのである。(Rick Berg and John Carlos Rowe, "The Vietnam War and American Memory", in their ed., *The Vietnam War and American Culture*, New York; Columbia Univ. Press, 1991, pp. 1–2.)

ロゥとバーグのこの指摘は、いまヴェトナム戦争が、少なくとも一部のアメリカ人たちにとってどのような水準での認識や思考を要求するものとなっているか——ということを良く示している。まず彼らはヴェトナム戦争とその影響を、伝統的な政治学や社会学や国際関係論といった枠組みのなかではなく、文化研究という甚だ曖昧な手つづきを通して観察し、文析し、描写し、論じようとしている。実際、ロゥはカリフォルニア大学アーヴァイン校の文学と批評理論の専門家、バーグはスクリップス・カレッジの映画および批評理論の専門家で、一九六〇年代末には海兵隊員としてヴェトナムの戦地を経験している。そうした彼らにとっては、あの戦争を当時の政策決定や外交関係や軍事戦略の失敗といった制度論的な枠組のなかでのみ議論することは到底できないことなのである。彼らが編集したこの著作(ちなみにそこにはノーム・チョムスキーも一文を寄せている)のなかで戦時中の報道写真やプロパガンダ・フィルムやロックとフォークとコミックスが論じられ、あるいはフェミニスト理論家たちによって大衆イメージのなかの「女戦士《ウィメン・ウォリアーズ》」や「男らしさ《マスキュリニティ》」の記号が検証され、またかつて海兵隊に志願して数々の勲章を受けたという詩人が作品を寄せている、といったことは、こうしたロゥとバーグのそもそもの考え方の反映にほかならない。

けれども同時に、彼らは、戦争とその影響が一見才気ばしったふうの現代思想用語で論じられるべきものではないのだ、ともいう。現代思想は文化のあらゆる領域と次元に関わる認識論そのものを議論するものだが、それはしばしば——日本でもそうであるように——派手なレトリックと意表を衝いた論理の構成にのみ腐心しがちな傾向を秘めている。そこでは華やかなバロック的修辞を駆使して現象を記述することも、ことさらぶっきらぼうなゴシック的身ぶりでもって原理を語ることも、等しく同じ自惚れの表現でしかない。しかも厄介なことに、こうした自惚れはしばしば制度と常識をかえって強化することにもつながるのだ。デコンストラクティヴィズムやポストモダン・セオリーや文化表象論や情報環境論といった——無論それらは一部でしかない——現代思想が世界中を席巻したのが、まさに「自惚れの時代」ともいうべき新保守主義の一九八〇年代であったことは、この意味でまさに象徴的というべきだろう。こうして現代思想の狡猾なオプティミズムを自戒するロゥとバーグは、しかしだからといって、コンヴェンショナルなアカデミズムという名の象のような鈍感さにも既に与することはできない。何故なら彼らにとってのヴェトナム戦争とは、もはや実体とも現象とも類別することのできない奇妙な〈気配〉とでもいうべきものとなって、あたかも解剖学者のように分析の刃をふるおうとする学問の手許から逃げ去ってしまうからだ。そしてだからこそ彼らは、「文化」という曖昧きわまりない閾《しきい》のなかでのシシュフォスのような営みへと向かってゆかざるを得ないのだ、ということになるだろうか。

そうしてぼくがこの本で試みようとしたのも――こんな言い方自体がレトリカルなものであることを許していただければ――つまりはそういうことだった、ということになる。

ぼくは、もしもアメリカに生まれていたとしたらヴェトナム戦争に徴兵されていたかもしれないぎりぎり最後の世代に属しているが、無論その当時はそんな実感はなかったし、いわゆるカウンター・カルチュアの動きも、あくまで個人的には殆どまったく縁のないものとしてしか受け止めることはできなかった。この本の作業にとりかかるいちばん初めの契機も、実をいうと二十世紀のモード写真家が撮った第二次大戦の記録写真のことが或るとき妙に気になった、ということでしかない。そうしたおもいつきの痕跡は、しかしこの本のなかには、セシル・ビートンの日記からの小さな引用というかたちでしか残ってはいない。戦争写真についで考えることは戦争という現実のなかでの人間の生死の問題から自分を遠ざけることを許さなかったし、他方そのことを「イメージ」という言葉で総称される或る種の不思議な空間――とその歴史――についての関心を通して考え直してみることも、ぼくにとってはやはり棄てることのできない課題だった。

なお今回の文庫版化に当たっては、初版を上梓して以降に起こった社会的・文化的な変化への言及を可能な限り書き加えた。もっとも加筆というのは往々にして著者の自己満足しかもたらしてはくれないものだし、余り徹底し過ぎると既に四百字づめの原稿用紙で九百枚余りの本が一千枚を超えてしまうことがわかりきっていたから、ここでは新しい文章をなるべく自然なかたちで初版の文章のあちこちに埋め込み、紛れ込ませ、いわば機械をいったん解体して組み立て直すような作業に意を注いだ。そのために今回の新版の編集を担当してくれた筑摩書房編集部の大山悦子さんにはずいぶんな苦労をかけてしまったけれど、深い感謝を以てお詫びに代えさせていただきたいとおもう。

最後にもうひとつ。この本の初版はあの戦争に徴兵された経験を持つふたりの齢上のアメリカの友人とその家族に捧げたのだが、そのうちのひとりであるジョージ・ライリーは一昨年癌で亡くなった。「エージェント・オレンジの後遺症だったのかもしれないというおもいが頭から消えないの」という夫人のイヴリン・スーに、ぼくは彼女の手をとって応えるしかなかった。またもうひとりの友人であるバリー・G・マーフィは、昔なじみのグリニッジ・ヴィレッジの酒場で初版を手渡した翌日、一九六五年のヴェトナムの野営キャンプで撮った若いころの自分の笑顔の写真を持ってきてくれた。その写真と生前のジョージの描いた小さな水彩画が、今回の版のための作業を進めるぼくを見守ってくれた。

本当にありがとう。

一九九三年一月

生井英考

岩波現代文庫版へのあとがき

世代を意味する「ジェネレーション」という言葉はおおむね三〇年間を指すのだと、昔そう教わったことがある。生まれた子どもが大人になり、次の世代を生むようになるまでのあいだということである。

本書の初版を上梓してから今年で二八年。ということは、ほぼ一世代ぶんに相当する年月が過ぎたことになる。その間に本書は体裁や出版元を替えながら版を重ね、いままた岩波現代文庫の一冊に収められることになった。聞けば古典的な文芸書のたぐいならともかく、この種の書物としてはかなり珍しい部類に入るらしい。そこで本書の成り立ちとその後の経緯について、勧めにしたがって手短かに記しておくことにしたい。

本書は一九八七年、ヴェトナム戦争が終わって一二年が過ぎた年の初夏に刊行された。こう書きながら思い出すのだが、当時のアメリカ社会は戦争が終わってから既に一〇年以上も経つとはとうてい思われない状態にあった。

現に一九八〇年代初頭からにわかに高まったヴェトナム戦争再評価の機運は八〇年代後半になってもいっこうに衰えず、雑誌の特集からTVドキュメンタリー、政治学者やジャーナリストや外交専門家による総括や分析にいたるまで、さまざまな種類のヴェトナム戦争論がひしめきあっていた。わけても量と質の両面でひときわ目を惹いたのがヴェトナムでの従軍歴を持つ帰還兵の手記や回想記のたぐいで、それも高位の軍人の回顧録よりむしろ、社会的には無名といってもいい元兵卒たちの談話や経験談を収めた書物が毎月のように書評に登場し、書店の平台を飾り、あるいはブッククラブで選書されていた。パルプフィクションの棚に行けば不遇な身の上の帰還兵が犯罪組織を相手にひと暴れするようなおはなしがあふれ、ハリウッドではヴェトナム戦争映画の新作と次の企画が目白押しだった。そしてこれらが大きなうねりをなして社会の前景へと押し寄せるのを背景に、ロナルド・レーガン政権下での保守化機運が、のちに「リベラル・バイアス」論と総称されることになるリベラリズム批判の刃を研いでいたのである。

要するにこのころのアメリカ社会における「ヴェトナム」は、反戦論と主戦論が激しく対立した戦争当時ともまた違ったかたちで論理より情緒的反応が先走ってしまうような、いわゆる「政治的難題《ポリティカル・ホットポテト》」になりつつあったのだといいかえてもいいだろう。

とはいえこんなふうに全体を見渡したような言い方ができるようになったのはその後何年も経ってからの話であって、本書を書き上げるまでのあいだはむしろ、周囲に溢れる過剰なほどエモーショナルな空気を吸いこみながらなお、半分だけ息を止めてあたりに目を凝らすような心持ちでいたことを覚えている。実際、最初の着想から下調べを経て実地調査に入った一九八〇年代前半の終わりごろ、アメリカの人々にとってヴェトナム戦争とその時代の経験はまだ余りになまなましく、とりわけ帰還兵たちにとっては触れただけで手の切れるような出来事だと誰もが神経をとがらせていた。そんななかに駆け出しの外国人研究者が入って聞きとり調査などを試みるのは、参与観察にたずさわる立場なら当たり前のこととはいえ、いまふりかえってみてもひどく骨の折れる仕事だった。

とりわけ困惑したのがこの過敏な空気の由来や加減をはかりかねたことで、兵士たちが戦地で味わった辛い体験を気遣っているからなのか、社会の側が彼らを冷遇したことへのうしろめたさの故なのか、それとも戦争政策の是非をめぐって社会そのものが分裂をきたしてしまったことを悔いているからなのか、そのへんの微妙な混じり具合を現場でひとつずつ嗅ぎ分ける術《すべ》の難しさを前に、途方に暮れたことも一度や二度ではない。それでもなんとかしのぎおおせたのは、帰還兵たちに対する贖罪的な機運のなかに、実は分裂した社会の再統合を果たそうとする強い動機と危機感が明らかに横たわっていることを、半ば直観的に見てとっていたからだろう。

いうまでもなく贖罪はがんらい宗教的な情動だが、神ならぬ身の人へと向かう贖罪は、罪の贖《あがな》いというしぐさを通して相手との和解を得ようとする儀礼的コミュニケーションの表現となる。本書の第10章で詳述したヴェトナム戦没者記念碑の建設運動はまさにこうした文化表現の典型であり、儀礼の人類学を出発点に方法論を模索してきた身として、そこに目がいくのはいかにも自然のなりゆきだった。と同時に、八〇年代のアメリカ社会がこの贖罪と和解への希求をいつしか「癒し」という名の自己慰撫へと集団的・集合的にすりかえてゆく過程もまた、逆説にみちた政治社会学の教訓そのものに思われた。

痛恨の記憶と恥辱に身をよじる社会が忘れたい過去にあらがい、さまざまな論理と言葉と手段をひねり出しながら、自らの裡《うち》に横たわるわだかまりをいつのまにか消し去って——もしくはその意味を書き換えて——ゆく。そうしたさまは、いつでも、どこにおけるものでも筆舌に尽くしがたく、それゆえ詳細にして細心の観察がなにより求められるものとなる。こうした意味で本書はヴェトナム戦争論であり、現代アメリカ論であり、一九八〇年代論であると同時に、より高い次元でくりひろげられる政治と社会と文化儀礼のありようをも見きわめようとしたモノグラフであったということになるだろう。

それにしてもふりかえって驚くのは、一九八七年、学界的にも世間的にもさして実績のない弱輩がいきなり本書のような大部の著作を上梓する機会を得られたことだろう。幸い刊行から一年半ほどで第九刷にまで達したからよかったものの、担当者として尽力くださった筑摩書房編集部(当時)の菊地史彦さんには御礼の言葉もない。

その後、本書は一九九三年に同じ版元のちくま学芸文庫に収められた。若干の修正と加筆をほどこした同文庫版が今回の底本であり、それゆえ本書には当時の「文庫版あとがき」が再録されている。このとき担当いただいた筑摩書房編集部の大山悦子さんに改めて御礼申し上げる。さらにその七年後の二〇〇〇年、こんどは三省堂編集部の福島聖佳さんから「その後のジャングル・クルーズ」を論じた新著を書きませんかという依頼があり、その際に併せて、せっかくなら品切れになっていた文庫版を増補改訂し、『ジャングル・クルーズにうってつけの日　新版』と題する単行本として出し直しましょうという申し出をいただいた。このとき書下ろしたのが『負けた戦争の記憶──歴史のなかのヴェトナム戦争』で、折からさかんになっていた精神医学界のトラウマ研究の分野でちょっとした話題になるなど予想外の反響にも驚いたものだが、それも福島さんのご厚意あってこその話だったと改めて深く感謝したい。

そして今回、岩波現代文庫版を上梓するに当たって、ふつうなら「新版」を最新版として底本にするところなのだが、今回担当してくださった岩波書店編集部の入江仰さんほかのみなさんと相談のうえで、初版に最低限の修正・補筆をほどこした旧文庫版を底本とすることにした。というのも「新版」が増補ぶんまで合計すると一〇〇〇枚相当を越えていたのに加え、「9・11」以後の余りによじれた展開をも視野に収めながら補筆するというのはとうてい不可能な話だったからである。

ちなみに二〇世紀から次の世紀への変わりめの時代に起こった未曾有の変転を含むヴェトナム戦争の「その後」と「現在」については、本書と併行するかたちで、新しく書下ろしの単行本を同じく岩波書店から上梓することになった。もっともこちらは著者の遅筆という悪癖のせいで「ヴェトナム戦争終結四〇周年」にあたる今年中にはあいにく間に合わなくなってしまったのだが、日本の暦でいう「年度内」にはなんとか間に合いそうなところまで来ている。そんなわけで『ジャングル・クルーズにうってつけの日』と『負けた戦争の記憶』につづくこの新しい書下ろし――書名を『アメリカのいちばん長い戦争』という――のほうも、読者諸兄姉の目に留まればまことにうれしい。

ともあれ、こうしてふりかえると本書は、新しい本を書下ろすたびにこちらも息を吹き返すという珍しい経験を重ねてきたことになる。ここまでくると著者もさることながら、本書そのものがいかに歴代の担当者諸氏の献身と読者諸賢からの評価に恵まれてきたか、その驚くべき幸運にこそ感謝すべきだろう。

二〇一五年　立冬

生井英考

本書は一九八七年筑摩書房より刊行され、一九九三年ちくま学芸文庫として、さらに二〇〇〇年三省堂より新版(単行本)として刊行された。本書の底本には、ちくま学芸文庫版を用い、若干の訂正を加えた。

岩波現代文庫[学術]

G339

書誌学談義　江戸の板本

中野三敏

江戸の板本を通じて時代の手ざわりを実感するための基礎知識を、近世文学研究の泰斗がわかりやすく伝授する、和本リテラシー入門。

2015.12

G334
差異の政治学 新版　上野千鶴子

「われわれ」と「かれら」、「内部」と「外部」との間にひかれる切断線の力学を読み解き、フェミニズムがもたらしたパラダイム・シフトの意義を示す。

G335
発情装置 新版　上野千鶴子

ヒトを発情させる、「エロスのシナリオ」を徹底解読。時代ごとの性風俗やアートから、性のアラレもない姿を堂々と示す迫力の一冊。

G336
権力論　杉田敦

われわれは権力現象にいかに向き合うべきか。『思考のフロンティア　権力』と『権力の系譜学』を再編集。権力の本質を考える際の必読書。

G337
境界線の政治学 増補版　杉田敦

国家の内部と外部、正義と邪悪、文明と野蛮の境界線にこそ政治は立ち現れる。近代の政治理解に縛られる我々の思考を揺さぶる論集。

G338
ジャングル・クルーズにうってつけの日 ―ヴェトナム戦争の文化とイメージ―　生井英考

アメリカにとってヴェトナム戦争とはどのような経験だったのか。様々な表象を分析しながら戦争の実相を多面的に描き、その本質に迫る。

2015. 12

G328
シュタイナー哲学入門
―もう一つの近代思想史―
高橋　巖

近代思想の根底をなす霊性探求の学・神秘学、その創始者が明らかにした「もう一つの」近代思想史。シュタイナー思想を理解するための最良の書。〈解説〉若松英輔

G329
朝鮮人BC級戦犯の記録
内海愛子

日本の戦争責任の末端を担って戦犯に問われた朝鮮人一四八人。その多くが監視員として過ごした各地の俘虜収容所で、何が起こっていたのか。

G330
ユング
魂の現実性《リアリティー》
河合俊雄

ユングはなぜ超心理学、錬金術、宗教など神秘主義的な対象を取り上げたのか。その独自でラディカルな思想に真正面から取り組んだ知的評伝。

G331
福沢諭吉
ひろたまさき

「一身独立」を熱く説き、日本の近代への転換を体現した福沢諭吉。激動の生涯を克明に跡づけ、その思想的転回の意味を歴史の中で問い直す評伝。〈解説〉成田龍一

G332-333
中江兆民評伝(上・下)
松永昌三

時代を先取りした兆民の鋭い問題提起は、いまなおその輝きを失っていない。画期的な『全集』の成果を駆使して〝操守ある理想家〟の苦闘の生涯を活写した、決定版の伝記。

2015.12

G323
世界史の構造
柄谷行人

世界史を交換様式の観点から捉え直し、人類社会の秘められた次元を浮かび上がらせた本書は、私たちに未来への構想力を回復させる。ロングセラーの改訂版。

G324
生命の政治学
―福祉国家・エコロジー・生命倫理―
広井良典

社会保障、環境政策、生命倫理――別個に扱われがちな課題を統合的に考察。新たな人間理解の視座と定常型社会を進める構想を示す。

G325
戦間期国際政治史
斉藤孝

二つの世界大戦の間の二〇年の国際政治史を、各国の内政史、経済史、社会史、思想史などの諸分野との関連で捉える画期的な概説書。〈解説〉木畑洋一

G326
十字架と三色旗
―近代フランスにおける政教分離―
谷川稔

フランス革命は人びとの生活規範をどう変えたのか？　革命期から現代まで、カトリック教会と共和派の文化的ヘゲモニー闘争のあとをたどる。

G327
権力政治を超える道
坂本義和

権力政治は世界が直面している問題の解決にならない。これに代わる構想と展望を市民の視点から追求してきた著者の論考を厳選。〈解説〉中村研一

2015.12

G318
古代中国の思想
戸川芳郎

中国文明の始まりから漢魏の時代にいたる思想の流れを、一五のテーマで語る概説書。年表のほか詳細な参考文献と索引を付す。

G319
丸山眞男を読む
間宮陽介

丸山眞男は何を問い、その問いといかに格闘したのか。通俗的な理解を排し、「現代に生きる」ラディカルな思索者として描き直す、スリリングな力作論考。

G320
『維摩経』を読む
長尾雅人

汚濁の現実の中にあって。在家の人々を救うことを目的とした『維摩経』こそ、現代人にふさわしい経典である。経典研究の第一人者が読み解く。〈解説〉桂 紹隆

G321
イエスという経験
大貫 隆

イエスその人の言葉と行為から、その経験の全体像にせまる。原理主義的な聖書理解に抗してイエス物語を読みなおす野心的な企て。

G322
『涅槃経』を読む
高崎直道

釈尊が入滅する最後の日の説法を伝える経典。「仏の永遠性」など大乗仏教の根本真理が語られる。経典の教えを、分かりやすく解読する。〈解説〉下田正弘

2015.12

岩波現代文庫［学術］

G313
デカルト『方法序説』を読む
谷川多佳子

このあまりにも有名な著作の思索のプロセスとその背景を追究し、デカルト思想の全体像を平明に読み解いてゆく入門書の決定版。

G314
デカルトの旅／デカルトの夢
—『方法序説』を読む—
田中仁彦

謎のバラ十字団を追うデカルトの青春彷徨と「炉部屋の夢」を追体験し、『方法序説』に結実した近代精神の生誕のドラマを再現。

G315
法華経物語
渡辺照宏

『法華経』は、代表的な大乗経典であり、仏教の根本テーマが、長大な物語文学として語られる。仏教学の泰斗による『法華経』入門のための名著。

G316
フロイトとユング
—精神分析運動とヨーロッパ知識社会—
上山安敏

精神分析運動の創始者フロイトと集合的無意識の発見者ユング。二人の出会いと別離に潜む現代思想のドラマをヴィヴィッドに描く。〈解説〉鷲田清一

G317
原始仏典を読む
中村元

原始仏典を読みながら、釈尊の教えと生涯を平明に解き明かしていく。仏教の根本的思想が、わかり易く具体的に明らかにされる。

2015.12

岩波現代文庫の発足に際して

新しい世紀が目前に迫っている。しかし二〇世紀は、戦争、貧困、差別と抑圧、民族間の憎悪等に対して本質的な解決策を見いだすことができなかったばかりか、文明の名による自然破壊は人類の存続を脅かすまでに拡大した。一方、第二次大戦後より半世紀余の間、ひたすら追い求めてきた物質的豊かさが必ずしも真の幸福に直結せず、むしろ社会のありかたを歪め、人間精神の荒廃をもたらすという逆説を、われわれは人類史上はじめて痛切に体験した。

それゆえ先人たちが第二次世界大戦後の諸問題といかに取り組み、思考し、解決を模索したかの軌跡を読みとくことは、今日の緊急の課題であるにとどまらず、将来にわたって必須の知的営為となるはずである。幸いわれわれの前には、この時代の様ざまな葛藤から生まれた、人文、社会、自然諸科学をはじめ、文学作品、ヒューマン・ドキュメントにいたる広範な分野のすぐれた成果の蓄積が存在する。

岩波現代文庫は、これらの学問的、文芸的な達成を、日本人の思索に切実な影響を与えた諸外国の著作とともに、厳選して収録し、次代に手渡していこうという目的をもって発刊される。いまや、次々に生起する大小の悲喜劇に対してわれわれは傍観者であることは許されない。一人ひとりが生活と思想を再構築すべき時である。

岩波現代文庫は、戦後日本人の知的自叙伝ともいうべき書物群であり、現状に甘んずることなく困難な事態に正対して、持続的に思考し、未来を拓こうとする同時代人の糧となるであろう。

（二〇〇〇年一月）

ジャングル・クルーズにうってつけの日
―ヴェトナム戦争の文化とイメージ

2015年12月16日　第1刷発行

著　者　生井英考《いくいえいこう》

発行者　岡本　厚

発行所　株式会社　岩波書店
〒101-8002 東京都千代田区一ツ橋 2-5-5

案内 03-5210-4000　販売部 03-5210-4111
現代文庫編集部 03-5210-4136
http://www.iwanami.co.jp/

印刷・精興社　製本・中永製本

ISBN 978-4-00-600338-8　　Printed in Japan

索　引

人　名

事項名・書名・その他

註

プロローグ

(1) Dave Richard Palmer, *Summons of the Trumpet: a history of the Vietnam war from a military man's viewpoint*(Presido Press, New York, 1978), pp. xvii–xxii

1 戦争は9時から5時まで

(1) Jan Barryの回想は以下に収録されている．Albert Santori ed., *Everything We Had: an oral history of the Vietnam war by thirty-three American soldiers who fought it*(Ballantine, New York, 1981), pp. 4–11

(2) 谷川榮彦編著『ベトナム戦争の起源』(勁草書房，1984)，p. 214

(3) ibid., p. 180; John Pimlott ed., *Vietnam: the history and the tactics*(Crescent Books, New York, 1982), p. 52

(4) ジョージ・C・ヘリング『アメリカの最も長い戦争』(秋谷昌平訳，講談社，1985)，上巻，pp. 134–135〔George C. Herring, *America's Longest War: The United States and Vietnam 1950–1975*, 1979〕

(5) Arthur Schlesinger, Jr., *A Thousand Days*(Houghton Mifflin, Boston, 1965), p. 547に引用．

(6) デイヴィッド・ハルバースタム『ベスト＆ブライテスト』(浅野輔訳，サイマル出版会，1976), p. 33〔David Halberstam, *The Best and the Brightest*, 1972〕

(7) 谷川編『ベトナム戦争の起源』，pp. 86–89；ヘリング『アメ

リカの最も長い戦争』上巻, pp. 76–80

(8) 谷川編『ベトナム戦争の起源』, p. 81

(9) ヘリング『アメリカの最も長い戦争』上巻, p. 70 に引用.

(10) ハルバースタム『ベスト & ブライテスト』, p. 136

(11) ibid., p. 83

(12) ibid.

(13) 谷川編『ベトナム戦争の起源』, pp. 41–44, 171–174; 小倉貞男『ドキュメント ヴェトナム戦争全史』(岩波書店, 1992), pp. 91–111

(14) Stanley Karnow, *Vietnam: A History* (Viking, New York, 1983), p. 225

(15) 谷川編『ベトナム戦争の起源』, p. 216

(16) ibid., p. 202; Charles M. Simpson III, *Inside the Green Berets: the first thirty years* (Arms and Armour Press, London, 1983) を参照.

(17) ibid., p. 11

(18) ibid., pp. 11–12 に引用.

(19) ibid., p. 11

(20) ibid., p. 21

(21) ibid., p. 33

(22) Michael T. Klare, 谷川編『ベトナム戦争の起源』, p. 202 に引用.

(23) ハルバースタム『ベスト & ブライテスト』, p. 63 に引用.

(24) 谷川編『ベトナム戦争の起源』, pp. 213–214

(25) ibid., p. 218

(26) スターリング・シーグレイブ『黄色い雨』(大谷内一夫・小秋元龍訳, 原書房, 1983), pp. 79–82〔Sterling Seagrave, *Yellow Rain: a journey through the terror of chemical warfare,*

1981〕
(27) 谷川編『ベトナム戦争の起源』，pp. 219–220
(28) ibid., p. 214
(29) ibid., p. 202に引用．
(30) ibid., pp. 215–216
(31) ibid., p. 93
(32) ニューヨーク・タイムス編『ベトナム秘密報告』(杉辺利英訳，サイマル出版会，1972)，p. 183〔The New York Times pub., *The Pentagon Papers*, 1970〕
(33) Karnow, *Vietnam: A History*, p. 281
(34) ハルバースタム『ベスト&ブライテスト』，p. 241
(35) ニューヨーク・タイムス編『ベトナム秘密報告』，pp. 176–267
(36) ハルバースタム『ベスト&ブライテスト』，p. 248
(37) 谷川編『ベトナム戦争の起源』，p. 227
(38) Karnow, *Vietnam: A History*, p. 281に引用．
(39) ニューヨーク・タイムス編『ベトナム秘密報告』，p. 216に引用．
(40) ヘリング『アメリカの最も長い戦争』上巻，pp. 161–162
(41) 谷川編『ベトナム戦争の起源』，pp. 232–233
(42) Karl Phaler; Santoli ed., *Everything We Had*, p. 13
(43) Karnow, *Vietnam: A History*, p. 278. なお逆説的な観点から以下を参照．Theodore Sorensen, *Kennedy*(Harper & Row, New York, 1965), p. 660; Schlesinger, *A Thousand Days*; Kenneth P. O'Donnell and David J. Powers, *Johnny, We Hardly Knew Ye: memories of John Fitzgerald Kennedy*(Little Brown, Boston, 1970), pp. 16–18

2 アメリカン・グラフィティーズ

(1) ヘリング『アメリカの最も長い戦争』上巻, p. 51に引用.

(2) 谷川編『ベトナム戦争の起源』, p. 6; ダニエル・エルズバーグ『ベトナム戦争報告』(梶谷善久訳, 筑摩書房, 1973), 第II章「泥沼神話と膠着のからくり」を参照.〔Daniel Ellsberg, *Papers on the war*, 1972〕

(3) ティム・オブライエン『カチアートを追跡して』(拙訳, 国書刊行会, 1992), pp. 11-12〔Tim O'Brien, *Going After Cacciato*, 1980〕

(4) Gloria Emerson, *Winners and Losers: battles, retreats, gains, losses, and ruins from the Vietnam war*(1976; Penguin, Middlesex, 1985), pp. 58-59

(5) Studs Turkel, *The Good War: an oral history of World War Two*(Pantheon, New York, 1984), p. 59〔スタッズ・ターケル『よい戦争』, 晶文社, 1985〕

(6) 徴兵制度史についてはRussel F. Weigley, *History of the United States Army*(Indiana Univ., Bloomington, 1984)を参照.

(7) Marvin A. Kreidberg and Merton G. Henry, *History of Military Mobilization in the United States Army 1775-1945* (Greenwood, Westport, CT., 1977; rept. of 1955), pp. 136-137

(8) Peter Karstein, "The 'New' American Military History", *American Quarterly*, Vol. 36, no. 3, 1984, p. 392

(9) Lawrence M. Baskir and William A. Strauss, "The Vietnam Generation" in A. D. Horne ed., *The Wounded Generation: America after Vietnam*(Prentice-Hall, New Jersey, 1981), pp. 5-14

(10) Greg Skeelsの回想的ストーリーは以下に収録されている.

Peter Goldman and Tony Fuller, *Charlie Company: What Vietnam did to us*（William Morrow, New York, 1981）, pp. 25-43

(11)　Tim O'Brien, *If I Die in a Combat Zone*（Dell, New York, 1979）, pp. 25-26〔ティム・オブライエン『僕が戦場で死んだら』，白水社，1990〕

(12)　ibid., p. 27

(13)　Baskir and Strauss, "The Vietnam Generation" in Horne ed., *The Wounded Generation*, p. 7

(14)　Philip Caputo, *A Rumor of War*（Ballantine, New York, 1978）, pp. xiv-xv

(15)　ibid., p. xv

(16)　ibid., p. 5

(17)　ibid.

(18)　ibid., pp. 7-8

(19)　ibid., p. 6

(20)　Mark Baker, *Nam*（Berkley Books, New York, 1981）, p. 10

(21)　Caputo, *A Rumor of War*, p. 16

(22)　ibid., p. xiv

(23)　ibid., p. 216

(24)　ibid., p. xix

(25)　ニューヨーク・タイムス編『ベトナム秘密報告』，p. 531

3　天使たちの丘のむこう

(1)　David Douglas Duncan, *War Without Heroes*（Harper & Row, New York, 1970）, p. 185

(2)　ケ・サン基地とそこでの戦闘状況についてはアメリカ海兵隊と国防省がそれぞれ発行・製作した以下の報告書と記録映画

を参照．Cap. Moyers S. Shore II, *The Battle for Khe Sanh*（History and Museums Division, U. S. Marine Corps, Washington D. C., 1969）; Wilbur T. Blume prod., *The Battle of Khe Sanh*（Military Aircraft Command, The Department of Defence, Washington D. C., 1969; color, 38 min.）

（3） William C. Westmoreland, *A Soldier Reports*（1976; Dell, New York, 1980）, p. 442

（4） ドン・オーバードーファー『テト攻勢』(鈴木主税訳，草思社，1973)，p. 128〔Don Oberdorfer, *Tet!*, 1970〕

（5） Peter Braestrup, *The Big Story: how the American press and television reported and interpreted the crisis of Tet 1968 in Vietnam and Washington*（1977; Yale Univ., 1983）, pp. 302-303

（6） 総反攻・一斉蜂起戦略とテト攻勢およびケ・サンの関連については以下を参照．オーバードーファー『テト攻勢』，pp. 64-71, 77-82, 127-129; ヘリング『アメリカの最も長い戦争』下巻，pp. 65-70; ジェラール・レ・クアン『ボー・グエン・ザップ』(寺内正義訳，サイマル出版会，1975)，pp. 153-160, 170-178〔Gérard Le Quang, *Giap: ou la guerre du peuple*, 1973〕; Karnow, *Vietnam: A History*, pp. 538-539

（7） Nguyen Van Mai; Shore, *The Battle for Khe Sanh*, p. 5

（8） オーバードーファー『テト攻勢』，p. 64

（9） ibid., pp. 41-49; Braestrup, *The Big Story*, pp. 75-118; Karnow, *Vietnam: A History*, pp. 536-537

（10） テト攻勢の評価については以下を参照．ニューヨーク・タイムス編『ベトナム秘密報告』，pp. 674-709; ヘリング『アメリカの最も長い戦争』下巻，p. 71; オーバードーファー『テト攻勢』，pp. 353-361; Karnow, *Vietnam: A History*, p. 544;

Gunter Lewy, *America in Vietnam* (Oxford University Press, London, 1978), pp. 193-195; Michael Maclear, *The Ten Thousand Day War: Vietnam 1945-1975* (St. Martin's Press, New York, 1981), pp. 210-211, 216

(11)　オーバードーファー『テト攻勢』，pp. 267-268

(12)　Westmoreland, *A Soldier Reports*, p. 445

(13)　Karnow *Vietnam: A History*, p. 540

(14)　ibid., p. 542

(15)　ニール・シーハン『輝ける嘘』(菊谷匡祐訳，集英社，1992)，下巻，pp. 336-342〔Neil Sheehan, *A Bright Shining Lie*, 1988〕

(16)　Karnow, *Vietnam: A History*, p. 542

(17)　Westmoreland, *A Soldier Reports*, p. 444

(18)　ibid., p. 445

(19)　ibid., p. 440

(20)　ibid., p. 441

(21)　フクボンについては谷川編『ベトナム戦争の起源』，p. 56を参照．

(22)　Frances FitzGerald, *Fire in the Lake: The Vietnamese and the Americans in Vietnam* (Back Bay Books, New York, 1972).

(23)　Duncan, *War Without Heroes*, p. 185

(24)　ibid., p. 186

(25)　ハルバースタム『ベスト＆ブライテスト』，pp. 791-792

4　アメリカン・ウェイ・オヴ・ウォー

(1)　Baskir and Strauss, "The Vietnam Generation" in Horne ed., *The Wounded Generation*, p. 8

(2)　オーバードーファー『テト攻勢』，pp. 106–107
(3)　ibid., p. 104
(4)　ウォルター・クロンカイトについてのオーバードーファーの記述は ibid., pp. 268–273
(5)　ibid., p. 182
(6)　Michael J. Arlen, "Living-room war" in his *Living-Room War* (Viking, New York, 1969), pp. 6–9
(7)　オーバードーファー『テト攻勢』，pp. 196–197
(8)　C・R・フィグレー編『ベトナム戦争神経症——復員米兵のストレスの研究』(辰沼利彦監訳，岩崎学術出版社，1984)，p. 72〔Charles R. Figley ed., *Stress Disorders among Vietnam Veterans*, 1978〕
(9)　アメリカ兵の薬物服用に関しては ibid., pp. 98–103 を参照.
(10)　ibid., p. 46
(11)　Charles R. Anderson, *Vietnam: The Other War* (Presido, Novato, Cal., 1982), p. 1
(12)　ibid., p. 175
(13)　ibid., pp. 175–176
(14)　フィグレー編『ベトナム戦争神経症』，pp. 44; またヴェトナムにおける戦闘ストレス症状の具体例は以下を参照．Emerson, *Winners and Losers*, pp. 65–66, 108–109
(15)　ibid., p. 3
(16)　ibid., p. 15
(17)　Anderson, *Vietnam: The Other War*, p. 21
(18)　O'Brien, *If I Die in a Combat Zone*, p. 102
(19)　枝川公一『英雄は帰ってきたか』(講談社，1985)，pp. 96–100 を参照.
(20)　ボブ・グリーン『地獄から還った男』(藤井冬木訳，原書房，

1980），p. 48〔Louis Robert Green, *Hill 881 South*, 1980〕

(21)　石川文洋『写真報告　戦争と民衆――ベトナム・カンボジア・ラオス』（朝日新聞社，1971），p. 233

5　冬の音楽

(1)　Michael Herr, *Dispatches*（Avon, New York, 1978）, pp. 199–200〔なお本書の第5章に相当する「仲間たち　Colleagues」，pp. 199–266からの引用に関しては全文が以下に訳出収録されているためこれに拠った；青山南訳「特派員が見たヴェトナムの戦場」，常盤新平監修『「エスクァイア」で読むアメリカ』（新潮社，1985）下巻，pp. 39–88／マイケル・ハー『ディスパッチズ』，筑摩書房，1990〕

(2)　ibid., pp. 182–183

(3)　ibid., pp. 219–220

(4)　ibid., pp. 238–239

(5)　ibid., p. 232

(6)　1960年代初頭のサイゴンにおけるアメリカ報道陣に関しては以下を参照．Braestrup, *The Big Story*, pp. 1–13

(7)　「オプティミズムの1962年」に関しては以下を参照．谷川編『ベトナム戦争の起源』，pp. 212–216; ヘリング『アメリカの最も長い戦争』上巻，pp. 141–143; ニューヨーク・タイムス編『ベトナム秘密報告』，pp. 122–126

(8)　谷川編『ベトナム戦争の起源』，p. 215

(9)　ibid., p. 214に引用．

(10)　Arthur Schlesinger, Jr., *The Bitter Heritage: Vietnam and American Democracy 1941–68*（Houghton Mifflin, New York, 1966）, pp. 23–24

(11)　Norman Podoretz, *Why We Were in Vietnam*（1982;

Touchstone, New York, 1983), p. 18
(12) Braestrup, *The Big Story*, pp. 1-3
(13) ibid., p. 1
(14) グレアム・グリーン，マリ＝フランソワーズ・アラン『グレアム・グリーン語る』(三輪秀彦訳，早川書房，1983)，p. 121〔Graham Greene, entretiens avec Marie-Françoise Allain, *L'Autre et son double*, 1981〕
(15) Braestrup, *The Big Story*, p. 9
(16) Herr, *Dispatches*, p. 249
(17) 日野啓三『ベトナム報道——特派員の証言』(現代ジャーナリズム出版会，1966)，pp. 33-34
(18) ibid., p. 34
(19) ibid., p. 38
(20) ibid., p. 97, 134, 255
(21) ibid., p. 23
(22) ibid., p. 61
(23) Braestrup, *The Big Story*, p. 6
(24) ハルバースタム『ベスト＆ブライテスト』，pp. 279-280
(25) ibid., p. 67
(26) Karnow, *Vietnam: A History*, p. 247
(27) Podoretz, *Why We Were in Vietnam*, pp. 64-65
(28) Braestrup, *The Big Story*, p. 5
(29) ibid.
(30) Herr, *Dispatches*, p. 73
(31) ibid., p. 200
(32) オーバードーファー『テト攻勢』，p. 182
(33) Herr, *Dispatches*, pp. 92-93
(34) William Shawcross, introduction of Tim Page, *NAM*,

(Knopf, New York, 1983), p. 7
(35)　ibid., pp. 7, 10
(36)　ibid., p. 10
(37)　ibid., p. 62
(38)　オーバードーファー『テト攻勢』，p. 163
(39)　Karnow, *Vietnam: A History*, p. 528
(40)　Herr, *Dispatches*, pp. 249–250
(41)　Braestrup, *The Big Story*, p. 292
(42)　Peter C. Rollins, "Television's Vietnam: the visual language of television news", *Journal of American Culture*, no. 4, 1981, pp. 114–135
(43)　Herr, *Dispatches*, pp. 159–160
(44)　ibid., pp. 114, 278
(45)　谷川編『ベトナム戦争の起源』，p. 249
(46)　John Sack, *M*(Avon, New York, 1985), pp. 145–146〔ジョン・サック『M／ヴェトナム・ミステリーツアー』，筑摩書房，1990〕
(47)　ibid., pp. 146–147
(48)　ibid., pp. 148–149

6　ヴェトナム・ミステリー・ツアー

(1)　Ho Chi Minhによる独立宣言の全文は以下に収録．アジア・アフリカ研究所編『資料ベトナム解放史』(労働旬報社，1971)第1巻，pp. 413–414
(2)　ヘリング『アメリカの最も長い戦争』上巻，p. 4
(3)　レ・クアン『ボー・グエン・ザップ』，p. 40
(4)　Karnow, *Vietnam: A History*, p. 147
(5)　ibid.

(6) ibid.
(7) レ・クアン『ボー・グエン・ザップ』，p. 41 に引用.
(8) ibid.
(9) Karnow, *Vietnam: A History*, p. 147
(10) ヘリング『アメリカの最も長い戦争』上巻，p. 11
(11) Karnow, *Vietnam: A History*, p. 153 に引用.
(12) アジア・アフリカ研究所編『ベトナム』(水曜社，1978) 上巻，p. 30
(13) マルシャル・ダッセ『ゲリラは国境を越える――インドシナ半島の少数民族』(福田和子訳，田畑書店，1986)，p. 220〔Martial Dassé, *Montagnards Révoltes et Guerres Révolutionnaires en Asie du Sud-Est Continentale*, 1976〕
(14) チュオン・ニュ・タン『ベトコン・メモワール――解放された祖国を追われて』(吉本晋一郎訳，原書房，1986)，pp. 21-22〔Truong Nhu Tang, *A Vietcong Memoir*, 1985〕
(15) 中越関係史については以下を参照．Eric R. Wolf, *Peasant Wars of the Twentieth Century* (Harper & Row, New York, 1969)；山本達郎編『ベトナム中国関係史――曲氏の擡頭から清仏戦争まで』(山川出版社，1975)
(16) Wolf, *Peasant Wars of the Twentieth Century*, p. 159
(17) Lewy, *America in Vietnam*, p. 376
(18) ボー・グエン・ザップ「人民のなかから生まれてくるもの」，ホー・チ・ミンほか『ホー・チ・ミンとその戦友たち』(日中翻訳センター訳，青年出版社，1975)，pp. 87-88
(19) ホアン・コック・ビエット「われら，英雄的人民」，ibid., p. 164
(20) WGBH Boston prod., *Vietnam: A Television History* (PBS-TV documentary, 1983), chapter 1

(21) ビエット「われら，英雄的人民」，pp. 131–132
(22) ザップ「人民のなかから生まれてくるもの」，pp. 85–86
(23) グェン・リン・ニェップ，坂本徳松『ホーおじさん』(理論社，1954)，pp. 186–188に引用.
(24) WGBH Boston prod., *Vietnam: A Television History*, chapter 1
(25) ジャン・ラクチュール『ベトナムの星　ホー・チ・ミン伝』(吉田康彦，伴野文夫訳，サイマル出版会，1968)，pp. 101–102に引用.〔Jean Lacouture, *Hô chi Minh*, 1967〕
(26) チャールズ・フェン『ホー・チ・ミン伝』(陸井三郎訳，岩波新書，1974)下巻，p. 180〔Charles Fenn, *Ho Chi Minh: a biographical introduction*, 1973〕
(27) ibid., pp. 80–81に引用.
(28) ラクチュール『ベトナムの星　ホー・チ・ミン伝』，p. 58
(29) レ・クアン『ボー・グエン・ザップ』，pp. 23–24
(30) ibid., p. 39
(31) ラクチュール『ベトナムの星　ホー・チ・ミン伝』，p. 59
(32) レ・クアン『ボー・グエン・ザップ』，p. 37
(33) ラクチュール『ベトナムの星　ホー・チ・ミン伝』，p. 141
(34) レ・クアン『ボー・グエン・ザップ』，p. 42
(35) ibid., p. 92
(36) Karnow, *Vietnam: A History*, p. 336に引用.
(37) ibid., p. 195に引用.
(38) WGBH Boston prod., *Vietnam: A Television History*, chapter 2
(39) アメリカ国務省1954年4月19日付報告書，谷川編『ベトナム戦争の起源』，p. 66に引用.
(40) ibid., p. 72

(41)　レ・クアン『ボー・グエン・ザップ』, p. 120 に引用.
(42)　スーザン・ソンタグ『ハノイで考えたこと』(邦高忠二訳, 晶文社, 1969), pp. 89-90〔Susan Sontag, *Trip to Hanoi*, 1968〕
(43)　ibid., pp. 59, 62, 89, 118, 131
(44)　ibid., pp. 17-18
(45)　ibid., pp. 58-59
(46)　ibid., p. 46
(47)　Anderson, *Vietnam: the other war*, pp. 66-68
(48)　ibid., p. 71
(49)　ibid., pp. 76-77
(50)　ibid., pp. 77-79
(51)　谷川編『ベトナム戦争の起源』, p. 94
(52)　ibid.
(53)　ibid., p. 91
(54)　パトリック・ブラントリンガー『パンとサーカス——社会衰退としてのマス・カルチュア論』(小池和子訳, 勁草書房, 1986)を参照.〔Patrick Brantlinger, *Bread & Circuses: Theories of Mass of Culture as Social Decay*, 1983〕
(55)　谷川編『ベトナム戦争の起源』, pp. 91-92 に引用.
(56)　ibid., p. 92
(57)　ハルバースタム『ベスト&ブライテスト』, pp. 206-207
(58)　Karnow, *Vietnam: A History*, p. 215
(59)　レ・クアン『ボー・グエン・ザップ』, pp. 6-7
(60)　フェン『ホー・チ・ミン伝』上巻, p. 40
(61)　ラクチュール『ベトナムの星　ホー・チ・ミン伝』, p. 10
(62)　タン『ベトコン・メモワール』, p. 13
(63)　ibid., p. 12
(64)　Karnow, *Vietnam: A History*, p. 143

(65)　フィリップ・ドヴィエ「ゴー・ディン・ジエムとベトナム再統一闘争」1962，陸井三郎編『資料・ベトナム戦争』(紀伊國屋書店，1969)上巻，p. 197

7　ハーツ・アンド・マインズの喪失

(1)　ベトナム民主共和国外国語出版社編『ベトナム――その文化と歴史と経済』(日本ベトナム友好協会訳，日本ベトナム友好協会事業部，1974)，pp. 137-139〔Foreign Language Publishing House in Hanoi, *Viet Nam: A Sketch*, 1971〕

(2)　日本ベトナム友好協会機関紙「日本とベトナム」1978年3月5日号，p. 4

(3)　山田和夫「ベトナムのたたかいとベトナム映画」；全国勤労者映画協議会編・発行『ベトナムの少女』『若い兵士クー・チン・ラン』映画カタログ(1966)，pp. 6-8

(4)　ファム・ディン・アン「満20歳になったベトナム劇映画」；「日本とベトナム」1979年11月5日号，p. 4

(5)　「ベトナム映画『愛は17度線を越えて』上映委員会」発行日本公開版カタログ(1978)，p. 6

(6)　Phan Ngoc Cruióng, "Notre amie, Jane Fonda", *Phim Viêt Nam* no. 3, 1972, pp. 4-7

(7)　Gerald Cole and Wes Farrell, *The Fondas*(W. H. Allen, London, 1984), p. 148

(8)　ヘリング『アメリカの最も長い戦争』下巻，p. 153, 149

(9)　ibid., p. 147

(10)　ボブ・ホープに関する伝記的事実は以下を参照．William Robert Faith, *Bob Hope: a life in comedy*(Putnam, New York, 1982)

(11)　ibid., p. 159

(12) ibid., p. 179 に引用.

(13) Bob Hope, *I Never Left Home*(Simon & Schuster, New York, 1944), pp. 2-3

(14) Faith, *Bob Hope*, p. 176 に引用.

(15) ibid., p. 181

(16) Hope, *I Never Left Home*, pp. vii-viii

(17) Faith, *Bob Hope*, pp. 213-214

(18) ibid., pp. 290-291

(19) Bob Hope, *Five Women I Love: Bob Hope's Vietnam Story*(Doubleday, New York, 1966), pp. 5-6

(20) Faith, *Bob Hope*, pp. 301-302

(21) ibid., pp. 304-305

(22) Anderson, *Vietnam: the other war*, pp. 207-210

(23) ibid., pp. 210-211

(24) Faith, *Bob Hope*, p. 352

(25) ibid., pp. 352-353

8　心のなかの死んだ場所

(1) フィグレー編『ベトナム戦争神経症』, pp. 16-17 に引用.

(2) ibid., p. 8

(3) ibid.

(4) Santoli ed., *Everything We Had*, p. 156

(5) Walter H. Capps, *The Unfinished War: Vietnam and the American conscience*(Beacon, Boston, 1982), pp. 78-85

(6) フィグレー編『ベトナム戦争神経症』, pp. 155-156

(7) Herr, *Dispatches*, p. 45

(8) フィグレー編『ベトナム戦争神経症』, pp. 237-238

(9) Emerson, *Winners and Losers*, p. 220; 枝川『英雄は帰って

きたか』，pp. 135–136

(10) フィグレー編『ベトナム戦争神経症』，pp. 238–239

(11) ibid., pp. 9–11

(12) Emerson, *Winners and Losers*, pp. 65–66

(13) フィグレー編『ベトナム戦争神経症』，pp. 37–38

(14) Emerson, *Winners and Losers*, p. 65

(15) フィグレー編『ベトナム戦争神経症』，p. 78

(16) Emerson, *Winners and Losers*, p. 64

(17) フィグレー編『ベトナム戦争神経症』，p. 79

(18) Caputo, *A Rumor of War*, pp. xv–xvii

(19) Omega Harris の回想は以下に収録．Goldman and Fuller, *Charlie Company*, pp. 174–179

(20) Arthur E. "Gene" Woodley, Jr. の回想は以下に収録．Wallace Terry, *Bloods: an oral history of the Vietnam war by black veterans* (Random House, New York, 1984), pp. 243–265

(21) ibid., pp. xv–xvi

(22) ibid., pp. xvi–xvii

(23) Dwyte A. Brown の回想は以下に収録．ibid., pp. 266–273

(24) Robert E. Holcomb の回想は以下に収録．ibid., pp. 206–224

(25) Santoli ed., *Everything We Had*, p. 157

(26) Caputo, *A Rumor of War*, p. xvii

(27) Samuel A. Stouffer, et al., *The American Soldier: Adjustment During Army Life* (Princeton Univ. Press, 1949), p. 487

(28) Wallace Terry and Janice Terry, "The war and race" in Horne ed., *The Wounded Generation*, pp. 168–169

(29) Charles C. Moscos, "Success Story: Blacks in the Army", *The Atlantic*, May 1986, p. 66

(30) ibid., p. 70

9 鳥の眼に映る戦争

(1) トム・ウルフ『ザ・ライト・スタッフ』(中野圭二, 加藤弘和訳, 中央公論社, 1983), p. 76〔Tom Wolfe, *The Right Stuff*, 1979〕

(2) フィグレー編『ベトナム戦争神経症』, p. 55

(3) アメリカ空軍省編『エース・パイロット――ベトナム空の戦い』(浜田一穂訳, 原書房, 1984), pp. 219–222〔J. N. Eastman, Jr., W. Hanak and L. J. Paszek, *Aces & Aerial Victories: The United States Air Force in Southeast Asia 1965–1973*, 1976〕

(4) アメリカ空軍省編『エアー・コンバット――ベトナム従軍パイロットの記録』(難波皎訳, 原書房, 1982), pp. 140–147〔USAF Southeast Asia monographes series vol. 1, *The Tale of Two Bridges and The Battle for The Skies over North Vietnam*, 1976〕

(5) 『航空ファン』別冊「ベトナム航空戦」(文林堂, 1984), p. 88

(6) アメリカ空軍省編『エアー・コンバット』, pp. 3, 127

(7) Arlen, "The bombs below go pop-pop-pop" in his *Living-room War*, pp. 45–50

(8) フィグレー編『ベトナム戦争神経症』, p. 122

(9) 北爆開始までの経緯については以下を参照. 谷川編『ベトナム戦争の起源』, pp. 244–259

(10) ポルマー, マスキー『空母機の戦い』, p. 8

(11) 『航空ファン』別冊「ベトナム航空戦」, p. 103

(12) ibid.

（13）　フィグレー編『ベトナム戦争神経症』，p. 122
（14）　ibid.
（15）　H. Bruce Franklin, "The POW/MIA Myth", *The Atlantic*, December, 1991, p. 47
（16）　フィグレー編『ベトナム戦争神経症』，p. 112
（17）　ibid., pp. 120-140
（18）　Howard Rutledge and Phyllis Rutledge, *In the Presence of Mine Enemies 1965-1973*(F. M. Revell, New Jersey, 1973), p. 49
（19）　ibid., p. 38
（20）　フィグレー編『ベトナム戦争神経症』，p. 125
（21）　Santoli ed., *Everything We Had*, p. 234
（22）　フィグレー編『ベトナム戦争神経症』，pp. 110-111
（23）　Fred V. Cherry の回想は以下に収録．Terry, *Bloods*, pp. 274-300
（24）　「オペレーション・ボーロゥ」についてはアメリカ空軍省編『エアー・コンバット』，pp. 175-181 を参照．
（25）　Horne ed., *The Wounded Generation*, p. 167 に引用．
（26）　フィグレー編『ベトナム戦争神経症』，pp. 109-110
（27）　ibid., p. 126
（28）　ibid., p. 131
（29）　ibid.
（30）　ibid., pp. 128-129
（31）　原題を *Limbo* としているのは Ephraim Katz, *The Film Encyclopedia*(Perigee Books, New York, 1979), pp. 984-985. 一方，*Chained to Yesterday* としているのはベトナム戦争の記録編集委員会編『ベトナム戦争の記録』(大月書店，1988)，p. 275

(32) ibid., pp. 129–130
(33) ibid., p. 136
(34) Santoli ed., *Everything We Had*, pp. 249–250

10 記念碑

(1) Myra MacPherson, *Long Time Passing: Vietnam and the Haunted Generation* (Doubleday, New York, 1984), p. 13〔マイラ・マクファーソン『ロング・タイム・パッシング——ベトナムを越えて生きる人々』, 地湧社, 1990〕
(2) ヘリング『アメリカの最も長い戦争』下巻, p. 192 に引用.
(3) ibid., 上巻, p. 1
(4) リチャード・ニクソン『ノー・モア・ヴェトナム』(宮崎緑, 宮崎成人訳, 講談社, 1986), p. 141〔Richard Nixon, *No More Vietnams*, 1985〕
(5) Nancy Howell-Koehler ed., *Vietnam: The battle comes home* (Morgan & Morgan, New York, 1984), p. 13
(6) ヘリング『アメリカの最も長い戦争』下巻, p. 177
(7) Arnold R. Isaacs, *Without Honor: Defeat in Vietnam and Cambodia* (Johns Hopkins Univ., Baltimore, 1983), p. 311
(8) ヘリング『アメリカの最も長い戦争』下巻, p. 183
(9) Capps, *The Unfinished War*, p. 103
(10) メモリアル建設をめぐる経緯については以下を参照. Joel L. Swerdlow, "To heal a nation", *National Geographic*, May 1985, pp. 555–573
(11) William Broyles, Jr., "Remembering a war we want to forget", *Newsweek*, Nov. 22, 1982, pp. 34–35
(12) Capps, *The Unfinished War*, pp. 137–150
(13) Isaacs, *Without Honor*, p. xii

（14）　ibid., p. 495

（15）　Podoretz, *Why We Were in Vietnam*, pp. 211–219

（16）　ibid., pp. 83, 116, 121

（17）　John Patric Diggins, "The changing role of the intellectual in American history", *The Changing Role of Intellectuals in the U. S. A.* (Sapporo Cool Seminar in American Studies of Hokkaido Univ., 1986), pp. 29–33

（18）　枝川『英雄は帰ってきたか』，p. 28

（19）　Harry G. Summers, Jr., "Vietnam: the war of Broken Dreams", *The Washington Post Book World*, Oct. 2, 1983, pp. 1–2, 14

（20）　Braestrup, *The Big Story*, p. xv

（21）　ヘリング『アメリカの最も長い戦争』下巻，p. 198

（22）　Christopher Buckley, "Viet Guilt", *Esquire*, Sep. 1983, pp. 68–72

（23）　Robert Holcomb の戦後回想は以下に収録．Terry, *Bloods*, pp. 220–224

11　想像力 I

（1）　Emerson, *Winners and Losers*, pp. 298–300

（2）　William J. Lederer and Eugene Burdick, *The Ugly American* (W. W. Norton, New York, 1958), p. 240

（3）　Jerome Klinkowitz and John Somer ed., *Writing Under Fire: stories of the Vietnam war* (Dell, New York, 1978), p. 2 に引用．

（4）　ibid., p. 5

（5）　ibid., p. 1

（6）　Michiko Kakutani, "Novelists and Vietnam: the war goes

on", *The New York Times Book Review*, April 15, 1984, pp. 38–41

(7) Tom Mayer, "A Birth in The Delta", in Klinkowitz and Somer ed., *Writing Under Fire*, pp. 43–57

(8) ibid., pp. 13–14

(9) ibid., pp. 6–7

(10) ibid., p. 6

(11) J. G. Ballad, "The University of Death" は以下に収録. Klinkowitz and Somer ed., *Writing Under Fire*, pp. 227–238

(12) Morris Dickstein, *Gates of Eden: American culture in the Sixties*(Basic Books, New York, 1977), pp. 190–191〔モリス・ディクスタイン『アメリカ1960年代』, 有斐閣, 1986〕

(13) ノーマン・メイラー『夜の軍隊』(山西英一訳, 早川書房, 1970), pp. 391–392〔Norman Mailer, *Armies of the Nights*, 1968〕

(14) Dickstein, *Gates of Eden*, pp. 149–151

(15) Andrew Gordon, *An American Dream: a psychoanalytic study of the fiction of Norman Mailer*(Associate Univ. Press, London, 1980)を参照.

(16) メイラー『夜の軍隊』, pp. 439–440

(17) Wayne C. Booth, "Metaphor as Rhetoric: the problems of evaluation", in Sheldon Sacks ed., *On Metaphor*(Univ. of Chicago, 1979), pp. 47–70

(18) ibid., pp. 47–56

(19) ibid., pp. 58–59

(20) Dickstein, *Gates of Eden*, p. 151–152

(21) Northrop Frye, *Anatomy of Criticism*(1957; Princeton Univ., 1971), p. 38

12 想像力 II

(1) オブライエン『カチアートを追跡して』，pp. 13–14
(2) Kakutani, "Novelists and Vietnam", pp. 39–40 に引用.
(3) Stephen Wright, *Meditation in Green*(Scribner, New York, 1983), p. 2
(4) J・G・バラード『残虐行為展覧会』(法水金太郎訳，工作舎，1980)，p. 226〔J. G. Ballad, *Exhibition of Atrocities*, 1970〕
(5) ストックホルム国際平和研究所(SIPRI)編『ベトナム戦争と生態系破壊』(岩波書店，1979)，pp. 25–27〔Stockholm International Peace Research Institute, *SIPRI: Ecological Consequences of the Second Indochina War*, 1976〕
(6) シーグレイヴ『黄色い雨』，p. 92
(7) SIPRI 編『ベトナム戦争と生態系破壊』，pp. 26–27
(8) 本谷勲「ベトナムの自然破壊と人類への警告」(日本共産党中央委員会発行『世界政治 ── 論評と資料』，1983 年 3 月下旬号)，p. 28
(9) Wright, *Meditation in Green*, pp. 57–58

13 闇のような緑

(1) Philip Katcher, *The U. S. Army 1941–45*(Osprey, London, 1977), pp. 3–4
(2) ibid., p. 34
(3) Lee E. Russell, *Armies of the Vietnam War(2)* (Osprey, London, 1983), p. 3
(4) ibid., pp. 7–8
(5) ノーマン・ポルマー，ピーター・B・マスキー『空母機の戦い ── 米海軍航空部隊のベトナム戦』(伊藤重夫訳，原書房，

1983), pp. 58-62〔Norman Polmer and Peter B. Mersky, *The Naval Air War in Vietnam*, 1981〕

(6) Philip Katcher, *Armies of the Vietnam War 1962-75*(Osprey, London, 1980), p. 14

(7) ibid., pp. 14-15

(8) ibid., p. 16

(9) Katcher, *Armies of the Vietnam War 1962-75*, p. 20

(10) Simpson, *Inside the Green Berets*, p. xvi

(11) ibid., p. 223

(12) 谷川編『ベトナム戦争の起源』, pp. 254-255

(13) Leroy Thompson, *Uniforms of the Indo-China and Vietnam Wars*(Blandford Press, Dorset, 1984), p. 125

(14) 青木冨貴子『ライカでグッドバイ ── カメラマン沢田教一が撃たれた日』(文藝春秋, 1981), p. 142

(15) Thompson, *Uniforms of the Indo-China and Vietnam Wars*, pp. 125-126

(16) ヘリング『アメリカの最も長い戦争』下巻, pp. 13-14

(17) Thompson, *Uniforms of the Indo-China and Vietnam Wars*, p. 129

(18) 青木『ライカでグッドバイ』, p. 142

(19) Thompson, *Uniforms of the Indo-China and Vietnam Wars*, p. 105

(20) Simpson, *Inside the Green Berets*, p. 104

(21) ヘリング『アメリカの最も長い戦争』下巻, pp. 103-104

(22) Emerson, *Winners and Losers*, p. 96

(23) ibid., p. 243

(24) 石川『戦争と民衆』, p. 224

(25) ibid., p. 236

(26)　Elenor Coppola, *Notes* (Simon & Schuster, New York, 1979), p. 5
(27)　マルグリット・デュラス『愛人』(清水徹訳，河出書房新社，1985)，p. 17〔Marguerite Duras, *L'Amant*, 1984〕
(28)　ibid., pp. 176–178
(29)　Karnow, *Vietnam: A History*, pp. 67–68
(30)　アルフレッド・W・マッコイ『ヘロイン』(堀たお子訳，サイマル出版会，1974)，pp. 89–90〔Alfred W. McCoy, *The Politics of Heroin in Southeast Asia*, 1972〕
(31)　デュラス『愛人』，pp. 130–131
(32)　小林昇『帰還兵の散歩』(未来社，1984)，pp. 48–49
(33)　Thompson, *Uniforms of the Indo-China and Vietnam Wars*, p. 7
(34)　グレアム・グリーン『おとなしいアメリカ人』(田中西二郎訳，早川書房，1973)，p. 57〔Graham Greene, *The Quiet American*, 1955〕
(35)　ドヴィエ「ゴー・ディン・ジエムとベトナム再統一闘争」，陸井編『資料・ベトナム戦争』上巻，p. 197
(36)　Karnow, *Vietnam: A History*, pp. 216–217 に引用.
(37)　谷川編『ベトナム戦争の起源』，p. 140
(38)　ibid., pp. 105–106

エピローグ

(1)　Cecil Beaton, *Self-Portrait with Friends: the selected diaries of Cecil Beaton 1926–1974* (Penguin, 1982), pp. 421–422
(2)　Ballad, "The University of Death", p. 227
(3)　Caputo, *A Rumor of War*, p. 105 in Klinkowitz and Sommer ed., *Writing under Fire*

(4) Herr, *Dispatches*, p. 223

(5) フィグレー編『ベトナム戦争神経症』, pp. 74-75

(6) Page, *NAM*, pp. 12-13

(7) ibid., p. 13